U0069183

納粹中國

余杰——著

各方好評

（按姓名筆畫順序）

這個書單中的書都是中共宣傳部門最不希望人民讀到的，卻是每個想了解眞實中國的讀者最應該讀的，余杰的導論呈現了這些書的精髓和作了深刻評論。

——汪浩（自由撰稿人）

中國，是本龐雜而表裡不一的書。大國崛起的華美封皮下覆蓋蛀蝕的內頁，然滿目斑駁處卻總能乍見點點星芒，那是來自各成一家之言的清醒靈魂，深刻閱讀中國後的召喚。而余杰的《納粹中國》正是閱讀了這些精采的閱讀，從宏觀到微觀，從內在到表象，從文化核心到物質結構，深入肌理剖析中共本質，帶領讀者洞穿迷霧中國的好書。

——余莓莓（政治評論人）

一本好書常能爲讀者推開一扇觀察世界的窗口，《納粹中國》是余杰多年書評結集，不僅顯示了作者廣泛的讀書興趣，還展現了他對所讀書籍的獨特理解。

——何清漣（中國經濟學家，現居美國）

引薦余杰結識劉曉波，是我一生中做過的極有意義的事。始於本世紀初，余杰追隨曉波，相濡以沫，亦師亦友，併肩同獨裁體制作戰，是一段中國公共思想史的佳話。如今曉波遠行，余杰流亡，依舊是曉波精神遺產最爲得力的傳播者——恰如這本振聾發聵的《納粹中國》。

謝謝余杰，向你致敬。

——流亡作家：廖亦武

（二〇一二年德國書業和平獎、二〇一八年瓦茨拉夫・哈維爾人權作家獎）

《納粹中國》是余杰繼《刀尖上的中國》、《卑賤的中國人》後又一本中國系列的力作，透過余杰的書寫，讓讀者從不同角度來理解中國問題的複雜面貌。

——廖志峰（允晨文化發行人）

目錄

第二卷　大國寡民

第三卷　自由之心

第四卷　審判暴君

第五卷　邊陲呼喊

推薦序

是導讀也是對話

台灣世代智庫執行長
洪耀南

中國崛起之後，一種所謂中國模式似乎橫空而出，相關中國或中共的書籍如雨後春筍還不足以形容，眞是多如牛毛，但還是以管窺天，盲人摸象居多，對中國即中共還是一知半解，難以有全面、脈絡、系統性的剖析，因爲都只是解讀現象，唯有了解中共統治的本質，才能釐清中國模式的背後眞相。

在手機時代，雖然資訊是爆炸式，但知識卻是貧乏，雖然對話是即時，但卻只有表面沒有深度。而閱讀與著作急速的消失年代，還有一位逆勢操作，或許與他長年站在非主流有很大關係，就是余杰。余杰不僅著作等身，更是產量驚人，驚人之處不僅在是產量還有寫作的速度，更令人敬佩是他的閱讀量，這本《納粹中國》挑選五十本有關中國或中共著作，不僅幫我們導讀，更透過余杰的文字，清楚傳達「作者」想法。

《納粹中國》不僅僅幫大家導讀五十本鉅作，透過導讀也進行對話，擅長的筆，如出本《完美的獨裁：二十一世紀的中國》一書的斯坦．林根，他在書中提起余杰所寫的《中國教父習近平》一書時，提出不同看法。他認爲：「一個國家不是因爲民族主義才成了法西斯：而是它的民族主義立足於法西斯意識形態，使它成爲法西斯。一個民族主義的國家是一回事，一個被意識形態煽動的民族主義國家又是另一回事。」余杰在本書回應他，余杰的觀點是：中國是「另類法西斯」在納粹德國，民族主義是民眾的眞情實感：在中國，民族主義只是一種官方敘事，民眾雖然不時與之唱和，但大部分人並不眞正相信和信仰。余杰舉出的一個例子就是：在反日遊行發展成「打砸搶」時，暴民們興高采烈地去砸街頭的日式料理店和日本品牌的汽車，此時此刻，大部分人都不用擔心受到警察的抓捕和法律的制約，但也不會眞實把掛在身上的日本品牌的相機或手機也丟掉，主義如何崇高，也不會跟自己的利益過不去。

中國崛起，台灣是西方國家要了解中國的眼或Hub，但台灣研究中國或中共反而不如西方學者，這是十分可惜的，如果台灣的研究或著作被接受，能翻譯成多國語言，反而突破台灣島國的困境。如今卻透過西方的研究再翻成中文，有點可笑，且這些翻譯成中文的著作，反而占據銷售排行榜的前幾名，但西方學者居多是常識或表面觀察，有點隔靴搔癢。而中國的著作，不是太教條就是先有結論再引經據典，或長篇大論與結論，卻也風馬牛不相干。這本《納粹中國》，雖然書名聳動，但卻幫西方學者「脫靴搔癢」，也少了傳統中國教條的腐酸味，其實台灣就是要扮演中方與西方的橋梁與詮釋者，如今卻由余杰超越台灣的角色，令我輩十分汗顏。

美國在一八九四年GDP超越英國，但直到一九四四年才取代美國成爲世界強權，如今短期內可以預見中國的GDP超越美國，但要取代美國恐怕不是短時間可達成。如果中國目前的體制能超越美國成爲世界霸權，過去所有西方的政治、經濟相關的理論都需要被推翻，世界徹底被翻轉。一個不需要民主制度、不需要媒體監督、更沒有獨立監察系統，且有一個鋼打泡沫，不會破，如同核電，期待核電不出事，但卻又不保證一定不會出事般的存在。余杰這本《納粹中國》，是一顆濃縮的健康食品，可以抵抗毒奶粉與毒疫苗，一本趨吉避凶的指南，可以研判中美貿易大戰下的安全走門道。

我接觸到余杰第一本著作《火與冰》，就被他文筆所吸引，竟有如此優美的文字，卻又如此逼眞傳遞精準的感受。在這不閱讀的時代，就像在無邊的黑暗中，若稍一喧囂，就聽不到彼此的呼吸了，幸運的是，還有余杰努力的寫作，讓我們看到一盞明燈。中國如同脆弱的瓷器，房間內大象、灰犀牛、吊燈上的蟒蛇，能視而不見平安共處？

第一卷

旁觀者清

所懷的是毒害，所生的是罪孽

——彼得．納瓦羅《美、中開戰的起點》

就「毀也中國，譽也中國」而言，最近十多年以來，加州大學教授彼得．納瓦羅的人生足以用這兩句話形容。

納瓦羅是一位經濟學家和公共政策研究者，也是活躍的公共知識分子，他的本業並非中國研究。當他看到中國對美國乃至西方普世價値造成巨大危害，而西方主流社會對此置若罔聞之時，毅然決定「半路出家」，投入大量時間和精力研究中國議題。

二〇〇六年，納瓦羅出版了第一本研究中國的著作《中國戰爭即將到來》，他嚴厲警告西方社會，中國已取代蘇俄，成爲文明世界的主要敵人，中共的強大最終將給世界帶來毀滅性的災難。納瓦羅在書中列出大量數據和論據來支持該觀點，具有極強的說服力。

川普看了此書後非常讚賞，當即列出二十本影響他思想觀念的重要書籍，其中一本就是《中國戰爭即將到來》。然而，「綏靖主義」當道的美國學界和媒體對納瓦羅「仇中」的看法不以爲然，甚至將之歸入歇斯底里的「麥卡錫主義」，使納瓦羅長期處於被孤立的狀態。

烏鴉成群結隊地在腐屍附近覓食，雄鷹總是孤獨地在高天之上飛翔。納瓦羅不怕「三人成虎」，不畏浮雲蔽日，在各種公共平台上呼籲美國民眾聚焦中國這個「房間裡的大象」。二〇一一年，納瓦羅與安一鳴合寫了第二本關於中國的專著《致命中國》（編按：出版社將作者名譯為彼得・那法若），披露了中共如何侵犯人權、利用監獄犯人充當奴工生產有毒物品，以及破壞生態環境、竊取西方最新科技和智慧產權、操縱匯率、瘋狂的軍事擴張、縱容強大的軍警特務，包括網路警察、封殺言論自由、擾亂國際秩序等，此書為世人揭示了中國的眞實面貌，並提出了解決問題的方案。

川普對這本書給予極高評價，並向身邊的朋友大力推薦。接著，納瓦羅將該書拍成紀錄片，該片在全美公映後，引起轟動。川普為該紀錄片寫了推薦語：「《致命中國》說得很對。這部重要的紀錄片用充分的事實、數據和洞察力，描述了我們與中國之間存在的問題。我強烈推薦大家觀看。」此後，納瓦羅和川普成了朋友，經常就中國問題交換意見。

二〇一五年，納瓦羅又出版新書《美、中開戰的起點》，堪稱「中國問題三部曲」的壓卷之作。他將迫在眉睫的美中戰爭的危機呈現在麻木不仁的美國公眾面前，這不是杞人憂天，而是盛世危言。

一年多以後，川普在空前激烈的大選中大獲全勝，預示美國的內政和外交政策迎來急轉彎，包括對華外交將出現新氣象，納瓦羅先知般的大聲疾呼有可能成為美國新政府對華政策的羅盤。果然，川普入主白宮後，任命納瓦羅為新設立的白宮國家貿易委員會主任，納瓦羅成為川普內閣中唯一一位大學教授。

妥協可以換來和平嗎？

在美國輿論中存在著一種似是而非的看法：加強跟中國的經貿合作，就能推動中國的民主化，也就能讓中國成爲美國的盟友，從而避免美中之間發生軍事衝突。

這是柯林頓政府以來，主導美國對華政策長達二十多年的思維方式。美國學者葛拉瑟甚至提出，即便犧牲意識形態和道德責任，爲了追求經濟利益和國家安全，也可以跟中國妥協，進而完成一項包羅萬象的「大交易」，「如果我們完成了大交易，雖然這不會是讓人愉快的交易，卻是划算的。」

然而，納瓦羅認爲，這種想法是異想天開，與虎謀皮，此種錯誤再也不能繼續下去。中國從來不打算在談判中妥協，也從不遵守其簽署的任何國際條約和協定。中國當然看重經濟利益，但共產黨不會爲了經濟利益而放鬆政治控制，並眞正融入國際社會、成爲負責任的一員。

中國搭上現有的國際政治經濟秩序的順風車從中獲利，同時又竭力腐蝕、破壞這一國際政治經濟秩序，並企圖以「中國模式」取而代之。換言之，美中的對峙和對立，是基於世界觀和價值觀的分歧，是不可調和的，正如美國和納粹德國及蘇俄集團絕對不可能「和平相處」。

納瓦羅警告說：「至少以中國的例子來看，世界無法對經濟合作推動亞洲和平抱以希望。相反的，經濟合作主要推動的是中國新興軍事力量的成長，完全不是所謂的『和平使者』，因此，要抑制中國武力崛起的一種方法，也許反而是降低經濟合作的程度。」

在納瓦羅寫作此書時，中國還未徹底放棄自鄧小平時代開始實施的「韜光養晦」戰略。一個頗有說服力的例子就是，當時中國軍方仍沿襲毛澤東時代「第二砲兵」的名稱指代其戰略導彈部隊。

納瓦羅寫道：「中國發展精準的長程核飛彈的核心，是『第二砲兵』部隊以及其自豪的『地底長城』。『第二砲兵』部隊的名稱本身就是要造成誤導。一九六六年，周恩來創立了『第二』而非『第一』部隊，目的是讓世人忽略其重要性，部隊眞正的任務在一九八四年才公諸於世，主要是負責研發與生產中國全部的導彈武器，包括彈道飛彈、巡航飛彈、傳統飛彈和核子飛彈。」

然而，就在納瓦羅的著作剛剛出版後幾個月，二〇一五年十二月三十一日，在習近平主導的「深化國防和軍隊改革」中，「第二砲兵」升格爲「火箭軍」，由陸軍附屬兵種成爲與陸海空三軍並列的第四個獨立軍種。中國媒體公開報導此一消息，習近平在中央軍委大樓爲新任的火箭軍主將授銜。共青團中央在其官方微博上公開披露中國擁有的導彈數量：火箭軍裝備各型近程彈道飛彈一千一百五十枚，各型中程彈道飛彈三百枚，各型遠程和洲際彈道飛彈兩百枚，此外還裝備巡弋飛彈三千枚。

與此同時，中國的第五種獨立軍種「戰略支援部隊」也宣告成立，該部隊包括電子對抗、網路攻防、衛星管理等資訊方面的力量。由此可見，中共不再「猶抱琵琶半遮面」，而是主動向美國和西方炫耀實力，跟納粹德國從一戰戰敗後的貧弱中迅速「麻雀變鳳凰」地成為軍國主義大國的過程極為相似。

可以為了討好中國而犧牲台灣嗎？

在中共十九大報告中，習近平宣稱，兩岸統一是中華民族偉大復興的「必然要求」。習近平口中「偉大復興」的時間點是二〇四九年，也是中共建政一百週年。有專家表示，中共已定出統一的「最後大限」，兩岸只剩三十年時間博弈。美國前駐中國大使芮孝儉認為，雖然習近平沒有明確提出統一時間表，但習近平曾引用鄧小平的話表示，台灣問題「不能留給下一代」解決，意思十分明確，外界必須把這個期限「放在心上」。

台灣政府和民眾不可低估中共侵犯台灣的野心，美國更不能對此掉以輕心。納瓦羅指出，至少有兩個重大理由，讓北京政府相信，重新掌控台灣這個「叛亂省份」是絕對必要的，一個是地緣政治因素，另一個則是意識形態。

地緣政治的理由也就是房地產的絕對原則：地點。一個始終不變的事實是，台灣位於第一島鏈的中點。中國少將彭光謙和姚有志在談到地理戰略的意義時說到：「台灣如果疏遠中國大陸，中國將永遠被鎖定在西太平洋第一島鏈的西邊。」在此情況下，「中國將會失去復甦的重要戰略空間」。

在意識形態方面，北京政府對此一事實頗為尷尬：一個小小的「叛亂省份」居然可以擁有幾乎完美的民主體系。納瓦羅指出，國民政府的元首蔣介石和他的國民黨黨員在一九四九年抵達台灣時，並未實施民主。相反的，蔣介石自己也採取專制統治，與中國的毛澤東一樣殘暴且嚴酷。

不過，台灣不凡的地方是，一九九六年進行總統直選之後，擁有充滿活力且運作良好的民主制度。「在台灣，開放的辯論和思想交流造成激盪，投票率極高，和平的政權轉移實際體現了政治層面的自由，促進國家經濟的成長與開放。」台灣的民主讓北京政府的專制主義者深深恐懼，因爲這向中國人民和世界上其他人證明了，北京最常重申的主張是全然的謊言——基於本身的文化和性格，中國人民需要強大的專制政府來擴展經濟，讓儒家社會得以適當運轉。台灣的民主成就讓中國如芒在背，恨不得除之而後快。

那麼，美國可以爲了討好中國而放棄台灣嗎？這是一筆很好的生意嗎？斷乎不可。對中國的強硬要求從來不敢說不的歐巴馬政府，一度有過「棄台論」，對其口口聲聲的「亞洲再平衡戰略」是一大嘲諷。而川普上台後，迅速扭轉這一危險的趨勢，多次嚴正聲明美國對包括台灣在內的亞洲盟友的安全承諾。納瓦羅指出，放棄保障台灣的安全，任由中共占領台灣，不僅嚴重傷害美國在亞洲的利益，引發美國主導的亞太安全體系全面崩潰，而且也違背美國的價值觀，摧毀美國的全球威望。如果坐視一個極權政權對一個民主政權發動一場壓倒性的戰爭，對美國而言，如同遭遇一場新的珍珠港事件。

在川普內閣中，包括納瓦羅在內的親台派人士數量之多，是雷根時代以來的最高峰。台灣政府需要抓住此契機，積極發展台美關係，並通過在西方民主世界扮演相當的角色，贏得西方大國的同情。自助者天必助之，台灣需要顯示捍衛國家獨立的意志力，才能得到以美國爲首的盟友的全力支持。

關鍵在於美國有沒有對抗中國的決心和勇氣

在《美、中開戰的起點》最後部分，納瓦羅精闢地指出：「敵人，就是我們自己。」他毫不留情地批判那些看不到中國威脅的游說人士，「公開破壞白宮或國會的努力。」他尤其點名批評那些「難纏的美國環境和人權分子」，「他們傾向以負面眼光檢視五角大廈，並強烈反對增加國防預算。諷刺的是，這些社運分子最後反而幫了專制政府，不只危及國家安全，也幫助了無疑是世界上最糟糕的污染源和侵犯人權的政府。」

美國的某些主流媒體充當了這種「第五縱隊」角色。它們通常是傳統意義上的左派，對本國政府（尤其是川普政府）充滿惡意的誹謗，對共產黨中國卻充滿善意的想像——當然，背後還有隱秘的利益攸關性。比如，《紐約時報》的母公司在中國有龐大的生意。近日，《紐約時報》發表名爲《川普是如何爲中國送上大紅包》的評論文章，居然引用在中國民間聲名狼藉、法西斯主義色彩強烈的軍方研究人員金一南的觀點，說川普退出「跨太平洋夥伴關係協定」，乃是「給中國送了一個大紅包」。

在金一南觀點的基礎上，《紐約時報》評論說：「在念叨『美國優先』時，川普實際上是在嚴重損害美國在世界各地的利益。沒有哪個國家比中國更能從這種損害中受益，而中國是美國最重要的戰略挑戰者。中國領導人也很清楚他們收到的這份禮物。」

人們能夠想像，在三〇年代末，一家美國的旗艦媒體，堂而皇之地引用納粹德國宣傳部長戈培爾的觀點，來攻擊自己的民選總統羅斯福嗎？如此惡劣的作法，今天竟然發生了。《紐約時報》已然淪落到跟中國的《環球時報》和台灣的《中國時報》並列的三大垃圾媒體的地步。

中國對西方的威脅，超過冷戰高峰期的蘇俄。普林斯頓大學范亞倫（Aaron Friedberg）教授在比較蘇聯和中國崛起時指出：「中國是與蘇聯相當不同的軍事對手。蘇聯是基於意識形態而脫離國際貿易體系，並與全球科技體系嚴重脫節，試圖自給自足。中國人追求的是相反的策略，他們投入世界經濟體系，盡可能進入科技和科學體系，這是比較聰明的作法，讓他們能夠快速進步。」中國模式對美國的滲透和毒害，是當年的蘇俄所望塵莫及的。

冷戰時代，好萊塢有可能邀請蘇俄宣傳部到洛杉磯參與影片的審查嗎？那時候，蘇俄不是美國電影的海外市場所在，美國政府和公眾對其敵人的身分也有清晰認識。在今天，好萊塢毫不羞恥地邀請中共宣傳部官員到片場預先審查新電影的每一個畫面和每一句台詞——中國已經成爲僅次於美國本土的全球第二大電影市場，美國大片通過中國宣傳部的審查在中國院線上映，符合投資人的利益。對此，納瓦羅痛心疾首地指出：「在中國貿易投入的資金，造成經濟利害關係上的分裂，又因爲游說團體寧願內訌也不願爲了共同目標合作；另外，中國專制政府有能力在中國境外操縱媒體描述中國的方式，而且，西方記者和大學都開始執行自我審查。」

過去一個世紀裡，美國已有縱容極權政府坐大的前車之鑑。美國企業研究所的學者奧斯林（Michael Auslin）指出：「我們在整個三〇年代看到了跡象，我們任由許多國家爲所欲爲，置之不理。我們忽略了希特勒，忽略了墨索里尼，也忽略了日本。然後珍珠港突然爆發。在九一一事件前，我們在十幾年來看到不少警告，有柯爾號遇襲事件，非洲大使館被放炸彈，我們在全世界都遭到炸彈攻擊，但是我們沒認眞對待。接下來，世界又會遇到什麼變化？我們不知道，但我們也不想認眞思考或強硬起來。我們已經累了，我們只想專注在輕鬆的事情上面，不想致力於維護穩定局勢的全球軍事布局。但我們每次採取這種態度時，總是會受到教訓。」

如果不認眞學習歷史，就會再次接受血的教訓。三〇年代，美國駐德國大使、歷史學者多德（William Dodd）在上任之初，期盼將美式民主自由帶到德國，卻赫然發現那裡是一處「野獸花園」。當時，「綏靖主義」瀰漫於西方民主國家，多德的親身觀察和逆耳忠言無人關注。多德拒絕以嘉賓身分參加納粹黨代會，由此受到德國輿論和美國國務院同僚的一致批評。親納粹的美國駐法國大使攻擊說：「我們需要的是至少能禮貌對待納粹的人。」國務院官員「將心比心」地勸導他說：「你既然曾在商會對德國聽眾嚴斥獨裁政體，爲何受不了聽德國人猛批我們的政體？」今天，納瓦羅在美國面對的也是相似的批評，他不低頭，不放棄，以筆爲刀槍，奮起應戰。中共徹頭徹尾就是一個惡魔，「所懷的是毒害，所生的是罪孽」，惡魔唯一的去處就是地獄，如同納粹德國必須被摧毀。送惡魔到地獄去，是這個時代熱愛自由的人們不可推卸的使命。

二十一世紀是中國的世紀嗎？

——白邦瑞《百年馬拉松：中國稱霸全球的祕密戰略》

習近平訪英，中共不惜以三百億美金投資的經濟利益，換取政治面子。英國人身上有海盜和商賈的血統，在商言商，盡量滿足習近平的虛榮心：由女王陪同習檢閱儀隊，坐皇家金馬車、下榻白金漢宮以及在西敏寺發表演講。

這一系列景象，讓人想起美國學者伊恩．莫里斯在名著《西方將主宰多久：從歷史的發展模式看世界的未來》的前言中，虛擬的一個歷史場景：中國在鴉片戰爭中大敗英國，一八四八年，維多利亞女王在雨中於倫敦泰晤士河畔的碼頭下跪，恭迎大清駐英總督耆英。「道光皇帝恩准將英帝國納為中國的領地，並准許英國遵從中國之道。」事隔一百六十七年，那一幕終於變相實現！

在習近平心目中，這是「中華民族偉大復興」的鐵證。畢竟在中共的民族主義歷史敘事裡，中華民族的屈辱，是由鴉片戰爭及割讓香港肇始的。如今，習近平以天朝大國中興之主的姿態高調訪英，英國人鞍前馬後，禮炮喧天，終於一洗一百多年來中國被西方列強欺凌之恥辱。

英國向中國「叩頭」，被英國首相卡麥隆的前策略顧問希爾頓批評為「國恥」，希爾頓表示：「事實是，中國是個流氓國家，就跟俄羅斯和伊朗一樣卑劣，我不懂為甚麼我們要向他們獻媚，而不是對抗他們，這才是我們應該做的。」他又說：「我認為我們應考慮制裁中國，而不是張開紅地毯來迎接他。」希爾頓的觀點，也是白邦瑞這本書在《百年馬拉松：中國稱霸全球的祕密戰略》論證的觀點：中國從來沒有想過實現民主轉型並與西方和平共處，中國早從毛澤東時代就有一套通盤戰略，計畫要在二〇四九年即中共建政一百年之前，取代美國，稱霸世界。

一名中國通為何將自己的錯誤大白於天下？

美國中央情報局前局長詹姆斯・伍爾西（James Woolsey）給予白邦瑞這本著作極高的評價：「白邦瑞先生為CIA進行的調查研究為他贏得了『傑出貢獻局長獎』，本書正是根據這份研究寫成。在書裡他精采地回顧了他如何從一位『擁抱貓熊派』覺醒過來，進而以審慎的態度孤軍奮戰，警告我們中國圖謀稱霸的長期戰略。」白邦瑞自一九六九年進入CIA，專責中國情勢分析。多年來，他透過與中國叛逃至美國的間諜、異議人士的接觸，與中國軍方將領、戰略學者的討論，以及美國中央情報局與國防部對中國的機密調查研究，逐漸驚覺美國與西方世界受到中國刻意愚弄，以致於中國在「韜光養晦」、「和平崛起」的煙幕下快速發展，並在成為全球第二大經濟體之後，挑戰既有的世界秩序。

這本著作與其他研究中國的專著相比，最大的不同點在於，作者如實地記載了他本人痛徹肺腑的自我反省、自我檢討，梳理了從「被催眠者」到「覺醒者」長達三十多年的心路歷程。中國古人是「十年一覺揚州夢」，白邦瑞則是「三十年一覺中國夢」。不願承認自己的錯誤和挫敗是人的本性，尤其是政治人物和知識分子。

尼克森和季辛吉從未承認他們被毛澤東玩弄於股掌之間，埃德加・斯諾（Edgar Snow）和費正清從未承認過他們誤判中共的極權本質——倒是斯諾的遺孀、八十多歲的洛伊斯（Lois Wheeler Snow）在一九八九年「六四」之後拒絕中國官方訪華邀請，二〇〇〇年清明節以旅遊簽證前往北京爲丈夫掃墓，並表示將拜訪天安門母親丁子霖，行前通過媒體發表簡短聲明：「是一個母親和她的兒子，對另一位失去了兒子的母親所能表達的同情和安慰，這也是向所有在十年前的天安門屠殺中失去親人，又在後來的歲月裡被剝奪了正常生活和自由的母親和受難家屬們，表達我們母子和他們的團結之心。」在人民大學門口，斯諾夫人和兒子被阻止進入，丁子霖被大批國安警察堵在家中，另一位天安門母親蘇冰嫻因與斯諾夫人作簡單交談被警察羈押。洛伊斯在離開中國時發表聲明：「我不能繼續對基本人權受侵犯的事保持沉默。」

與洛伊斯一樣，白邦瑞不再以中國政府賜予的「中國人民的老朋友」的冠冕爲榮。從尼克森時代參與中國政策制訂，也曾代表美國政府與中國談判，擔任過白宮與國會中國政策幕僚，他承認多年來被中國騙得團團轉，幾乎是「被人家賣了還幫著數錢」。白邦瑞在尼克森時期積極向季辛吉建議與中國合作，在雷根時期擔任國防部助理副部長時，主張提供先進的刺針飛彈通過中國轉交阿富汗抵抗軍——等於美國出武器幫中方打擊蘇聯，這讓鄧小平非常高興。長期以來，美國外交政策決策者和民間社會沉迷於對中國一廂情願的想像——這種想像也由中國精心的裝飾、宣傳與誘導所形塑。白邦瑞說：「不惜代價協助中國，幾乎盲目到看不見中國人的親善或惡意——籠罩了美國政府與中國打交道的方法。」如今，是到了戳破這個美麗卻有毒的肥皂泡的時刻了。白邦瑞寧願痛陳自己的錯誤和失敗，也要把這本書當作一記警鐘，喚醒更多仍在沉睡的人們——包括不少對中國心存幻想的台灣人，他在本書台灣版的序言中調侃說，「這是中共最不願意讓台灣人讀到的一本書」。

美國如何應對百年一遇的挑戰？

近代以來，美國是對中國幫助最大的國家之一，從宣教士創建大學和醫院，到抗戰期間兩國軍人並肩作戰，再到八〇年代至今向中國輸出先進技術及幫助中國培訓數百萬人才。美國是對中國懷抱最大善意的西方國家，是唯一對中國沒有領土索求的西方強國。即便美國支持的國民黨政權崩潰之後，仍然誤以爲中共政權不是蘇聯那樣的共產黨政權，而具有儒家文化的特質，可以繼續交往。直到韓戰爆發，中國與美國在戰場上兵戎相見，美國才不情願地斷絕這一念頭。此後，美國並未「吃一塹長一智」，七〇年代尼克森訪華，卡特與中國建交，八〇年代中美進入蜜月期，又經歷六四屠殺的頓挫，到了柯林頓時代兩國經貿關係突飛猛進，並演變成今天的格局。

美國人以爲，可以讓中國變成「亞洲的美國」——既然曾在太平洋戰爭中殊死搏鬥的日本都能成爲美國在亞洲的模範盟友，並無血海深仇的中國爲何不能呢？但美國人忽略了一個關鍵的事實：中美之間存在著不可調和的矛盾，即價值觀的衝突。這不是杭亭頓所說的文明的衝突，而是文明與不文明的衝突、民主與專制的衝突、自由與奴役的衝突。中國共產黨的本質是極權主義，雖然將自己打扮成「半個西方國家」，但最終還是要尋找合適的時機，對西方發出致命一擊。

習近平執政之後，對美國的妖魔化宣傳變本加厲。中國異議作家慕容雪村在一篇評論文章中分析說，中國人對美國的仇恨來源，主要是因爲國家宣傳的影響。「因爲新聞審查和信息封鎖，許多中國人都對中國之外的事物缺乏基本了解。近幾十年來，雖然中國政府一直避免和美國發生正面的衝突，但在其國內宣傳中，卻一直視美國爲敵。再加上六十多年從未間斷的仇美教育，讓許多人對美國懷有一種非理性的敵意。」如果沒有美國這個「亡我之心不死」的敵人，擴軍備戰就失去了說服力，「和大多數專制政府一樣，中國政府喜歡扮演『人民的保護神』……中國政府需要一個『強大而心懷惡意的』美國，這已經成了它的合法性的重要來源。」這就是喬治・歐威爾在《動物農莊》中使用的「公共污水溝」的概念。

中國不滿足於做亞洲霸主，還要顛覆二戰之後形成的國際政治經濟秩序。美國如何應對中國的挑戰呢？這是百年一遇的挑戰，其嚴峻程度超過此前納粹德國、日本、蘇聯以及伊斯蘭世界的挑戰。白邦瑞在本書最後一章，提出美國應對中國挑戰的十二個步驟：承認問題；明確計算美國已經送出了多少援助；精準評估競爭力；發展競爭戰略；團結美國內部陣營；

建立反制聯盟；保護政治異議人士；堅決面對反美的競爭行爲；查緝並懲罰污染分子；揭發貪瀆及新聞檢查；支持民主改革派；密切觀察中國鷹派和改革派之間的角力。

這些睿智的意見，美國決策者未必聽得進去。比如，就保護政治異議人士而言，近年來美國政府毫無作爲，眼睜睜地看著諾貝爾和平獎得主劉曉波長期被關押至死，同爲諾貝爾和平獎得主的歐巴馬無視數十名諾貝爾獎得主的呼籲信，從未公開、嚴肅而堅定地向習近平提出釋放劉曉波的議題。

比如，就揭發貪瀆而言，那麼多中國高級官員的親人在美國購置房產，就讀名校，包括習近平、薄熙來的子女，美國政府卻從不調查他們的資金來源——如果美國的執法機構調查和公布相關訊息，將對中共統治的合法性帶來巨大衝擊，並讓中國民眾對美國民主、自由、公正的價值持更正面的看法。

又比如，建立反制聯盟。早在二〇〇六年，普林斯頓大學伍德羅・威爾遜公共與國際事務學院就發表了一份題爲《鍛造法治下的自由世界》研究報告，該報告是名爲「普林斯頓國家安全項目」的成果。該報告建議在聯合國之外建立「民主國家聯盟」，以應對非民主的國家和勢力的挑戰。法國學者菲利普・尼摩（Philippe Nemo）也曾提出「致力於西方聯盟」的想法，這個集合西歐、北美和其他西方國家的聯盟，是一個共同協商和協調一致的制度化空間，一個由在法律上平等的國家所組成的自由邦聯，它將是「歷史上一切持久的政治實體的本源」並應對外部的其他地理和政治實體的挑戰。直到川普當選，才開始拿已經淪爲「流氓國家俱樂部」的聯合國開刀。

中國會步軍國主義的日本的後塵嗎？

習近平在訪美時表示，世界上本無「修昔底德陷阱」（Thucydides Trap），加深相互了解可以幫助防止美國或中國的戰略誤判。「修昔底德陷阱」這個說法是哈佛大學政治學者格雷厄姆・艾利森提出的，講的是雅典歷史學家修昔底德觀察到的一種現象，即雅典實力增長導致斯巴達產生恐懼，使戰爭不可避免。

從中共的修辭學來看，中國領導人的公開言論需要「反著讀」，他們的公開言論跟私下的說法和想法截然不同。對於這一點，白邦瑞在書中有諸多有趣的細節可以驗證。習近平突兀地否認「修昔底德陷阱」的存在，恰恰說明他要「問鼎天下」的野心呼之欲出。

美國過去曾擊敗來自納粹德國、軍國主義的日本和共產體制的蘇俄的挑戰。今天中國正在重蹈昔日軍國主義日本的覆轍。在四〇年代那場殘酷的戰爭中，中國是日本侵略行徑的受害者，中國與美國一同對抗日本。吊詭的是，今天的中國正在演變成昔日軍國主義的日本，從受害者搖身一變而成爲加害者。

中共既然想學當年的日本去挑戰美國，以實力對比而論，中國有勝算嗎？在工業生產規模、人力以及掌控的資源方面，中國遠勝當年的日本。在鋼鐵生產量等一些方面，中國已經超越美國。然而，在工業的精密度和水準上，中國與當年的日本相比仍有相當大差距。比如，日本偷襲珍珠港時，所有的航母、戰艦、戰機和重型武器都實現完全自製，很多領域優於美國，但今天中國先進的戰機和航空母艦都是從俄國二流技術中拷貝而來。中國的將領和士兵的素養，更無法跟當年的日軍相比，嚴重的貪腐問題籠罩著整個軍隊，習近平的反腐治標不治本。當年日本有德國和義大利等盟國，今天中國環顧全球沒有一個朋友——北韓算不上與中國同甘共苦的盟友。在實力背後，更重要的是價值觀，中國在價值觀上空空蕩蕩——當年的日軍有神道教和天皇崇拜爲信仰，今天中國軍人早已不知爲何而戰。

白邦瑞這本書以中共操弄的戰國時代的古老智慧，特別是《孫子兵法》爲脈絡展開，認爲中國的崛起以及野心的達成，《孫子兵法》等古籍功不可沒——中國的鷹派領袖、將領和學者大都對《孫子兵法》倒背如流。在這一點上，我跟白邦瑞的看法有所差異。

《孫子兵法》可以讓一個政權、一個國家、一支軍隊暫時獲勝，卻不能永遠獲勝，它論述的只是技巧、戰術層面的問題，並未達到戰略與價值的高度。一個國家或民族長久的強盛，必須有價值和理念的支撐，正如菲利普・尼摩在《什麼是西方：西方文明的五大來源》一書中所說：「如果存在一種西方特性，那麼這種特性就是西方在肯定自己對人權的承諾、推行法治國家及通常所說的法律途徑的同時，它似乎寧願打破舊的純權力邏輯，更看重科學和社會經濟的發展，而不是繼續人類狩獵時代的捕食生活。」他特別指出：「我們完全有理由相信，沒有任何人類社會最終能夠逃避法治社會和市場的普遍價值這兩個西方發明的實踐。」他也舉例論證，日本、韓國、香港、台灣、新加坡以及若干東南亞國家，採納西方文明而快速實現現代化。

拒不接受普世價值的中國，即便依靠奴役數億勞工的「低人權優勢」、環境破壞、竊取西方知識產權以及對能源的竭澤而漁，獲得一段時間內經濟的快速增長和國家實力的蒸蒸日上，但這種模式並不比納粹德國、軍國主義的日本和共產體制的蘇俄更高明，同樣無法持續下去。美國學者譚寶信以「跛腳巨人」形容之，在我看來，這個比喻過於客氣了，中國更像聖經中形容的「泥足巨人」——如果不去推它，它會一直施施然地站立在那裡，威風凜凜，顧盼自雄；如果我們都不怕它，且勇敢地去推它，它一定會倒下。

歡迎來到東方極樂世界

——斯坦．林根《完美的獨裁：二十一世紀的中國》

動物兇猛，人的本性也非溫良恭儉讓。每個人心中，都有一頭老虎蠢蠢欲動。美國電視連續劇《西方極樂園》講述了這樣一個故事：人類有了一處終於可以活出「眞我」的地方——宛如迪士尼樂園升級版的「西部世界」，在那裡有許多跟眞人一模一樣的機器人「接待員」，遊客可以隨意地對他們施加性慾和殺戮。機器人「接待員」被遊客殺死之後，會被公司回收、修理、復活，按照劇本再向下一批遊客演出。直到有一天，有一些機器人「接待員」產生了自我意識，決定反抗被設定的命運。於是，原先有條不紊的「西部世界」，出現了機器人對人的「反向殺戮」，樂園變成了地獄。

「西方極樂園」只是電視螢幕上的故事，「東方極樂園」卻實實在在地存在著，那就是「比小說還要神奇」的中國：在這個國度，「高端人口」如同掌握生殺予奪之權的遊客，「低端人口」如同逆來順受的機器人「接待員」；「高端人口」如同帝王般窮奢極慾，「低端人口」只能滿足於「坐穩了奴隸位置」的「小確幸」。

生活在中國內部的人，參加排外遊行時自以爲是自由自在的「高端人口」，等到隆冬深夜被驅離租屋處時才發現，原來自己是一無所有的「低端人口」。生活在中國外部的人，到中國匆匆旅遊一趟，看到車水馬龍，高樓大廈，以為是人間天堂、已經實現的共產主義。那麼，哪一個中國才是其本相呢？

挪威學者、牛津大學教授斯坦・林根撰寫了一本事無鉅細的「中國導遊手冊」——《完美的獨裁：二十一世紀的中國》。書中描述了在這個號稱「人民共和國」的國度，人民如何被剝奪基本人權，又是如何如蛆蟲般生存且被遺忘；書中也剝繭抽絲地呈現了中國領導人說了什麼和做了什麼、黨政是如何建構運作的。作者詳細分析了習近平治下的「社會主義市場經濟」、貪腐、黨國機器、共產黨勢力、壓迫機制、稅收與公共服務、國家社會關係等，豐富了中國研究的內涵，擴大了政治經濟學、比較政治、發展與福利國家研究等領域。

斯坦・林根指出，中共政權不是共和國，而是「黨國」，黨比國家大，黨凌駕於政府之上。中共使用偽造的「正當性」加上精緻控制的複雜組合來維持它高度珍視的穩定，正如彭麗媛所詠唱的，「永遠坐江山」是黨唯一關心的事情。它買到了正當性，靠經濟上的「分贓體制」，並塑造出「有效管制」的好名聲。它實施控制，靠宣傳、思想工作和強力壓制。而在習近平的領導下，管制模式有了改變。「它強化了壓制，回到毛的宣傳與政治教育的傳統，將權力結構合理化且集中化，並擴大了黨的角色。它削弱了集體領導，搞一種新的一人統治，完全是圍繞著最高領袖搞個人崇拜。它把意識形態弄了回來，比毛以後的任何時候還更強烈，這種新的意識形態打著習氏招牌，內裡則是一個民族主義的中國夢。」

不是腐敗，而是有組織的犯罪

反腐是習近平贏得民心支持的關鍵手段。那麼，習近平是眞心誠意地反腐嗎？習近平能打贏這場反腐戰役嗎？

認識中國，先認識中國的腐敗。表面上看，中國似乎並沒有某些東南亞國家和非洲國家那麼腐敗。比如，有些國家的海關人員直接要求入境遊客在護照中夾上一張鈔票才予以放行，否則會百般刁難；中國的海關人員至少不敢如此肆無忌憚。但是，與善於僞裝的中國文化一樣，腐敗在中國通常不那麼明目張膽，卻深入社會的肌理和骨髓。腐敗就跟中國的歷史一樣古老，也一直是中共政權之下管治的一個常態特色。

斯坦・林根發現：「對許多政府來說，腐敗是個問題；但在中國，不僅進入了國家的心臟，而且規模登峰造極。這個問題產生了嚴重的後果。當國家本身腐敗，就不可能在商業上維持誠實的文化，或在公共行政上維持服務的文化。」

在中國，腐敗如水銀瀉地般自上而下地泛濫，掌權者當然要負最大責任。「在最頂端的，是從國家盜竊的高層貪污罪。『腐敗』一詞在此處是不恰當的，太仁慈了。這是有組織的犯罪，可以說是最隱晦的行爲，鮮少有公開的確實證據。」不過，自從習近平展開文革之後最大規模的反腐運動以來，政治鬥爭中失敗一方的若干腐敗事實被官方媒體披露出來。比如，周永康及其派系在石油系統的「化公爲私」，徐才厚與郭伯雄兩名前軍委副主席在軍隊的賣官鬻爵，數額之巨大超乎一般人想像。

習近平的本意是讓政敵聲名掃地，民間的反應卻是「天下烏鴉一般黑」，雖然人們對腐敗官員的落馬拍手稱快，但並沒有對「打虎將」習近平感恩戴德——很多民眾在心中嘀咕：習近平爲什麼不敢公布其家族的財產狀況呢？

在中國，腐敗成爲一種文化和制度，不僅在黨、政府、軍隊、國有企業等權力集中的領域盛行，就是在似乎弱勢的民間也形成了「彼此敲詐」的「有毒氛圍」。比如，作爲孩子的父母，爲了避免孩子在幼稚園受老師虐待，給老師送上價值不菲的厚禮。同時，如果這個家長是醫生，又會在醫院利用給病人看診或開刀的機會，要求病人送上「紅包」。病人的命掌握在醫生手中，哪敢不乖乖送上「紅包」？於是，在這個腐敗的社會中，大部分人既是受害者又是加害者，幾乎沒有無辜者。

斯坦．林根評論說：「正是上層的犯罪行爲，創造了下層腐敗的文化。當基層的政府工作人員看到上司們在自肥，他們也會覺得自己有資格這樣做。」就連中國式的人情往來、紅白喜喪也成爲腐敗的一部分。

習近平的反腐運動清除了數十萬名官員，它能否「除惡務盡」呢？斯坦．林根的答案是否定性的。他指出，習近平的反腐敗，是一種「低層次」的反腐敗，更多的是反「壞的行爲」，而非反「壞的制度」。儘管習近平在官場上散布了足夠多的恐懼，但是，更大的體系本身並未重新設計以便更爲防腐。換言之，「中國的官僚體系就好像是爲腐敗而設計的」，在此一體系中，官員不是由選舉產生的，不必對選民負責，只對上級負責，上下級之間的

「恩庇關係」本身就是腐敗的溫床。中國既沒有多黨競爭的政黨制度，也沒有獨立於黨之外的司法系統，又沒有作爲第四權的自由而獨立的新聞媒體。這樣，共產黨官員必然因爲掌握不受監督的權力而走向腐敗，習近平希望這些官員擁有聖徒般的道德情操，無異於緣木求魚。

是「完美的法西斯」，還是「空洞的法西斯」？

十九大後，中國不再掩飾其磨刀霍霍的兇狠，出手打壓聖誕節：不但發公文，下令黨政共青組織、大學「抵制西方節日」，而且動用警察暴力，強拆聖誕樹，燒聖誕裝飾，又組織民眾上街遊行「反聖誕」，讓防暴警察將城市中心廣場團團圍住，不允許年輕人聚集起來辭舊迎新，宛如處於戒嚴狀態。中共一邊打壓聖誕節，一邊強調弘揚中國傳統文化，或者說用傳統文化的「美好敘事」來裝飾黨國的粗鄙蠻橫。習近平本人跟傳統文化無緣，他生活在傳統文化被摧毀的文革時代，他連最簡單的成語都會唸錯，但人的本性便是如此——越是缺乏的東西，越是要假裝擁有，甚至招搖過市。

習近平熱衷於傳統文化，背後是一整套民族主義的敘事——對於中共而言，「中華民族的偉大復興」，意義超過了實現共產主義。共產主義無人問津，中華民族的偉大復興則有相當的吸引力。民族主義的敘事，必然指向法西斯主義。對於我的這個判斷，斯坦・林根在提及我寫的《中國教父習近平》一書時，提出不同看法。他認爲：「一個國家不是因爲民族主義才成了法西斯；而是它的民族主義立足於法西斯意識形態，使它成爲法西斯。一個民族主義的國家是一回事，一個被意識形態煽動的民族主義國家又是另一回事。」其實，他沒有看明白我的眞實觀點：中國是「另類法西斯」——在納粹德國，民族主義是民眾的眞情實感；在中國，民族主義只是一種官方敘事，民眾雖然不時與之唱和，但大部分人並不眞正相信和信仰。我常常舉出的一個例子就是：在反日遊行發展成「打砸搶」時，暴民們興高采烈地去砸街頭的日式料理店和日本品牌的汽車，此時此刻，大部分人都不用擔心受到警察的抓捕和法律的制約，他們好像突然來到美劇中的「西方極樂園」。

與此同時，沒有一個人將自己脖子上掛著的日本品牌的相機扔到火堆中去，當然更不會有中國人像韓國人那樣到日本使館門口去切掉一根手指以示抗議。中國人個個都是「人精」，無論主義多麼崇高偉大，若要傷害自己的實際利益，必定一毛不拔。

西方人的思想方式過於「實在」，不知道中國的民族主義是一場心照不宣的演出，中共是導演，民眾是演員，導演和演員都知道劇本是不眞實的。習近平不可能讓如今「過於聰明」的中國人，像當年全身心投入文革那樣，忘我地投入到當下的民族主義狂潮中。但是，這場演出又是如此逼眞，包括殺人都是眞的。所以，斯坦．林根對中國未來發展方向的評估是：中國可能有五種結局——沉著穩定、滅亡、烏托邦、民主、完美的法西斯國家，而他越來越傾向於最後一種。「我們正在中國所看到的，是一個超危險意識形態的胚胎。之所以如此，是因爲它落在實力和民族偉大的修辭之中……沒有任何個人的獨立的善，可以阻擋或限制被視爲民族利益或國家力量的事物。如果鎭壓、侵略和最後的戰爭是符合民族的利益，那麼意識形態命令所制定的這些政策，也是爲了『每一個人未來和命運』的善。」

對於這個結論，我只是稍稍加以修正：中國不是「完美的法西斯國家」，而是「空洞的法西斯國家」。習近平及其文膽平庸得不能再平庸了，他們炮製不出希特勒的《我的奮鬥》來；而中產階級對中國和世界的眞相大都不想知道得更清楚，他們不會主動反抗過於強大的共產黨，但他們都會將孩子送到歐美去讀大學，如果下一代能夠留在歐美生活和工作當然更好。

昨日讚美納粹德國和蘇俄，今日讚美中國

本書不僅致力於揭露中國的眞相，也嚴厲譴責西方對中國的綏靖政策。這種綏靖政策不是史上第一次。此前，西方也對德國採取綏靖政策：「納粹德國當年廣泛受到敬重，直到把歐洲和世界拖入戰爭，大家才恍然大悟。今天，我們不喜歡回想此事，但是，對早期納粹德國的敬重，曾強烈地存在於後來與德國打仗的所有國家之中，包括那時的知識分子。即便看到了如此驚人的景象：越來越邪惡、野蠻和種族主義的獨裁體制，以及希特勒每逢講演時的咆哮瘋狂，人們還是對納粹讚美不斷。」日裔英國作家石黑一雄在其代表作《長日將盡》中描寫了優雅的英國紳士們熱情款待希特勒的外交部長里賓特洛甫（Joachim von Ribbentrop）的場景，那些文質彬彬的英國名流對一戰中打敗德國以及戰後對德國的懲罰心存愧疚，並認爲英德合作是世界和平的根基，卻對希特勒的狼子野心一無所知。他們不能將所有的錯誤都

推到參加慕尼黑會議的張伯倫身上。

第二次的綏靖政策是對蘇俄：「許多面對蘇聯的觀察家，把蘇聯視為一個足以取代民主政體的選項，認為一直到史達林時期及之後，該政權在許多方面都很優越，有時連道德上都更優越。又一次，即使知識分子知道了那些本來應該無法讓該政權成立的事情：農村集體化運動和大饑荒、作為統治工具的政治屠殺、與希特勒合謀吞併波蘭東部及波羅的海國家、古拉格集中營、入侵匈牙利和捷克斯洛伐克，人們還是對蘇聯讚美不斷。到了七〇年代，當我還是挪威奧斯陸大學的學生時，校園各處都在講說，東歐政權，特別是東德，在很多方面都要優於我們自己的制度。」左派統治的西方學界和媒體，長期對蘇俄歌功頌德，英國作家蕭伯納、法國哲學家沙特、美國總統羅斯福都是蘇俄的吹鼓手，直到蘇聯東歐共產黨政權崩潰，西方左派才宛如大夢初醒。

如今，納粹德國和蘇俄都已聲名狼藉，人們又將美好的想像投射到中國身上。斯坦．林根指出：「今天，中國吸引了人們的讚美。哲學家們讚美中國是一個文明之國。全世界的生意人，還有學者，都爭搶著登上中國舞台。」這一趨勢，隨著中共「大外宣」戰略的展開，愈演愈烈。中共投入的收買西方媒體和名人的資金，是納粹德國和蘇俄望塵莫及的。納粹德國和蘇俄有足夠的意識形態自信，他們確實有一套「自給自足」的合法性論述，他們的重點是在國內宣傳洗腦，至於西方民主國家對他們的看法，他們並不太在乎；相比之下，中共缺乏「理論自信」，中共的意識形態是斷裂的、自相矛盾的——如果堅持毛澤東批判孔子是正確的，今天為什麼在國外設置為數眾多的孔子學院呢？

中共腰纏萬貫而內心極度自卑，在海外如天女散花般撒錢，收買洋人爲其抬轎。錢多好辦事，洋五毛們爭先恐後地跑來了。比如，加拿大學者貝淡寧（Daniel A. Bell）吹捧中國高效率的「賢能政治」超越了西方低效率的民主政治，儒家價值幫助共產黨的統治穩如磐石。由此，他在中國學界取得了作爲一名洋人的最高地位——從清華大學教授躍居山東大學政治與公共管理學院院長。

再比如，「德國之聲」專欄作家澤林（Frank Sieren）專門撰寫讚美中共的文章，這個連中文都不會的作者自稱中國研究專家，甚至說六四屠殺是「一時失誤」，引發天安門母親發表聲明指責其「連畜牲都不如」。那些批評他的華裔記者卻遭到解聘，他穩穩占據專欄作家的位子，讓人懷疑「德國之聲」是不是已經淪爲中國中央人民廣播電台的德語部？

與這群洋五毛辯論，無需太多的理論，只用像斯坦．林根這樣在書中列出若干事實，就能讓謊言成爲謊言，眞相成爲眞相，正如荷蘭學者馮客（Frank Dikötter）所說：「中國之外，不乏有學者與權威人士會說，中國的獨裁體制是爲了更大的善。而斯坦．林根這本及時的著作，則有系統地把這項宣稱的每個部分給一一摧毀。」《完美的獨裁》絕對可以成爲一本當代中國研究的必讀書。

共產黨如何將果凍釘在牆上？

——安瑪麗．布雷迪《推銷中共——中宣部運作：讓黨繼續掌權》

毛澤東曾用生動形象的語言總結說，中共奪取和維持政權的秘訣全在於掌握槍桿子和筆桿子。在長達二十七年的毛時代，中共的統治從未遇到來自黨外和國外的致命挑戰，諸多政治運動只是黨內鬥爭的延續。毛在政治運動中利用宣傳機構醜化和毀滅政敵，並對民眾實施全面和徹底的洗腦。文革之後，在改革開放最初十年，胡耀邦和趙紫陽力圖以經濟建設爲中心，弱化政治宣傳，兩人卻先後因此失去權力。此後，江澤民、胡錦濤、習近平三人相繼執政，在意識形態上一個比一個更左，研究中國當代政治的紐西蘭學者安瑪麗．布雷迪發現：「在一九八九年後的中國政治生活中，宣傳和思想工作的影響力非但沒有削弱，而且成爲更爲重要的黨的生命線，一個共產黨確保其合法性和執政權的重要手段。」

九〇年代以來，網路技術日新月異，極大地改變了包括中國人在內的全人類的生活方式。在一派樂觀的氛圍中，美國前總統柯林頓相信政治學家福山「歷史的終結」的論斷，認爲網路的普及將大大加快民主制度在全球的拓展，結束僅存的獨裁政權，中國政府不可能繼續營造「動物農莊」的假象。柯林頓用一個比喻來形容網路的勝利和中共的失敗：「試圖在中國控制網路就如同在牆上釘果凍。」他說得似乎沒錯，網路的首要特徵是信息自由傳播，有哪一個傳統媒體的影響力比得上一夜之間就能讓政權更迭的維基解密網站呢？

然而，二十多年後的事實證明，福山和柯林頓高興得太早了。網路不僅沒有成為中共的喪鐘，反倒成為其控制和鎮壓民眾、瓦解和摧殘公民社會的最佳工具。此前，誰能想像中共能構築一道遠比長城更加牢固的「網上長城」呢？對於大多數牆內的中國人來說，「動物農莊」中虛幻的自由跟外面真實的自由一模一樣：淘寶比亞馬遜更方便，微信取代臉書和推特，很少有人警覺到淘寶和微信背後隱藏著從不眨眼睛的「老大哥」。個人越來越原子化，老大哥則無所不能，無所不知。當人們喪失翻牆的慾望時，牆就成為生活中恆久存在的一部分。

中共果然將果凍釘在了牆上，中共用的是哪一門威武神勇的中國功夫？安瑪麗．布雷迪做了長期的研究，寫出了《推銷中共——中宣部運作：讓黨繼續掌權》這一力作。她引用政治學家哈羅德．拉斯威爾（Harold Lasswell）的理論，「宣傳是控制現代社會最有效的手段之一」，在現代工業社會，作為社會控制最基本的手段，對宣傳的需要會更多，而不是更少。「八〇年代後期以來，拉斯威爾的理論在中國的宣傳理論家中找到了知音。」

人民是怎樣被洗腦的？

中共的宣傳術比納粹德國和蘇聯都要高明，更讓伊朗、北韓、古巴等獨裁政權望塵莫及。伊朗、北韓、古巴在國際社會臭名昭著，中國當局卻能將自己打扮成「不咬人的老虎」，在國內大量僱傭「五毛黨」和「小粉紅」，在海外也擁有不少好朋友和辯護士。中共是如何做到這一切的？

本書首先討論了宣傳系統在當代中國的地位——在黨的系統中，它僅次於組織部而高於統戰部、外聯部等；然後作者對比了毛時代與改革開放時代中共宣傳工作的變異，梳理了一九八九年之後中共如何吸取新的方法和技巧，在宣傳手段上推陳出新；最後，書中比較了中國與其他專制國家以及與西方民主國家在文宣上的不同。由此，作者提出中國已具備新的政治模式，即「大眾威權主義」，這種模式將一黨制與控制輿論相結合，其結果是「中國統治合法性得到極大改善，人民接受中共繼續領導的政治制度——這是一九八九年六月時誰也沒有料到的」。

書中最爲吃重的章節是研究中共運用網路對民眾洗腦。網路固然是新的信息與觀念的傳播平台，但中共當局也用此一平台灌輸民族主義。中共知道馬克思主義、共產主義、毛澤東思想對民眾早已不具吸引力，「流氓手中最後的一張牌」乃是民族主義。

作者指出：「中國所有的報紙現在都有免費網路版，而且很多還開設了網上論壇，這已經成爲中國公共輿論的重要渠道。……大部分網路用戶是受過良好教育的青年，他們正是一九八九年以來中共一直在試圖接近的群體。」令人吃驚的是，中共的宣傳機構在爭取青年一代的人心方面勝過了自由主義知識分子，影響力日漸式微且名聲不佳的海外民運更不是對手。

通過精心而持久的宣傳，中共成功地讓大部分民眾相信，只有共產黨才能帶領人民實現「大國崛起」，實現「中國夢」。作者寫道：「中共已經在中國人的頭腦中，建造了一座眞正的思想監獄，中共控制的中華人民共和國就是中國和它所代表的一切；因此，以任何形式批評或攻擊國家，就是漢奸和賣國賊。」就連北韓問題也被「內政化」——中國是北韓的宗主國，無論北韓當局多麼殘暴，中國都不能放棄它。放棄北韓意味著中國在與美日帝國主義的競爭中失敗了。爲了維護中國的大國顏面，美化北韓也是中共宣傳機器的重要任務。中國媒體上禁止刊登批評北韓的文章，一份半官方、半民間的雜誌《戰略與管理》因此被宣傳部門停刊。中國民眾像捍衛自己的領土主權那樣捍衛北韓政權，對南韓安裝薩德反導彈系統怒火中燒，成千上萬中國民眾走上街頭抗議爲薩德系統提供土地的韓國樂天集團。

信息的匱乏和單一必然導致愚蠢。中國人只能看到當局希望他們看到的資訊，其思維方式、語言方式和世界觀由此被形塑而成。很多到中國旅行出差的「牆外人」，一入中國國境便吃驚地發現，臉書、推特、谷歌等此前每天必用的網站全都無法登入，而以「強國人」自居的中國人對此渾然不覺。

中共的大外宣已滲透西方的肺腑

作者以專門的章節討論中共的外宣策略。一九八九年之後，爲了改變雙手沾滿鮮血的屠夫形象，中共仿效西方政府設立政府新聞發言人制度，並投入鉅資在央視、中央人民廣播電台和新華社等中央級媒體開設各種語言的頻道和節目。雖然中國官媒外語新聞的影響力尚不能與美國之音、BBC等老牌西方媒體競爭，但其主動出擊的戰術讓中共受益匪淺。作者評論說：「中國的宣傳體系有意識地吸取西方民主社會中廣泛採用的政治公共關係、大眾傳播學、政治傳播學以及其他現代公眾說服手段的方法論，將它們改造成適合中國的情況和需要。」這就是獨裁者的「進化術」。

不過，本書只涉及中國境內的宣傳機構如何對外宣傳，未能探討中國大外宣計畫如何深入西方的肺腑。西方自由市場下的媒體環境，給中共的滲透提供了表面上合法的管道。美國學者夏偉表示：「當我們的媒體王國正像喜馬拉雅的冰川一樣在融化，北京卻正在擴張。他們想盡可能地在世界上任何一個有信譽的新聞業標誌地搶占一席，所以他們要到紐約，要到時代廣場這一標誌性的地點，這就是他們計畫的一部分。」

中國旅美經濟學家何清漣長期研究中國對西方媒體的滲透，她發現，僅僅是對西方的中文媒體，中共的招安策略就極具成效。其方式之一是，針對海外傳媒的總編輯和主要領導者定期舉辦世界華文傳媒論壇與各種研修班。這種「有吃有喝有玩樂有鼓掌有照相有發言有總結有資料有禮物有歡迎有道別，一種典型的中國廟會式的『大會』」，對於移民海外者確實有吸引力。紐澤西州一家《彼岸》雜誌就說：「要充分運用海外媒體的作用，影響美國主流社會，我們就是國內媒體在海外的延伸，一定要忠實履行海外媒體的責任，國內媒體的宗旨就是海外媒體辦報的宗旨。」

中國旅澳學者馮崇義回中國調查維權律師案件，被中國國安部門扣押了十天之久。在國際壓力下獲釋回到澳洲後，馮崇義談及中共對澳洲的統戰滲透，憂心忡忡地指出：「中共在此地深耕多年，欲把澳大利亞打造成中國的一個戰略後院，特別是分化美國和澳大利亞的關係。所以，紅色中國對經營澳大利亞是全方位的、多層面的，從僑界到澳洲商界、從澳洲學界到政界。……我們當年離開中國，就是爲了擺脫專制統治，在自由的土地上無憂無慮地生活。但如今，中共專制勢力伸向澳洲的各個角落，我們又不得不生活在它的陰影下，澳洲的中文媒體充斥黨國專制意識形態的宣傳，這是極其嚴峻的問題。」

其實，這種情形已遍布所有西方大國，有研究者列出一份中共控制的數百家海外中文媒體名單，讓人歎爲觀止。以我生活的大華府地區爲例，在亞洲超市免費派送的十家左右中文報紙，全部淪爲《人民日報》海外版。這是納粹德國和蘇俄不可能在西方民主國家的心臟所達致的目標。可惜，受左派「多元主義」主導的西方社會，對此視若無睹，麻木不仁。殘酷的歷史經驗一再驗證：如果不捍衛自由，自由就會被專制吞噬。

公檢法強力部門參與文宣保衛戰

宣傳部究竟有多大的權力？安瑪麗．布雷迪指出：「宣傳部負責監督與其平級的媒體、出版和文化機構的內容，但它沒有懲治違規者的法律權力。」這一論點失之於片面，宣傳部當然有權力處罰媒體，封殺作者。比如，二〇〇四年十一月，中宣部向全國媒體發出指令，將焦國標、余杰、李銳、茅于軾、王怡及姚立法等六人列入禁止報導名單。消息人士指出，焦國標要求中國領導人民選，主張廢除中宣部；資深共產黨員李銳要求政治改革；作家王怡、余杰的文章具高度敏感性；經濟學家茅于軾主持的天則經濟研究所對時政多有批評；姚立法長期在湖北潛江從事農民維權運動。這些人來自不同領域，其共同點是觸及到中共的「紅線」。此類黑名單層出不窮，越來越長——一旦上了黑名單，使永遠在其中，不可能取下。

另一方面，或許因爲作者自我設限，僅就宣傳部體系爲研究對象，未能覺察到從胡錦濤統治末期到習近平統治時期中國文宣政策的一大變化：在許多言論和新聞事件中，公安、國安、地檢署和法院等強力部門已取代傳統的宣傳幹部，成爲「奉天承運，皇帝詔曰」的主導力量。在維穩成爲首要「基本國策」的時代氛圍之下，如何將危害中共統治的新聞事件及相關評論扼殺、屏蔽，警察往往比宣傳幹部更爲快捷和有效。南都報系的程益中案、廣西師範大學出版社的何林夏案，都是用經濟罪名掩蓋的言論罪。

就我的經驗而論，作爲一名追求言論自由和新聞出版自由的作家，我在中國生活期間從未跟宣傳系統的官員直接交涉過，長期跟我打交道的是國安和國保的警察。我曾毫不客氣地對這些警察說：「秀才遇到兵，有理說不清。我跟你們面對面，這本身就說明中國不是一個正常國家。那些宣傳系統的官員爲什麼永遠躲藏在你們背後呢？」

中國正在加速演變成警察國家。不僅重要媒體、重要異議人士受到警察監控，就連一些雞毛蒜皮的事情也被警察小題大作。一名在香港唸書的中國學生Jade Li，近日在臉書上貼出她的一段離奇遭遇，這個小故事可以成爲這個荒誕時代的小小註釋：

馬泮艷，巫山童養媳當事人。十二歲被大伯以四千元賣到二十九歲的陳學生家，十三歲被強姦，十四歲生女。

自二〇一六年五月，以京華時報為首的多家媒體對此事進行報導，截至目前，《京華時報》、《南方週末》、《重慶晨報》、《環球時報》、《南華早報》、《中國婦女報》等都有關於此事的報導。

四月初，我聯繫上馬泮艷本人，希望能對她進行採訪，並完成我本學期的期末報告，她正在積極尋求媒體曝光，於是欣然接受。幾經周折，我訂下今晚飛往重慶的機票，希望可以在她給她女兒看病的間隙完成採訪。

我沒有想到的是，飛機一而再，再而三地延誤。我正在機場百無聊賴地候機，突然收到了我父母的多條信息，聲稱中國國家公安部已經與他們通話，如果我不立即中止採訪，便將我列進黑名單，並限制出境。

在中文網路混跡多年，我早已對中國和中共的無恥手段爛熟於心，只是當這一切——維穩——發生在我身上的時候，我還是震驚和錯愕的。

馬泮艷的各類聯繫方式已經被監控，我早有預料，但我難以置信，中國國家公安部竟然對一個二十歲女學生的期末作業（並不會發表）如此懼怕，懼怕到在我入境不到一小時內就迅速聯絡到我的家人並「給予」威脅。

原來，我作為一個學生，寫一個期末作業，也是可以顛覆國家政權的。

身為一介平民，我無力與龐大的國家機器對抗，考慮到個人安全，我只能就此返程。非常遺憾，不能見到馬泮艷本人並完成約好的採訪。今天將此事公諸於眾，是希望首頁能看到的各位，不要再對這國抱有任何幻想。這國不解決問題，只解決提出問題的人。

中國或許曾為我的故土，但它從很久之前，久遠到我目睹溫州高鐵事故開始，就早已經不是我的歸屬。他的國，他的盛世，如你們所願。

然而，「他的國」、「他的盛世」總有一天要變成「我的國」、「我的盛世」。這需要每一個熱愛自由、良知未泯的中國公民攜手努力，也需要國際社會的支援和幫助。

中共修築看上去牢不可破的「防火牆」，得到過若干西方跨國科技公司及人員的協助，這無疑是助紂爲虐。曾參加中國「網路長城」建設的西方工程師Greg Walton，回到美國後良心發現，撰寫了一份題爲〈金盾工程：中國龐大的電訊科技監控系統〉的長篇報告。而另一位作者乾脆在文章裡警告說，美國有責任幫助中國人民奪回網路這一促使信息自由流通的工具，「我們可以鋪下革命的聯絡網路。如果我們不這麼做，中國未來的世世代代將不會原諒我們。」

推牆是一項眾人協力的事業。牆內牆外的中國人以及所有關心中國民主化的人士，應當竭盡全力推倒這道比柏林牆更醜陋、更邪惡的高牆。高牆倒下的那一天，也就是共產黨壽終正寢的那一天。

中國是比「房間裡的大象」更可怕的「吊燈裡的巨蟒」

——吳介民等編《吊燈裡的巨蟒：中國因素作用力與反作用力》

美國社會學家伊維塔・澤魯巴維爾（Eviatar Zerubavel）寫過一本薄薄的卻影響深遠的小書——《房間裡的大象：生活中的沉默和否認》。「房間裡的大象」來自一句英語諺語：「大象」被用來比擬某種巨大、因而不可能被忽視的眞相；「房間裡的大象」則表明，儘管人們無法否認該事實確鑿地存在於日常生活中，卻依然刻意迴避，故作不知。伊維塔・澤魯巴維爾從「房間裡的大象」入手，從社會學角度剖析人們私密生活和公共生活中，對於某些顯而易見的事實，集體保持沉默的社會現象，稱之爲「合謀性沉默」。

用「房間裡的大象」這個概念形容「中國因素」之於香港、台灣乃至全球的威脅，實在太過溫柔敦厚了。「大象」一般不主動傷人，中共卻要致人死命，你不犯它，它也要來犯你。因此，台灣學者捨棄「房間裡的大象」，選擇另外一個意象「吊燈裡的巨蟒」——這頭巨蟒是見血封喉的毒蛇，是《聖經・啓示錄》中出現過、集邪惡於一身的「大紅龍」，而且它陰險地躲藏在吊燈中，如果不仔細觀察，無法發現它的存在，等到被它突然撲上來咬一口，就已一招致命、回天乏術了。確實，只有這個令人毛骨悚然的比喻，才配得上正在崛起的、惡貫滿盈的中國，正如本書作者指出的那樣：「這個日益壯大的政權帶給周遭國家的，除了實質上的政經威脅，更有無所不在的心理恐懼，這種恐懼導致人們自我審查，甚至自動調整其行爲。」

本書進一步指出，「中國因素」已成爲全球性的課題，而台灣正可作爲一個研究「中國因素」的「策略性場域」，其發現與論點，可以延伸到香港、中國鄰近地區，乃至於全球。雖然中國自稱「不輸出革命」，卻是「只做不說」的新殖民者。二〇一七年十二月，美國國家民主基金會發布了一篇題爲〈銳實力：崛起的專制主義的影響〉的報告，用「銳實力」這個說法描述近年來中國對外滲透的趨勢：中國花費數十億美元鉅款，運用各種手段，諸如人文交流、各類文化活動、教育項目以及傳媒和信息項目，在世界各地營造對中國有利的公共輿論和觀念。這種影響既不像「硬實力」那樣具有強制性，也不是「軟實力」那樣的「魅力攻勢」，因此稱之爲「銳實力」。這份報告還指出，這種「銳實力」是中國的「投槍匕首，甚至是注射器」。

「銳實力」這個說法在美國和西方正被越來越多的人所接受。二〇一七年十二月十三日，美國國會和行政當局中國委員會以「中國之長臂」爲題召開聽證會，討論中國如何滲透到其他國家施加影響力，並悄悄輸出具有中國特色的威權主義。同年十二月十四日，英國《經濟學人》雜誌在一篇封面文章中將「銳實力」定義爲依賴「顛覆、恃強凌弱與施壓，將這三者結合起來推行自我審查」。無疑，台灣正是中國「銳實力」長驅直入的重災區之一，因爲中國吞併台灣的野心從未改變。

在台灣如何上演「一個中國」？

「中國因素」一詞最早出現於二〇〇九年，學者吳介民在一篇文章中論及「中國因素」對台灣民主的影響。但事實上，中國因素影響所及不僅是政治，舉凡族群、文化、宗教、社會、產業等無處不在。本書從地緣經濟學入手，首先針對「中國因素」提出一個明確可操作的定義：中國政府運用財政能力，給予某些台商與政治人物特殊優惠而使之成爲政治代理人，比如運用中資、親中台商、跨海峽資本等，在台灣進行採購或企業的收購、入股、併購，並進而影響台灣的企業行爲、政府決策、媒體輿論、民眾態度和政治秩序。透過上述活動，使中國的影響力進入台灣政治、經濟、社會、文化和生活各領域，讓中國因素引發效應。

本書最有趣的章節是美國學者伊恩於二〇一四年八月在台灣參加中國旅遊團八日遊的民族誌調查與分析報告。伊恩本人是一位「非典型」的學者，研究領域爲地緣政治、社運、觀光以及轉型正義，他不是一直坐在書齋中坐而論道，還做過記者、旅遊領隊、譯者以及音樂家。他以普通遊客身分，參加一個從上海出發到台灣、平淡無奇的九百美元團費的旅行團，一路上的豐富體驗絕非這一篇文字所能涵蓋。

我的很多中國親友參加過此類旅行團，向我描述了不少類似的細節。首先，伊恩注意到作爲「說故事的人」的導遊，是一名深藍背景的退役國軍軍官，其職業又是專門爲中國遊客提供導覽服務，這兩個背景加在一起當然使得他的言說有明顯的傾向性。在長達八天時間裡，這位張姓導遊一直在諂媚中國和貶低台灣，常常脫口而出「我們中國」乃至「我們前總理溫家寶」，肯定中國一黨專政的「高效率」，感嘆「台灣就是太民主了，民主太多不是好事」。他告誡旅行團成員遠離政治，千萬不要接觸在各個景點宣傳、抗議的法輪功成員。然而，他自己卻刻意向客人灌輸其政治觀點——大肆讚美國民黨，竭力貶低民進黨，對二二八及白色恐怖時代的紀念碑、紀念物避而不談。對此，伊恩評論說：「他的發言不只是導遊管理策略的實踐，也是個人政治的選擇，而這對旅行團理解台灣歷史與當代大眾意見產生很明顯的影響。」

最直接的影響就是，在親身遊歷台灣之後，大部分中客的反應並不是羨慕台灣的民主自由，而是印證了他們在中國接受的洗腦教育——一黨獨裁的制度最好，千萬不要搞民主，一民主就亂象叢生。在伊恩參加的旅行團中，有來自上海郊區的市民一家，也有來自蘇北的幾名建築工人。伊恩特別注意到，同屋的室友一開始對台灣電視中的政論節目感到好奇，很快就厭倦了，又將頻道調回中國的中央電視台。這是一個很有意思的細節，中國遊客即便來到台灣這樣沒有語言障礙的自由國度，仍然要尋找在中國國內早已習慣觀看的電視頻道和節目。

中國民眾被共產黨洗腦徹底到了何種程度，甚至失去了尋找眞相和眞理的願望，滿足於井底之蛙所能看到的世界。中國遊客到沒有防火牆的台灣和西方旅遊，每天照樣泡在中國的微信、微博、新浪、騰訊、淘寶上面，無意嘗試登入臉書、推特、谷歌和維基百科。宛如古代的太監在生理上被閹割去勢，大部分中國人已然在精神上被共產黨閹割去勢。他們覺得在豬圈中打滾是世界上最幸福的事情，偶爾到豬圈之外，也不願洗去身上的臭氣。

那麼，中國旅行團究竟讓誰得利？張姓導遊處於食物鏈最底端，所得有限。眞正的獲利者是中資或親中台商控制的一條龍產業鏈：導覽車公司、賓館以及沿途若干個專門爲中客設置的販賣奢侈品、免稅品以及在地特色伴手禮的大型購物場所。因爲團費偏低，購物環節占很大比例。

最顯著的例子是國民黨黨營的花蓮寶石店，店家赤裸裸地說：「買我們的花瓶就是幫助和平統一。」導遊宣稱，由於民進黨執政時期縮減榮民福利，店家會將百分之二十五的收益用於幫助榮民，在此購物是「支持我們的軍隊」。導遊和店家的敘述跟國民黨一樣，發生了黑色幽默式的斷裂：國軍不正是因爲被共產黨打敗才敗退到台灣的嗎？國軍在台灣念念不忘的不正是殺豬拔毛、反攻大陸嗎？如果中客購買此類商品就是支持國民黨軍隊，反過來不就是「引狼入室」嗎？

今天國民黨高喊「聯共反台獨」，昔日國民黨卻將共產黨當作不共戴天的仇敵，國民黨如何將兩種尖銳對立的立場整合成一套自圓其說的「百年論述」？這位國民黨支持者的張姓導遊只好難得糊塗地自相矛盾下去。與其說左右逢源，不如說掩耳盜鈴、自欺欺人：彼岸共產黨的黨魁習近平也是如此——不能以「前三十年」否定「後三十年」，也不能以「後三十年」否定「前三十年」，鄧小平又何必改革開放呢？

從中國的宗教統戰看台灣的「第五縱隊」

書中還提出一個新的概念——「在地協力機制」。中國對台灣施加影響的方式，除了直接施力，也透過台灣在地協力者間接影響，其施作方式更爲複雜、幽微，甚至往往更爲有效。本書中有三個章節討論中共對台灣宗教領域實施的綿密統戰政策：「媽祖信仰的跨海峽利益」、「中國情感或佛教市場」和「基督教的海峽互動及其轉變」。

以媽祖信仰爲例，中國在文革後放鬆對民間宗教信仰的控制，允許福建湄洲島媽祖廟得以重建。一開始出於經濟目的，吸引台灣各媽祖廟及信徒捐款。很快，當局發現這是一個新的對台統戰場域，湄洲島媽祖廟迅速被「收歸黨有」。模仿台灣媽祖廟而建立的董事會，通常由政協官員出任主管，甚至還有黨政人士兼任董事。而與這間福建「祖廟」關係的親疏，也影響到台灣各媽祖廟的競爭及位階，由此形成了台灣媽祖信仰的「頭人」群體。這個「頭人」群體常常在特定的歷史時機對兩岸政策表示態度，並分享在中國的宗教「紅利」。可惜，矇昧的台灣普通信眾對此一無所知。

以佛教爲例，作者列舉佛光山、中台禪寺、慈濟與法鼓山這四個影響力較大的道場與中國的密切往來，「四大山頭」雖有各自不同策略，但都不滿足於「台灣佛教」的身分定位，將中國視爲傳播佛教的一方沃土。爲了取得在中國發展的合法性，當然要跟中共政權打交道。

從江澤民時代以來，中共有意識地利用作爲中國傳統文化一部分的佛教鞏固其統治，作爲千瘡百孔的官方意識形態的補充，所以對台灣佛教界拋出的橄欖枝予以正面和積極的回應。星雲法師多次訪問中國，受到習近平親自接見，習近平甚至表示是其忠實讀者，而忘記了共產黨員的無神論特質，更不計較六四屠殺之後星雲對若干中國民運人士的救助和庇護。

對於佛教在當今台灣和中國社會扮演的角色，作者尖銳地指出，雖然號稱「人間佛教」，但四大道場在台灣未能回應公民社會的主流價值，未能爲公民社會提供社會貢獻，必然影響其未來的發展。當然，也更不可能吸引中國有民主訴求的中產階級的信任。

以基督教爲例，因爲基督教與共產主義意識形態之間的衝突遠遠大於媽祖信仰和佛教，而且中共正在大力打壓基督教，所以台灣基督教界與中國官方的互動並不多。本書作者列舉了二〇一三年在台北舉行的「兩岸基督教論壇」，以及次年成立的「中華基督教兩岸交流協會」，拜會國家宗教局等事例，討論兩岸基督教交流是否能如中國國家宗教局副局長所說的「後來居上」。

大概作者並非基督教中人，對於在台灣熱衷於兩岸基督教交流的組織和人物未能作出更細緻的分析。其中，一個頗有代表性的機構是蒲公英基金會，該基金會是深藍的「國民黨基督徒」建立的機構。研究台灣基督教史的學者曾慶豹梳理了國民黨一黨獨裁時代，這些「黨國基督徒」如何配合國民黨迫害持「台獨立場」的台灣長老教會，斑斑劣跡，不忍卒讀。未經轉型正義，這群打手從昔日配合國民黨「反共抗俄」到今天配合國民黨「兩岸一家親」，毫不臉紅地華麗轉身，信仰的是權勢而不是耶穌基督。

台灣的「反作用力」如何以弱勝強？

本書利用「作用力與反作用力」的分析架構，勾勒出中國對台的政治意圖，如何透過跨海峽政商關係網路與台灣在地協力者，影響台灣社會的政治行爲與決策。各章作者分別就其研究領域，剖析中國因素在台灣的經濟投資、陸客來台旅遊、教科書課綱爭議、媒體與網路以及宗教上的運作與影響。

中國對台灣的打壓、收買、滲透，到了超過一般台灣人想像的地步。那麼，台灣還有能力反擊嗎？如何偵測與確立影響台灣社會的關鍵力量，是台灣社會學家的重要任務。本書透過對中國影響的命名，提出「作用力」與「反作用力」的分析架構以及具體的個案分析。本書明確指出，台灣社會存在著各種抵抗的「反作用力」，揭示台灣仍有能動的空間與創意。

以太陽花運動爲標誌，台灣社會尤其是年輕一代終於爆發出對「中國因素」強烈的「反作用力」。此一「反作用力」如此巨大，不僅改變了台灣的政治生態，推動了政黨再次輪替，更是讓此前「猶抱琵琶半遮面」的台灣獨立和本土意識堂而皇之地進入公共空間，甚至成爲一種主流價值。這種「反作用力」也有力地支持蔡英文政府抗拒「九二共識」、「一個中國」的枷鎖，即便中共一手武力威脅，一手經濟制裁，也絕不讓步。

中共雪崩式地削減中客赴台旅遊，企圖以此打擊台灣的觀光業乃至整個經濟，並分化台灣社會，卻沒有想到，絕大多數台灣民眾支持政府的抵抗政策，中客來台灣減少，歐美及東南亞的遊客卻穩步上升。一年多之後，中國束手無策，只好悄悄放鬆對中國公民赴台灣旅遊的人數限制，甚至主動實施辦理赴台證件的便利措施。

若以台灣基督教如何正確參與兩岸宗教交流而論，長期被忽略的一種「反作用力」就是：台灣長老教會的反抗精神如何複製到中國？近年來，中國新興城市教會發展迅猛，吸引大批中產階級人士參加。這類教會在神學立場和教會組織方式上都傾向於加爾文神學和長老教會模式，這跟占據台灣基督教半壁江山的長老教會有了對接的可能性。

我在訪問台灣時，多次跟台灣長老教會的人士建議：固然台灣長老教會有堅持台灣獨立理念的傳統，但任何教會都有宣教使命，宣教是面向全球的，當然不能把中國割裂在外——即便如今統治中國的是敵對台灣的中共政權，但中國有數千萬主內的弟兄姊妹。所以，台灣長老教會可以加強對中國的宣教，在宣教的同時分享自身反抗國民黨威權體制的歷史經驗，使之成爲中國家庭教會精神資源的一部分，這才是眞正有價值的兩岸宗教交流。

《吊燈裡的巨蟒》是台灣學界「反抗意志」的體現。台灣民主基金會執行長、清大當代中國研究中心前主任徐斯儉指出：「中國因素改變了台灣社會與政治對自我的定義，也重新界定了台灣內部的許多關係。作爲一個並不完全成熟的民主國家，台灣尙未完成自我過往記憶的梳理，中國因素卻在此時強硬闖入我們的生命，擾動台灣民主的成長過程。……在台灣的中國因素，已經是一個天天就在我們的身體、心理與靈魂深處作用著的力量，時時刻刻與我們的周遭交雜、纏繞、拉扯、運作著。《吊燈裡的巨蟒》，標誌著台灣民主重塑靈魂，另一個開端。」我相信，台灣對中國因素的「反作用力」，總有一天會成爲中國民主化的推動力之一，並以弱勝強，翻轉東亞。

新的「金山」在中國嗎？

——歐逸文《野心時代：在新中國追求財富、真相和信仰》

《紐約客》雜誌駐北京記者歐逸文（Evan Osnos）是一位「中國迷」。他結束在中國的工作返回美國之後表示，最想念的是「北京餃子」，他說「我的血管流著中國的血液」。歐逸文出身記者世家，在哈佛唸書時選了一門中國問題專家馬若德（Roderick MacFarquhar）開設的「一九四九年後的中國政治」課，使他大爲著迷，從此與當代中國結下不解之緣。馬若德開導歐逸文「如何在歷史和政治的邏輯框架下敘述中國的故事」，使他的中國觀察具有了歷史學家的縱深感和政治學者的批判力。歐逸文以英華之年、縱橫捭闔的文筆、銳利的眼光和深入的洞察力，把在中國八年的親身體驗與採訪，譜成生動而又發人深省的《野心時代》。

一百多年前，無數中國勞工赴海外淘金，澳大利亞和加利福尼亞成爲想像中的「金山」，直到今天，三藩市在中國更廣爲人知的名字仍是「舊金山」。一百多年後，中國成爲一座新的「金山」，中國人當然拚淘金，世界各地的人們也湧入中國淘金。歐逸文不是淘金者，他是來「淘故事」的，沒有哪個國家有中國這麼多驚心動魄的故事。

歐逸文發現，這是一個活力四射但靈魂空洞國家，激動人心的背後隱藏著社會系統逐漸失控。他直言不諱地寫道：「中國經常讓我擔憂的一點是，制度在金錢、政治和權力之間失衡了。如果制度合理，就會迅速響應社會壓力並作出調整；反之，不合理的制度設計導致反應遲鈍，滋生不滿和怨恨，最終會演變爲混亂無序。」

貪愛銀子的，不因得銀子知足

《聖經・傳道書》中說：「貪愛銀子的，不因得銀子知足；貪愛豐富的，也不因得利益知足。」歐逸文用《野心時代》概括今天的中國，他認爲比此前使用的「個人主義」更加切實。這種野心指向三個目標：財富、眞相和信仰。財富被排在第一位。

六四屠殺之後，鄧小平無可奈何地發現，再也無法用毛時代的共產主義意識形態來凝聚十幾億中國人。七〇年代末以來的改革開放政策，讓共產主義的大廈搖搖欲墜；而六四的槍聲，則讓黨徹底失去民眾的尊敬，剩下的唯有對坦克和刺刀的恐懼。但是，僅僅讓民眾恐懼的政權，是無法持久的。

於是，一九九二年鄧小平發表「南巡講話」，在政治上持續收緊的同時，將一部分經商致富的自由歸還給人民。在漫長的毛時代，中國人被迫過著缺衣少食的生活，就連農民用「自留地」種植水果和飼養家禽，也被視爲萬惡不赦的資本主義「尾巴」。而一旦政府允許人們埋頭掙錢，全民經商的壯觀景象立即如洪水般席捲全國。

歐逸文在書中描寫了各種各樣已經致富或走在致富道路上的人：創辦婚戀交友網站而成爲富豪的來自湖南農家的幹練女子，居住在北京昂貴的別墅中，院子裡還是農家的擺設；靠反西方的民族主義煽動一夜成名的年輕大學生，其目標卻是獲得天使基金，經營商業性的網站，而這不正是他反對的資本主義的運作模式嗎？發明「瘋狂英語」教育法的李陽，雖然陷入家暴醜聞，卻掀起萬人追隨的風暴，不僅滿足登高一呼的領袖慾，更撈到數也數不完的鈔票。

爲了瞭解先富起來的中國人的生活狀況和內心想法，歐逸文甚至報名參加一個「中國人赴歐洲十國旅遊」的團隊，與團友們同吃同住，觀察他們的言行舉止並詳細記載，由此成爲本書中最有趣的章節。

歐逸文用了很大的篇幅寫經濟學家林毅夫的故事，他好不容易打動林毅夫接受其採訪。歐逸文專程跑到與廈門一箭之遙，中華民國政府控制下的金門，考察當年國軍上尉林正義游水投奔彼岸的出發點。台灣太小了，滿足不了林毅夫的野心，中國才是他揮灑自如的舞台。果然，林毅夫成爲中共座上賓，中共出錢供他到美國留學，成爲諾貝爾經濟學獎得主的弟子。林毅夫知道中國面臨的政治和經濟危機，但他一句話都不說，將中國描述成花團錦簇的「優勝美地」。因此，林毅夫被中國拱上世界銀行副行長的高位，一時風光無限，用歐逸文的話來說，「林毅夫靠著當人民共和國最熱心的經濟發言人而飛黃騰達」。

然而，無論林毅夫如何爲中共鞠躬盡瘁，中共始終將他視爲外人，不會給他以財政部長或央行行長之類的核心位置。反之，林毅夫的兩個學生姚洋和夏業良先後與老師分道揚鑣，秉持知識分子的良知，言說中國經濟千瘡百孔的眞相。歐逸文在書中也提及德高望重的經濟學家茅於軾，可惜篇幅遠遠少於林毅夫。若是由我來寫這本書，我花在林毅夫和茅於軾身上的篇幅，會跟歐逸文「打個顚倒」。

在林毅夫之前，還有一個台灣名人投奔中國大陸——校園歌手侯德健。出於熱愛自由的藝術家天性，侯德健失望地發現八〇年代的中國比尚未解嚴的台灣還要壓抑。他熱情澎湃地投入八九民運，與劉曉波等人一起成爲天安門廣場上絕食的四君子。六四鎮壓之後，侯德健被中共當局趕回台灣。林毅夫與侯德健天壤之別的命運，或許又可以寫成一個新的故事。

誰是追尋眞相的人？

歐逸文接著描述了追尋眞相的中國人的故事。他們是異議知識分子，是網路爆料人，是不甘於充當黨的喉舌的媒體人，以及許多普通民眾。中共政權掌握了世界上最大的宣傳機器，其目的就是掩蓋眞相，製造謊言，一場沒有硝煙的戰鬥由此展開。

書中詳細描寫了溫州高鐵事故發生後，中共的第一反應不是救人，而是掩埋火車殘骸並掩蓋眞相。即便有影帝之稱——總理溫家寶的傾情表演，也無法安撫憤怒的人們。人們追問溫家寶爲什麼等了五天才視察現場，他回答說他病得很重，過去十一天一直在床上。然而，在網路上，有人挖出那些天的新聞標題及照片，證實溫家寶在接見達官顯要、主持各項會議。這就是網路的威力。

歐逸文廣泛接觸了不屈不撓地追求眞相的人：被很多異議人士視爲兄長的劉曉波，青年作家韓寒，以及在網上曝光貪官污吏艷照和日記的、不知名的「扒糞者」。其中，他用了最大的篇幅來寫胡舒立的故事。然而，爲什麼其他人無法享有新聞自由和言論自由，唯有胡舒立例外呢？

我不太同意歐逸文將胡舒立視爲追求眞相的人當中的一員。胡舒立掌控的媒體，無論是此前的《財經》雜誌，還是當下的《財新》雜誌，確實揭露了不少新華社、央視和《人民日報》不可能揭露的醜聞，但是，它們也與老資格的官媒一起遮掩更多眞相。就在此書出版之後，中共內部的權力鬥爭日趨白熱化，胡舒立因著與中紀委書記王岐山之間異常親密的關係，一躍成爲中紀委的「編外新聞發言人」——她和她的媒體都不是「獨立」和「客觀」的。

不過，目光敏銳的歐逸文，在多次採訪胡舒立的過程中，已然發現其中的端倪。有一天下午，歐逸文與胡舒立會見時，胡正爲一件不尋常的約會而忙到很晚：她決定，自己頂尖的編輯群要穿新裝，叫來一個專業的裁縫師幫每個人訂作。下面一個生動有趣的細節讓人過目不忘：裁縫師配了件象灰色直條紋夾克給胡舒立三十七歲的執行主編王爍，胡舒立掐著夾克腋下部位說：「這兒是不是太鬆了？」自己老闆戳著他的胴體，王爍露出一種莞爾但寬容的表情，歐逸文打趣地寫道：「我曾在狗兒被按進浴缸時見過幾次。」然後，王爍抗議說：「已經很緊了。」裁縫說：「他覺得很緊了。」胡舒立說：「等一下！想想看〇〇七情報員電影裡，詹姆斯・龐德穿的西裝。照那樣做！」只有像歐逸文這樣老到的作家，才能用寥寥數語，就讓一個固執的獨裁者的形象呼之欲出。讀到這個細節，就很容易理解習近平的「打虎幹將」王岐山爲什麼會如此欣賞和信任胡舒立了。

相比於對胡舒立繪聲繪色的描寫，歐逸文筆下的劉曉波就遠沒有那麼出色。或許因爲採訪時間有限，歐逸文未能在劉曉波身上挖掘出更多動人的故事，而劉曉波不久後被捕入獄，再也無法接受他的訪問了。在我看來，與長袖善舞的胡舒立相比，劉曉波才是矢志不渝地追求眞相的人，如果說劉曉波有野心的話，他的「野心」就是讓未來的中國成爲自由中國。

歐逸文如此描述在中國被封殺的諾貝爾和平獎頒獎典禮：「一般中國百姓對和平獎頒獎典禮所知不多。他們從未聽到主持人引用劉曉波的話，說政治改革應『漸進、和平、有序，有所控制』。他們沒看到獎牌及證書被擱在典禮台上，一張空空如也的藍色椅子上。而在那年冬天的網路敏感詞名單，刪檢人員加了個新的忌諱搜尋詞：『空椅子』。」劉曉波沒有看到自由中國的來臨就成了殉道者。但是，劉曉波的聲音終有一天將破冰而出，改變中國，如同曼德拉改變南非、哈維爾改變捷克、華勒沙（Lech Walesa）改變波蘭那樣。

中國人在哪裡安頓自己的靈魂？

本書的第三個主題是當代中國人對信仰的尋求。歐逸文發現，中國在活力四射及經濟奇蹟的「鍍金時代」中，卻缺乏精神支柱，中國人的靈魂空洞無物，這個國家的未來難以捉摸，甚至令人憂心。「中國已身處意識形態停滯的狀態；沒有任何政治派系能宣稱自己有優勢。民族主義還會多次爆發，政界裡還會有新的煽動家來玩弄恥辱感，但那些情緒傷害黨的程度，要大於對黨的鞏固。」

作者寫到了中國人對各式各樣宗教信仰的尋求。宗教信仰無法避免地成爲政治問題——共產黨害怕宗教團體與之搶奪人心和資源，將宗教信仰看作潛在的威脅，不過，這並不妨礙共產黨官員沉迷在宗教乃至民間迷信之中。形形色色的氣功大師遊走於中南海，垮台的政治局常委周永康的判決書中，有他將國家機密洩露給氣功大師曹永正的細節；而另一名捲入殺人案被捕的氣功大師王林，在香港出版的畫冊中居然有與最高領導人鄧小平的合影。

對於共產黨來說，既然無法用暴力消滅宗教信仰，就竭力利用它。五大宗教都被納入宗教局的管理之下，政府的宗教局又必須聽黨統戰部的指令。歐逸文曾住在北京國子監（也就是孔廟）附近，順道採訪了其負責人——這位負責人並非孔子的嫡系子孫，而是一名來自中宣部的高級幹部。這名身爲共產黨員的官員一手打造孔廟的祭祀典禮，這個行爲完全符合中共耗費鉅資在全球範圍內設立數以千計的孔子學院來展示「軟實力」的雄心。

中國的官員、明星和正在茁壯成長的中產階級，也對藏傳佛教充滿好奇心，儘管他們不會同情藏人被殖民的悲慘命運，也不願去瞭解達賴喇嘛和西藏流亡政府的想法。自稱信仰無神論和唯物主義的共產黨，卻要搶奪達賴喇嘛轉世制度的壟斷權，成爲一個最不好笑的黑色幽默。於是，達賴喇嘛向共產黨提出一個挑戰性的建議：「中國共產黨假裝自己比達賴喇嘛本人還懂轉世制度，那麼，中國共產黨應該接受轉世的觀念，他們應該確認毛主席和鄧小平的轉世。然後，他們才有權參與達賴喇嘛的轉世問題。」

共產黨在宗教信仰方面首鼠兩端的態度，正如歐逸文所評論的那樣：「中國政府以其濫權、欺騙，而無以講出可以說服人的論調，闡述中國在現代世界裡的意義。黨已經把它的合法性，押在繁榮、穩定，以及奉祀空洞英雄的公廟上。如此行徑，在競逐靈魂的戰場上已丟盔棄甲，逼得中國人民必須外出到思想的市場遊逛，找尋他們自己的偶像。」

不過，這一部分卻是全書中相對薄弱的環節。比如，對於基督教在中國的復興趨勢，歐逸文雖然訪問了北京和溫州等地一些有代表性的新教教會，卻未能更深入地挖掘基督教的復興與中國未來的願景之間的深層聯繫。一千多年前，在「安史之亂」中顛沛流離的詩人杜甫有一個美好的夢想：「安得廣廈千萬間，大庇天下寒士俱歡顏，風雨不動安如山！」如今，在禮崩樂壞、野心膨脹、洪水肆虐的當代中國，作爲信徒「生命共同體」的基督教教會，就是比廣廈千萬間還要廣闊的、「風雨不動安如山」的挪亞方舟——如果想要瞭解這樣一面的中國，《野心時代》中短短幾頁的內容顯然不夠，可以去找另一位中國問題專家、前《時代週刊》駐北京記者大衛・艾克曼（David Aikman）的《耶穌在北京：基督教如何改變中國及全球力量平衡》來讀——在那本書裡面，沒有野心與慾望，只有愛和公義、恩典和救贖。

仇日不是中共的速效救心丸

——杉本信行《大地的咆哮》

以外來者的視角研究當代中國的論著，大多出自歐美學者的手筆，而少有日本學者的力作，杉本信行的《大地的咆哮》是其中少有的一本。作爲前外交官，若不是患上絕症，到了生命的盡頭，「想用以往的經驗爲現在的中日關係做點貢獻」，杉本信行大概不會輕易下筆，將多年來從事對華外交的經歷和思考寫成專著。杉本信行於一九七四年文革末期進入中國學習漢語，一九八三年任日本駐華使館一等書記官，一九九三年任日本在台交流協會總務部長，一九九八年任日本駐中國大使館公使，二〇〇一年任日本駐上海領事館總領事，二〇〇六年患肺癌去世，年僅五十七歲。

在本書的後記中，杉本信行以動人的筆調寫道：「在抗癌藥物造成的朦朧中，我靠著藥物止痛，勉強坐在電腦前，加上家人、朋友和同僚的支持，總算寫成了本書。」這本書是他的絕筆。他之所以患上肺癌，或許與他長期在中國高強度工作以及在污染的環境中生活有關。然而，杉本信行卻以一種「春蠶到死絲方盡，蠟炬成灰淚始乾」的心態，毫無怨恨、滿懷善意地留下對中國觀察的實錄以及對中日及台日關係的建言，這種高尚的心靈境界讓讀者肅然起敬。

「幸好我不是出生在中國」：中國農民的悲慘世界

杉本信行以學生和外交官的身分在中國生活和工作十多年，對中國有深切的關懷。他主持了日本外務省多項援助中國的項目，比如「草根無償資金協助」計畫、小兒痲痺症疫苗捐助計畫等，由此親身深入中國最貧瘠的鄉村，看到農民赤貧而苦痛的生活。

有了這樣的切身體驗，杉本信行的中國觀察與在書齋裡紙上談兵的學者迥然不同。他指出：「在對中國的認知中，單就政治制度、統治階層去看中國，不足以認識這個國家。構成國家的十三億人民不只有統治階層，而是另一群人——至今仍然活在身分制度下、像封建時代那般受壓迫的九億農民，直視他們的現狀，才是最重要的。」

他在書中列舉了拜訪過的大同市農民的生活，「主要農作物是乒乓球大小的馬鈴薯，拿榨完澱粉後的殘渣壓實起來當作冬季儲糧」。中國經濟的高速發展，大部分農民並非獲利者，反倒是受害者。杉本信行評論說，中國三十倍於實質的城鄉差距，舉世罕見，「城市的發展越是興盛，農民的不滿和對共產黨政府的憤怒便越攀升，在中國農民心目中，共產黨政權早已失去正當性和正統性」。中國誓言解決三農問題，但言說遠多於行動，「農村貧困、農民苦難、農業不振等憂慮之劇，超乎想像，而這些問題甚至已嚴重到足以撼動中國社會與政治體制的地步」。

杉本信行否定了很多西方中國問題專家讚美的「中國模式」。比如，三度獲得普立茲獎的美國專欄作家佛里曼羨慕地說：「一黨獨裁固然有其缺點，但若這個黨是由一群開明的人所領導，例如現在的中國，這樣的一黨獨裁也有其大優點。」杉本信行沒有將潰敗的膿瘡看得艷若桃李，他形容中國的現狀說：「就像在共產黨一黨專制的旗幟下，於封建主義的原野上特殊的中國式社會主義鐵軌，任由弱肉強食的原始資本主義列車行駛，一路揮霍燃煤、濃煙炭塵漫天，卻是氣喘吁吁，疲態百出。」一輛失去控制的火車，不僅是比喻，在杉本信行離開中國之後很快變成現實：在溫州高鐵事故中，寫著「和諧號」三個字的列車車頭瞬間化爲廢銅爛鐵。

中國的領導人並非開明或明智的人物。杉本信行根據接觸過的大批中國官員的言行舉止，作出準確判斷：「中共高幹中，根本沒有人全盤了解基層百姓的生活情況。」他進而發現，儘管大部分西方觀察家認爲中共的統治穩如磐石，但「事實上，缺乏自信、憂慮、不安，以及對未來的悲觀，卻充斥領導階層內部。會認爲共產黨能夠永遠維持其統治體制的黨員幹部，幾乎成了少數。」他對中國統治者提出忠告：「中南海的領導者們不該拿農民作爲輕蔑的對象，應該正視他們在何等情況下苟延殘喘；唯有親眼見證才能有所體認，政府若不能破解三農問題的僵局，國家將會毀滅。」如此逆耳之言，恐怕不會爲中共領導人接受。

日本不幸成爲中共的「公共污水溝」

杉本信行在上海領事館總領事的任期內，一名館員被中國國安以女色誘惑，威逼其出賣情報，不得已選擇自殺身亡，並留下遺書宣稱「再這樣下去，只有賣國才能離開中國」。或許因爲有關情報尚未解密，杉本信行沒有在書中披露細節，但該案件以及隨後發生的遍及中國各地的反日大遊行，顯示中日雙方仍處於嚴重的不信任乃至敵視的狀態之下。

在那場烽煙四起的反日活動中，雖然作爲歷史建築的上海日本總領事官邸沒有受到攻擊，但若干日本駐華外交機構、民間組織、企業和旅居中國的日本人都受到波及。杉本信行指出：「反日遊行得到多少政權中樞的具體支援，我們無法明確查出，但從群眾使用的布條、水、食物和其他用品已在事前準備妥當的這一點來看，必定有人在幕後有計畫地提供資金援助。」顯然，幕後指使者是共產黨當局。否則，以中共對社會的嚴密管控，中國民眾若因其他事由上街抗議，立即會遭到殘酷彈壓。唯有反日活動，不僅警察袖手旁觀，當局還提供後勤支持。

在胡錦濤執政前期，杉本信行發現，「中國之所以持攻擊姿態去發展其對外政策，和國內的不安定也有關係」。中國好戰的趨勢近年來愈演愈烈。若杉本信行還在世，繼續觀察和分析習近平上台之後中國耀武揚威的外交政策，以及由此帶來的中國與日本、中國與周邊國家、中國與歐美國家劇烈的外交衝突，一定會作出深刻綿密的論述。習近平是戰後出生的一代人，卻號稱對日本侵略中國時代的苦難銘記在心。習近平將仇日的民族主義情緒作爲拯救中共統治合法性的「速效救生丸」，日本遂不幸成爲喬治・歐威爾在《動物農莊》中所說的「公共污水溝」，中國無論遇到什麼問題，都會將日本當作罪魁禍首。

關於中日爭端的幾個焦點問題，如日本首相和閣員參拜靖國神社、日本爲侵略戰爭道歉、日本教科書中關於侵略戰爭的論述等，杉本信行都在書中作出誠懇而務實的解釋。他列舉歷屆日本首相包括天皇向中國作出的公開道歉，只是中方刻意不予報導，使中國人普遍以爲日方從未道過歉。對於靖國神社問題，他闡述了神道教這一日本民間宗教對戰爭死難者一視同仁的特殊看法，希望慢慢得到中國的諒解；同時，他承認靖國神社特別是其附屬的遊就館內的歷史敘述存在嚴重謬誤，建議日本官員在參拜之際同時表明：遊就館和靖國神社揭示於其宣傳物或導覽手冊中的歷史觀，並不代表官方立場。

杉本信行還在書中透露了中方羞於提及的一段歷史事實，即「日本救了天安門事件後的中國」。一九八九年天安門事件發生之後，歐美對中國實施經濟制裁，一開始日本配合。但在不久後的巴黎統籌會會議上，當中國陷於四面楚歌之境，日本站在維護中國的立場上，海部俊樹首相提倡經濟協助，特別是重新開放日圓貸款方案。「在中國遭受國際孤立時，日本是它最大的辯護者。」但後來中國忘恩負義，對日本毫無感恩之心。當然，杉本信行站在日本人尤其是日本高級外交官的立場上，不可能對當時日方罔顧普世人權價值、與虎謀皮乃至養虎爲患的舉動有所反省和批判。但這個事實的揭露，對日後處理中日關係的日本政治家來說，無異於敲響了一記警鐘。

台、日、美必須形成價值聯盟

杉本信行是日本外交官中的親台派。在台灣任職的九〇年代中期，他積極推動台日交流，與彭明敏等本土政治領袖成爲好朋友，常常出席彭明敏基金會的活動，以至於國民黨秘書長許水德挖苦說：「交流協會好像只跟民進黨人士見面啊。」杉本信行還充滿同情心地處理了原台灣日本兵薪餉給付問題，並邀請日本文化界知名人士訪問台灣、發表演講、見證台灣的民主化進程。

杉本信行是爲數甚少的「既了解台灣又了解中國」的日本外交官，對中國與台灣之間的嚴重分歧以及日本、美國在其中扮演的角色充滿洞見。關於中國的立場，他分析說：「在共產黨革命中，台灣的統一一直是未竟的民族大義與首要國事。若不能完成這個使命，共產黨的統治權和正統性永遠不能完整。不管付出多大的代價，全民都必須實現這個理想。這就是中國共產黨向中國人民灌輸的觀念。」而對於台灣的立場，他評論說：「台灣主張擁有自由推選統治者的權利，此一基本人權符合國際準則，將正面衝突中國的國家統一主張。」換言之，兩岸分歧的核心，是中國大一統的天朝觀念以及共產黨的民族主義訴求，與台灣深入人心的本土意識以及住民自決的普世人權價值之間的衝突。

「人之將死，其言也善」，卸任之後的杉本信行在與癌症病魔抗爭的歲月裡，思想更加敏銳與徹底。他擺脫了國家公務員身分的制約，也不必像大多數日本人那樣因顧及中國的感受而欲言又止。在生命的最後時刻，他坦坦蕩蕩地說出全部的心裡話。日本應當如何處理台灣問題？他的建議是：「日本應與美國聯手防止武力行動，否則美日安全保障體制就會瓦解。」幫助台灣不被中共武力侵犯，既攸關日本自身的國家安全，也符合國際法和民主自由的普世價值。

對於美國在台灣的國家安全上所扮演的角色，杉本信行比許多持功利主義立場的美國政客更爲高瞻遠矚。美國外交政策中有功利主義和理想主義兩種傾向，杉本信行指出，對於專制的大中國企圖吞併民主的小台灣，美國必須發揚理想主義的價值外交：「我認爲，美國會不惜站上火線阻止中國以武力統一台灣。……美國負有使命，必須不斷向世人展現尊重自由、民主與人權的立場。它不允許任何狀況妨礙此原則，就算發動軍事力量，也要捍衛自由和民主的價值。換言之，要美國對早已受民主思想薰陶的台灣見死不救，等於要它放棄國家的寶貴理想一樣。」有了美國這一堅強後盾，日本更不應該猶豫和退縮：「日本必須對中國堅持主張：美國絕不會放棄台灣，日本也絕對會和美國站在同一陣線。所以，中國不應該企圖以武力統一台灣。」美、日、台聯盟若牢固，則台灣就不畏懼中國的武力威脅。

梵蒂岡才是中國的救星？

中國是一塊「咆哮的土地」，那些發出憤怒的咆哮和淒厲吶喊的，是不滿於中共暴政的普通民眾，尤其是九億農民。而中國的環境污染和官員腐敗等問題，並不是趕走共產黨就能

「一了百了」，這些問題長久地存在於中國的文化和制度傳統之中。杉本信行引用德國學者施里曼（Heinrich Schliemann）在清朝末年訪問中國和日本之後所寫的《當代中國與日本》一書中的細節：當時中國遍地垃圾，官僚貪婪，施里曼入境時不得不給海關官員賄賂；而日本無論公共場合還是私人住家，處處乾乾淨淨，公務員更是奉公守法，沒有人接受他的賄賂。杉本信行的看法是，中國的問題「由來已久，且根深蒂固，不單單起因於中國共產黨的體質」。

跟中國做鄰居，日本沒有選擇。杉本信行告誡日本政府和民眾說：「中國有時是個麻煩的國家，偏偏日本又不能搬家。所以，盡力使中國變得討人喜歡，便是日本對中外交的重要方針。」他深知，中國體量太大，轉彎困難，日本應當在中國民主化過程中扮演積極角色。「要改變中國的體質，不是一件容易的事。中國是個重量級的存在，已經足以影響全世界，使得它的國內問題不再只是單純的內政問題，若說中國問題即將演變成全球規模，恐怕也不爲過。時代已經變了，我們身爲中國的鄰居，不能再是隔岸觀火了。」

杉本信行是一位有思想家特質的外交官，與一般只著眼於處理具體、實際問題的技術官僚不同，從價值乃至宗教信仰層面思考中國社會的轉型。他認識到，單有政治制度的轉換是不夠的，還必須有人心、道德倫理的更新。民國初年的中國是亞洲第一個共和國，但民主制度未能在中國穩固下來，有憲政雛形的北京政府被國民黨顛覆，然後威權的國民黨又被極權的共產黨顛覆。

那麼，中國的出路在哪裡？杉本信行觀察到宗教信仰的復興，特別是天主教和基督教的迅猛發展。他經過深思熟慮之後指出：「推動中國的民主化——特別是在言論自由的補強上，利用天主教本身的機制，我認爲是個非常有效的方式。……中國的腐敗和瀆職問題不只發生在大城市的角落，更在全國蔓延，任何人要想把這個現況正確地傳達到外國，都必須仰賴中立、廣泛且深入的訊息網；放眼世上，正在暗中蘊蓄這個力量的，唯有梵蒂岡。」他看到問題所在，但開出的藥方並不準確。梵蒂岡這個龐然大物本身就需要改革，不太可能成爲中國的救星。即便梵蒂岡與中國建交，將使館從台北轉移到北京，亦未必能對中國產生如同當年在共產黨統治的波蘭那麼大的影響。中國並沒有波蘭那樣深厚的天主教傳統。

在我看來，中國人心轉換的希望，不是以梵蒂岡爲中心、僵化衰老、作爲「建制宗教」的天主教，而是慢慢扎根於中國本土的、美國式的、充滿活力和競爭性的基督新教諸教派。對中國年輕世代的城市知識分子最具吸引力的，不是梵蒂岡的天主教，而是馬丁・路德和加爾文改革之後的基督教。從信徒人數上看也是如此，中國的新教徒是天主教徒的五倍左右。五百年前，宗教改革在歐美迸發出比啓蒙運動更強勁的力量，正如德國社會學家馬克斯・韋伯在《新教倫理與資本主義精神》一書中指出的那樣，三權分立的憲政制度、自由競爭的經濟環境以及現代公民意識的養成，都是清教徒的世界觀和文明論所結出的果子。那麼，類似的「信仰大爆炸」帶來的政治、經濟和文化的現代化，有沒有可能在當下的中國發生呢？當那一天到來之際，中國必定能從「咆哮的土地」變成一塊安寧和平的土地。

不是人口太多，而是國家太狂妄

——華夷《當十億中國人一起跳》

在瞬息萬變的中國，人們沒有時間抱怨，沒有時間等待，人人都像那節粉身碎骨的「和諧號」高鐵列車，奮不顧身地向著前方的金山銀山飛奔，稍慢一步就有可能少發一大筆財。即便大半個中國都被霧霾籠罩得嚴嚴實實，人人都「艱於呼吸視聽」，大家仍然苦中作樂。中國人生存能力之堅韌頑強，舉世無雙。中國網友創作了不少「段子」，有一則以一度意氣風發、如今失去自由的前央視主持人芮成鋼為主角：「芮成鋼採訪駱家輝：『中國是你的故鄉，你走了，不想帶一把故鄉的泥土嗎？』駱家輝：『帶了！肺裡裝得滿滿的呢。』」

然而，與其用類似的段子自我娛樂，不如讀一讀英國《衛報》駐亞洲環境特派記者華夷所寫的《當十億中國人一起跳》一書，這是一本力圖喚醒不願被催眠的中國民眾的環境報告。作者在前言中寫道：「從西藏山區到內蒙古沙漠，我的研究之旅超過十六萬公里，親眼目睹了種種環境災難、消費者的毫無節制以及鼓舞人心的貢獻。……這本書可說是在這片被煙霧籠罩、被起重機轉型的大地上旅行的感想紀錄。」有一部分「先富起來」的中國人，熱衷於到世界各國旅行，搶購奶粉、尿布和馬桶蓋子，到羅浮宮的噴泉裡洗腳，到迪士尼樂園隨地大小便，也喜愛閱讀各種介紹美食的旅行書；但他們最應當閱讀的，偏偏是這一本步步驚心的「中國環境之旅」。

四川地震與紫坪鋪水庫有關係嗎？

二〇〇八年，四川大地震發生後，華夷趕赴災區採訪報導。他報導的視角與其他記者不同，他沒有太多採寫災民的苦難、官僚的無能、軍隊的遲緩，而是從環境科學的角度探討這場地震發生的原因。有一部分地震是地殼自身運動的結果，有一部分地震卻是由人類的不當活動所引發，華夷蒐集了若干學者的研究材料表明，四川地震跟紫坪鋪水庫的興建有明顯的因果關係。

地質學家指出，在紫坪鋪水庫建立前，映秀—北川斷層帶安靜了數千年，地震的爆發並不符合斷層帶的活動規律。華夷採訪了四川省地礦局總工程師范曉，這位科學家認爲，紫坪鋪水庫裡的三億兩千萬噸蓄水可能誘發這條斷層帶的活動。哥倫比亞大學地球觀測站的研究員克羅斯在其研究報告中寫道：「紫坪鋪水庫的蓄水重量擠壓這條斷層帶，使它變脆弱，增加崩裂的壓力。這種作用是地殼運動一年產生的自然壓力的二十五倍。……水庫蓄水所形成的巨大壓力，導致斷層最終崩裂。」

當然，中國政府猛烈駁斥類似的觀點。對付國內學者，通過組織的力量讓其閉嘴；對付國外的學者，則封鎖媒體不讓國人看到。盤根錯節的水電利益集團不受質疑和制約，繼續興建更多、更大的水壩。就在這場災難發生一年後，中國當局宣布在長江上游及其支流興建二十座新水利發電廠，其中多座靠近斷層帶。

紫坪鋪水庫、三峽水庫以及中國在瀾滄江等河流上修建的水庫，是中國環境災難的一個重要側面。全球四萬五千座大型水壩，有將近一半集中在中國。中國人爲什麼熱衷於興建水壩呢？

水利在中國不僅是經濟問題，更是政治問題。首先，追溯中國漫長的歷史，兩千多年來，治水是統治者念茲在茲的大事，欲先統治人民，必須先掌控河川；不能控制水患，就會出現皇權易位。所以，學者魏特夫（Karl Wittfogel）才有「治水」導致東方專制主義的學說，儘管有其片面之處，也不失爲觀察中國政治傳統的一個視角。

其次，毛澤東是水壩的熱情倡導者。華衷指出，對毛澤東而言，游泳不僅是項運動，也是他用來展現對水資源的駕馭及政治權威的工具。毛曾在游泳池旁邊會見蘇聯領導人赫魯雪夫，以此羞辱不會游泳的「晚輩」赫魯雪夫。毛多次暢遊長江，預告修建三峽大壩，並在大躍進時期爲日後瘋狂大舉的水利工程做準備。文革前夕，毛再度暢遊長江，以此老當益壯的氣勢壓倒黨內穩健派。

紫坪鋪水庫是毛生前的夢想之一。毛曾因岷江水流太湍急，無法在江裡游泳，表達了失望之情。當時的四川省委書記李井泉覺得難堪，下令當地官員規畫興建水庫，是爲紫坪鋪方案的開端。毛時代急速莽撞的水利工程，很快導致重大災難頻繁發生。一九五八年，全國瘋狂興建水壩，河南在短短一年間，驅使數千萬農民興建一百一十座水壩。十年後，這些水壩半數潰決。一九七五年，中國發生最慘重的水庫潰壩事故，河南駐馬店地區超過二十四萬人死亡，這一慘劇長期秘而不宣。

第三，修水壩的背後是中國對電力無止境的渴求，以及占有水資源的荒唐慾望。就電力而論，中國的煤炭和石油資源即將枯竭，水力發電似乎是清潔而安全的方式。就水資源而論，中國是全球水資源最匱乏的國家，在瀾滄江修水壩能從下游國家那裡掠奪更多水資源。華夷在旅途中採訪了幾名退役將軍，他們將異想天開當作救國妙計——他們向中央建言，用數百枚核彈轟炸喜馬拉雅山，融化冰川，進而獲取水源。

第四，修水壩也是統治者的政績體現，以及水利集團的利益所在。華夷幽默地將學水利的胡錦濤稱爲「水主席」，將學地質的溫家寶稱爲「地總理」。「水主席」和「地總理」這表面上倡導「科學發展觀」，卻信奉鄧小平的名言「發展就是硬道理」，爲了發展，可以「暫時」犧牲環境。

華夷尚未觸及另一個更加隱秘、如同黑幫般的利益集團，即在水利和電力領域擁有封建領主式特權的李鵬家族。無論三峽還是紫坪鋪，背後都晃動著這個家族的黑手——沿岸數千萬民眾的生命安全以及白鱀豚等珍稀動物的生死存亡，在他們心目中都輕如鴻毛。

人定勝天與計畫經濟才是罪魁禍首

本書描述了中國若干超大型工程給自然環境帶來的毀滅性破壞，除了水壩，還包括青藏鐵路、南水北調工程、山西和內蒙的大型煤礦、上海如森林般的摩天大廈……作者認為，中國的環境危機根源於人口壓力，正如本書書名《當十億中國人一起跳》來自於作者小時候的一段趣事：一個英國小男孩每晚祈禱十億中國人不要一起跳，因為大人對他說，如果中國人一起跳，地球會偏離軸心，邁向毀滅。儘管成年之後，他不再相信這個大人的玩笑，但這個故事在他心中留下了揮之不去的烙印，使他以之為書名——殊不知，這個書名有相當的誤導性。

華夷專門為中國文化發源地河南設置一個章節。河南簡稱「豫」，這是一個人背靠著大象的象形字，可見古代這裡是茂盛的森林。然而，今天的河南被稱為「中國最污穢的地方」，河南人被當作中國的「劣等人」倍受歧視。河南的變遷是否驗證了馬爾薩斯的人口論——土地因承受過度人為的壓力，傷害了生活其上的人的健康與福祉。華夷的結論是肯定的，他幾乎被河南數以百計的愛滋病村驚呆了。

但我的看法截然相反，如果說河南是一億人擠在不足十七萬平方公里的面積上，造成環境的惡化；那麼，台灣有兩千三百萬人，擠在三萬多平方公里的土地上，人口密度更大，但台灣有民主制度的保障，其環境保護工作既是政府工作的重點，也已內化為民眾的潛意識。台灣有青山綠水，碧海藍天，是全球遊客喜愛的旅遊聖地。可見，人口不是最關鍵的因素。

華夷認同馬爾薩斯的人口理論，對中國過於龐大的人口數量懷有一種恐懼、悲憫乃至無可奈何的心態。然而，過於誇大人口的影響，不僅幫助中共推卸環境惡化的責任，甚至為共產黨殘暴的計畫生育政策找到藉口。其實，中國環境惡化的核心原因不是人口太多，而是國家太狂妄。

共產黨的一黨獨裁體制，使得人定勝天的意識形態泛濫猖獗，而計畫經濟更是爲瘋狂的大型工程提供人力物力條件。美國社會學家詹姆斯・C・斯科特在《國家的視角——那些試圖改善人類狀況的項目是如何失敗的》一書中，給出了深刻的理論分析。該書的主題是「解釋二十世紀烏托邦式的大型社會工程失敗的背後所隱含的邏輯」——「這些項目是如此巨大，如此忽視生態和社會生活的基本事實，甚至當其致命的結果已經顯現出來以後，仍然被不顧一切地繼續推行」。

作者指出，社會工程產生巨大災害，源於以下四個因素——第一，對自然、社會的管理制度的簡單化：國家企圖限制人群流動，人口易於統計、管理，人們的生活、行爲都要規範化、標準化，使得政府和官員用徵稅、徵兵的眼光來看是清晰的；第二，極端現代化意識形態，認爲人類一定可以認識自然，掌握自然規律，從而征服自然，理性地設計社會秩序；第三，獨裁主義國家，它有願望有能力用強制權力使計畫成爲現實；第四，公民社會軟弱，無力抵制國家計畫的強制施行。

狂妄的國家、非民主的決策和過度自信是災難的根源。斯科特的結論是，「作爲宗教信仰的極端現代主義」、獨裁的權力以及軟弱的市民社會，爲社會災難和自然災難的泛濫提供了條件。本書沒有中國的例證，但作者在爲中文版寫的序言中指出：「我知道，我這裡的一些結論也可以被推廣到現代中國的一些時期（也就是『大躍進』時期和李森科主義的農業進步時期）。我將這些工作留給我的那些有才華的中國讀者。」在爲本書所寫的書評中，學者徐友漁指出：「二十世紀烏托邦式的大型社會工程的一大實驗場所，無疑是改革前的中國，繳付『學費』最高的也是中國。」徐友漁看到了改革前中國計畫經濟的弊端，其實，改革後的中國仍深陷在同樣的思維方式之中。華夷在漫長的中國環保之旅中觀察到的一切，都可以成爲斯科特理論的鮮活例證。

比如，華夷來到由中甸改名而來的「香格里拉」——這個名字明明是英國小說家希爾頓的烏托邦想像，世界上並沒有香格里拉，但爲了地方的經濟利益，中國人居然無中生有地創建出香格里拉。華夷第一眼看到這座城市，大失所望：「中甸不似想像中的夢幻，跟其他縣城一樣，到處是貼著白色瓷磚和鑲著彩色玻璃窗戶的方形建築，街上滿是人潮和交通，中國工商銀行香格里拉分行和中國共產黨香格里拉縣黨部的招牌……」這樣的景象難道是世外桃源？當局又在旁邊修建了一座新城，並將其「做舊」成「舊城」。中國人有特殊的本事製作假古董，居然能僞造一座假的「舊城」，「附近的一個舊城幾乎是從無到有地興建中，造價三億人民幣，目的是要使這個城市看起來比較不像中甸，而像香格里拉。這種假古風的裝飾，是現代化的縮影。」

一黨獨裁，遍地是災

中共在跟國民黨搶奪天下時，在《新華日報》發表了不少譴責國民黨的社論，其中有一句名言是：「一黨獨裁，遍地是災。」如今，這句話正好應驗到中共自己身上，中國的環境災難，始作俑者正是一黨獨裁的政治體制。雖然華夷不是中國政治制度的嚴厲批評者，但他發現中國政府不是問題的解決者，而是問題本身：「中共中央政治局是一個獨裁的權力機構，但它不情願或不願採取任何可能抑制經濟成長的措施；事實上，它經常懲罰那些試圖抑制經濟成長的人。揭發污染醜聞的環保運動人士有時挨打，被監禁或遭審查，抗拒無節制經濟擴張模式的宗教團體、工會、記者、律師、大學、非政府組織、傑出人士和其他民間部門，不是被除掉，就是遭到嚴密控管。」

看上去無所不能的共產黨政權，偏偏在環境污染治理上束手無策，首都北京的霧霾，只有在奧運會、領袖峰會等特定時期才能暫時遏制，整體情勢的崩壞一發而不可收拾。「幾乎每個中國城市的空氣污染情況都極其嚴重，對人體健康危害甚巨。依照世界衛生組織的標準，中國的城市人口中只有不到百分之一的人能呼吸到有益健康的空氣。」難怪華夷充滿嘲諷地評論說：「中國政府以獨裁聞名，擅長控制異議人士，卻不太能夠對付污染製造者。」

中國社會的上層、中層和底層都對環境惡化以及獨裁制度的維持負有各自的責任。就最高領導人而言，無論自詡爲「一代天驕」的毛澤東，還是聲稱「摸著石頭過河」的鄧小平；無論好大喜功、戲子性情的江澤民，還是工程師性格、一板一眼的胡錦濤，一直到蠻橫粗魯、剛愎自用的習近平，都是環境的破壞者，都是將中國從家園變成煉獄的千古罪人。

華夷在旅途中發現，左右中國現實的關鍵力量在中間階層，包括地方黨部領導人、工廠業主、外國投資者和外包商。在黑龍江，他觀察到每個地方官員在其轄區內都是「小毛澤東」，都是土皇帝。他們唯一在乎的是政績和能撈取的好處，完全不考慮卸任後洪水滔天。

中國環境保護不力的重要原因是：「人們相信更多人代表更大力量，對土地、對育殖能力有過高期望。地方黨工把上級的瘋狂計畫推動到荒唐的極端，並謊報成果，迫使任何膽敢揭發事實的人噤口。一九七八年後，相同的情形也出現在擁抱污染產業和莽撞的快速致富計畫。」

底層民眾並非全然無辜。華東走訪了在苦難和貧瘠中無法自拔的農民和工人。他們有其善良的一面，但更多的是懦弱、愚昧、麻木不仁、聽天由命，甚至甘當奴隸。最讓我震動的細節是：在甘肅省長城腳下的一個村莊，由於河川乾涸，沙塵暴猛烈，大多數居民已遷移，最後一家人幾乎是在等死，家中卻購置了嶄新的毛澤東畫像──「牆上掛的毛澤東相片上了塑料塗層而有光澤，但顏色太過鮮艷，看起來像是上了唇膏和眼影的印度女神。」這一幕跟魯迅感嘆的場景──日俄戰爭期間，中國民眾興致勃勃地圍觀日軍屠殺被當作俄國間諜的中國人──何其相似！崇拜殺人魔王的民族沒有明天。一百多年過去了，中國人仍在鐵屋子中沉睡。不是裝睡，確實睡得像死豬一樣。裝睡的人叫不醒，睡得像死豬一樣的人更叫不醒。

華東在本書的結尾指出，想要有更好的環境，就得先有更好的價值觀。那麼，中國需要什麼樣的價值觀呢？

清華是中國最糟糕的大學

——安舟《紅色工程師的崛起：清華大學與中國技術官僚階級的起源》

在由香港城市大學與北京清華大學合辦的《尺素情懷：清華學人手札展》的網頁上，有一張珍貴的老照片：那是二〇年代初，五個風華正茂的清華學子圍坐在一起談天說地。他們有的身穿飄逸的長衫，有的身穿筆挺的西裝，腳上都是鋥亮的皮鞋。他們的額頭光潔，頭髮茂盛，眼睛明亮，身材修長，臉上充滿自信和樂觀的表情。他們是那個時代最優秀的青年，即將奔赴大洋彼岸留學，並希望學成之後將各自的學識和能力貢獻於正在掙扎著走向現代化的古老中國。

這五個人中有三個人被辨識出來，他們是梁思成、周培源、孫立人。這三個人日後都鼎鼎大名，其人生之路雖有光環與鮮花，更多的卻是荊棘和風雨。梁思成留學賓州大學，成爲建築家和建築史家，向美軍提供資料讓日本古城京都和奈良避免被夷爲平地，卻無法阻止暴君毛澤東摧毀北京的城牆和四合院，文革期間被當成「反動學術權威」和「復古」典型，受盡屈辱而死；周培源留學普林斯頓大學，跟隨愛因斯坦學相對論，以物理學家的身分任教與清華一牆之隔的北京大學，文革期間被造反派聶元梓冠以「周白毛」之名百般羞辱，學術研究長期荒廢，雖活到一百零一歲，晚年卻辛酸地哀嘆說，「這一輩子不是我所追求的」；孫立人留學普渡大學和維吉尼亞軍校，成為中國最優秀的將軍，也是唯一在戰場上消滅一整個日本精銳師團的「東方隆美爾」，到台灣後因功高震主，受到蔣介石父子的猜忌，以莫須有的罪名解除兵權，軟禁三十三年，直到台灣解嚴才獲得平反，平反兩年後就去世了。這三個傑出的清華人的悲劇命運，生動地折射出這所美國人以單純而天真的理想主義幫助創建的大學，在過去一個多世紀的動盪、戰亂和政治運動中尷尬的境遇。

一九四九年中共建政之後，清華所象徵的英美現代化之路被全盤否定，清華從自由主義和西化的大本營被改造成「紅色工程師的搖籃」。學校的地址沒有變，但清華不再是羅家倫、梅貽琦的清華，而變成共產黨的清華——這一改造如此的徹底，使得清華堪稱共產黨最放心的「第二黨校」，清華學生中黨員比例之高、黨組織之活躍、躋身共產黨最高領導層的畢業生數量之多，沒有一所中國大學能與之媲美。即便歷史比清華更悠久的北大，也只能以「大清天下北大荒」自嘲。清華的這場翻天覆地的變化是如何完成的？在文革前十七年、文革十年以及文革之後至今三十年這三個不同歷史階段，作為「菁英的熔爐」的清華究竟扮演了怎樣的角色？

美國學者安舟（在《紅色工程師的崛起：清華大學與中國技術官僚階級的起源》一書中，準確而細緻地回答了這些問題。安舟指出：在文革以前，清華作為中國第一名的工程技術大學，一直承擔著培養紅色工程師的任務。「技術官僚治國」的觀點在清華盛行。但以毛澤東為代表的極左派認為，城市知識分子是異類，技術官僚當權是對革命的「熱月反動」。

在文革期間，清華是首當其衝的目標，毛派遣工人和軍人到清華推行激進教育實驗。毛死後，清華重新成爲培養「技術過硬，政治可靠」的幹部的最高級機構，這樣的「紅專幹部」是政權所需要的，這個政權寄希望於技術專家治理中國的未來。無疑，清華史是中國當代政治史的縮影，正如學者德里克對此書的評價：「安舟深入探索了中國政治研究領域近年來常被忽視的權力結構問題……此項關於在中國建立和培養一支菁英技術官僚隊伍的研究，就如同一部講述共產主義革命興衰的編年史。」

蔣南翔的清華與毛澤東的清華

或許本書以文革時代的清華爲中心，所以對一九五二年的「院系調整」輕輕一筆帶過——其實，「院系調整」是清華厄運的開端。在二〇年代，清華國學院有王國維、梁啓超、陳寅恪、趙元任等四大導師，讓北大甘拜下風；此後，清華在文史哲領域招兵買馬，羽翼豐厚，比如蔣廷黻時期的清華歷史系人才濟濟，學生陳之邁感嘆說：「這個歷史性的陣容堪稱當時海內第一」。然而，經過「院系調整」之後，清華的人文社會科學被合併到其他大學，清華不再是一所溫潤豐厚的綜合性大學，而是淪爲一所僵硬單薄的工程學院。

北平尚未陷落，城外的清華園就有解放軍進駐。由此，清華的梅貽琦傳統，也就是英美自由主義的傳統，被共產黨用暴力手段連根拔起。然而，此後清華的發展方向並未定於一尊，清華堪稱「學術與政治兩大選拔認證制度衝突的首要聚焦點」。清華所面對的歧路與爭議，正是中共黨內路線鬥爭的延續：毛澤東的路線是以階級鬥爭的方式消滅階級分野，建立一個太平天國式的、基要派的社會；劉少奇和鄧小平的路線是仿效蘇聯的工業化運動，重用技術專家，發展出某種可控制的資本主義與有彈性的社會主義的雜交體。這兩種路線中，都需要清華扮演不可或缺的角色。

在文革前長達十四年的時間裡，作爲劉鄧治國模式在高等教育界的代表，蔣南翔這名「一二九」學運領袖、沒有拿到清華畢業證的清華學生，成了新清華的「土皇帝」。在六〇年代初，蔣南翔既是清華校長和黨委書記，同時又兼任高等教育部部長，在清華享有不容挑戰的個人權威。「他是個威嚴的領袖，有著強烈的個人意志，又嗜好秩序與紀律。」蔣南翔在全校大會上講的格言是「聽話，出活」。這四個字取代了清華「自強不息，厚德載物，獨立精神，自由思想」的校訓。對於工程師來說，只需要「聽話，出活」，「獨立」和「自由」是多餘的東西，甚至會帶來致命危險——在反右運動中被打成右派的數百名清華人，就是因爲太獨立和太自由了。

在蔣南翔時代，清華的黨組織被形容爲「永不漏氣的發動機」。蔣南翔毫不留情地清除異己，安插親信。他傾心於從自己的政治圈子裡培養的人中選取教師和幹部，那些被挑選在大學當行政幹部和政治幹部的畢業生，被稱爲「清華牌幹部」，以強烈地忠於蔣南翔及清華黨委著稱。清華成爲蔣南翔及其代表的官僚集團牢牢掌控的「私家花園」，就好像文革初期毛澤東形容彭眞控制的北京市委是「針插不進，水潑不進的獨立王國」。

蔣南翔的清華並非固若金湯，只是沙灘上的城堡——當遇到來自更高層的壓力，尤其是最高領袖毛澤東的壓力時，這個「獨立王國」很快就土崩瓦解。毛澤東利用造反派打倒官僚集團，利用激進派打擊穩健派，然後拋棄造反派，命令工人和軍人占領大學。派駐清華的「工宣隊」由五千多名工人和一百多名軍官組成，建立新的秩序，並創建新的領導機體。清華的大部分幹部和教師被送到江西農村的「五七幹校」勞動改造。以毛澤東想法重組的清華，是學生監督老師的清華，是取消考試和專業訓練的清華，是「體力勞動」比「腦力勞動」光榮的清華。

但是，毛澤東的清華無法長久維持下去。隨著毛的肉體生命的終結，文革也走向失敗。鄧小平復出後，宣布放棄鏟平階級之事，毫不含糊地認可技術資本的價值，接納知識菁英，並把中共改造成技術專家治國的黨。安舟用具有諷刺意味的筆調描述道：「現在，知識分子在歡呼聲中擁戴鄧小平——這個在二十年前的反右運動中組織了迫害異端知識分子的人——成爲了他們的救星。黨組織和教育制度重新得到整修，紅色專家被迅速推舉到領導崗位，取代了老資格的農民革命家和工農幹部。」那時，人們因爲高考恢復而歡呼雀躍，誰也不會想到一九八九年鄧小平會比反右時更兇殘——直接命令士兵向學生和市民開槍。

文革風暴中的「工農兵學員」

本書有一個專門的章節論述「工農兵學員」的來龍去脈。在五〇年代至七〇年代多次的政治運動中，「工農兵」這三個階層被認爲是最徹底的無產階級，也是社會主義國家最具有

「革命先進性」的階層。在政治運動的宣傳中，工農兵常作爲正面褒揚的角色出現，和地富反壞右相對立。

一九七〇年六月二十七日，在毛澤東的指示下，中共中央批准《北京大學、清華大學關於招生（試點）的請示報告》，北大、清華率先招收工農兵子女入學。本書引用官方材料揭示了七〇年代清華招收的工農兵學員又低又不均衡的教育水平：超過百分之九的僅讀過小學，百分之六十八的僅上過初中，不足百分之十九的上過高中。

取消大學入學考試，代之以「群眾推薦」，是文革十年的教育改革中最重要、也最具爭議的一項。名爲「群眾推薦」，在大多數情況下，「單位的大權，掌握在黨的幹部手中，他們對其屬下的生活有大量的控制，而推薦的制度給他們的權力以更大的施展空間」。「推薦制度」比考試制度更不公平，更容易滋生腐敗。

作爲最後一屆「工農兵學員」的習近平，原有的教育程度僅爲小學水準，他剛上一年初中，正規教育就被迫中斷，到延安鄉下當知青。習近平爲何能成爲「工農兵學員」？眞的因爲他在農村的表現有多好嗎？習近平在〈我是黃土地的兒子〉一文中回憶說：「那時候報大學，清華有兩個名額在延安地區，全分給了延川縣。我三個志願都塡清華，你讓我上就上，不讓我上就拉倒。……當時，我父親下放的洛陽耐火材料廠，開了個『土證明』：『習仲勛同志屬人民內部矛盾，不影響子女升學就業。』開了這麼個證明，就上學了。」習近平在回憶中凸顯了牛氣沖天的「非清華不上」的志向，他刻意隱瞞的事實是：一九七六年，毛澤東死去，「四人幫」倒台，習仲勛平反在望，習近平才迎來入選「工農兵學員」、進入清華的機會。

不是習近平本人有多麼聰明或勇敢，而是中國的政局已發生劇變，其父即將重新掌權。當年是「一人倒霉，全家蒙羞」，如今則是「一人得道，雞犬升天」。那個爲習近平「據理力爭」的教育局幹部，顯然嗅到變化的政治氛圍，否則小小的地方官員怎麼敢爲了黑幫子女犧牲仕途？

由於原來的教育程度太低，勉強入學的「工農兵學員」不可能完成老清華時代嚴格的專業教育。此時，新清華的教育模式也發生了巨大變化：「紅」壓倒「專」，一「紅」可遮百醜。「工農兵學員」是清華有史以來水準最差的學生，很多人羞於談及這段經歷。且不說專業程度如何，他們的精神世界、文化素養和思維方式，都深刻地打上了毛時代的烙印，大部分人脫離於世界文明主潮之外。最爲不幸的是，隨著習近平及其同僚登上中國最高層領導職位，一個可怕的「工農兵學員治國」的時代到來了。

清華畢業生是共產黨的「青年近衛軍」

安舟在最後三章「重建紅色資本及文化資本的基礎」、「紅色工程師們的勝利」和「技術專家治國與資本主義」當中，描述了文革後的清華如何鹹魚翻身，重振雄風，成爲「社會主義新時代」的中流砥柱。確實，「清華的畢業生很快登上黨和國家層級體制的頂端」，在胡錦濤時代和習近平時代，不僅最高領導人畢業於清華，而且共產黨政治局和中央委員會成員中，清華畢業生的比例遠遠高於其他大學。清華人憑藉其紅色工程師身分，在體制中遊刃有餘。

清華在百年校慶的宣傳資料中公開炫耀說，三百多位清華畢業生擔任了國務院的部長和副部長，數以千計的人擔任了工廠廠長、局長、市長、省長、地方上及省的黨委書記。由於這麼多清華校友攀上政治體制最高峰，他們被集體稱爲「清華幫」。清華畢業生雖未組成政治派別，但許多人傾向於提拔校友，「隨著更多的校友掌控權位，清華文憑的價值穩步上漲」。

一九四九年之後，清華人對中國現代化和民主化的貢獻，究竟正面爲主，還是負面爲主？或者更明確地追問：清華人鞏固了共產黨政權，還是削弱了共產黨政權？清華人算是眞正的知識分子嗎？知識分子的職責，是用專業知識，向同時代人講述、分析本時代最重大的問題，不媚權、不媚俗。

美國研究知識分子問題的學者馬克・里拉（Mark Lilla）指出，二十世紀政治的唯一問題就是「暴力和暴政」的肆虐，他將知識分子對暴力和暴政的態度，作爲判斷的關鍵性標準。在此意義上，絕大部分技術與價值分裂的清華人都不是知識分子，他們主動放棄了知識分子的責任，助紂爲虐，爲暴力和暴政添磚加瓦。

在清華百年校慶時，唯一微弱的批判聲音是在學女生蔣方舟發出的。蔣方舟在一封公開信中說，「大學成了掠奪政治資本的地方」。她描述說：「我曾經旁觀過學校的幹部們做事，與教育和世俗標準下少年得志的成功者打過交道，他們毫無障礙地接受學校給予的一切價值觀，自詡主流，一百年不動搖、一百年不懷疑；他們青出於藍地運用官場技巧與規則，成者為王，敗者為寇。」

蔣方舟在接受《金融時報》採訪時更直抒胸臆：「我大一的時候可能還覺得：天哪，這個學校怎麼是這樣的。當時還處在一種震恐的狀態，覺得大家都是一種做『當代領導人』的心態、做統治者心態，這是讓我比較害怕的。我覺得處於一群『青年近衛軍』的包圍之中。」她認為，清華人不是被強制的，而是「自覺維護」現存體制——當她想談一些社會問題時，很多人的回應都是「中國不能亂，亂了以後怎麼治理」。他們是在自覺維護一種秩序、和平和穩定。

安舟在本書中驗證了蔣方舟對清華人與中共獨裁體制之間緊密關係的觀察：「清華校友網路中最有權勢的成員，從他們在中共的職位上獲取其權力。當他們還是清華黨組織的學生黨員時，就開始建立關鍵的聯繫；他們圍繞著執政黨已經培育的個人網路，組成了實體化的政治資本。其他人則主要從其掌握的經濟資本及其已經培育的商業網路，來獲取其權力。這些政治的及經濟的網路，圍繞著一個學術的機構旋轉的事實，揭示了在今日中國，把政治資本、經濟資本及文化資本凝聚在一起的這些關係鏈接有多密集。」

一九八九年天安門學生運動期間，與其他大學一起走上街頭的富於理想和激情的清華學生，在今天的清華校園裡不復存在。或許，他們還在，但已經以「今日之我」全面否定「昨日之我」，積極支持共產黨政權，並成為利益共同體中的一部分。或許，只有到中國實現民主化的那一天，教育和學術的獨立實現的那一天，清華才能找回梅貽琦的傳統，成為一所讓人尊敬的大學。

「痞子運動」與工運神話

——裴宜理《安源：發掘中國革命之傳統》

安源是位於江西和湖南交界處的一座小城，卻比它所在的萍鄉市更有名氣，因爲一幅名爲《毛主席去安源》的油畫，中共史家苦心經營的工運神話和革命傳統在此發酵。在二〇年代初期，安源成爲共產主義組織活動的全國性中心，是中國第一個共產黨支部所在地（幾乎全由產業工人組成），擁有最大和最活躍的產業工會、第一個由共產黨資助的消費合作社、由共產黨運作的最大的工農補習學校網及第一個共產黨幹部學校，這個煤礦小鎮一度以「中國的小莫斯科」而著稱。

中共政權的自我定位是「工人階級領導的、以工農聯盟爲基礎的無產階級政權」，當然不會忘記打安源牌。中共奪取天下之後，安源成爲一處與井岡山和延安齊名的「革命聖地」，但安源工人眞的「翻身做主人」了嗎？

美國學者裴宜理（Elizabeth J. Perry）所著的《安源：發掘中國革命之傳統》一書，梳理了安源的革命傳統的建造和發掘的過程。一九四九年之後，安源工人的生活和工作環境仍然深陷於水深火熱之中，他們不再爲資本家打工，卻淪爲國家的「包身工」（人力派遣）。本書記載了多個來自中國官方的統計數據：從一九五〇年到一九六五年期間，萍鄉煤礦陸續發生瓦斯爆炸、塌方、水淹和其他工地災禍，導致三百四十一名工人死亡。在大躍進期間以及緊隨其後的一段時間，由於要求增加煤出產量的壓力空前巨大，死亡尤多。由於職業性質引致的一些疾病，也一直是嚴重問題：一九五三年，煤礦安裝了第一台X光設備，超過百分之七十的工人被檢測出患了黑肺病。可見，安源工人的境遇跟清朝和民國比起來並沒有明顯改善。

中國的社會現實與官方意識形態之間也形成了斷崖式落差：在文革中，整個工人階級的意識形態地位得到極大提高，安源無產階級的革命聲譽更爲響亮。「但在安源或者其他地方，這種符號形式重要性的提高並未轉化爲同等程度的工人福利改善。」更具諷刺意義的是，在鄧小平的市場化改革年代，工人們遭遇下崗（編按：失業）的衝擊，其中一部分人「因距離產生美感」，重新「充滿感激地懷念文化大革命，因爲那時候提供從搖籃到墳墓的福利保障」——這種扭曲的情緒讓某些毛派學者歡欣鼓舞。

安源工人如此，中國各地無論在國營還是私人企業工作的礦工，也都跟奴隸勞工差不多。記者袁凌在長篇報導〈塵土的呼吸〉中揭露：「中國大約有六百萬塵肺病人，每年死亡人數是其他工傷死亡總數的三倍。」習近平的「中國夢」如同春秋大夢，那些痛苦呼吸、等待死亡的塵肺病人卻已夢碎魂斷。袁凌引用陝南山區葬禮上歌郎的歌詞，讓莫言之類御用作家的長篇小說黯然失色：「亡者在世受煎熬，聽我歌郎道一番。你在山西爲好漢，拋下妻子掙銀錢。到頭做了家鄉鬼，一捧黃土實可憐。」古今對照，觸目驚心，裴宜理指出：「當年，被剝奪的底層人民對於人的尊嚴和社會公正的要求，表達在安源罷工的基本口號之中：『從前是牛馬，現在要做人！』——這在當代中國依舊是政治討論的核心問題。而能否完成中國革命傳統中這些未竟之承諾，將最終決定中國黨國體制的存續與否。」習近平不會讀裴宜理的這本書，他更聽不到，歌郎也爲他而唱，喪鐘也爲他而鳴。

工人俱樂部與基督教會的生死之爭

在民國建立的最初十多年，除了失能的地方政府和幾乎承擔大半個政府職能的煤礦公司之外，安源最大、最重要的機構是聖公會雅各堂。在煤礦設立那一年，中國聖公會牧師吳弘景同步抵達此處，發現這個新興城鎮爆炸性的發展趨勢，認定這裡是福音傳道的禾場。在聖公會湘鄂教區的支持下，能容納兩千人一起做禮拜的大教堂及一系列附屬建築相繼竣工，教堂塔尖上洪亮的鐘聲響徹四方。隨即，教會從煤礦公司接過學校管理權，並加以整頓和擴展，教會管理的多所新式學校的學生多達五百人，有半數以上學生參加主日學班。

在來到安源的最初階段，聖雅各堂戰勝了儒家士紳階層和底層秘密會社的敵對力量，一步步發展壯大。到了二〇年代初期，教會必須面對更強大、更有活力的對手——這一次是源於西方的馬克思主義和共產主義。外來的基督教在面對中國固有的、衰朽而殘破的儒家文化，以及原本就是非主流的、邊緣化的幫會勢力時，利用與之「共生」的西方現代文明，如醫療、教育、科技等展現其進步、美善的特質，吸引民眾皈依。然而，新的挑戰者馬克思主義也來自西方，不但催生了實力不亞於西方列強的蘇俄政權，而且表現得更關心平民，更注重平等、更能幫助建構強大的民族國家，同時也勾畫出一個比起基督教遙不可及的天堂來似乎觸手可及的共產主義烏托邦。

於是，基督教遇到了眞正的對手。一開始，教會並未意識到這是一場生死之戰。曾聚集數千名安源居民參加禮拜儀式活動的教會，以爲可以跟工人俱樂部展開公平競爭——既要爭取信徒到教堂來活動，也要爭取學生到教會學校註冊入學。然而，工運領導人不遵守任何規則和原則，對教會竭盡攻擊、誹謗、污衊之能事，比起二十多年前的義和團運動來有過之而無不及。義和團訴諸於中國傳統的民間宗教迷信，在西方的船堅炮利面前一敗塗地；共產黨則打出剛剛在西方揚眉吐氣的左派理論，瞬間便征服和凝聚了人心。在安源，工運領導人劉少奇認爲教堂與礦局勾結，組織了一次揭露資本家和基督教士「罪行」的公開教育運動。教育講座和諷刺劇以「爲什麼反對基督教」和「基督教的罪惡」等爲題目。活動每晚都會吸引千餘名好奇的觀眾到俱樂部來觀看。此外，反基督教的小冊子和傳單也到處散發。俱樂部在公眾中開展的活動有效地沖淡了教會在工人群體中的影響力。

下一個歷史階段，共產黨發現無法利用工運奪取城市政權，轉而「以農村包圍城市」、發動武裝叛亂。紅軍所到之處，燒殺搶掠，無惡不作，紅軍中不少官兵是來自安源的工人。一九三〇年五月，紅軍第一次在安源停留，有了武力作爲後盾，遂對教會實行斬草除根的策略。在當地充當教育者和調解中間人角色多年的聖雅各堂龍永鑒牧師，離開安源躲到較爲安全的長沙。數月後，漢口的一位聖公會牧師造訪紅軍撤離後的安源，目睹遭到紅軍數次洗劫後的煤礦公司和教堂殘破慘狀，哀痛不已。聖雅各堂以及龍牧師住宅的窗戶、門扇和地板都被竊走，學校的房舍則化為一片廢墟。

比馬克思主義進入中國早了一百多年的基督新教，為何未能鎔鑄自由、民主、共和、憲政等政治理念，在安源及全中國戰勝鋪天蓋地的「赤禍」？這背後有李澤厚所謂「救亡壓倒啓蒙」的原因。進而言之，在中國尋求近代化道路的過程中，不僅是「救亡壓倒啓蒙」，從西方引入的啓蒙運動早已壓倒宗教改革。在西方現代文明內部，十九世紀末以來，基督教文明在現代理性主義、無神論、世俗化的衝擊下節節退步，甚至受其侵蝕產生自由派神學和社會福音等變種。本書中指出，雖然聖公會湘鄂教區從漢口向聖雅各堂派遣來若干神職人員，也注入更多資金和資源，但其主教吳德施是一名「左翼主教」，教會不可能在反駁左派思想方面有積極作為。另一個更具象徵性的細節是：出身北洋政府高級外交官家庭、畢業於天主教背景的輔仁大學的現代知識女性王光美，在國共談判時充當昔日安源工運領袖、已成為中共第二號人物的劉少奇的秘書，然後心甘情願地成為其妻子。這樁婚姻本身就意味著共產主義凌駕於基督教之上。

誰是安源工人運動的眞正領袖？

在塑造安源革命傳統的過程中，僅僅到安源從事過短期社會調查的毛澤東的作用被不斷誇大，成為唯一的工運領袖；眞正在安源長期發動工運的劉少奇和李立三的地位則被弱化和邊緣化——在文革期間，隨著劉少奇和李立三的失勢，兩人被劃入「工賊」的行列。

李立三與劉少奇地位的此消彼長，也直接影響兩人在安源工運中歷史地位的評價。在安源工運中，李立三的個人魅力和豐富想像力，使他深受礦工愛戴。相比之下，劉少奇刻板嚴肅，堅持紀律和約束，在工人圈中不受歡迎。裴宜理引用曾是安源礦工、後來參加紅軍、中共建政後被授予解放軍中將軍銜的韓偉的一段回憶，說明李立三在工人圈中超乎尋常的受歡迎程度：「工人們傳神般地說：李主任有五國洋人保護，刀槍不入。因爲他是從外國留學回來的，平時穿長大掛，胸前佩戴著一些金屬製的徽章，顯得非常精神。」李立三與幫會有良好互動，將幫會轉化爲工運的一部分。反之，劉少奇不能融入工人之中，在一次坦誠的自我批評中，他承認自己內心深處抗拒同工人之間的親密互動，令工人對他產生「誤會」。裴宜理評論說：「對於親切友好的李立三而言，和工人們建立聯繫是一件簡單而令人愉快的事情。而劉少奇冷淡拘謹的性格，是實現他的革命抱負的一個障礙。」

李立三後來成爲中共黨內鬥爭的失敗者，在文革中再次受到嚴厲批判而自殺身亡，其在安源的那段風光歷史被遮掩起來。或許出於對弱者的同情，裴宜理對李立三有頗多正面評價。其實，如果說毛澤東在農民中掀起「痞子運動」，那麼李立三則在工人中掀起「痞子運動」，兩個不同主體的運動，在「痞子運動」這一本質上是一樣的。安源礦工早先都是農民，並未脫離鄉村的生活方式和思維方式，跟馬克思描述的城市化的產業工人完全不同。當安源的礦工們被公司開除，重新回到農村、歸回農民的身分，並沒有太大不適應，很快又加入毛澤東發動的農民運動和武裝叛亂。

雖然李立三是一名政治鬥爭的失敗者，但他並不值得後人給予太多同情。如果李立三成爲勝利者和掌權者，未必比毛澤東更仁慈和溫和。中共早期工運領袖羅章龍，在回憶錄中對李立三評價很低。羅章龍認爲，李立三「是一個不學無術、裝腔作勢的滑頭流氓，這種流氓上海灘頭多如蚯蚓」。中共六大之後，李立三主持中央工作，懷著做主席的心情，在愚園路寓所大擺宴席，慶功祝捷。當酒酣耳熱時，李立三得意忘形，即席狂言：「革命不是別的，就是奪權與奪產。所謂『權』就是指軍權、政權與黨權，也就是生殺予奪的大權；所謂『產』，就是你的就是我的。」這一席話，道出中共革命在崇高理念下的卑劣本質。

近年來，安源煤礦成爲「紅色旅遊」的熱點，旅遊取代逐漸枯竭的煤礦成爲新的經濟增長點。安源重新豎立三個混凝土塑像，表明共產黨所確立的三人相對地位排序：一座高聳的青年毛澤東塑像被安放在通往山上紀念館的綿延階梯前；只有毛澤東像四分之三大小的劉少奇塑像被立於他本人親自重建的工人俱樂部大樓旁；僅有毛澤東像一半大小的李立三半身像被置於一個角落。對此，裴宜理語帶諷刺地評論說：「雖然存有爭議的這一官方排序與三者對早期安源工人運動做出的實際貢獻份量恰恰相反，但卻準確地反映了三人在當代觀光遊客心目中的聲望和名氣大小。」共產黨從來不「實事求是」，而尊崇「成王敗寇」的價值觀。

油畫《毛主席去安源》：革命文化及革命神話

一提起安源，人們首先想起那幅名爲《毛主席去安源》的油畫。自從油畫這種純粹西方的藝術形式引入中國，從來沒有哪幅油畫得到如此廣泛的傳播——儘管它不是中國畫家的油畫中拍賣價格最高的，但它被印刷上億份，複製品在學校、工廠、公社等各種單位比比皆是。中共用這幅畫發行紀念郵票，製作徽章；林彪、江青胸前都佩戴過該畫的徽章；它也是周恩來住室裡懸掛的唯一一幅繪畫作品。

這幅畫在文革期間的宣傳畫中脫穎而出，除了作者劉春華本人扎實的專業功力、作品氣韻簡約而恢宏之外，更重要的是毛澤東夫人江青在一九六八年的一段批示：「總理、伯達、康生……我建議明天『七一』人民日報、軍報發表《毛主席去安源》，這幅油畫很好。這幅畫是無產階級文化大革命的果實之一，它有高度的思想水準，構圖、採光、著色等藝術方面亦是優秀的。聽說是青年畫的，而同意發表。建議『署』上作者名字。」《人民日報》及各地報刊隨即大造輿論，稱該畫是「無產階級文化大革命開出的燦爛藝術之花」。同年十月一日，當局將《毛主席去安源》巨幅油畫裝上彩車，與八個「革命樣板戲」造型一道，加入首都群眾慶祝國慶游行隊伍，緩緩通過天安門廣場，接受毛澤東的檢閱。

文革期間，文宣機構塑造對毛的個人崇拜，從西方基督教文化和禮儀中竊取了不少方法。文革結束後多年，劉春華將這幅畫賣給中國工商銀行，未曾想到這幅畫是左派人士的圖騰和神主牌，是不能被買賣的。劉春華因此遭到左派人士口誅筆伐，被迫走上法庭應對訴訟。更讓人「拍案驚奇」的是，劉春華在訪談中承認，這幅作品的創作靈感來自「拉斐爾的宗教畫」。或許因為有宗教畫的「血統」，這幅作品實現了一次意料之外的「西征」——青年毛澤東到達安源的畫像如此氣勢恢宏，以致於一位義大利藝術家模仿此畫繪製一幅作品，配以「年輕中國傳教士」的文字說明，懸掛在羅馬梵蒂岡禮堂長達幾個月之久，直到發現原畫的眞正出處，這幅「受庇護」的毛主席像才被匆忙移除。

毛澤東與安源的關聯，遠不如與井岡山、延安和西柏坡的關聯那麼深，但安源的歷史和現實的地位被《毛主席去安源》這幅油畫定格，成爲中共半眞半假的革命傳統的一部分，成爲神格化的毛澤東形象的一部分，這是安源的幸運，還是悲哀？

其實，安源有另一個被官方敘事遮蔽的歷史脈絡。一八九八年，戊戌變法失敗之際，洋務派湖廣總督張之洞和官僚資本家盛宣懷成立「萍鄉等處煤礦總局」，開採當地的優質煤礦，提供給漢陽鐵廠煉鐵所用。短短數年之內，這個聘用外國人、運用外國資金和技術的近代企業，成爲當時中國人擁有的最大工業聯合企業，其煤礦產量噸位和勞動力指數兩個指標一度居全國之首。它擁有煤礦、鐵路、銀行、醫院等，還設有一座小型動物園，被經濟史家形容爲「晚清中國最具雄心壯志的工業企業」。

本來可成爲中國近代化典範的萍鄉煤礦總局，卻因爲共產黨煽動的工人運動一度陷於癱瘓。安源的工運和革命是半調子的、破壞性的和充滿血腥的。儘管裴宜理對安源工人運動不無同情，卻也承認這個事實：一九二五年，經歷了殘酷的工運以及同樣殘酷的軍隊對工運的鎮壓之後，安源煤礦的產量跌到二十五年來的歷史最低點，此後就工業生產而言再也未能重現其清末民初的輝煌。這不僅是一幕近代工業企業由盛而衰的悲劇，更是一曲近代工業城市被「痞子運動」毀滅的哀歌。

第二卷

大國寡民

僵而不死的百足之蟲

——何清漣、程曉農《中國：潰而不崩》

我第一次知道何清漣這個名字，是在初中時讀到《走向未來》叢書中署名「何清漣」的那本《人口，中國的懸劍》。八〇年代，中國知識界慣有的表達方式是文學抒情，宏大敘事，激情有餘，理性不足，直到今天很多人仍未走出當年的窠臼；然而，何清漣的書讓我耳目一新，或許她是那個時代屈指可數的，受過經濟學訓練的學者。她的文字簡練冷靜，敘述井井有條，每一個結論都以詳盡的數據和確鑿的事實來支撐，直到今天，這仍然是何清漣的著述不變的風格。

《走向未來》叢書的作者，集中了八〇年代最優秀的一批知識分子，代表了當時思想解放最前沿的思考。趕上八〇年代短促尾巴的我，大概算是這套叢書最年輕的一批讀者。學者徐友漁如此評價這套叢書：「《走向未來》叢書是文化大革命結束後一代青年人生起點的教科書，它爲熱情求知的人打開了觀察世界的窗戶，給了他們了解人類歷史的鑰匙；對於精神飢餓、食慾旺盛的年輕人，這是一份及時的，營養豐富的糧食；那時的學生幾乎身無分文，但他們很富有，因爲他們擁有未來。」然而，在八九的槍聲中，美好的未來以及田野上的希望很快如同玻璃般破碎了。

一九九二年到北京讀書以後，我先後認識了好幾位《走向未來》叢書的編者和作者，特別是陪伴叢書編委之一的前輩學者包遵信走完淒涼而堅韌的最後歲月。我更看到若干曾經追求民主自由的知識分子，表演川劇中「變臉」絕活。且不說曾爲編委的王岐山成了位高權重的「打虎將」，其他蛻變成「官與商的幫凶、幫忙與幫閒」的人亦數不勝數：先向薄熙來拋媚眼再向習近平拍馬屁的蕭功秦，直接用新左派理論爲薄熙來塑造金身的崔之元，堅持「只有社會主義才能救中國」的「毛派」王小強……白雲蒼狗，大浪淘沙，往事不堪回首。與之形成鮮明對比的是，三十多年來，何清漣一直秉持知識人的「自由之精神，獨立之人格」，從深圳到普林斯頓，從《現代化的陷阱》到《中國：潰而不崩》，從未停止對中共極權暴政的觀察、分析和批判，這些觀察、分析和批判都歷經了時間的考驗，有如先知的預言般準確。

何清漣在離開中國前公開出版的最後一本文集名爲《我們仍在仰望星空》。後來，溫家寶附庸風雅地「仰望星空」，贏得不少奴才的鼓掌稱頌。與詩句被溫家寶引用之後受寵若驚的台灣詩人余光中大不同，何清漣一針見血地指出自己的「仰望星空」與溫家寶的「仰望星空」之本質差異：「從思想的無垠與自由而言，每個人頭上都有片星空，我在自己的文集《我們仍然在仰望星空》及同名文章裡，很清楚地表明我仰望的『星空』，就是作爲普世價值的民主、自由、人權；爲了這仰望，我也從未忘記盡綿薄之力清除腳下的污濁。而溫家寶總理所仰望的『星空』，儘管在詩裡未具體描繪，但根據他歷次講話，包括當年在哈佛大學演講時談到『實現民主……中國人民還未準備好』在內，只能解釋成『在中國共產黨領導下的社會主義民主』。」這段話，道出了何清漣與夫君程曉農寫作《中國：潰而不崩》一書的初衷：「盡綿薄之力清除腳下的污濁」，從習近平到郭文貴，不都是這臭氣薰天的污濁的一部分嗎？

中國因何而「潰」？

六四屠殺之後，西方和中國學界始終在「中國崩潰論」和「中國崛起論」兩個極端之間搖晃，前者爲「屠龍派」，後者爲「擁抱熊貓派」，甚至同一個人也會前倨後恭，數年之間觀點判若兩人。比如，美國的中國問題專家沈大偉曾是眾所周知的親中派，每次到北京訪問都被奉爲上賓，二〇一六年，他突然發表類似於章家敦的「中國崩潰論」，讓圈內圈外人士爲之跌破眼鏡。中國官媒立即發聲嚴詞駁斥，不再將他當作「中國人民的老朋友」。

何清漣和程曉農對這兩種觀點都不贊同，他們獨闢蹊徑，力排眾議，提出「潰而不崩」的新觀點。「潰」的主體是中國，如今中國的一切都在不可遏止地潰敗；「不崩」的主體是中共，中共仍牢牢掌控著絕大多數資源、人才、金錢和全部國家暴力機器，中共尚能「執政」相當長一段時期——這是所有批判中共的人士不願接受的冷酷現實。

更可怕的事實是，中共的「不崩」乃是以中國的「潰敗」爲代價。中共就像吸血蟲，鑽進人的大腦，吸骨吮髓，爲所欲爲。換言之，中共的強大與中國的衰微並行不悖，中共活得越久，中國的前途就越黯淡，越悲涼。另一方面的惡果是，中共與中國又形成某種怪異的「寄生蟲」與「宿主」之共生關係，兩者很難截然分開。試圖像香港泛民主派人士和某些海外華人所聲稱的那樣，一邊反對中共，一邊熱愛中國，不可能做到，那是自欺欺人。

那麼，何清漣和程曉農是如何得出中國社會全面潰敗的結論呢？兩位作者指出，任何社會都有賴以生存的四個基本要素：一是作爲社會生存基礎的生態環境，比如水、土地、空氣等；二是調節社會成員之間行爲規範道德倫理體系；三是社會成員最起碼的生存底線，具體指標就是以就業爲標誌的生存權；四是維持社會正常運轉的政治整合力量。上述四者，前三者均已經陷入崩塌或行將崩塌，只剩下政府的強力管制。

其中，我最關心的是中國人心潰敗的問題。因爲，即便是環境的惡化，都可一步步恢復——當年因工業革命而變成「霧都」的倫敦，後來成功地治理和消除了霧霾；然而，敗壞的人心要轉化，難於上青天。本書作者指出：「當政者與政治反對者的惡構成錢幣的兩面，成爲共生體。政權既然是個強盜型政權，官員當然全面腐敗。政治腐敗深深腐蝕了社會成員的靈魂，社會成員由痛恨腐敗漸漸變成痛恨自己沒有腐敗的機會。」在北京，坐上計程車，口無遮攔的司機會滔滔不絕地談論官場的腐敗，當你以爲他是民主制度的支持者時，他說的最後一句話讓你大失所望：「如果我坐上他的位置，我要比他更貪。」這種「人民與黨國一同墮落」的狀況，歷史學家余英時曾有過論述：「一九九三年以後，中國市場經濟一天比一天活躍，中國儼然已是經濟大國。但是價值『荒原』或『廢墟』的狀態不僅沒有改變，而且日益暴露了出來，官商勾結和腐敗的普遍化，學術界抄襲作假的風氣，『一切向錢看』的心理等等都是價值荒原的明確表徵。」

就表面上的硬體建設和社會秩序而言，如果二、三十個光鮮的大城市勉強「暖風薰得遊人醉」，那麼從縣城到鄉村已全部淪陷。在「中國地方治理困境」一章中，作者特別討論了失去未來的農村、教育的凋敝與青年的無出路，而到城市打工的農民工既無法融入城市，也不能返回家鄉。作爲被清理的所謂「低端人口」，中國農民工的境遇並不比納粹德國治下的猶太人好多少。

由此，作者得出一個極度悲觀的結論：「這是一個無法重建的社會。」

中共因何而「不崩」？

既然中國已潰敗，爲何中共卻遲遲「不崩」呢？何清漣和程曉農如何解釋此一邏輯上的「悖論」？

兩位作者先分析了國內的情形。首先，共產黨政權瓦解了民間組織，讓每個人都成爲原子化的個體，「當今的中國社會，在維穩體制操控下實際上早就成爲《一九八四》的現實版」。中國好不容易出現像哈維爾那樣凝聚民間道義力量的人權鬥士劉曉波，卻在獄中慘遭中共虐殺——而且是在全世界的注視之下，用「鈍刀」殺害諾貝爾和平獎得主。

近年來，某些人對此起彼伏的「群體性事件」寄予厚望，甚至期待如同突尼西亞小販事件那樣引發一場「茉莉花革命」。但是，中國不是突尼西亞和埃及，極權體制比威權體制穩固得多。中共早已佈下天羅地網，動用快速反應的武裝警察，將每一起群體性事件控制在最小範圍之內。從來沒有哪個群體性事件席捲整個省級行政區域，更不用說動搖中樞權力了。

本書特別指出，早在北京奧運前後，負責安全事務的高官孟建柱就在《求是》雜誌發文，宣布加強「六張網」的建設，這「六張網」包括：街面防控網、社區防控網、單位內部防控網、視頻監控網、區域警務協作網和虛擬社會（網路）防控網。也就是說，早在十年前，中共就已實現了「對動態社會的全方位、全天候、無縫隙、立體化覆蓋」，街頭運動式的反抗幾乎沒有空間。

在「群體性事件」的參與者當中，也極少有人具備推翻共產黨政權、實現民主轉型的觀念。兩位作者清醒地指出「群體性事件」的局限性：「長達二十多年的群體性事件類型變化表明，中國社會反抗發生的原因與中國經濟發展模式密切相關，參與者多因利益嚴重受損，希望通過溫和的社會反抗滿足利益訴求。出於政治原因的抗爭，在中國政府的高壓之下幾乎毫無冒頭可能。」

有一個生動的例子可驗證該論述：二〇一六年，數千退伍老兵因待遇問題赴北京上訪，一度包圍中央軍委大樓，形成了繼法輪功包圍中南海之後北京最大規模的「群體性事件」。當時，很多民主人士歡欣鼓舞，我則不以爲然——這只是盜賊集團內部分贓不均，中共只需在經濟利益分配上稍加調整就能順利解決，而且，這些老兵並非推動民主的正面力量，如果共產黨給的薪水足夠多，他們會毫不猶豫地像一九八九年的軍人那樣開槍殺人。很多一廂情願的民主人士不願接受這一冰冷的事實，反倒辱罵我「不善於搞統一戰線」。果不其然，中共只拿出九牛一毫的一筆錢，立即就將這夥人搞定了。

其次，就那些似乎真是反共的力量來看，在郭文貴事件中醜態百出的表演，已然證明他們跟共產黨「精神同構」。何清漣是少數自始至終嚴厲批判郭文貴鬧劇的海外知識人，由此在推特等社交媒體上招致永無休止的圍攻和辱罵，一時間成爲箭靶式的人物。她挺身應戰，進而敏銳地指出：所謂「郭氏推特革命」，是文革與土改（打土豪分田地）二者的混合。昔日，本身就是土豪的毛澤東，領導一群痞子打土豪分田地；今天，本身也是土豪（而且還是國安特務）的郭文貴上演了同樣的戲碼，居然有那麼多在美國生活多年的民主人士，不由自主地成爲「戲中人」，如醉如癡，不眠不休。

就國際環境來說，中共的處境比冷戰時代被西方當作眼中釘的蘇聯不知道好到哪裡去了。中共在西方有兩大群朋友：一種是所謂的「白左」（當然包括歐巴馬之流的「黑左」），如果在香港的語境下，就是被香港本土派慧眼識破的「左膠」。

何清漣列舉了美國左派旗艦媒體《紐約時報》發表的極左派人士桑卡拉的文章，文章聲稱不能將列寧和布爾什維克當作惡魔，反之要「再給社會主義一次機會」。柏林圍牆才倒塌三十年，左派狂潮又席捲西方。這群左派自然對「中國模式」情有獨鍾，成爲中國免費的辯護士。另一種則是赤裸裸的功利主義者，將中國當著新的金山，跑到中國撈錢，對中國的獨裁專制視若無睹——促成中美建交的「老巫師」季辛吉、柯林頓時代的財長鮑爾森等人都屬於此類。

在對美中關係有相當影響力的社團「美中關係全國委員會」的年會上，其主席歐倫斯

（Stephen Orlins）用字正腔圓的中文背誦「毛澤東語錄」——他當然知道背誦「希特勒語錄」是政治不正確，而背誦「毛澤東語錄」是安全的。很多西方政客富豪，兼有左派和功利主義者雙重身分，兩者合流並湧向中國，讓雙手沾滿鮮血的中國共產黨不再是人人喊打的過街老鼠，反倒成爲人見人愛的熊貓寶寶。

從「新階級」到「共產黨資本主義」

今天的共產黨中國究竟是什麼玩意兒？如何界定其性質——極權主義、後極權主義、權貴資本主義、裙帶資本主義？學界迫切需要新的概念及背後的一整套闡釋系統。

爲《中國：潰而不崩》寫序的政治學者吳國光指出：「本書提出了『共產黨資本主義』這個概念，用以理解和解釋當代中國轉型和發展的特殊模式。我認爲，這是本書的重大理論貢獻。這是學術的思想力量所在，也是一個政治經濟學的創見。」如果將這個創見放在當年南斯拉夫異見人士吉拉斯（Milovan Dilas）「新階級」理論的歷史脈絡中，更可顯示其重要價值。

吉拉斯早年追隨狄托（Josip Broz Tito）的革命行動，南斯拉夫共產黨奪取政權後，曾擔任過南聯盟副總統、南共政治局委員、中央書記等要職。一九五三年，吉拉斯主張在南斯拉夫實行多黨派競爭的民主制，與狄托決裂，被撤銷所有職務，繼而被逮捕下獄。吉拉斯將入獄前寫的《新階級：對共產主義制度的分析》一書送到西方出版，又被「罪加一等」。

《新階級》一書是共產陣營內部第一本「自我批判」的鉅著。吉拉斯指出，共產黨官僚組成的新階級，既可任意支配和擁有全國的財富，又不用爲這些財產負責，使他們揮霍起來更加肆無忌憚。掌握國家一切資源的新階級必然照顧自己人，分派肥缺，或者任意分配各種特權，各種寄生作用和腐化不可避免，「這個新階級的極權暴政和控制，如今已變成驅使全民流血流汗的桎梏」。吉拉斯進一步指出，這個新階級還比不上他們反對過的資產階級和貴族階級：「這個新階級是貪婪而不能滿足的，就像資產階級一樣。不過，它並無資產階級所具有的樸素和節儉的美德。新階級的排斥異己正像貴族階級一樣，但沒有貴族階級的教養和騎士風格。」吉拉斯也發現，史達林等領導人不僅生活窮奢極欲，最不可思議的是，「國家大事都是在親密交談的晚餐中，狩獵中以及兩三個人的交談中決定的。……召開（黨和政府）會議的目的只是用來確認在親密的廚房中早已烹調好的食物。」

今天的中國，無論是共產黨掌握的財富數量，還是共產黨的腐敗程度，都是狄托時代的南斯拉夫甚至蘇俄「老大哥」所望塵莫及的。「德國之聲」網站上發表了攝影師Borko Vukosav拍攝的南斯拉夫系列老照片，其中有狄托專享的豪華郵輪和豪華別墅，現在看起來還比不上中共一個縣委書記奢華生活的水準。

《新階級》中的描述和論斷，對於體量太過龐大的中國來說，宛如小好幾個尺碼的衣服，根本穿不進去。既然獨裁者在日新月異地進化，分析和研究獨裁者的學術、思想和理論工具也當與時俱進，否則小小的「殺雞刀」無法「庖丁解牛」。本書提出「共產黨資本主義」的概念，堪稱「新階級」的升級版。在第三章「紅色家族的財富神話和權力傳承」中，作者詳細討論了「紅二代」及父母級別更高的「太子黨」斂聚財富和傳承權力的秘訣，他們才是這個國家眞正的「主人」。

不過，以「共產黨資本主義」這個概念來看，或許兩位作者關注焦點集中於經濟領域，在文化、精神及意識形態層面的論述稍顯薄弱。「共產黨資本主義」這個概念，無法涵蓋習近平的「中國夢」及「中華民族偉大復興」背後的文化、精神和意識形態內涵。如果說毛澤東是秦始皇加馬克思，那麼習近平就是孔子加希特勒——習近平無意「輸出革命」，卻對恢復「中華帝國」的「天下觀」念茲在茲。習近平對中國傳統文化特別是儒家文化的選擇性利用，以及對民族主義和國家主義的瘋狂操弄，在凝聚民心、鞏固統治合法性和對外擴張方面大有斬獲，也使得「潰而不崩」的中國成爲百年來繼納粹德國和蘇俄之後，對人類近代形成的普世價值的最大威脅。如果中國人繼續甘心爲奴，如果西方世界繼續麻木綏靖，那麼像王力雄預言小說《黃禍》中末日浩劫的場景，在未來一、二十年之後有可能噩夢成眞。

強國子民，命若垃圾

——楊猛《陌生的中國人》

《陌生的中國人》居然在中國公開出版，但迅速成爲「和諧社會」的「和諧對象」，因爲它的若干內容不太「和諧」。作者楊猛揭露說：「這本書出版後被評爲內容敏感，替我出版的編輯，被禁止再編時政類書籍，出版社也被宣傳部批評了。」楊猛對於什麼是「大國崛起」的看法與習近平迥異，他在自序中說：「中國成爲一個一流國家還缺少什麼？如果人民無法享受到其中的快樂，這種崛起就是殘缺不全的。」書中的主角們，絕大多數欠缺快樂及幸福感。

變化多端的中國，讓外來者有莫名的陌生感，即便生活在其中的人們，彼此之間也很陌生。楊猛以記者身分遊走於中國的心臟與邊陲，以「陌生」作爲中國的第一個形容詞。在本書中，再也沒有林語堂《吾國吾民》的樂觀、從容與自信，相反，幽暗的心靈、搖擺的信仰、荒蕪的田園、慘烈的天災人禍、麻木不仁的官僚系統……這一切讓作者和讀者產生了陌生、焦慮、厭惡乃至恐懼的共鳴。《陌生的中國人》讓人想起柏楊的《醜陋的中國人》，我和楊猛都是《醜陋的中國人》所啓蒙的一代人。在楊猛小時候，父親買了本《醜陋的中國了。

人》給他看，他對柏楊以「醬缸」形容中國印象深刻。如今，醜陋的特質沒變，只是更陌生

如果從報告文學的線索來追溯，楊猛和很多服務於南方報系的記者一樣，傳承了八〇年代報告文學作家劉賓雁和蘇曉康的「憂思傳統」。劉賓雁的《人妖之間》和蘇曉康的《烏托邦祭》是那個時代的文學、新聞及歷史寫作的典範。然而，這些繞不開的經典，在一九八九年的槍聲和血泊之後，被刻意繞開，強迫消失。優秀的記者和作家、《大國寡民》的作者盧躍剛在人民大學新聞學院給研究生辦講座，九〇後的新聞專業學生不知道劉賓雁是何許人也。楊猛以一種更平民化、更寫實的手法，復原了劉賓雁和蘇曉康的精神氣質，生機勃勃的八〇年代與星光點點的二〇一〇年終於接軌。

如果從歷史寫作的線索來梳理，楊猛師法的對象是美國漢學家史景遷的《王氏之死》。《王氏之死》寫十七世紀山東省郯城縣的小城故事：此地有位苦命女，與人私奔，最後慘死。史景遷寫道：「要從過去召喚出那些窮人和被人遺忘者的生活總是困難的。」這正是楊猛的志向：爲底層無名者立傳。他寫汶川地震，一個字不提影帝溫家寶的傾情演出，而寫被奪去左臂的九歲小女孩周玉燁——周玉燁用剩下的手臂畫出記憶：「這是我被埋在廢墟下的情景。我希望那些石頭下面都長著輪子，這樣我就能出來了。」他寫作家莫言的家鄉及其小說的背景山東省高密縣，以一名七十三歲拆遷戶宮先生的故事結尾——因爲上訪多次遭到軟禁、拘留，這個失去家園的可憐人的心願是：「想找莫言幫忙，能不能讓莫言幫小民向領導呼籲解決一下實際問題？」喜歡抄寫「毛主席語錄」的莫言能幫這個忙嗎？當然不能。楊猛評論

說：「這是一個作家的傑出的想像力也無法完成的『黑色幽默』。」

爲什麼中國有那麼多棄嬰？

書中的十九篇報導，最具震撼力的是〈命若垃圾〉，描述河南「蘭考好人」袁厲害和她收養的有殘疾的棄嬰們。袁厲害不是德蕾莎修女那樣的聖徒，而是地方政府的遮羞布：袁厲害收養棄嬰成名之後，建立了關係網路，借助蘭考這座小城欣欣向榮的圈地開發，跟合夥人從農民手中買地，蓋小產權樓出售，自家也蓋起氣派的兩層小樓。她的原始資本來自於民政局委託她收養棄嬰的生活費。

袁厲害富起來，她收養的孩子沒跟她同住，住在垃圾場邊上的破房子裡，那裡充斥著老鼠、垃圾、臭蟲。楊猛去探訪時，只有十七歲的小兒痲痹症和小腦發育不全的袁中負責照料其他孩子，食物是變黑的饅頭，他們像爬行動物一樣只是活著而已。袁厲害承認，死去的孩子像垃圾一樣被處理掉，前後有三十個，也許四十個。那些殘疾的、被遺棄的孩子，卑賤如草、如螞蟻、如垃圾。「有些死去的孩子，很多沒來得及取名字，自然也無人過問。在一個戶籍管理嚴格的國家，眞實的情況卻是，死亡可以做到無聲無息。」中國的戶籍管理制度之嚴格乃是世界之最，這套方法從商鞅變法的時代就已成形，其目的是方便獨裁者對人民的控制，而不是增進人民的福祉。只要是統治者需要的東西，中國的文人和官吏從不吝嗇投入智慧和資源，但這些棄嬰卻從不進入戶籍制度之中。

中國擁有世界上最大的、全知全能的、如同《一九八四》中的「老大哥」的政府。楊猛前去採訪當地民政局，想知道政府部門爲何失職，渾身酒氣的民政局社救股股長馮傑從午後的飯局中匆匆趕來，面對蘭考爲何不修建孤兒院的問題，其回答有如外交部發言人般滴水不漏：「很有必要，但尚不在縣城發展的優先考慮計畫之內。」人們很難將這些肥胖的基層官員跟共產黨大肆宣揚的模範官員、因患肝炎而瘦骨嶙峋的焦裕祿聯繫起來。焦裕祿那樣的官員宛如流星般偶然出現，馮傑那樣的官員則是日常生活中每天都要遭遇的對象。

楊猛離開六個月之後，他看到一則報導：孤兒們生活的位於垃圾場旁邊的房舍發生了一場慘烈的火災。七名孩子不幸葬身火海，其中有他見過的袁申和另外幾個嬰幼兒。中國常見的善後措施一定是處罰一群替罪羊：多名蘭考地方官員被免職，包括楊猛訪問過的馮傑股長。袁厲害則免於追究其監護失職責任，慈善與愛心光環成爲「蘭考好人」的護身符。袁厲害害死了很多孩子，但如果沒有袁厲害，會有更多孩子更快死去，這是一個殘酷的事實。那麼，袁厲害究竟是「好人」還是「壞人」？作者沒有給出答案，讓每個讀者自己思考並判斷。

爲什麼中國的棄嬰那麼多？首先是經濟方面的原因：靠種田勉強維生的農民家庭，無力撫養有殘疾的孩子，拋棄有殘疾的嬰孩是不得不做出的選擇之一。其次是政府方面的原因：政府放棄了爲民眾提供基本福利保障的職責，還竭力壓制民間社團的組織和自救行爲——政府不做的事情，也不允許民間自己做。否則，NGO機構豈不比政府更得人心？第三乃是唯物主義和無神論的泛濫，讓中國人缺乏對生命的尊重與敬畏，人的生存被降低到動物性層面，所謂「寧爲太平犬，不做亂世人」，人跟犬是可以互換的生命體。墮胎和棄嬰在中國司空見慣，當事人陳述此類事件時是一副輕描淡寫的口吻。

爲什麼中國有那麼多人偷渡海外？

「八仙過海」是中國的一個神話傳說，楊猛用這個成語作爲題目，寫在西班牙的青田和溫州移民的故事。他們大部分是偷渡客，等候移民大赦獲得合法身分，從打工仔熬成大老闆或小老闆。

楊猛描寫成功者鄭建茂，堪稱青田移民的縮影。他們餐風露宿偷渡國境，在歐洲充當廉價勞工，進而借助「中國製造」的權勢從事中歐貿易，形成一股獨立的經濟力量。近三十年間，勤勞的青田人在歐洲建立起一個隱密王國。楊猛的寫法一點都沒有「勵志」故事的色彩，他如實描述了移民在發財致富背後的困惑、挫敗與痛苦。

有趣的是，這些移民並非單向移動，在西班牙經濟危機的衝擊下，很多人又向中國「回流」。中國政府知道如何利用他們，「有成就的華人被中國政府賦予很高的政治禮遇，被當作中國復興的一個組成部分來看。」當然，雙方都刻意掩飾尷尬的過往和曾經的偷渡者身分。一個國家有那麼多公民成爲偷渡客，這個國家的榮耀值得懷疑。昔日的偷渡客希望成爲母國的座上賓：有西班牙華人富豪和僑胞受邀參加北京國慶花車旅行，被視爲政治上的肯定和期許。然而，他們的子女已入籍所在國，對第二代移民來說，中國是遙遠的「異國他鄉」。

這是一個由偷渡客組成的「小世界」，就連當地最大的華人教會的牧師程建平也是偷渡客。在十多年裡，這家教會從一百人發展到四千人，成爲社區的信仰和文化中心。從教會的爆炸性增長中，可以看出華人移民社會快速發展的軌跡。

流動在世界各地的溫州人、福建人被譽爲「中國的猶太人」，但他們不是眞正的猶太人，猶太人已進入歐美主流社會，而中國移民只是實現了自己腰纏萬貫的夢想，卻並未成爲當地社會的有機成分。他們一般生活在封閉的華人社群內部，對於獲得當地主流社會的認同和肯定毫無興趣。他們更不可能像當年「五月花號」上的清教徒，在上帝的「應許之地」創建新的社會結構和文化形態。

那些到非洲淘金的中國人的生活狀態更是「動物兇猛」。楊猛寫道：「在非洲的中國人深受無序和缺乏道德底線的商業文化的毒害，很難主動去遵守商業游戲的規則。……一些發財的中國人喜歡炫富。在當地有專門爲中國人服務的中餐館、賭場、夜總會、妓院、地下錢莊，形成高效封閉的華人圈子。」

導遊出身的蘇振宇搖身一變成了迦納一家大型金礦礦主，他的形象如同中國對於非洲施加的巨大影響一樣複雜多義。中國對非投資超越美國，商業投資自然要求回報。蘇振宇堅信「金錢可以搞定一切」的「硬道理」，甚至參與當地的政治遊戲，投資支持某一位總統候選人。他毫不在乎工廠對當地環境的毀滅性破壞，對於像驅使奴隸一樣驅使當地勞工和中國勞工去淘金卻沒有罪惡感，反倒認爲自己是他們的衣食父母。這群中國金礦主永遠都不明白：

「中國援助了非洲這麼多道路橋梁、議會大樓和體育館，爲什麼非洲人仍然討厭我們？」他們也不會承認自己是「新殖民者」。

移居海外的中國人已有數千萬，遍及全球每個角落。對於官員、富豪和中產階級而言，選擇移民是因爲對未來缺乏安全感，以及爲子女謀求更好的教育機會。對於那些社會底層的青田人、溫州人和廣西上林人來說，移居國外則是赤裸裸的金錢慾望和物質需求的驅動。錢是唯一的動機，他們不是爲享有民主、自由和人權保障而「用腳步投票」，只要能掙錢，可以不擇手段。他們的勤勞工作固然對移居地做出了一定貢獻，但血汗工廠、污染企業等，又給移居地帶來層出不窮的社會問題，他們扭曲、荒誕的民族主義情緒，又使得華人成爲移居國最不忠誠的少數族裔。

爲什麼國家是人民的敵人？

中國政府最大的能耐就是製造無數「國家的敵人」，「敵人意識」使中共成爲自己的囚徒。在本書中，「國家的敵人」一節寫的是一度被判處死刑的「民間借貸」操作者吳英，後來在各界呼籲下「刀下留人」。中國嚴厲的金融管控制度，讓民營企業難以從國有銀行獲得貸款，於是民間借貸成爲不得已而爲之的選擇。吳英是浙江富豪博弈的犧牲品，她的對手樓氏家族幾年後也因爲後台的垮台而鋃鐺入獄。

另一個「國家的敵人」是在網路社交媒體上組織「性派對」的大學教授馬曉海，他被以

「聚眾淫亂罪」逮捕並判刑入獄。雖然執政黨的大小官僚都包養情婦，但官僚做的事情，民眾卻不能做，「中國仍然依靠嚴刑峻法對私人領域實施著精確的控制」。

吳英和馬曉海都算不上「國家的敵人」，他們身不由己地捲入與國家的紛爭。眞正的「國家的敵人」是主動的反抗者，比如查建英在《弄潮兒》一書中描寫的哥哥查建國那樣的政治反對派。

中共將那些沒有推翻它的意圖的民眾看成潛在的敵人，每天都在製造不計其數的人權案件。本書中描述了安徽女子李田田在北京的悲慘遭遇：這個智力有些遲緩的農家女孩，原本想到天安門廣場上訪。那個銅牆鐵壁的地方，哪會有民女伸冤的機會？她沒有清朝時候告御狀的小白菜那麼幸運，當即被警察帶走，發配給她家鄉的地方政府駐北京的「截訪人員」，然後被送到「黑監獄」之中。當年，滕彪和許志永爲孫志剛事件上書全國人大，讓收容遣送制度進入歷史，但比收容遣送制度更黑暗、更暴虐的「黑監獄」隨即應運而生。爲了「維穩」，當局總能花樣翻新，讓法律的進步瞬間歸零。

管理「黑監獄」的是地方政府聘用的打手。那天晚上，打手之一的吳建將李田田當眾姦污，血染床單。李田田的高呼驚動旁人，與她一起被關押的訪民奮起抗爭，破門而出。然後，這一事件廣傳網路，有記者趕來拍下少女與床單相片，震撼一時。當局只好出面，在司法層面處理此事。

數月後，該案在北京市二中院終審宣判，強姦犯吳建判刑八年，受害者李田田只獲得兩千三百元人民幣賠償。本案中誰僱用了吳建並沒有被追究，李田田面對的是「無物之陣」。

幕後的兇手就是共產黨，法院也是共產黨開的，怎麼可能給李田田以公平正義呢？楊猛評論說：「對一個遭到當眾強姦的被害人，判令侵權責任人兩千三百元賠償無異於對被害人的二次傷害。」習近平也有女兒，他的女兒習明澤比李田田小不了幾歲，倘若他的女兒遭到強姦，得到這樣的賠償，作爲父親的習近平會心滿意足嗎？李田田貧窮的父母連到北京出席宣判的路費都借不到。習近平與習明澤父女是中國的主人，李田田和她的父母則是被踐踏、被侮辱的奴隸。父親與父親，女兒與女兒，在這塊神奇的土地上，如此擦肩而過。楊猛舉重若輕地寫道：「北京對於李田田太不現實。她還記得行走北京的街道上的雀躍，以及後來將一切吞噬的無助。她只是一個陌生的過客。」

《陌生的中國人》一書，還寫到對大部分中國人而言相當陌生的地方的人和事。新疆自然條件最惡劣的地方是羅布泊，可能百分之九十九的中國人都不曾去過。這個面積多達五萬多平方公里（差不多等於兩個台灣）的中國最大鎮級行政區，卻沒有一個常住人口，因而沒有一個戶籍警察。隨著巨大的鉀鹽工業基地隆隆動工，這片孕育過樓蘭古國的土地，又迎來一群懷抱發財夢的流動人口。在與朝鮮接壤的鴨綠江邊，作者採訪了在刀口上舔血的中國商人——用一包長白山香煙就能進入朝鮮境內，甚至可以換到冰毒。然而，彼岸那個更加野蠻的國家，不會遵循以物易物的貿易準則，一言不合，就掏槍殺人——號稱「大國崛起」的中國政府，卻不願出面捍衛本國被害公民的權益。

讓我最感動的是本書《讚美詩》那篇。在怒江邊上的小城六庫，不是基督徒的楊猛發現了山頭矗立的一間基督教堂，傈僳族信徒們在教堂裡練習四聲部讚美詩。在這本讓讀者沉重而壓抑的報告文學集中，終於出現唯一一抹亮色：當《哈利路亞》的混聲大合唱從這些沒有受過正式音樂訓練的婦女口中唱出，衝破雨霧，在怒江上空激盪，她們的臉上也露出中國的土地上極少有的花朵般的笑容——國家的強大及個人的富足，不能催生這種快樂感和幸福感；唯有來自天上的恩典與救贖，才能讓陌生人彼此成爲相親相愛的兄弟姊妹。那些如垃圾一般的生命，在歌聲中，在陽光下，呈現出上帝最初造人的尊貴。另外，名旅行者、《紐約客》專欄作家何偉寫過一本名爲《尋路中國》的遊記，我想，如果眞要爲中國尋找一條出路，楊猛的這篇《讚美詩》或許是一個醒目的路牌。

警察國家最終毀於警察
——王力雄《大典》

王力雄的每一本書都是難得一遇的奇書。讀王力雄的書，人們會再三感嘆說：「中國終於有了自己的喬治．歐威爾！」國家不幸詩家幸，不知道這是榮耀還是恥辱。若說榮耀，因爲王力雄展現了當代中國作家最缺乏的面對現實的勇氣，以及先知般的預言能力。中國是一個比小說更離奇的國度，在中國做一個小說家，比想像力更重要的是說出慘烈的眞相的勇氣，從《黃禍》到《大典》，王力雄如紀錄片導演那樣做到了「立此存照」。若說恥辱，因爲王力雄筆下的中國跟現實中的中國一樣，不斷墮落，跌破底線，淪爲比「動物農莊」還要幽暗的人間地獄。生活在其間的人們，無論是「低端人口」，還是「高端人口」，個個都缺乏起碼的安全感和幸福感，不僅祈禱「來生不做中國人」，而且紛紛用腳投票，逃離中國，「此生不做中國人。」

王力雄的新作《大典》可以看成是他二十多年前轟動一時的傑作《黃禍》的「前傳」。《大典》的故事在黨魁遇刺、黨內紛爭、帝國崩解之際戛然而止，此後登場的情節大致就是《黃禍》中「白骨露於野，千里無雞鳴」的悲慘景象。《大典》以今日中國的現實狀況爲開端，推演當極權統治日益嚴密，挑戰力量不斷式微，專制似乎日久天長，看不到任何變化可能時，卻被幾個自我盤算的小角色掀翻。看似嚴密堅固的帝國，卻可能脆弱得不堪一擊。《大典》中沒有梟雄出場，沒有集團謀劃，沒有軍隊倒戈，沒有大廈將崩的跡象，只有一個想自保的特務頭子，一個有野心的海歸商人，一個想在北京出人頭地的邊疆小警察加上一個性無能且政治白痴的工程師，這幾個漫畫式的人物居然就讓龐大的專制機器土崩瓦解。

讀到這樣的情節，總是令人暢快淋漓，宛如暢飲最高度數的金門高粱酒，宛如在迪士尼樂園坐過山車。如果我有曹操的頭痛病症，王力雄的書就像陳琳的好文章那樣比靈丹妙藥還管用。然而，面對現實中「潰而不崩」的中國以及舞台上的各色人等：張牙舞爪的習近平，長袖善舞的馬雲，巧舌如簧的莫言，唯利是圖的歐巴馬，慘死獄中的劉曉波，終身監禁的哈力木伊，人間蒸發的王全璋……卻又乍暖還寒。王力雄對中共如雪崩般的垮台的描述，是不是太過樂觀了呢？

「大典」是法西斯美學之極致

既然書名是《大典》，「大典」當然是故事推展的動力所在。若不是要籌備花團錦簇的大典，就不會有圍繞大典展開的各部門的競技，更不會有在大典彩排時，主席慘遭暗殺的事故發生。雖然「大典」失去了它的主角，卻如期舉行：「二十萬集會參加者按單位被分配到天安門廣場不同區域。除了旗幟和標語牌，每人手持一本顏色翻頁冊，慶典時跟指令翻到不同顏色頂在頭頂，從天安門上便會看到各種歌頌共產黨的巨幅畫面。遊行隊伍和彩車在天安門東側長安街排好隊形，延伸到建國門。」在北京生活了大半輩子的王力雄，冷眼旁觀過若干次大典，無論是奧運開幕式還是國慶閱兵，他描寫大典的細節自然輕車熟路，娓娓道來。

極權體制需要「大典」顯示其力量，「大典」是法西斯美學的極致，從納粹德國到蘇俄，從中國再到北韓，概莫能外。一九八九年，波蘭導演Andrzej Fidyk應邀到平壤拍攝北韓慶祝建國四十週年閱兵大典的影片。這部名爲北韓的《1989閱兵》的電影，沒有任何導演的旁白或評論，完全引用北韓文宣的內容。影片中不論是在室內的集會或室外的閱兵的場景中，壯盛的隊伍，整齊一致的不僅是服裝、打扮、口號，甚至笑容，特別是小朋友的說話和表情，天眞無邪的眼神，完全被裝腔作勢的口吻和手勢給取代。導演感嘆地說：「雖然拍完此片已經快十六年，至今仍能感受到在北韓的感覺，即當我看到的人和事物，一切都是被刻意安排的劇碼，非常的不眞實。」當時，北韓領導人很滿意這部影片，想要頒獎給導演，然而北韓駐華沙大使館強烈反對——因爲，北韓的外交官清楚地知道北韓以外的人對此片有何反應。

希特勒是用群眾運動打造獨裁政黨的先鋒。希特勒力排眾議，任命女導演里芬斯塔爾（Leni Riefenstahl）爲納粹紐倫堡黨代會拍攝紀錄片。里芬斯塔爾完成了轟動一時的《意志的勝利》，在自然與刻意之間達到了完美的平衡，前所未有地賦予紀錄片一種連故事片也無法企及的「意識力」。納粹主義思想在片中物化成具體的、活潑的、盛大的和莊嚴的圖像，希特勒被描述成「救世主」。這一切都不是生硬的說教，乃是通過藝術之美來征服銀幕前的觀眾，就連向來對里芬斯塔爾心懷芥蒂的戈培爾也承認「影片將意識形態的宣傳提升到了藝術的高度」。法西斯美學由此向全球滲透：在巴黎世界博覽會上，與德國關係對立的法國觀眾爲之如癡如醉，《意志的勝利》獲得金獎，法國總理達拉第親自爲里芬斯塔爾頒獎，他們根本沒有意識到，幾年後電影中的這群德國人會占領大半個法國。

中共的審美能力比不上納粹德國，但有張藝謀等「大師」加盟，卻也具備了某種特殊的「東方氣象」。王力雄抓住「大典」這個意象，如同抓住獨裁者的睾丸。中國現實中的「大典」比小說中的更殺氣騰騰：二〇一七年八月一日，中共解放軍建軍九十周年，習近平身穿迷彩服在內蒙古朱日和訓練基地閱兵。這是繼一九八一年華北軍事大演習閱兵後，解放軍時隔三十六年再次在天安門以外的地區閱兵，也是中共建政以來，解放軍首次在「八一建軍節」開展閱兵式活動。朱日和曾是一個神秘的地方，長期以來在報紙上連名字都不會提及，僅以「華北某訓練場」來代替。該基地位於內蒙古自治區錫林郭勒盟蘇尼特右旗下轄的朱日和鎮，占地廣達一千零六十六平方公里，坐落在當年成吉思汗揚鞭揮戈的古戰場上，號稱「亞洲最大、中國軍隊最現代化的大型陸空聯合訓練基地」。

值得注意的是，習近平在閱兵開始、檢閱部隊時，雖然仍以「同志們好」來問候各軍受閱部隊，但部隊一改過去稱受閱的國家元首爲「首長好」的說法，改爲「主席好」，主要是以此強化習近平中央軍委主席的職務。習近平沒有希特勒挑動群眾和官兵情緒的能力，沒有像希特勒那樣宣稱「在數千萬人中你們找到我，是今世奇蹟；而我找到你們，是德國的福氣」，但習近平在十九大後率領政治局文武百官「學習習近平治國思想」，其「自我神格化」的方式離希特勒只有一步之遙。王力雄小說中主席乾癟單調的形象，遠沒有現實中的習近平來得生動而誇張。

天網恢恢，「密」而不漏

鞋聯網、夢造儀、電子蜂、神經阻斷劑……如果《大典》早出版十年，讀者或許會對書中出現的若干高科技手段感到新奇，但在「天網」監控系統無所不在的今天，中國的現實比小說更加恐怖。當專制統治有了現代科技手段，與被統治者之間的關係就發生根本變化。電腦和網路時代把人類納入數位狀態，專制者能利用數位技術實現以少制多。數位科技固然也幫助異見人士傳播其「異端」思想，但對統治者控制社會的幫助更大。臉書創辦人祖克柏坦承，「許多人進入科技業，是因爲相信科技可以帶來分權化的力量，賦予人民更多權力。但隨著少數的大型科技公司崛起，以及政府使用科技監控他們的人民，許多人現在相信科技只會加強集權，並非分權化。」

中國已有一點七億個監控鏡頭遍布各地，當局計畫未來三年要再安裝四億個。也就是說，差不多兩個人就被一台攝影機控制。當年，我被北京國保特務非法軟禁在家，他們在我家對面的樓房上安裝六台攝影機，同時在我家後面的牆壁上安裝紅外線的監控設備——提防我從二樓跳到一樓鄰居的花園中逃走。他們不必節省經費，因爲維穩費用高達七千億。

很多異見人士感嘆說，在中國，出了小監獄，又進大監獄，整個中國就是一個大監獄。

據英國廣播公司報導，貴陽公安局向記者示範人臉辨認的監控系統如何運作。這個監控單位猶如電影中的火箭發射中心，螢幕閃爍，人頭攢動。人臉辨認系統包含當地所有居民的影像，畫面中，一個年輕人走在街上，只要鎖定，馬上就可分析出其年齡、種族、性別、衣著甚至是表情狀態。獲准進入中心的記者蘇德沃思測試了監控系統的抓人功力，他臨時被掃描登錄爲嫌疑犯後，坐車到貴陽市中心下車，準備「潛逃」前往車站，當他走進公車總站售票廳後，馬上就被警察攔獲，前後僅七分鐘。

騰訊董事會主席馬化騰在接受採訪時表示，騰訊通過十億張照片的大數據，已掌握每個中國人的長相變化。馬化騰透露，在騰訊平台，每一天有超過十億張照片上傳，假日甚至有二、三十億張照片，絕大部分都是人的臉，尤其是中國人的臉。很多人從年輕開始，就一直在騰訊的平台上傳照片，騰訊由此掌握了每個中國人過去十幾年來的面容變化，甚至可以預測其老年是什麼樣子。

與人臉識別相配合的，還有「步態識別」技術。北京有一家叫銀河水滴的公司另闢蹊徑，以步態識別在安防反恐領域彌補人臉識別等技術的缺憾。在銀河水滴首席市場官苑麗萍的演示下，一段影像中，一名戴帽子的嫌疑人臉部特徵模糊，但走步姿態卻被清晰記錄。如果將此種姿態對照步態大數據庫，就能確定此名嫌疑人的身分。據苑麗萍介紹，公司已經和有關部門建立有效溝通，將該項技術大規模應用於安防領域。其中，敏感人群步態數據庫的積累最爲關鍵。有了完善的數據庫，步態識別就能更好地找到比對依據，在安防領域發揮作用。

近期發生在中國的一個實際例子就是：因參與海祭劉曉波事件逃亡數月的自由作家黎學文，在廣州火車站被捕。知名人權活動人士艾曉明在社群網站表示，律師葛永喜已和被捕的黎學文見面。葛永喜透露，黎學文之所以被捕，是因爲廣州火車站有人臉識別器，兩名警察主動上來說，你是遭公安部通緝的對象，拿出身分證來檢查。

《大典》中實際操作數位科技的是近乎書呆子而且性無能的李博，他被設置成被安全特工劉剛控制的一個傀儡，就連妻子亦淪爲對方的玩物。這是人文知識分子對「科技男」慣有的貶低式想像。其實，現實中的數位天才，如馬雲、馬化滕、任正非等人，既是富可敵國的企業家，又是精於「講政治」、投靠黨國大老的「編外政客」。這個群體大大加劇了中國現實的黑暗，他們對中國社會發揮的負面作用至今仍未得到充分評估。

黨爲什麼成爲KGB的手下敗將？

特務系統原本是黨的強力部門的一部分，是黨的制度外力量的延伸，是黨奪取權力和維持權力的利器。但是，在極權主義國家，因爲維穩任務太過繁重，因爲黨失去了意識形態上的合法性，黨魁感到四面八方都是敵人，從而更依賴KGB，特務系統常常溢出黨務系統的控制，成爲具有一定獨立性的存在，甚至威脅到黨魁的地位和黨的權威。

在納粹德國，短短數年間，蓋世太保和黨衛軍這兩大特務系統就膨脹數十倍，其觸角伸向黨政軍各領域以及包括基督教會的民間社會，就連傳統上地位尊貴的國防軍都對其側目。

特務頭子希姆萊的權勢超過希特勒的左右手、帝國元帥戈林和宣傳部長戈培爾，儼然以希特勒的繼承人自居。

在蘇俄，KGB頭子貝利亞（Pavlovich Beria）讓政治局的同僚們感到膽寒。既然無法通過正常程序削弱乃至剝奪其權力，他們只好在得到軍方支持後發動一場政變，由朱可夫（Georgy Zhukov）元帥親自率領衛兵衝入政治局會議室，以迅雷不及掩耳之勢將貝利亞逮捕並處決，這才除去心頭大患。不過，後來KGB出身的安德洛波夫（Vladimirovich Andropov）終於熬成黨魁，而蘇聯解體後俄羅斯執政時間最長的領導人偏偏又是KGB出身的普丁。

在中共的歷史上，康生和周恩來是兩大特務頭子，他們都沿襲蘇俄KGB的模式。康生從延安時代就成爲毛澤東的左右手，毛若不是利用康生掌握延安的安全力量，斷然不敢輕易發動思想上和組織上的「延安整風」。周恩來從二〇年代就掌控著另一支特務系統，這是其成爲中共權力結構中罕見的「不倒翁」的資本。而近年來長期掌控安全系統的是太子黨的「老大哥」曾慶紅——曾慶紅的父親曾山當年就是周恩來手下的特務頭子，子承父業，理所當然。習近平爲了從曾慶紅手上奪走國安大權，不惜重新洗牌，將龐大的國安部及部分公安部的職能，拆分爲國內和國外兩大塊，類似於美國的中央情報局和聯邦調查局。這就是郭文貴事件發生的大背景。

在《大典》中，來自新疆的小特務劉剛被借調到國安委的執行機構「特派局」，爲了能建功立業，利用「造夢儀」控制李博的妻子、在疾控中心工作的專家伊好，然後靠著伊好的簽字背書，向高層呈送了一份瘟疫危險逼進的報告。事實證明這是虛驚一場，但瘟疫的謠言影響了大典的準備工作。主席勃然大怒，歸罪於國安委辦公室主任、特務頭子「老叔」。「老叔」本是躲在幕後謹言愼行的傳統官僚，爲求自保，策動了對主席的暗殺，啓動了黨國體制的崩盤。在此意義上，黨國不是被異議運動顚覆的，也不是被「亡我之心不死」的西方帝國主義顚覆的，反倒是被自己的KGB掀翻的。

老叔和劉剛都是黨國體制內忠心耿耿的「螺絲釘」，他們犯下傷天害理的事情從來眼不眨、心不跳。他們又極度平庸，符合漢娜・鄂蘭「平庸之惡」的概念。他們知識不足，眼界有限，心靈枯竭，對民主自由等普世價值毫無認識和尊重，此前在北京常常上門騷擾我的國安和國保人員大都是這個類型。吊詭的是，他們出於自保的本能，卻能利用無邊的權力，讓如同「和諧號」高鐵列車般飛奔的極權制度脫軌、翻覆。未來一、二十年中國的變局，會不會眞的從作爲「中國式KGB」的國安委開始，讓我們靜候好戲登場。

皇帝夢，極權夢，都是巨嬰夢

——武志紅《巨嬰國》

在北美華人社群中，我發現一個詭異的現象：雖然都說生活和工作壓力很大，忙得不可開交，人們卻又耗費很多時間在「微信群」上，樂此不疲地討論美食和養生等主題。「微信群」讓身體生活在美國的華人，在精神上又被拉回到他們已經逃離的中國。很多人一集不落地看完中國的每一部古裝宮廷電視連續劇，孜孜不倦地學習其中的「潛規則」和「厚黑學」。他們爲什麼喜歡看這些垃圾電視連續劇呢？作家哈金說得好，生活在北美的華人，如同風箏一樣，看上去飛得很高，繩子仍牽在別人手中。那牽著「繩子」的無形之手，不僅是共產黨的宣傳洗腦機構，更是學者孫隆基所說的「中國文化的深層結構」。

無論是中國國內的民眾，還是海外華人，很多人都喜歡看電視眞人秀《中國式相親》。年輕的單身男子帶著父母上電視尋找結婚對象，男方父母坐在台前，對女嘉賓的年齡、學歷、婚戀經歷品頭論足，年輕男士則句句聲稱要尋找「能照顧我」的合適伴侶。心理諮詢師和作家武志紅指出：「這是嬰兒最基本的一個反應——找媽媽。在他們眼裡，對方只是一個客體，這也是嬰兒的特徵，自己是全世界的中心，萬事萬物都是爲自己服務的。」由此，武志紅發現一個可怕的事實：「多數國人，都是巨嬰，這樣的國度，自然是巨嬰國。」他以多年從事心理諮詢師工作積累的素材，寫出了《巨嬰國》一書。

《巨嬰國》不是小說，卻可以跟喬治．歐威爾的《動物農莊》和老舍的《貓城記》媲美。何謂「巨嬰」？就是成年的嬰兒，身體已發育爲成年人，心智水準卻停留在嬰兒階段。嬰兒，特指一歲前的孩子；巨嬰，即是心理發展水準停留在一歲前的成年人。武志紅認爲，中國人的集體心理年齡，沒有超過一歲，還停留在口慾期。「巨嬰」這個概念是武志紅多年來對孝順、集體主義等中國式社會倫理思考的批判性總結，更可「強而有力地解釋很多中國經典的社會文化現象」，諸如網路謾罵、夫妻冷戰、少女找「乾爹」、病人砍醫生、小粉紅、五毛黨、毛粉、排外義和團……。

中國人要擺脫巨嬰的狀態，需要付出艱辛的努力。武志紅指出：「拿我自己舉例，我今年四十二歲，作爲心理醫生，我一直在探索自己、認識自己，在我四十歲的時候才剛剛成爲一個不是巨嬰的人。」在中國，大家都被要求「聽話」：在家聽父母的話，在學校聽老師的話，在社會上聽領導的話、聽政府的話。從古至今，父父子子、君君臣臣。中國人是按照別人的意志來活的，中國人的生命力沒有得到鍾煉。武志紅呼籲，中國人要學會「我選擇，我自由，我存在」，「必須作爲一個眞實的、活生生的人，爲自己的人生作出選擇。」

從「類人孩」到「巨嬰國」

《巨嬰國》這本書，既是心理學著作，也是文化批判的著作。武志紅承認自己的思路受到魯迅國民性批判、柏楊《醜陋的中國人》以及孫隆基《中國文化的深層結構》的影響，卻沒有提及北大學長、獨立作家余世存十四年前提出的「類人孩」概念。「類人孩」與「巨嬰」一脈相承，互爲印證，只不過「巨嬰」比「類人孩」更爲通俗。

余世存最有名的一本書《非常道》的後記名爲「關於類人孩語」。二〇〇二年，余世存找到了一個概括中國人生存狀況的詞彙「類人孩」，並以此建構起一套「類人孩的史觀」。所謂「類人孩」，就是那些離文明仍然遙遠，無知於權利、權利不得保證、心智蒙昧而身分可疑的人群。他們在野蠻和文明之間徘徊不已、自得其樂，遠未成爲現代社會的公民，還是帝制時代的「子民」——子民就是孩子，就是類人孩。

後來，余世存爲《動物農莊》做了一本特別的註釋本，直接命名爲《類人孩》。他使用蘇聯的歷史素材對照《動物農莊》的情節，但明眼人一眼就可以看出跟中國的相關性。余世存嘆息說，從文明史的角度著眼，類人孩狀態是中國人需要告別的一種生活。「說到底，無論做壞孩子還做好孩子、乖孩子，還是做老小孩、老頑童，都是一種非成人狀態。……無論直覺、痴情、篤信、善意、童心有多麼美好，個體參與合眾的民族社會裡，最值得稱道的是個體能夠免於匱乏和恐懼，是個體能夠與社會有效（文明的成人理性）的交往溝通，是個體有著成人般的關懷和責任，有著成人般的自信和參與。」

十多年過去了，中國人並沒有走出「類人孩」狀態，反倒在順民、臣民、草民的泥潭中越陷越深。余世存離開風沙撲面、霧霾迷城的北京，到陽光燦爛的雲南麗江尋求自然眞實的生活，如同一九八七年在清除精神污染的政治運動的壓力下，遠赴西南邊陲尋找「靈山」的高行健。京城或中原已淪喪，在少數民族居住區域，能否找到未被污染的、清新剛健的生命形態？余世存沒有給出答案。武志紅接著往下探索，提出了「類人孩」的升級版「巨嬰國」。

在《巨嬰國》一書中，武志紅分析了巨嬰的「全能自戀」心理，此心理即集體主義和愚孝的深層心理機制。在大多時候，心理問題不僅僅由生理原因引發，而與社會環境和制度息息相關。東德心理治療醫師馬茨（Hans-Joachim Maaz）在《情感堵塞：民主德國的心理轉型》一書中詳盡地分析了民主德國壓力性體制對民眾造成的心理後果，長期壓制的結果，是人人都患上「情感缺乏症」：自卑、沒有安全感、猜疑、失望和虛無。由於背離了天性，東德人普遍感到無依無靠，渴望依賴、企盼權威。

對統治者來說，巨嬰是最容易形塑成奴才的素材。在中國官場，哪一個不是巨嬰？天津市委書記李鴻忠肉麻地吹捧習近平的講話充滿「新思想、新論斷、新要求」，「縱貫古今、指引方向、氣貫長虹，體現了鑒史、立論、定向的高度統一，是一篇馬克思主義綱領性文獻」，更是高喊習核心，「核心就是旗幟，就是方向，就是信心，就是力量」。在中國文壇，哪一個不是巨嬰？莫言在文代會上頌讚習近平「的確是一個了不起的人，一個博覽群書的人，一個具有很高的藝術鑑賞力的人，是一個內行」，「是藝文工作者的讀者和朋友，當然也是我們思想的指引者」。此類言論，若用武志紅的話來評論就是：「裝孫子裝奴才，成了一個普遍選擇。或者是有覺知地做奴才而等著有一天翻身，或者是做了奴才而沒有覺知，反而去美化做奴才的哲學。」

儒家文化是滋生巨嬰的溫床

武志紅在北大唸書期間，曾患上精神抑鬱症，停學一年。痛定思痛，他對自身遺傳的精神毒素從不諱言。他在河北落後的農村出生長大，「家族很變態」，因爲爺爺奶奶的欺壓，母親患有抑鬱症，每一次家庭矛盾爆發都氣得躺在床上不能動彈；父親在三十歲時，也因與父輩的衝突而氣得滿口牙齒掉光，眞眞是「打落牙齒和血吞」。

有毒的父母，自然養育出沾染毒素的子女。經過數年心理諮詢工作後，武志紅從「對孝順的那種克制不住的憤怒」，到「對國人的集體潛意識理解得越來越深」，而轉向一種客觀理性的分析和評論。他認爲，巨嬰是中國式的人際關係的產物，「儒家文化的存在、孝文化的存在，特別是三綱五常，就是基於多數國人是巨嬰這一事實而設計的。儘管中國有五千年文明，我們卻一直活在荒原之中，按照孝道等規則來生活。」

儒家文化提倡「孝道」，有扭曲的孝順原則而沒有發自內心的愛，塑造出多如牛毛的僞君子。儒家文化提倡「家天下」，由家族形成國家，偏偏沒有個體的自由與尊嚴。在中國，家族是國家的縮影，國家是家族的放大，人在極端複雜的關係網路中毫無主體性。在一元化的權力結構中，除了皇帝之外，所有人都處於被動、從屬的地位。人人都有一個皇帝夢，即便不能成爲紫禁城裡獨一無二的皇帝，也要在家中充當皇帝。所謂「三綱五常」，使得中國的家庭殘缺不全，彼此傷害：「我們的家庭模式，多數眞是符合了有問題家庭的模式：一個超焦慮的母親，一個嚴重缺席的父親，和一個有問題的孩子。」

頗有諷刺意義的是，中國人到台灣旅遊時，往往對台灣保存了中國傳統文化感嘆不已，他們看重台灣眞實存在的儒家文化中溫良恭儉讓的那一面，甚至對蔣介石當年發起的「中國文化復興運動」讚不絕口。其實，台灣人的禮貌與秩序並非來自於中國傳統文化，而是日治五十年留下的正面遺產。儒家文化對台灣來說，並非正面遺產，而是阻撓台灣邁向現代化的「負資產」。耐人尋味的是，在迷戀儒家文化這一點上，台灣的中國國民黨和民進黨居然跟中國共產黨一模一樣：民進黨的政治新星、台中市長林佳龍是耶魯大學政治學博士，卻大力支持散發著陰溝中臭氣的「讀經運動」，誘騙孩子們閱讀背誦《弟子規》之類在儒家系統內也是等而下之的文化垃圾。台灣民主化三十年了，但要走出中國黑暗文化的籠罩，還有更長的路要走。

巨嬰通常既自私又殘忍，巨嬰國就是吃人國。武志紅所說的巨嬰，哈金說的「老母豬」，如同劉曉波所說的「老小孩」。劉曉波早在八〇年代就指出：「關起門來看自己，眞覺得豔美無比，儼然儀表堂堂的男子漢，幾千年悠久的文化燦爛得令人目眩；打開門再看自己，頓時相形見絀，非但談不上豔美，反而倒像個滿臉皺紋，拄著枎卻又要吃母乳的老小孩，源遠流長的文化就像一身俗不可耐的古裝，除了作爲陳列品之外，便毫無用處。說得挖苦點，中國人在近現代世界史上不是作爲人，而是作爲奴隸而生活的。」眞是英雄所見略同。

習近平是典型的巨嬰

《巨嬰國》出版之後，一時洛陽紙貴，卻很快被有關部門強令下架。出版方在發給書店的一份「緊急通知」中說，因爲書籍「質量」有問題才下架。這是明目張膽地說謊，這種行爲本身就是巨嬰的反應——跟中國政府突然以「消防不達標」爲由關閉的數十家韓資樂天超市一樣，這種作法如同慈禧太后的兩面三刀：一面暗中指使義和團火燒教堂，一面又說「歡迎外國人來華傳教」，表面做人、暗中做鬼。堂堂大國，所作所爲如此下流，哪能讓別國人羨慕和尊敬？

共產黨爲什麼連《巨嬰國》這樣的心理學著作也怕得要命？因爲這本書揭示出一個眞相：習近平就是典型的巨嬰。

武志紅指出，巨嬰有三個主要特徵。第一是「共生」。出生六個月後的嬰兒覺得，我就是媽媽，媽媽就是我，我們是一體的，共同使用一個身體和心理。病態共生，在國人中實在太常見，如大家庭、集體主義、沒有界限、拒絕AA制、以己度人、統一思想……特別關鍵的是，在這個混沌的、合一的共同體中，只有一個人說了算，這個人當然最好是自己。這就構成了共生中的各種衝突，武志紅稱之爲「共生絞殺」。

習近平不就是這樣的「共生者」嗎？他不能忍受鄧小平之後政治局常委分權的權力格局，而要回到毛時代全黨上下成爲一個「戰鬥集體」、由一人拍板決定的狀態。他要讓中國人做同一個「中國夢」，並把這個「中國夢」推廣到全世界。

第二是「全能自戀」。出生六個月後的嬰兒會覺得，我是神，無所不能，我一動念頭，世界就該按照我的意願運轉，否則，我就會變成魔，有雷霆之怒。中國男人多有皇帝夢，中國女人多有皇太后夢，這個夢的原動力就是，希望擁有無上權力，讓整個世界圍著自己轉。絕對意義上的皇帝和皇太后，只能有一個，要端坐在皇城中。但在每一個中國式的單元中，都有一個皇帝或皇太后，如中國式的大家長，如單位中的一把手……這也是孝順或聽話哲學走紅的原因所在。

習近平也患有「自我認知障礙」，雖然他只有小學程度，卻要在出訪的國家背誦一張該國文豪的名著書單。他不覺得秀書單是鬧笑話，而認爲這是顯示自己學富五車。他以爲自己是中國的核心乃至世界的核心，誰敢有所不敬，誰就會有滅頂之災——有網友在微信上說了一句「習包子」，立即就被判刑下獄。

第三是「偏執分裂」。嬰兒活在極端對立的兩種感覺裡，一旦被照顧得很好，他的全能自戀就得到滿足，就會有神一般的感覺——我一動念頭，世界就會按照我的意願運轉；一旦沒被照顧好，他就陷入徹底無助中，同時也會生出暴怒，恨不得毀了這個世界；或者自己。

與嬰孩相似，獨裁者大都處於精神生活的「嬰孩期」。馬茨在《情感堵塞》一書中以東德共產黨總書記何內克（Erich Honecker）爲例分析說：何內克大權在手，本可主動變革，可他的恐懼心理極強，不願做一點變革。何內克有過極端匱乏的童年，爲撫平傷痕，他塑造出一個沒有缺點的、不眞實的「偉大母親」。在「偉大母親」的陰影下，何內克婚姻不幸——沒有女人能與他想像中的母親同樣「完美」。對曾經匱乏的人來說，製造匱乏是最大的滿足。對曾經恐懼的人來說，恐嚇他人成了最大的解脫。羅馬尼亞獨裁者希奧賽古（Nicolae Ceausescu）也明白這個道理，專門派人到孤兒院招募保安人員。

習近平何嘗不是如此？與大部分共產黨高幹子弟一樣，從小就缺乏父母之愛，父母將革命事業放在家庭之前。少年時代，他經歷了父親一夜之間從副總理變成國家敵人的變故。他的父親和母親都被關押，他一度流浪街頭，下放陝北農村當知青。在物質和精神極端匱乏的狀態下，他竭盡全力向上爬升。等到掌握大權之後，他才暴露出偏執分裂的本性，用最粗俗的言語鼓動民間的民粹情緒，又以在西方受到國王般的尊貴待遇爲榮。

《巨嬰國》一不小心說出了「皇帝的新裝」的秘密，遭遇下架的命運也就在情理之中了。

「人相食，你我要上史書的」

——伊娃《尋找人吃人見證》

我在中國的大學裡所做的最後一場公開演講，是二〇〇五年在北京航空航天大學講「蔡元培與『五四』精神」。在問答環節，有學生問及毛澤東和「五四」的關係，我當即指出，毛掀起「大躍進」造成大饑荒，使三千多萬農民在風調雨順中活活餓死，僅此一例就可證明毛是冠絕古今的大暴君。話音剛落，有一名學生激動地站起來反駁說：「你說三千萬人餓死，有什麼證據？南京大屠殺死難三十萬人，後來發現好多萬人坑；你說餓死三千萬人，怎麼沒有發現一個萬人坑？」如今，伊娃這本名為《尋找人吃人見證》出版了，可以擲地有聲地回答此類對大饑荒的質疑——沒有發現埋藏餓死者屍體的萬人坑，是因為大部分的屍體被隨意丟棄，連組織人力集體掩埋的環節都被省略掉了，很多曝露於郊野的屍體成為倖存者們求生時唯一的食物。

近年來，旅美女作家伊娃先後四次訪問甘肅、陝西的十幾個縣，採訪兩百五十人，書中記錄的餓亡者名單多達八百三十人，記錄的人吃人事件和吃人現象高達一百二十一人次。正如作者在序言中所說，當她去甘肅省臨夏回族自治州、定西地區通渭縣調查大饑荒年代人吃人情況時，不用費力尋找，縣城廣場上曬太陽的老人、村頭下不了地的老人、田間挖野菜中藥的老人、生病躺在炕上的老人……都會開口講述所看見、所經歷的人吃人事件。他們多數不認識字，沒有文化，更不懂得什麼叫政治、什麼叫歷史，他們所講述的都是人吃人的細節和眞相。如果沒有像伊娃這樣有心的人去提問、去傾聽、去發掘、去記錄，這些細節和眞相很快就隨著這些老人的辭世而湮沒無聞。

「習得性吃人」與「求生性吃人」

韓裔美國學者鄭麒來寫過一本名爲《中國古代的食人》的專著。作者指出，本來「食人」行爲是人類都有的，不僅僅限於中國，人類在追求生存的過程中，特別在災荒中、在戰爭中、在原始社會的歷史中，都有食人的記載。問題是中國的「食人」記錄，是又一項「世界之最」，不過這項「世界之最」一點也不光彩——它的次數之多，它的殘酷性和它的理論色彩（即有理論地吃人），在世界範圍內都是罕見的。

據鄭麒來的研究，「食人」行爲可分兩類：一種是「習得性吃人」，就是後天養成的習慣性食人，以及有理論指導地食人，其中包括懲罰不忠、懲罰敵方、爲親人復仇、洩憤、嗜人成性、獲利、盡孝等不同類別。比如，岳飛在《滿江紅》中感嘆「壯志飢餐胡虜肉，笑談渴飲匈奴血」；明代名將袁崇煥被殺後，京城的群眾用小刀割其肉分食之；《本草綱目》中，人肉、人膽、人血、天靈蓋、臍帶、胎盤、人勢（即陰莖）、木乃伊等物作爲藥材赫然在列；割肉療疾更是中國人所津津樂道的「孝道」故事。

另一類則是「求生性吃人」，即在災荒中、在戰爭中食人。「求生性吃人」是先天固有的，是人們在危機之中的本能反應。伊娃記載的人吃人，基本屬於這一類別。在這本堪稱「曠代奇書」的口述歷史著作中，伊娃區分了「人吃人事件」和「人吃人現象」兩個概念：「人吃人事件」是指有見證人親眼看見，或者知道人吃人發生的具體村子、吃人者的姓名、和被吃者的關系，怎麼吃的，最後吃人者的結局等。這樣的見證相對比較完整。而「人吃人現象」，是指見證人雖然看見溝裡、地裡有被人刮去肉的屍體，但說不上是誰的屍體，誰刮食的；還有些是因為時間流逝的緣故，吃人者的名字、和被吃者的關係都記憶不清楚了，所以當作現象記錄在案。但無論是事件還是現象，都是證人的證詞，讓共產黨的滔天罪行無從逃遁。

這是一本需要莫大的勇氣才能讀下去的書，就如同那部以吃人魔頭為主角的電影《沉默的羔羊》讓很多觀眾不敢看完一樣。伊娃說：「在這本關於大饑荒年間人吃人的專著裡，我完全按照口述，記錄下人吃人事件和人吃人現象，光是看這些題目，膛開腸流、砍腿剮肉、吃路人、吃自家的娃娃，就已令人觸目驚心，慘不忍睹。」一個弱不禁風、資源有限的女子，為何有勇氣和心力來寫作這本「吃力不討好」的書呢？伊娃說：「發生過的歷史，是我們無法迴避的，無法假裝不知道的。人之所以稱之為人，是因為人有情感、有記憶、有判斷、有良知。我是一個人，在歷史的一個極端黑暗時期，我的同類曾被當食物一樣被人吃掉，他們的肉被煮熟咀嚼，咽進了人的腸胃。我的同類曾經因為極端的飢餓，被逼迫吃人求生，殺吃自己的孩子求生。今天，活著的我、吃飽飯的我知道了，我不去刨根問底、不去記錄，我會感到羞愧，會覺得對不起他們。不把大饑荒中的人吃人寫下來，我覺得我不配做人，沒有一個人起碼的尊嚴。」伊娃不是一名受過專業訓練的歷史學家，沒有博士和教授的頭銜，但她對歷史的貢獻，可以跟「究天人之際，通古今之變」的司馬遷相媲美。

習近平爲什麼害怕歷史？

習近平上台之後，對意識形態領域的嚴密控制程度，逐漸向毛時代靠攏。其中，遮蔽對歷史眞相的陳述和壟斷對歷史事件的闡釋，比如不准公開批評毛澤東，又是重中之重。

面對毛派篡改歷史的叫囂，歷史學者宋永毅在論文《大躍進——大饑荒期間「人相食」現象之一瞥》中指出：「在一個共『八十二戶四百九十一口』的生產隊裡（四川省崇慶縣東陽公社五大隊第一生產隊），『僅在一九五九年十二月至一九六〇年十一月期間，就虐殺並吃掉七歲以下的女童四十八名，占全隊同一年齡線出生女童人數的百分之九十；百分之八十三的家庭有吃人史』；在一個大隊——『安徽省太和縣宮集區趙寺大隊二十九個自然村中，有二十六個（約占百分之八十九點六）發生過人吃人的事情』；在一個公社的一年中（四川省石柱縣橋頭公社）就發生詳細記錄在案的十六起『人相食』的事件；僅一個省（安徽省）就有過因饑餓造成的高達一千一百八十九起『人相食』的特殊案件；我們便不難想像當時整個的中國農村已經成了一個怎樣的人間地獄！」宋永毅所引用的，均是官方的統計資料，對於此類鐵板釘釘的證據，強詞奪理地否認大饑荒的毛派有什麼話說呢？

比宋永毅從浩如煙海的官方檔案材料中查考出的數字更具說服力的，是伊娃面對面地聽到的倖存者們的親口講述。你可以對全是枯燥數字的材料背過臉去，但你不能對來自最底層、最平凡的目擊者或當事人充滿血淚的講述閉目塞聽。七十八歲的回族婦女馬法土麥說：「這個阿娘吃了自己家裡五個人。男人餓死了吃男人，兒子餓死了吃兒子，最後把自己的小女兒也剁著吃上了。她還是餓死了。」七十三歲的婦女雷英花說：「我的妹妹餓死讓李成路背回去，他一家子人吃上了。他又背人家的死娃娃，我就攆著打他。他吃過我的妹妹，我恨他。」八十二歲的男子謝振翼說：「我看見過人肉。公社幹部溫受致把一盆子人肉倒到溝裡，白白的，像豬肉一樣，牛宗代晚上又撿回來，吃上漲死了。」六十八歲的婦女王碎狗說：「我吃過人肉。村裡的高高父親餓死了，埋了，我挖野菜挖出來一條腿，餓著就啃上了，乾皮皮，沒有肉。」

伊娃的書，就是這樣忠實於當事人的講述，不做任何修飾和潤色，更沒有像楊顯惠和廖亦武那樣，將豐富的原始素材提煉和加工，點石成金變成優秀的報導文學或小說。在文學價值上，伊娃的書或許稍顯遜色；但在史學價值上，伊娃的書更逼近歷史眞實，成爲一座「驚天地，泣鬼神」的「紙上的紀念碑」。這樣的書，當然讓內心崇拜毛澤東、不准別人對毛澤東說三道四的習近平感到心驚膽戰。後來，伊娃的採訪受到秘密警察的騷擾，她本人被扣押，文字和圖片資料被查扣，她不得不跟當局打起了「游擊戰」。

是吃人者邪惡，還是締造吃人現象的極權政府邪惡？

在這本書中，甚至出現了一些仍然健在的吃人者的身影。這些吃人者並非電影裡青面獠牙的連環殺手、吃人狂魔，他們如此平凡而卑微。伊娃對爲了求生而吃屍體的人，並沒有做太多道德上的譴責。吃人者固然邪惡，更邪惡的是迫使他們吃人的極權政府。

魯迅以「吃人」一詞隱喻中國政治和文化的殘酷性，即便他「不憚以最大的惡意」來評估專制之惡，也不會料到在他死後二十多年，他一度對之抱有期待的共產黨，就締造了一場亙古未有之大饑荒，在大饑荒中廣泛而普遍的人吃人，更是讓史書中記載的人吃人黯然失色。毛澤東沒有親自吃過人，即便在饑荒蔓延全國時，他仍豐衣足食，荒淫無度。但毛是「形而上的吃人者」，親手打造了導致「人吃人」慘劇遍布全國的極權體制。在漫長的帝制時代，政權的控制能力只能到郡縣一級，不及鄉村。每當自然災害或統治不良導致饑荒時，饑民至少擁有外出「逃荒」的自由——最暴虐的皇帝，也不會阻止農民外出「逃荒」。毛澤東卻動用全副武裝的軍隊，禁止饑民外出「逃荒」。數千萬人只能在本村家裡面活活餓死，人吃人變得司空見慣。

中共就是一台吃人不吐骨頭的「人肉攪拌機」。共產黨高官顯貴個個都很壞，最壞的還是毛。當年國共內戰、長春圍城之時，前線指揮官林彪親眼目睹饑民人吃人，於心不忍而請求中央同意放走饑民，毛爲迅速取得戰爭的勝利拒絕了這一「人道主義」要求。同樣，天良未泯的劉少奇，私底下挑戰毛澤東說：「人相食，你我要上史書的。」在黨內外壓力之下，毛暫時退居二線，卻感到權力受到威脅，動了對劉少奇的殺機。毛不怕上史書，他只怕有人奪權。

中共也如同一台邪惡的「加速器」或「複印機」。伊娃所觸及的區域，不到中國百分之一的面積，那時整個神州大地何處不是餓殍、何處不是人吃人？在每個大饑荒重災區，必有一個縮小版的「毛式土皇帝」。主政四川的李井泉忠實貫徹毛的政策，導致天府之國餓死一千萬人。作家東夫在《麥苗青菜花黃：大饑荒川西紀事》一書中寫道：「全家死絕、全村子人死絕屢見不鮮，無力掩埋的屍體遍布荒野田間。吃人的事多有發生，死人被食、殺人而食、夫妻老少兄弟姐妹之間互食、食人者又被食……」面對此種情形，李井泉心如鐵石，打麻將、玩橋牌，看香港電影到深夜。從毛澤東到李井泉，再到伊娃書中涉及到甘肅的地方官員們，這些冷酷且殘酷的官僚從未受到法律的制裁。

我在讀伊娃的書的同時，不禁想起一九九七年在北大課堂上聽錢理群教授講的《周氏兄弟研究》課程，其中有一講就是《說「食人」》。「這一百多年所發生的無數殺人、食人的事實都在歷史的敘述中消失了，只剩下不斷從勝利走向勝利的一片『光明』。在這一個世紀的殺人歷史就有可能在下一世紀重演，這一百多年的血（真是血流成河！血流成河！）就算是白流了。

為賤民作傳，為弱者伸冤

——楊奎松《邊緣人紀事》

長於描述「第三世界」眞相的英國作家奈保爾將印度稱爲「受傷的文明」，其致命傷痕就是根深蒂固的種姓制度。「賤民」是印度種姓制度中的一種分類，他們被當作「不可接觸」的群體，生而不平等，只能從事那些最卑賤的職業。在共產黨中國，雖然沒有從種姓制度中生發出來的賤民階層，卻存在另一種由「出身論」決定的賤民群體——當年，遇羅克因爲反對「出身論」付出了生命的代價。

共產黨中國有「人民」而無「公民」。所謂「人民」，就是從思想到言行都忠於共產黨政權的群體，如同昔日生活在日本占領區的擁有「良民證」的「良民」；被劃分在「人民」之外的，是形形色色的「壞人」，他們對共產黨政權三心二意乃至離心離德。中共建政後發動多次政治運動，對全體國民做了深入、細致、嚴密的鑑別與清查。每一次政治運動都有新的鬥爭目標，每一次政治運動都會捕獲新的「敵人」。日積月累，「國家的敵人」或中國式「賤民」，數量之龐大、情況之複雜，舉世無雙。在毛時代，僅「地富反壞右」等「黑五類」就超過兩千萬人，包括他們的家屬，受牽連人口超過一億人，占當時總人口的百分之十五左右。

這個群體的故事很少被講述——他們當中只有極少數具備寫作能力的人，斷斷續續地講述過自己的故事。歷史學家楊奎松在廢棄的檔案材料中發現了這個浩瀚如海洋的世界，決心爲這個群體寫一本「另類傳記」。基於中國國內不自由的言論環境，他使用「邊緣人」這個更中性、更婉轉的說法定義該群體——被成功改造的舊警察、身敗名裂的團支書、提心吊膽的醫生、療養院裡的「反革命」、自甘「墮落」的青年教師、愛講怪話的文化教員、「搞關係」的業務員、「特嫌」纏身的技師……這八個出身、地域、職業、經歷各不相同的「問題人物」，在歷次政治運動中都是整肅對象，僥倖逃脫上一次政治運動，卻又在下一次政治運動中落馬。他們在暴風驟雨的新時代的人生經歷，是後人觀察毛時代「日常生活中的暴政」的最佳標本。他們宛如哭牆上八塊小小的磚石，被無邊的血淚所浸透。

中國歷朝歷代的歷史書寫，都以帝王將相的「家史」爲主體，普通人的悲歡離合無人關心。楊奎松爲什麼要爲籍籍無名的「賤民」作傳呢？楊奎松的研究方向是「中共黨史、國共關係史、中國社會主義思想史、中蘇關係史、中國革命與共產國際關係史等，並從中國現代對外關係史的角度研究國際冷戰史」，他在這些領域做出了獨樹一幟的貢獻。他在長期的學術研究中發現，僅僅研究宏觀的歷史是不夠的：「如果我們的研究，不能讓每一個關注歷史的讀者了解『人生而平等』的道理，懂得尊重每一個人的生命、權利和尊嚴，學會因關注他人的命運而養成對生命的敬畏之心，進而達到改善人類生存狀況和質量的目標；如果我們的研究反而會因爲基於這樣或那樣的立場，造成更多的仇恨、對立，甚或傷害，那我說，這種學問不要也罷。」換言之，必須保持這樣的信念：歷史並不是任人打扮的小姑娘，否則歷史有什麼價值呢？由普通人特別是被壓迫者的血淚所構成的歷史，才是眞實的、鮮活的、有生命力的歷史。

看哪，那些被「檔案」毀滅的人生

歷史學家高華在研究延安整風的《紅太陽是怎樣升起的：延安整風運動的來龍去脈》一書中指出，檔案制度的建立是中共成爲組織嚴密的列寧式政黨的關鍵步驟，有了檔案系統，延安才成爲現實版的「動物農莊」。中共建政之後，用檔案制度等手段將中國變成「美麗新世界」。從最高領袖毛澤東到山野村夫，每個人都有一套完整的檔案，無人漏網。文革前夕，中央辦公廳主任楊尚昆奉政治局之命在毛的專列上安裝錄音設備，以便將毛的言論事無鉅細地記錄下來。無意中卻錄下毛與情婦們的打情罵俏，引發毛的勃然大怒，成爲牽連甚廣的「竊聽門」事件。

檔案如同孫悟空頭上的緊箍咒，孫悟空再無法無天，唐僧一念緊箍咒，他立刻疼痛難忍，滿地打滾。貴如「一人之下，萬人之上」的周恩來，晚年在被推進手術室之前，居然高聲呼喊「我不是叛徒」，他知道檔案中的「伍豪退黨聲明」是一份隨時可以讓他步劉少奇、林彪後塵的致命材料，他必須再度向毛表達效忠。楊奎松寫的小人物，原本安穩的人生被檔案中的隻言片語毀滅。在政治運動中，當事人被收繳或自動上交的日記，本來是個人隱私，某些對現實不滿的言論成爲載入檔案的「反動言論」，當事人一輩子都抬不起頭來。楊奎松在廢紙堆中發現的穆國軒的檔案就是如此：出身於沒落官僚家庭的穆國軒，在省城讀衛生學校，被分配到偏遠縣城的療養院工作。他再三要求回省城工作未果，在日記中發了一番牢騷。結果，組織上認定這是「反動日記」，將他送到農村「勞動教養」。穆國軒對共產黨的統治並不構成威脅，但共產黨要「防微杜漸」，將星星之火掐滅，他便成了犧牲品。一直到二十多年之後的一九八五年，他才獲得平反，相關的結論才從其檔案中撤出。

這本書中的八個人物，個個都是「檔案決定人生」。楊奎松指出，中國社會高度組織化，幾乎沒有人不被組織所掌握，尤其是供職於「單位」的人。「組織對單位社會中人的一個最有效的管理方法，就是爲每個人都建立一份由組織上掌握、本人看不到的人事或幹部檔案。那裡面或簡或詳地記錄著每個人出生以來的每一個階段，甚至於重要時刻的一舉一動、一言一行。個人的一生，檔案如影隨形，調動、升遷，甚至入團、入黨，人生沉浮的每一步幾乎都和檔案裡面記了些什麼有關。」檔案制度這種統治手段，比赤裸裸的暴力恐嚇更高明，它將人分爲不同類別，用不同的方式加以控制，「只要裡面有一項重要紀錄被打了劣評，記爲污點，這個人無論走到哪裡，都不免會被這樣的紀錄所困擾」。

書中的八個人物，多數在監禁、折磨中死去，只有少數等到平反到來。但倖存者是否從此就享有「免於恐懼的自由」呢？九〇年代，中國走向有限度的市場經濟、城市化和人口大規模流動，使得檔案制度對社會的控制程度有所降低。進入網路時代，中共爲了彌補檔案制度的漏洞，又開始建立一套收集公民信息的數據庫系統，並對全國民眾推行統一的評分制度。這套系統已啓動並應用，將在二〇二〇年全部建成。中國的司法機構表示，已與四十四個政府部門簽署協議，這些部門包括國有銀行、安全部門及電信部門等，各部門共同蒐集和分析民眾的生活、消費等數據。對此，法國《費加洛報》評論說：「不惜一切手段控制民眾的北京政府絕不會抵禦這套大型數據庫的誘惑，這套新的網路系統其實是舊的檔案系統的數字化。」從毛澤東時代到習近平時代，從紙本的檔案到電腦中的數據，技術升級換代，統治者的思維方式並沒有變化。

但見新人笑，哪聞舊人哭

中共建政不同於歷史上的改朝換代——只是上層統治者換了，社會結構基本不變；中共執政後，重構了一個「新社會」，生活在「新社會」的必須是「新人」。在共產黨中國，「人民」和「國民」兩者間存在著重大差別。一個人只具有國民資格是遠遠不夠的，還必須成為人民中的一分子。否則，他難免會與那些「沒有改造好」的官僚資產階級和地主一樣，不僅享受不到應有的政治權利，還要被關進監獄、被強迫勞動，更可怕的是連累家人受歧視，子女在求學、就職等諸多方面受到嚴格限制。

一九四九年之後，打擊「舊人」與塑造「新人」的工作同步進行。所謂「舊人」，就是國民黨時代的統治階級及其親屬。具有諷刺意義的是，國民黨上層的黨政軍要人，只要是賣身投靠共產黨的，大都能在新政權中安穩度日，甚至受到各種優待；偏偏是國民黨政權中的小公務員、軍隊中的基層官兵以及小地主、小業主、富農等，在每次政治運動中都成爲挨整的對象——譬如我外公的家族，是當地的名醫，開有自己的藥鋪，卻被劃入地主的行列，掃地出門，流浪街頭，禍及三代。

所謂「新人」，即完全吻合黨國體制的「螺絲釘」，用台灣中央研究院學者余敏玲在《形塑新人：中共宣傳與蘇聯經驗》一書中的說法就是：「中共的黨性高於一切，個體完全服從集體的觀念，與晚清以來若干中國知識分子提倡的集體爲重觀念，在本質上有些差異，那就是滅絕個性、個體。……中共以黨代國，並且這個黨不是任何一個政黨，必須是奉行馬列主義，代表無產階級專政的先鋒——中國共產黨。因此，對中共而言，黨可以代表所有的集體。一言以蔽之，就是堅持黨性，惟黨是從。」這一標準，不僅用以要求黨員幹部，對全體國民都有約束力——就如同原本作爲中共內部監察機制的「雙規」（在規定時間、規定地點交待問題，不經法院批准即剝奪當事人的自由與人權），如今廣泛使用於非中共黨人士身上。

確實有少數「舊人」成功地被塑造成「新人」。比如，國民黨時代當過鐵路警察的廖學昌，憑藉繪圖勘測技術，在新政權下謀得一份體面的職業，當上建設局公務所技術員。在一九五五年的肅反運動中，他因歷史問題被隔離反省；一九六二年，他被戴上「歷史反革命」的帽子，送交法院，處以管制的刑罰；文革中，他不斷遭到批鬥。七〇年代中期，廖學昌已然眞心相信自己「骨子裡都含有資產階級的毒素」，積極改造的目的不是爲了要「摘帽」，而是「努力把自己改造成一個社會主義的新人」。一九七八年，這位戴上「反動黨團骨幹分子」帽子長達二十七年之久的賤民，從運送木材的車上摔下來不治身亡，得到「因公殉職」

的評價，終於在死後回到「人民的懷抱」。

大部分「舊人」的遭遇比廖學昌更悲慘，他們始終未能獲得掌權者的「正名」。比如，在國民黨軍衛生隊當過看護員的李樂生，在一九七〇年的「一打三反」運動中受到審查，企圖服毒自殺而被搶救回來。之後，經過長達七年的審查、監督勞改，當局無法在他的歷史問題上有所突破，就抓住他有同性戀傾向，以雞姦和流氓的罪名判刑七年。再比如，羅國正有「海外關係」，大饑荒時期，親人從日本匯款加以接濟。由此，他一直是公安局某處的「重點調研對象」，甚至被戴上「現行反革命」的帽子，送往農場監督勞改。直到其病亡之後，公安局某處才向上級提出報告，「撤銷羅國正的重點調研對象問題」。可見，這些人永遠是不被新社會和共產黨信任的「舊人」。

他們說了什麼「惡攻」的話？

在俄語中，「耳語者」這個詞語有雙重意思：一是怕人偷聽而竊竊私語的人，二是暗地裡向當局告密的人。蘇聯人要麼是前者，要麼是後者。英國歷史學家奧蘭多・費吉斯（Orland Figes）引述數百份家庭檔案，以《耳語者》為名撰寫了一本關於史達林時代蘇聯人的私人生活的專著。在史達林時代，有兩千五百萬人受害，包括遭行刑隊處決的人、古拉格政治犯、流放至特殊定居區的富農、遭到強制奴役和驅逐的少數民族。史達林統治的持續惡果之一，是造就了一個沉默而順從的民族。一位成長於史達林時代的女子回憶說：「我們從小就學會了閉嘴。『舌頭會給你帶來麻煩』——這是大人們一直叮囑我們孩子的，我們在生活中也一直害怕發表意見。媽媽常說，兩人之中必有一名舉報人。我們害怕鄰居，特別是警察……即使是今天，我看到警察仍會害怕得發抖。」

《「邊緣人」紀事》堪稱一部縮小版的《耳語者》。在書中的主角當中，有好幾位是有一定獨立思考能力且有強烈表達慾望的人物。在毛時代，僅此兩點就足以讓他們成為「國家的敵人」。他們未能洞察新社會的本質，誤以為可以像舊社會那樣「言者無罪」，卻不知道「亂說亂動」之後，必然「因言獲罪」。在文革期間，中國出現了一個新罪名，即「惡毒攻擊偉大領袖毛主席」，簡稱「惡攻罪」。很多人僅僅因為發幾句牢騷，就被網羅入該罪名之中，多年失去自由，甚至喪失生命。

在這幾位人物的檔案中，收入他們的「反動日記」、檢討書，以及同事、朋友乃至獄中的獄友、難友的告密材料。政府鼓勵告密，嚴重毒化了社會風氣。這些告密材料記載了被告密者的若干「反動言論」：比如，羅國正說：「現在我們吃的油，還抵不上解放前桌子上抹下來的湯湯水水，現在是日無雞畜之食，夜無鼠耗之糧」。「大躍進我看有問題，好多工廠辦了一年不到就停了，國家的錢都糟蹋了，眞是勞民傷財，得不償失，浪費了多少糧食啊」！「現在的消息封鎖得像鐵板一樣，在報上根本看不到一點眞的東西，能看到的只是他們需要的和僞造的。因此，我得出了一個經驗，正面的東西從反面去理解，反面的東西從正面去看。他說得越好的，實際上就是越壞的。」尚昊文說：「（共產黨）企圖把白的變成黑的，把聯合政府變成一黨專政，將人民大眾活動範圍縮為某一集團的活動範圍。」「每個人生下來都是人，都應當以平等的人看待，國家是一個大家庭，大家都是兄弟姐妹，有錯誤應該幫助，不應該殺。」尉遲榮說：「香港生活好，吃飯不要糧票，買衣服不收布票。」「西方國家言論自由，不受限制，在美國公開罵總統都行；在中國，到處都是『便衣』，老百姓能講政府壞話麼？」在民主國家，此類言論可以私下表達，更可以在媒體發表，但在共產黨暴政的中國，這些言論往往招致巨大災禍，言說者會被打上「反動」的烙印。

這本《「邊緣人」紀事》不是律師起草的上訴狀。文革後期曾因「反動」言論成爲階下囚的楊奎松，並沒有讓這本書成爲「出氣筒」。他謹守歷史學家的身分，竭力克制個人情感，盡量呈現歷史與生活的眞相，將最後的判斷權交給讀者以及未來正義的法庭。這本書的情節比小說還要離奇，在這八名共產政權的受害者身上，讀者看到了極權制度對人性的無情戕害，看到了人在危機四伏中掙扎求生的本能，當然也看到了在橫逆的境遇中人性偶然的閃光。

愚昧人抱著手，吃自己的肉

——黃道炫《張力與限界：中央蘇區的革命》

一九四九年十二月，毛澤東率領中國代表團訪問蘇聯。毛澤東委屈地對史達林說：「我是長期受打擊排擠的人，有話無處說……」這是針對共產國際長期對中國革命下指導棋，看不起毛這個土包子而發的牢騷。史達林立即打斷毛澤東的話回應說：「不，勝利者是不受譴責的。」對於強權者來說，歷史就是「成王敗寇」。然而，如果歷史眞是這樣，歷史學就毫無價值可言了。

歷史研究者多如牛毛，但歷史學家屈指可數。黃道炫以《張力與限界：中央蘇區的革命》一書，即可奠定其歷史學家的崇高地位。中央蘇區史，在中共黨史中是一段「別樣的經歷」。一九二七年國共分裂後，中共在窮途末路中，孤注一擲掀起武裝暴動，攻打城市失敗，遁入山區和鄉村。在國民黨諸派系內鬥的縫隙中，作爲「國中之國」的蘇維埃不但發展壯大，以瑞金爲首都的中央蘇區連續擊敗國民黨的四次圍剿。然而，這個神話般的故事在三〇年代中期暫時畫下一個逗號——紅軍在第五次反圍剿中慘敗，中央蘇區全部失喪，殘存部分如喪家之犬般奔走突圍。在中共的革命史中，這是一段少有人研究的「反面教材」。黃道炫偏偏進入這段歷史，並力圖恢復歷史的眞相：「作爲一個以國共第五次圍剿和反圍剿爲聚焦點的研究，本書或許承擔不起總結經驗的責任，也未必眞的能夠提供若干教訓，更多的只是想呈現一種面對歷史的方式，即盡可能不在預設前提的背景下，去面對原初的過程。」他的自我期許頗爲低調，但這種特立獨行的研究需要莫大的勇氣和「求眞意志」。

歷史學家劉知幾、章學誠都曾強調「史識」是成就歷史學家的關鍵。清代學者葉燮認爲，作者應具備「識、才、膽、力」，「識」對其他三者具有主導作用。學者劉熙載指出：「文以識爲主。才、學、識三長，識爲尤重，豈獨作史然耶？」一篇文章、一部著作的價值，在於作者有言之成理且啓迪人心的「見識」。《張力與限界：中央蘇區的革命》就是一本「史識」紛呈、洞見四射的佳作。

本書推翻了若干已成定論、共識和「決議」，甚至載入歷史教科書的說法。例如，按照中共黨史的解釋，當初挑選江西作爲中央蘇區，是因爲那裡貧富懸殊巨大，階級矛盾尖銳。但本書認爲，那些地方的民眾衣食無憂且相安無事，與其說民眾本身具有「革命」的慾望，不如說他們是「被革命」的試驗品。再比如，毛澤東將戰場失利歸咎於德國顧問李德和留蘇歸國的博古的「路線錯誤」。但作者認爲，即便毛未被剝奪指揮權，親自上陣指揮，亦無法扭轉戰局。「從歷史大勢看，以博古爲首的中共中央不甚成功的領導固然不能辭其咎，但這些被歷史推上中心舞台的年輕人，其實本身也是歷史的祭品。」又比如，中共黨史將紅軍成功突圍描述成毛澤東的偉大功勞，讚美毛神機妙算，用兵如神。本書則揭示，紅軍之所以有「長征」的可能，乃是蔣介石故意「放水」；蔣介石故意「放水」，不是因爲對紅軍懷有慈悲之心，而是企圖讓紅軍與西南軍閥兩敗俱傷，中央軍乘虛而入，坐收漁翁之利。就這樣，作者一步步逼近了歷史的眞相。

中共爲何選中贛南作爲「中央蘇區」？

中央蘇區爲何奇蹟般地出現在江西？在江西剿匪戰爭中的國民黨前線指揮官陳誠敏銳地指出：「當地如爲貧瘠之區，自屬無法供應，如爲富饒之境，則不但人口密集，且必爲重兵駐屯之所，如何容得共軍竄擾盤踞？剛好這時有一個富而不庶的贛南，爲政府注意力之所不及。共黨如選中了這個地方作根據地，大可不費吹灰之力而得之。」陳誠以「富而不庶」四個字評價贛南，眞是絕妙好評。

與傳統史書中對該區域民不聊生、烽煙四起的描述截然不同，黃道炫查考了諸多當年的史料，卻發現贛南閩西的民眾基本實現了溫飽，並不具備發生「革命」的社會基礎。那裡是較爲封閉的傳統鄉村社會，比如瑞金九堡密溪村宛如桃花源：「戶口數千丁，無巨富，亦無赤貧。遍室皆聞弦誦，四野悉勤耕種。」粵人王澄霄從贛中泰和至吉安，一路觀察下來有如此記載：「地曠人稀，其土人多豐衣足食，緣地價便宜，稍事田疇，即可一生溫飽，人尙有古風，絕無匪患。路不拾遺，夜不閉戶。」在中共的報告中，對井岡山根據地中心寧岡有如此一番描述：「寧岡出米，每收穫一年可夠兩年之吃，以是農民都家給人足，有性頗懶。……農民在紅軍未來之前，頗覺安居樂業，有天下太平的氣象，有日出而作，日入而息，老死不相往來的神氣。」

當然，另一方面，近代化的歷程確實給中部農村帶來若干負面影響，這與近代化對中國沿海地區，尤其是新興城市的正面影響截然相反。晚清廢除科舉制度，使得千年來維持鄉村政治秩序和文化禮儀的優質鄉紳放棄了晴耕雨讀的生活方式，紛紛遷往城市。他們留下的權力真空，迅速被一群土豪劣紳填補，用美國學者杜贊奇的說法，就是鄉村政權的「內卷化」，即那些劣質的地方豪強充當國家與農民的「中間人」，造成鄉村政治敗壞、經濟凋敝和倫理崩潰。蔣經國後來主政贛南，將傳統的贛南社會視作土豪劣紳「壞人掌握」。陳誠也發現：「農村經濟破產，手工業日趨衰弱，到處充滿了失業農民。……（農民）假使沒有理智的判斷，學識的薰習，法令的制裁，很容易不顧一般利益單獨發展他的獸性。共匪看得非常明白，所以專從這點上來利用。」

黃道炫指出，中共在中央蘇區的統治，與傳統政治體制有別，更不同於中國歷史上層出不窮的農民起義軍或「流寇」。在中央蘇區，「軍隊是基礎，政黨是靈魂，政權是手足」，組織體系相當嚴密，黨、政府、群眾組織，環環相扣，層層相連，整個動員過程有宣傳、有組織、有監督、有領導，堪稱天衣無縫。

中央蘇區的政權建設，當然不是中共官方歷史敘述中那樣美不勝收，卻也不是反共論述中那麼不堪。本書中論及兩個特色值得注意。中共推行蘇維埃代表選舉，民眾參與度很高，「民眾在選舉運動中用選票真正體現自己的意志，可以鼓勵民眾對政治的參與意識，加深對政權的信任度與休慼感，並反映出民意的趨向」。具有諷刺意義的是，中共在國民黨大兵壓境、朝不保夕的情形下，仍然搞選舉；在今日一統天下的格局下，卻連基層人大代表的選舉也不放手，對獨立參選人採用恐嚇、抹黑、監禁等下三濫的手段，迫使其退出。

另一方面，中共善於吸納傳統幫會的勢力。共產黨的文件宣揚說：「我們要會匪與農民建立兄弟般的關係，我們要聯絡會匪拉住群眾。」根據國民黨方面的觀察：「赤匪利用洪匪爲內奸，以標語歡迎洪家兄弟，互相勾結，與匪打成一片。」有趣的是，國民黨同樣離不開秘密幫會，孫文是洪門中人，蔣介石是青幫出身，一九二七年的清黨之役，上海灘的流氓頭子杜月笙立了大功。

紅軍爲何在第五次「反圍剿」中慘敗？

國共的第五次圍剿與反圍剿，從軍事層面來看，是兩個德國顧問的較量。共產黨的軍事顧問是蘇俄派來的德國共產黨人奧托．布勞恩（Otto Braun），即李德；國民黨的軍事顧問是蔣介石從德國重金聘請的、有「國防軍之父」之稱的塞克特（Hans von Seeckt）將軍。這兩個人的軍事水準乃是天壤之別，勝負不言而喻：李德在第一次世界大戰中被徵召入伍，還未上戰場德國即戰敗。後來，李德進入蘇俄伏龍芝軍事學院學習，剛畢業即被分配到蘇軍總參謀部，從未承擔過軍事任務。一九三三年，李德到達中央蘇區，次年與博古和周恩來一起組成中共最高領導層「三人團」，參與指揮第五次反圍剿，這是他無力承擔的軍事重任。而國民黨的顧問是經驗豐富、戰功卓著的塞克特將軍，他向蔣介石提出行之有效的「碉堡政策」，最終將中央蘇區窒息而死。此前，塞克特即向蔣介石呈遞《陸軍改革建議書》，建議加大對軍官的培養與精銳部隊的訓練，開辦步兵、騎兵、炮兵、工兵等學校。在一九二八年至一九三七年間，南京政府從武器裝備到軍事思想，幾乎全部仰仗德國。

比軍事更重要的是雙方控制資源的多寡。蔣介石平息了國民黨內部紛爭，控制東南各省財源，得到江浙財團支持，南京政府又是中國唯一得到國際普遍承認的合法政府。與之相比，中央蘇區只有兩三百萬人口，人力、物力、經濟、政治資源都非常匱乏，生存和作戰資源面臨極大挑戰。在外部壓力下，中共的政策越發激進，肅反運動、查田運動、擴紅運動、濫發公債、強收穀米同時展開。竭澤而漁，誅求無度的極端辦法，加上國民黨軍嚴密封鎖，兩年之內，蘇區陷入資源枯竭、師老兵疲、財盡民困之境。

當前線屢遭敗績、兵源奇缺之時，後方也勞力不足，青壯年男子枯竭。于都縣軍事部長陳貴公開說：「不用繩捆，有什麼辦法擴大紅軍？」對普通群眾，有的地方「不去當紅軍就封他的房子」。寧化縣擴紅時，强迫成爲主要方式：「城市少共市委組織科到群眾家去宣傳當紅軍，如發現家裏動員對象不在家時，便認爲是逃跑了，是反革命了，於是將其家屬捉起來。石碧區個別鄉召開擴紅動員大會時，群眾進入會場後，即把門關上。開會動員後讓群眾「報名」，不肯報名的人，便不許他離開會場。方田區軍事部長把不去當紅軍的群眾，派人用梭鏢解到區蘇維埃去。「於是，人民紛紛逃亡。塘上區有群眾六千人，逃跑的在二千人以上，大部分是男子。資溪縣『由於發展查田運動』，十餘天來，各區群眾向白區逃跑現象日益發展，從一鄉一區蔓延到許多區鄉，從數十人一批增加到幾百人、以至成千人一路出去，從夜晚偷著走變而為明刀明槍地打出去，殺放哨的，甚至捆了政府秘書走。」

正如本書書名中的兩個概念「張力」與「限界」，黃道炫認為：「革命的張力不可能無限制地伸展，奪取政權是革命的既定目標，但當年這樣的目標事實上還難以企及。因此，當國民黨軍對蘇區集中全力展開進攻時，無論是鄂豫皖、湘鄂西、湘鄂贛、閩浙贛，最終都無可挽回地走向了失敗。」換言之，作為城市流氓的蔣介石和作為農村流氓的毛澤東，兩人的才幹相差不大，決定他們勝負的乃是他們掌握的或所能動員的資源。毛澤東身上混世魔王般的能力，使他能開拓井岡山根據地，奠定中央蘇區的根基，讓中共農村武裝達到極限狀態，但他無法突破環境和時代的限制：「當年國共之間的對壘，並不完全在同一個數量級內進行，中共的發展更多的是利用國民黨統治的內部衝突，當折中衝突趨於平穩、南京政府力量不斷上升時，中共受到的壓力將空前增大。在一個叢林法則的世界中，無論是歷史還是現實，實力終究是進退成敗的關鍵。第五次圍剿和反圍剿的發端、進行乃至最終結局，如果放到這一大背景下衡量，將可以有一個更為平衡的理解。」作者的結論是，在那場慘烈的戰爭中，中共必敗。基於現實處境的考量，作者沒有像高華那樣徹底否定「革命」的正義性，在關鍵處「欲說還休」。

蔣介石放虎歸山，聰明反被聰明誤

一九三四年六月，共產黨在對外宣傳時聲稱「與紅色首都共存亡」，但實際上共產國際、遠東局對中央紅軍撤離一事，已形成共識。共產國際兩次電示中共中央，同意撤離中央蘇區。紅軍向西突圍，是唯一生路。國民黨也準確預判了中共紅軍之動向。五月中旬後，蔣介石判定紅軍必將「西竄」、「衝逃」。前線將領陳誠、何鍵、白崇禧等人向蔣介石發出急如星火的建議，到了蔣介石那裡如石沉大海。紅軍西進時，贛州商會報告中央政府，「沿江兩岸數百里均無兵駐」。以蔣介石手上掌握的兵力，可以堵死紅軍西逃的路徑，將其一舉殲滅。爲何會出現東南北三面圍困，西面力量空虛這一明顯的戰略失誤呢？

作爲西南地方實力派代表人物，李宗仁在回憶錄中的說法是：蔣介石明知紅軍必定「西竄」，卻將包圍圈的「缺口開向西南，壓迫共軍西竄」，這樣若紅軍進入廣西境內，蔣介石就能名正言順地派中央軍緊隨其後，占領廣西。蔣經國晚年在口述自傳中也證實李宗仁的猜測：「從整體上看，當時與其說是沒有包圍成功而被中共突圍，不如說是我們放水。」

當時，何其鞏上書蔣介石，建議對共軍「有計畫網開一面」，然後以剿匪爲名一舉統一西南三省：「川滇黔三省，擁有七千萬以上之人口，形險而地腴，煤鹽油礦以及各種金屬皆不缺乏，足爲國防之最後支撐點。宜乘徐匪猖獗之時，或在贛匪西竄之時，力加經營。即鈞座不能親往，亦宜派遣忠義大員，統帥重兵入川。」蔣批示說：「卓見甚是，當存參考。」蔣在一九三四年六月九日的日記中甚至說：「下任不做總統，亦不做院長，專意建設西南。」

事態的發展果然如蔣所料：一九三四年十月，中共紅一方面軍西走，蔣任命勇將薛岳爲追剿軍前敵總指揮，率九個師的中央軍尾追而至，中央勢力由此進入西南。蔣親口對陳布雷說：「川、滇、黔三省各自為政，共軍入黔我們就可以跟進去，比我們專為圖黔而用兵還好。川、滇為自救也不能不歡迎我們去，更無從藉口阻止我們去，此乃政治上最好的機會。今後只要我們軍事、政治、人事、經濟調配適宜，必可造成統一局面。」

紅軍擊潰了貴州軍閥王家烈的軍隊，使得薛岳搶得先機，進軍貴陽，取得對黔省的軍政控制大權。蔣介石隨後任命文人吳忠信為貴州省主席，在日記中記載了欣喜之情：「貴州省府，完全改組，第二十五軍亦如期改編，王家烈知難而退，從此貴州軍政，統制於中央，是國家之福利，亦余一最大進步也。」

然而，蔣介石以一國領袖之身分，不能光明正大地宣示國家利益、民族大義，卻玩弄此種「以毒攻毒」的厚黑權術，最終仍不免搬起石頭砸自己的腳。短期而言，蔣的勢力以剿匪之名義，滲入西南各省；長期而言，共產黨軍隊由西南而西北，終於獲得喘息、修養、壯大之契機。蔣機關算盡，卻未能料到張學良發動兵諫，西安事變徹底改變中國現代史。從此，共產黨鳳凰涅槃，不再是昔日的吳下阿蒙。

《張力與限界：中央蘇區的革命》一書沒有寫到此後國共勝負易位的歷史，但毀滅的種子在蔣介石放紅軍西竄的那一刻就已經埋下。

自由主義的皮，國家主義的骨

——韓戍《儲安平傳》

「在國民黨統治下，這個自由還是一個多少的問題；假如共產黨執政了，這個自由就變成一個有無的問題了。」僅僅憑藉這一句話，即便在反右運動前夕的「大鳴大放」中沒有說出讓毛澤東龍顏大怒的「黨天下」言論，後人也足以將儲安平看成是一位自由主義的先驅者和未卜先知的預言家。然而，人們卻忘記了一個明明可見的事實：儲安平在國共內戰之前就準確地區分出同樣源自蘇俄列寧傳統的國民黨是威權主義，而共產黨是極權主義，在一九四九年政權更迭之時，卻選擇留在共產黨統治的中國。儲安平為什麼寧願生活在一個完全沒有自由的國度呢？這個「新中國」對他有什麼吸引力呢？他為什麼欣欣然地接受新政權賜予的全國政協委員、新華書店副總經理、《光明日報》總編輯等「不大也不小」的職位，直到「反右運動」中被毛澤東點名視為「向黨猖狂進攻」的「敵人」，淪為萬劫不復之「賤民」？

這些疑問，在文革中「生不見人，死不見屍」的儲安平，不可能親自回答。回答這些問題，有助於解釋自由主義在二十世紀的中國為何失敗。韓戍在《儲安平傳》中嘗試代儲安平做出回答：作爲儲安平傳記作者的韓戍，收集了關於儲安平的各種史料，索隱發微，爬梳出傳主若干不爲人知的早年行狀以及在其事業頂峰期思想變動的脈絡。儲安平一生最輝煌的時期，是一九四六年至一九四九年《觀察》雜誌成爲知識界航標燈的那幾年。有了《觀察》，儲安平才找到人生絢爛的舞台，「雜誌的約稿、審稿、編輯、出版，儲安平全部親力親爲。諸如調度款項、核對賬目、人事管理、購買紙張、設計封面、招攬廣告、校閱大樣以及一切對外事宜，儲安平更要親自過問、處理。」他的多方面才能，如井噴般噴湧而出。

除了出於記載歷史眞相的責任感而給希特勒、史達林等公認的邪惡人物寫傳記的作家之外，很少有人願意爲本人不喜歡的人物寫傳記。韓戍寫儲安平，當然推崇儲安平的精神氣節、道德人格、價値關懷和擔當精神——在刀刀見血的「反右運動」中，許多平時道貌岸然的高級知識分子，上演了一齣齣互相告密、彼此揭發、夫妻反目、父子陌路的醜劇。儲安平是少有的「質本潔來還潔去」者，雖然不得不自我檢討，但始終拒絕拉其他人下水，不以攻擊他人爲自己尋求出路。

但是，韓戍也作出了不同於以往學界對儲安平「自由知識分子」的定位，更傾向於將儲安平視爲一個強烈的民族主義者，在五四以後民族主義思潮高漲的潮流中，儲安平未能對這一思潮有所甄別和反思。韓戍認爲，儲安平的悲劇命運，「並非因堅守自由主義，而恰是對自由的堅持不足，才成爲國家祭台的犧牲品」。這一論斷，乃是本書的「文眼」所在，讓讀者從儲安平個人悲劇中，審視和反省二十世紀中國知識分子被民族主義俘獲的普遍命運，繼而找出如何抗拒民族主義毒素的方法。

儲安平爲何歌頌納粹奧運會？

儲安平向來被視爲中國現代自由主義知識分子的精神源泉之一。韓戌卻認爲，儲安平的自由主義思想並未超過歐美中學公民課本的水準，在其思想結構中，民族主義的成分高於自由主義。對儲安平而言，自由主義只是工具和手段，民族主義才是理想和目標——這樣的一條道路，從晚清嚴復致力於「尋求富強」就開始了。五四張揚的「民主」與「科學」，在那代知識分子心中不過是富國強兵的手段；三〇年代，讓德國和義大利脫胎換骨的法西斯主義，成爲從蔣介石到蔣廷黻、儲安平都願意「拿來」爲我所用的靈丹妙藥。從儲安平對一九三六年德國奧運會的熱情歌頌，以及對希特勒和納粹黨復興德國的「豐功偉業」的艷羨中，可以看出儲安平的心靈已被狂熱的民族主義所征服。

一九三六年，儲安平以記者的身分，隨中國代表團到德國報導柏林奧運會。在二戰全面爆發之前，中德關係頗爲親密，蔣介石聘用德國顧問幫他打內戰，其嫡系部隊的訓練和武器都來自德國。到柏林的中國代表團中，沒有一個能奪金摘銀的運動員，卻陣容龐大，三教九流，充斥其中。國民政府以此向希特勒示好，換取希特勒在軍事上的支持，誰說體育跟政治無關呢？

儲安平一到柏林，所見之場景讓他心曠神怡。「歡呼震天，國旗飄揚，這種熱烈的情緒和親愛的空氣，眞是令人感動得要掉下淚來。」他的報導彷彿是照抄納粹宣傳部長戈培爾的文稿：「在這一個會裏，在這一個世界運動會裏，我們沒有國家的鴻溝，沒有種族的歧視。這一個大會最大的精神是『和平』和『友誼』，和平裡包括秩序，友誼裡包括道德。」對此，韓戍嚴肅地指出：「儲安平的判斷是『致命的外行』。」

其實，觀察和評論柏林奧運會，並不存在「內行」和「外行」之區別。那場奧運會不單單是體育的競技，更是納粹集體主義和種族主義意識形態的展示。儲安平所看重的，居然是德國民眾崇拜領袖，熱愛國家，處處體現出一種所謂的「日耳曼精神」。儲安平對當下德國的讚美，可以看作是對未來中國的期望，如韓戍所論：「儲安平歌頌納粹德國，實際是借他人酒杯澆自己塊壘。德國在短短二十年內由弱轉強，儲安平自然聯想到中國的命運。……中國要擺脫近代以來積貧積弱、屢遭列強欺辱的命運，是不是應該效仿德國，需要出現一個希特勒式強有力的領袖？」這個領袖，一度是蔣介石；當儲安平對蔣介石失望之後，又將希望投射到毛澤東身上。這是他日後選擇留在「新中國」的重要原因。

這種向希特勒和納粹黨「取經」的想法，在中國朝野是相當普遍的思潮。蔣介石在對國民黨軍政人員的訓誡中，屢屢強調要向德國學習。中國報刊大肆鼓吹法西斯主義，呼籲蔣介石成爲「中國的希特勒」。知識界更是認爲，「日耳曼民族所具有的認眞、勤儉、遵紀、執著的民族精神，實爲醫治中國貧窮、散漫、落後等社會痼疾的良方」。由此，蔣廷黻、錢端升、丁文江等自由派知識分子支持個人獨裁，擁護威權政府。儲安平一向特立獨行，卻未能避免此一思潮的侵蝕。

在民族主義激情蕩漾之下的儲安平，忽略了納粹的種族歧視和破壞民主的政策。奧運前夕，納粹頒布兩項新法規：一條是廢除《入籍法》，開除威瑪共和國時期入籍的猶太人的國籍，並沒收其財產。另一項法規是《黨禁法》，禁止納粹黨之外的其他政黨的活動。被迫流亡海外的德國作家亨利希・曼（Heinrich Mann）痛斥柏林奧運會說：「一個建立在強制勞動和奴役大眾基礎上的政權，一個積極備戰而只靠宣傳謊言而存在的政權，怎麼能尊重體育運動和運動員呢？請各位相信我的話，那些去柏林的運動員只能成為那個以世界之主自居的獨夫民賊的角鬥士、階下囚和笑料。」

一個離開故國，一個飛蛾撲火，儲安平與亨利希・曼擦肩而過。儲安平的自由主義思想如同風中蘆葦，隨風而倒，自由並沒有成為其最高信仰，如韓戌所論：「從儲安平的奧運採訪錄上，絲毫看不到所謂自由主義知識分子的影子，此時他思考的落腳點只是國家民族的命運。」民族主義的魔咒緊緊套在儲安平頭上，一直到他在「反右運動」中沉入社會最底層，看到中國社會的真相，才奮力掙脫，可惜那時他連可以記錄下思想變遷的紙和筆都被剝奪了。

胡適為何不喜歡儲安平？

《觀察》堪稱儲安平一個人產下的「寧馨兒」——沒有儲安平，就沒有《觀察》。《觀察》將學界和輿論界最出色的作者一網打盡，將這些熠熠生輝的珠子串連起來的，正是儲安平這個此前並不顯山露水的人物，韓戌指出：「《觀察》雖然是全國知識分子的公共論壇，卻也是儲安平一個人的雜誌。年僅三十七歲的儲安平就像一個舵手，決定著刊物的立場、風格和思想傾向。」一時之間，儲安平成爲「天下誰人不識君」的名人，不同政治立場的政界要人和知識分子，都訂閱同一本《觀察》。

儲安平也操刀上陣，親自撰寫政論文章。學者謝泳評論說：「儲安平的《觀察》政論是很有感染力的，文字也好，一九四九年後再沒有人能寫出這樣的時評，不是後來者沒有見識，而是沒有這樣的條件。」

儲安平多次向仰慕的胡適約稿。但胡適只爲《觀察》寫了九個字：「要那麼收獲，先那麼栽。」千言萬語，盡在不言中。學者程巢父評論說：「從這九個字來看，再考慮到儲安平的時政觀點及《觀察》的編輯風格和內容，胡適對《觀察》的態度是有所保留的。」胡適與儲安平的分歧，至少有三個方面：對國民黨政權的評價，對學潮的態度以及對美國的看法。

首先，胡適與儲安平對國民黨政權的評價不同。胡適認爲，雖然國民黨政治腐敗，卻在逐步妥協，有讓渡出部分政權給大家分享的姿態。知識分子應當有足夠的耐心允許政府改進。胡適對國民黨有尖銳批判，也有「同情的理解」。儲安平則認爲，必須更嚴厲地批判國民黨，在《觀察》被查禁之前，他撰文指出：「一個政府弄到人民連批評它的興趣也沒有了，這個政府也就夠悲哀的了！」他對國民黨已失望乃至絕望。

其次，胡適與儲安平對學潮的態度不同。胡適多年在大學任教，對校園政治生態有深切洞察，早已發現學潮並非「大公無私」。二〇年代中期以後以「愛國」和「抗日」爲旗號的學潮，大都被共產黨利用爲政治鬥爭的工具，養成一代人乖張、戾虐的破壞性性格，大學的學術自由和學術獨立亦受到嚴重傷害。反之，儲安平對學潮百分之百支持，一味讚美學生的愛國熱情，從未深究學潮背後的黑幕。儲安平慷慨激昂地發表言論時，沒有想過「多少熱血青年可能會因爲閱讀了《觀察》的檄文，而投入到瓦解這個政府的行列？」這本傳記引用了一個發人深省的個案：一九四七年，大學生林牧讀了《觀察》的文章，專程到上海投奔儲安平，儲安平卻說：「現在像你這樣的進步青年很多，我愛莫能助。」次年，林牧轉而投奔延安，後來成爲胡耀邦的秘書。林牧在歷次政治運動中受盡折磨，最後以異議人士的身分走到生命終點。晚年對左傾思想痛定思痛的林牧，若是回顧青年時代引導其走向左傾之路的《觀察》雜誌，一定會有與青年時代截然不同的評價。

第三，胡適與儲安平對美國的看法不同。胡適親美，儲安平反美。美國前駐蘇、駐法大使蒲立特（William C. Ballitt）是當年最清醒、最有遠見的外交家，在訪問中國後寫了一份《訪華報告》，揭露蘇聯的對華陰謀和在東北肆意危害中國的所作所爲，並爲美國設計出一個合理而可行的援華方案。儲安平因極端痛恨國民黨及民族主義情緒，在〈評蒲立特的偏私的、不健康的訪華報告〉一文中質問「蒲氏是否意欲把中國淪爲美國的附庸？」胡適對蒲氏訪華報告的評價卻客觀、允當、高明得多：「我覺得蒲立特的《訪華觀感》寫得很好，也很公平。他對中國最近二十年來歷史的演變看得十分清楚，批評得很公道。」

總而言之，在胡適看來，《觀察》看似中立、客觀、理性，實際上其立場「中間偏左」，幫助共產黨打擊國民黨，讓中國失去了漸進改良的機會而陷入革命的殺戮之中。

自由主義能對抗民族主義和功利主義嗎？

儲安平不屬於「紅得發紫」的延安知識分子群體，但他深受民族主義、富國強兵理想的誘惑，仍將砝碼押在中共身上。儲安平主持《觀察》筆政期間，在社論中指出，即使被視為共產極權的國家蘇聯，至少在維護民族尊嚴方面的努力值得肯定；那麼，共產黨若是能領導積貧積弱的中國重振雄風、報仇雪恥，未嘗不可依附之。「儲安平的自由觀不以個人為終極價值，而是認為自由的目的是促進國家的進步。這種功利主義的自由觀決定這樣的意識：自由並非絕對不可或缺的因素，如果國家的進步可以通過其他途徑實現，自由便是可以取捨的某種價值。」這是其思想中的致命弱點。

這不僅是儲安平一個人的問題，甚至也不僅僅是中國自由主義知識分子的問題，而是全球自由主義知識分子都要跨過的一道「鐵門檻」。英國學者愛德蒙・佛賽特在《自由主義：從理念到實踐》一書中指出，在自由主義者的功利主義上，存在著與此相關的難題：在不惜葬送公民尊重的情況下，可強行取得多大的社會進步？在為多數人著想的情況下，可把一些人的利益犧牲到何種程度？一九四五年後，自由主義更直接面臨一種無法接受的傷害，即國家、市場、社會的集體力量以進步之名加諸於個人身上的傷害。自由主義能戰勝這些挑戰和質疑嗎？

在儲安平這裡失敗了。中共政權剛建立時，一度准許儲安平將被國民黨查禁的《觀察》

復刊，以此顯示共產黨治下的言論自由狀況優於國民黨。但時代背景已發生巨變，《觀察》再也沒有當初洛陽紙貴的效應，儲安平不得不接受「在集體主義的時代由私人來主持刊物已不合適」的情勢，乖乖將這本雜誌獻給政府，任由政府將其改名為《新觀察》──既然「中國」變成了「新中國」，《觀察》又怎能不變成《新觀察》呢？

五〇年代初，失去心愛的《觀察》雜誌，儲安平仍以「黨外幹部」的身分「春風得意」。據馮英子回憶：一九五三年秋，儲安平「穿了制服，有如玉樹臨風，一表人材，人也微微發胖了」。儲安平在新聞出版總署下屬的新華書店擔任副總經理，意外地躲過多次政治運動。然而，最大的一次風暴他未能躲過：在《光明日報》總編輯任上，他發表了轟動一時的「黨天下」言論，在「百家爭鳴，百花齊放」的氛圍中直言不諱地指出：「黨領導國家並不等於這個國家即為黨所有；大家擁護黨，但並沒忘了自己也還是國家的主人。」這句話戳到毛澤東的痛處，毛下令收網，儲安平頓時成為刀俎上的魚肉。

被劃為不可摘帽的右派，直接導致儲安平第二次婚姻破裂，他與子女之間的感情亦相當淡漠，故而成為門可羅雀的孤家寡人。一九六〇年，本著「廢物利用」的原則，儲安平被發配到在北京郊外的政協勞動基地，在那裡放羊，弄飼料，掃羊圈，還要起來查夜。據儲安平的兒子儲望華回憶：「記得有一個寒冷的冬天，我去探望他，給他帶去些食品衣物，他獨自住在一間陰暗的小茅泥舍中，房間的一半是他睡的『炕』，另一半是一格格正在繁殖的菇菌，屋子裡黑暗潮濕，充滿著霉腐惡臭，完全不是人住的地方。」此時此刻，虛假天堂呈現出黑暗地獄的眞相。

儲安平至多算是「半調子的自由主義者」。真正的自由主義者，到了台灣的《自由中國》雜誌時代才出現在歷史舞台上——他就是殷海光。殷海光的自由主義思想，從海耶克那裡直接傳承而來，殷海光清除了民族主義、社會主義和功利主義的毒素，擺脫了「通往奴役之路」的誘惑，孤獨而堅韌地走在通往自由的道路上。殷海光在國民黨的高壓下鬱鬱而終，其命運比起在共產黨的摧殘下不知所終的儲安平來差強人意，而海峽兩岸更大的差異是，如今的台灣結出自由之花，中國仍然深陷在專制暴政的泥潭中。

一葉豈能知嚴冬？

——周錫瑞《葉：百年動盪中的一個中國家庭》

《葉：百年動盪中的一個中國家庭》是當今美國中國近代史研究領域中最有成就的學者周錫瑞的代表作。《葉》這本書在學術價值上不一定趕得上作者研究義和團、辛亥革命和軍閥政治的專著，卻更多融入了作者本人的生命與情感：《葉》寫的是作者的岳父葉篤莊的家族在中國晚近一個多世紀的悲歡離合，宛如一部盪氣迴腸的史詩。

葉家人經歷了所有決定現代中國走向的重大事件：十九世紀下半葉的太平天國、義和團等大規模的破壞性叛亂，辛亥革命及中華民國的建立，日本對中國的侵略，共產黨擊敗國民黨建立新的黨國，反右及文化大革命中的滅頂之災，最後是所謂「改革開放」時代葉家重振雄風。周錫瑞在序言中指出：「這些葉姓族人的不平凡生活，試圖以此分析造就現代中國的內亂、入侵、戰爭和革命在每個人身上的真實展現，以此勾勒歷史演進的人性化層面。」

故事始於「安慶葉家」，那是晚清內憂外患並起的時代，葉坤厚、葉伯英父子是接受傳統儒家教育的士大夫，靠平定捻軍和洪楊之亂積累起政治資本。他們的成就遠不及曾國藩、李鴻章等「中興名臣」，但地方大員的官銜足以蔭蔽子孫。葉家後人即便科舉不中，亦可靠捐官等途徑走上仕途。從晚清到民國，葉伯英之孫葉崇質曾任袁世凱護衛、直隸清河道、巡警道等職。親歷民初的暗殺政治之後，葉崇質棄官從商，加入北洋系的周學熙財團，成爲銀行家。葉崇質選中北方金融中心天津作爲基地，在天津新建了可以跟大觀園媲美的宅邸和園林。「安慶葉家」搖身變成「天津葉家」。

本書的第二組中心人物—葉崇質的子女們，都在天津長大，童年過著百分之九十九的中國人望塵莫及的、物質條件優越的、中西合璧的生活。其中，後來頗有公共知名度的是「葉氏五兄弟」：葉篤義（法學家、曾任民盟中央副主席）、葉篤莊（農業史專家、《物種起源》和《達爾文全集》的譯者）、葉篤正（中國現代氣象學奠基人之一）、葉篤廉（後改名葉方，曾任中央黨校理論部主任）、葉篤成（後改名方實，曾任新華社機關黨委書記）。他們沒有一個人逃過中共政權建立後的歷次政治運動，「階級出身」使他們得不到共產黨的全然信任。文革結束，葉氏兄弟大都定居於政治中心北京，「天津葉家」再次轉型爲「北京葉家」。

爲什麼西式菁英學校培養出左派學生？

銀行家的家世，使得葉崇質的兒子們可以接受中國最好的西式菁英學校的教育，五個兒子都上了聲譽卓著的南開中學，被人譽爲「南開五兄弟」。他們又進入清華大學、燕京大學、金陵大學等頂級的大學，還留學日本和美國。這群接受西式菁英教育的知識分子，全都成爲左派，加入或支持共產黨，沒有一個人跟隨國民黨去台灣。爲什麼五四運動之後幾代中國青年飛蛾撲火般地擁抱左派思想？這是一個值得探究的問題。

在「南開五兄弟」中，有兩人加入共產黨。葉篤廉（葉方）在清華讀書時就已是共產黨員，後來加入新四軍，再隨共產黨軍隊進入東北。當時中共黨內受過高等教育的知識分子幹部奇缺，葉方深受重用，擔任整個東北地區黨校系統教研處負責人。葉篤成（方實），在學生時代即參與「天津學生救亡隊」，再參加八路軍，一度在解放區的肅反運動中被捕、被刑訊逼供乃至險些被殺。後來，方實到新華社工作，在延安與毛澤東有過接觸，毛親自修改新華社的稿件，向方實口授文稿。

葉篤義和葉篤莊兩兄弟，雖未加入共產黨，卻成爲政治立場左傾的「民盟」的活躍分子。葉篤義在回憶錄《雖九死其猶未悔》中說，在燕京大學讀書時，學的專業是政治，卻是個不參加任何政治活動的「好學生」，崇尚英美的政治制度。後來，他目睹日本一步步對中國鯨吞蠶食，國民黨軟弱無力，受共產黨民族主義宣傳的影響，越發左傾。他是司徒雷登看重的學生，在國共內戰前夕、美國出面調停時，擔任過司徒雷登的翻譯。但他很快與司徒雷登決裂：一九四八年七、八月間，國統區學生舉行大規模反美示威活動，司徒雷登發表聲明，稱學生們要「自食惡果」。葉篤義對該聲明極爲不滿，在上海的刊物《展望》上以筆名「陳光」發表〈不要打破溫度計——警告司徒雷登先生〉一文。多年以後，他在秦城監獄飽受折磨之際，不知是否回想起恩師當年發出的「自食惡果」的預言？

一九四九年，在美國獲得芝加哥大學博士學位，師從學術權威的葉篤正，放棄在美國收入豐厚的工作和前途無量的職業，回到中國，希望爲新中國效力。這不是葉篤正一個人孤立的人生選擇，「在葉篤正和他的妻子所乘的船上擠滿了像他一樣的年輕人，吸引他們回國的不是共產主義而是愛國主義，他們渴望找到機會爲國效勞，並且使它再一次變得強大」。當這群「海歸」在香港跨過羅湖橋回到祖國時，大橋這邊舉行盛大的儀式，像歡迎英雄歸來。「葉篤正被官方組織的歡迎會感動了，眼裡滿含了淚水。」日後，他會不會流下更多的、後悔的淚水呢？

葉篤正歸國的這一幕場景，讓人想起翻譯家巫寧坤在回憶錄《一滴淚》中記載的更加戲劇化的細節。巫寧坤和李政道、楊振寧、穆旦等人在美國成立「研究中國問題小組」，巫寧坤、穆旦主張回國，楊振寧、李政道反對。若干年後，楊、李二人成爲學術泰斗，榮歸故里。巫寧坤被整得九死一生，窮困潦倒；穆旦則成爲「歷史反革命分子」，放棄詩歌寫作，五十九歲便以一介罪人身分告別人世。巫寧坤回憶了一九五一年那個歷史性的告別：臨行前，李政道幫巫寧坤整頓行裝，還在行李上用白漆端端正正地寫上「北京燕京大學巫寧坤」幾個大字。巫寧坤問李政道：「你爲什麼不回國去爲建設新中國出力呢？」李政道「臉上帶著一絲會心的微笑」，回答說：「我可不想回去讓別人給我洗腦。」

葉篤正和巫寧坤沒有李政道的智慧。事後諸葛亮般地批評他們「自投羅網」，無助於透視中國曲折、複雜的現代化進程。原本是資本家子弟、應當是國民黨支持者的葉家兄弟，最後全部成爲共產黨或共產黨之友，從這個家庭的選擇即能以管窺豹地發現，共產黨打敗國民黨絕非偶然。單單歸罪於美國對華政策的失誤或共產黨善於欺騙民眾，不足以解釋全部眞相。

遺憾的是，本書未能對此問題做出更深入的分析。就這個缺憾而言，同樣也是葉家後人、任教耶魯大學的歷史學家葉維麗提出一個尖銳的問題：「當日富家子，爲何革命？」如果針對中國現實，則可再加一句：「今日世家子，意欲何爲？」當然是保衛紅色江山永不變色。

如果參照齊邦媛的回憶錄《巨流河》，王鼎鈞的回憶錄《關山奪路》即可發現，當年共產黨如何挑動、控制和操縱學生運動，天真的學生不由自主地成爲共產黨奪取權力的棋盤上的棋子。由此，可剝繭抽絲般地找出一些歷史線索：無論是南開中學還是清華大學、燕京大學，這些按照英美模式和價值建立的菁英學校，本來傳授的是西方的自由主義思想。但在中國動盪的社會現實面前，尤其是日本的軍事侵略，使得自由主義不足以快刀斬亂麻式地幫助中國解決困境。同樣來自於西方的民族主義和共產主義（尤其是用民族主義包裹的共產主義），迅速取代自由主義成爲青年學生擁戴的主流思想。

爲什麼葉家子弟躲不開中共的政治運動？

葉家兄弟不會料到，他們隨後都成爲中共政治運動打擊的對象。

在反右運動中率先落馬的是葉篤義。他參加「六教授會議」，應中共號召提意見，結果成爲「陽謀」的犧牲品。一九六八年，他被造反派實行「革命專政」，拘留審查，被關進秦城監獄。葉篤義在獄中受到嚴刑逼供，被迫捏造自己是國民黨特務，向司徒雷登遞送情報。

但每次審訊完後，又感到良心不安，於是不斷翻供，隨之而來的是新一輪嚴刑逼供。如此反覆，他在秦城監獄被關押四年半時間，一度被奪去外衣和被子，差點饑寒交迫而死。

命運更悲慘的是葉篤莊。一九五七年，農業科學院研究員葉篤莊與三哥葉篤義一起被劃爲右派，次年以「美國特務」的罪名被捕入獄。在羈縻於草嵐子監獄、功德林監獄、自新路看守所的五年間，他翻譯了達爾文的著作《人類的由來》（他沒有探究達爾文的進化論與馬克思主義以及中國當下的暴政之關係）。沒有稿紙，他把譯文寫在日譯本的字裡行間。

剛剛釋放回家不久，葉篤莊二度被捕，判刑十年，移送秦城監獄。他不知道比他「革命」的三哥也被關押於此。爲了孩子的前途，妻子被迫簽字與他離婚。十年刑期期滿之後，仍然沒有自由，在安徽勞改農場、漁場被「強制就業」長達八年之久，長期從事繁重的體力勞動。三個女兒先後來探望，歷史學家章開沅在爲本書所作的序言中寫道：「父女在破舊且靠豬圈的茅屋裡團聚，其場景催人淚下，這不是一個家族的苦難，是整個民族的苦難。」

更荒誕的是，直到一九七五年，爲了改善和台灣的關係，中共宣布特赦「國民黨縣團級」囚犯，葉篤莊驚異地發現自己也在特赦之列。他在被釋放時感嘆說：「這是一個天大的笑話。我一生反對國民黨，最後竟沾了國民黨的光被釋放。」八〇年代，他又被落實政策成「紅軍老幹部」。

「歸家女長大，老妻成故人」，葉篤莊在《獄中記》中記載：一九七九年春節，他在安徽登上一列駛向北京的空蕩蕩的列車。第二天一大早到站，他叫了輛三輪車，到了葉靚（葉篤莊長女）住處，喚醒三個還在睡覺的女兒。在他多年前油漆過的那張床的床頭，放著妻子的骨灰盒，「目睹此，葉篤莊不禁老淚縱橫」。在其踏進家門之前四年，他從高中時苦苦追求的妻子孫竦已患肝癌離世。

而葉方和方實這兩名共產黨高級幹部——他們爲自己取的新名字，跟共產黨的黨文化一樣，如此粗鄙不堪，放棄有家族排行的、雅致的名字，是刻意跟家族劃清界限嗎？——雖然一直謹小愼微，但在文革的暴風驟雨中，也遭受數不盡的批鬥和凌辱。葉家兄弟的罪狀，除了出身資本家家庭之外，就是他們受過高等教育。無論是共產黨員還是共產黨的同路人，只要你受過良好的教育，只要你有一定的思考能力，就保不定被黨當作異端對待。

命運的無常讓人嗟歎不已。基本上躲過歷次政治運動的，偏偏是那個被視爲敗家子的小弟葉利中。葉利中從小喜歡藝人生活，不愛讀書，被逐出家門。抗戰期間，流落到四川，在茶館中當評書藝人，後來一直說相聲，找到了屬於自己的人生舞台。他在相聲界輩分極高，多年來羞於與家人聯繫。一九八四年，兄弟們才第一次相聚，「這位久違的兄弟性格奔放，而且有時會開一些粗俗的玩笑，這讓他跟幾位較爲克制的知識分子兄弟有所不同」。葉利中生活在庶民社會，反倒保存了幾分自由直率的天性，而兄長們早已被政治運動打磨得光滑如卵石。

倖存者已是精神的殘疾人

在歷次政治運動中，中國知識分子遭遇的多半是無妄之災。「四海無家一滴淚，萬里回鄉半步橋」，這是巫寧坤在贈送給友人的書上的題詩。半步橋指北京半步橋勞教所。巫寧坤在回憶錄中說，第一次受難時，力圖搞明白自己的所作所爲與厄運之間的關係。後來苦難一次次地迎面撲來，他終於發現，那世道本來就是荒謬透頂的，無法解釋。「關鍵的問題並不是活下去還是不活，也不是該不該『忍氣吞聲來容受狂暴的命運的矢石交攻』，而是怎樣才能無愧於自己的受難。」

由於《葉》這本書是女婿寫岳父及岳父的兄弟姐妹們的故事，作者是受西方史學訓練的歷史學家，但畢竟無法擺脫華人文化中「爲親者隱」的傳統。書中對文革結束後、劫後歸來甚至晚年享受官方優待的葉家兄弟們究竟有多少自我反省、以及對中國的發展之路有怎樣的反思，語焉不詳。如果用稍稍嚴厲的眼光來看，葉家兄弟似乎未能讓自己無愧於所經歷的苦難。

特別是葉篤義。一九八一年，葉篤義患結腸癌後，認爲時日無多，乃再次向中共黨組織提出入黨請求。但中共中央統戰部慮及葉篤義擔任民盟中央副主席，批准加入共產黨有許多不便，便未同意。此後，葉篤義活了下來，並完成回憶錄《雖九死其猶未悔》——這個屈原式的書名，顯示他仍是一名忠君的士大夫，而非具備現代意識的知識分子。八十歲時，葉篤義再次提出入黨要求，獲黨組織批准。一九九三年，葉篤義加入共產黨。而此時的中國，籠罩在六四屠殺之後的肅殺氛圍之中。這個昔日支持反對國民黨的學生運動的知識分子，這個在國民黨流氓攻擊民主人士的「下關慘案」中遭到毆打的受害者，如何解釋中共對手無寸鐵的學生開槍的六四事件呢？六四屠殺對於青年時代積極參與學生運動的葉家兄弟，究竟造成怎樣的思想衝擊？這一段本該是書中最精采的部分，卻留下不該有的空白。

二〇〇六年，葉篤正被授予國家最高科學技術獎，時任國家主席的胡錦濤親自向其頒獎。作爲中國氣象學的奠基者之一，葉篤正的思考並不限於專業領域。晚年，他很愛看九弟方實操持的《炎黃春秋》，也跟黨內改革派元老李銳常常往來。方實退休之後，在一九九一年到二〇〇五年間，出任凝聚體制內改革派、開明派的雜誌《炎黃春秋》的副社長。女兒葉維麗回憶，直至八十八歲被中風擊倒之前，方實在編務方面一直親力親爲。二〇一六年，《炎黃春秋》遭到當局赤裸裸地搶奪，接收人員不顧胡耀邦之子胡德平的攔阻，強行進駐，並將雜誌改造得面目全非。方實若地下有知，不知當作何感想？他能像李愼之、趙紫陽、胡績偉那樣，徹底否定投身一輩子的「革命事業」嗎？

葉篤莊晚年在美國撰寫回憶錄《一片冰心在玉壺》，臨終前寫給七弟的話是「人生有何罪」，葉家兄弟中命運最爲坎坷的他，靈魂深處的反省也更爲深切。

葉家兄弟的下一代子女共二十五人，大多數移居以美國爲首的西方國家，孫輩大都是「土生土長」的「外國人」，包括周錫瑞與妻子葉娃的孩子。「桃李不言，下自成蹊」，葉家沒有出一名旗幟鮮明的政治反對派，但其家族成員「用腳投票」的事實，帶來了「北京葉家」變成「美國葉家」的又一次轉折。父輩、祖輩的愛國主義理想與激情，到了子輩、孫輩那裡，已然轉化成無拘無束的「世界人」的自我身分認同。下一篇的葉家故事，必定更加精采。

假如一九四九年國民黨打敗共產黨

——陳冠中《建豐二年：新中國烏有史》

作爲政治流亡者的毛澤東孤零零地死於蘇聯克里米亞，黑海之畔的療養院畢竟比延安的窯洞舒服；一統天下、志得意滿的蔣介石在總統任上死於中華民國首都南京，晚年不必忍受台灣的潮濕和炎熱了——當代歷史上並未發生的事件，逼眞地出現在陳冠中的小說《建豐二年：新中國烏有史》當中。如果蔣毛二人的結局不同，國共兩黨的境遇自然不同，中國及其周邊國家與地區乃至全球格局也會呈現迥異的面貌。

這本書不能在中國出版，但在中國的讀者比台灣和香港更多。很多爲共產黨的暴政所苦，又沒有在白色恐怖的台灣生活過的中國人和海外華人，最愛做的一個「青天白日夢」就是：假如國共內戰是相反的結果，國民黨打敗共產黨，此後統治「大中國」的不是共產黨而是國民黨，那麼人們唱的新歌就是「沒有國民黨，就沒有新中國」，今天的中國一定比台灣更民主、更自由。香港作家陳冠中沒有停留在做夢上，他以此爲主題寫了一本「國共易位」的「想像之書」。

在流行「穿越劇」的今天，這樣的「虛構歷史」因具有強烈的政治內涵而顯得與眾不同。文學評論家王德威指出：「《建豐二年》的寫作再度證明文學介入歷史、政治的爆發力。史統散，小說興——我們需要小說家的介入，需要小說創造新的關鍵時刻。」《建豐二年》或許可以看作《盛世》的姐妹篇：在《盛世》中，作者描述了共產黨治下的中國宛如《一九八四》中的大洋國般浮華而恐怖，人民飲用灌注迷幻藥的自來水，載歌載舞，不知今夕是何年；在《建豐二年》中，作者將美好的想像贈與國民黨政權：一九七八年，國民大會在南京「選舉」少總統蔣經國成為第六任中華民國總統。第二年，蔣經國治國理政已是成就斐然：大國既已復興崛起，萬國競相來朝，國民見多識廣，外交也不再仰人鼻息。

然而，以「建豐」紀年，意味著中國仍是一個專制王朝，威權體制仍然要面對民主運動的衝擊，小說中的中國究竟往何處去，照樣懸而未決。

騎上旋轉木馬，身不由己的人們

《建豐二年》中的人物，有統治者、將軍、政客、文人、商人和活佛，若國民黨繼續統治中國，他們的命運當然是另外的軌跡。

近年來，被譽為最有「民國範兒」的人物是法名「弘一法師」的李叔同，他在去世前夕曾親筆手書「悲欣交集」四字。陳冠中筆下生活在「如此中國」的主角們，如同貿然跨上旋轉木馬卻下不來的人，其命運同樣是「悲欣交集」。

其中，有歷史上的眞實人物，也有作者虛構的人物：有已不再年輕的蔣家「少主」蔣經國，有不是被軟禁在台中而是被軟禁在浙江奉化的「戰神」孫立人，有對國民黨持批判態度的第三勢力的代表人物、避居香港的學者張東蓀，有西藏共產黨創始人之一、出了南京監獄後回到西藏的平措，有以中國爲基地、事業更成功的船王董浩雲（董建華的父親），有並未投湖自盡、獲得諾貝爾文學獎的老舍，以及虛構的廣州市民麥師奶和麥阿斗。

跟我一樣，陳冠中是孫立人的粉絲，用很大的篇幅爲孫立人虛構了一種更好的人生。以戰功而論，小說中的孫立人比歷史中的孫立人更加顯赫：歷史中的孫立人未能扭轉東北戰局就被調離，後半生蝸居台灣孤島；小說中的孫立人在東北戰役中擊敗中共常勝將軍林彪，乘勝追擊，一舉將共軍驅逐出中國邊境，甚至在韓戰中被麥克阿瑟點將出征，再次立下不朽功勛。

即便如此，小說中的孫立人仍然未能逃脫蔣介石的黑手——功高震主，鳥盡弓藏，非黃埔嫡系的孫立人雖無「吾可取而代之」的想法，卻被疑神疑鬼的老總統解除兵權，軟禁終身。自毀長城，何以爲戰？看來，無論是國軍打贏內戰，還是敗退台灣，孫立人的悲劇命運都無法避免。中國不是民主國家，而是「家天下」的專制國家，孫立人無論建立怎樣的蓋世戰功，也無法像二戰中盟軍最高統帥艾森豪那樣，脫下戎裝走向政壇，當選美國總統。

在《建豐二年》中，曾組建進步黨、社會民主黨、民主同盟等黨派的文人政治家張東蓀，不願生活在國民黨一黨獨大的中國，而在英國治下沒有嚴厲的新聞檢查制度的香港，批判蔣家王朝，倡導民主理念，自由自在地著書立說，教書育人。

在戴晴所著的《在如來佛掌中：張東蓀和他的時代》一書中，張東蓀的悲劇命運極爲慘烈：張東蓀促成北平和平易手、保護古都免於戰火，算是一大功臣，中共卻指控他向美國出賣情報，他因這一「莫須有」的罪名冤死獄中。其家人多受牽連，或淪爲賤民，或慘死獄中。張東蓀遭受此飛來橫禍，是因爲在中央人民政府主席選舉中，他是唯一沒有投票給毛澤東的人，他的選票被祕密警察查出來，毛對其恨之入骨。陳冠中一定讀過這本傳記，對張東蓀佩服得五體投地。他無法拯救張氏於水火之中，只好在小說裡讓老先生自由思想，自由言說。

若暫時承認「中國」這個地緣政治概念，生活於其版圖之中的不僅僅是漢人，藏人、蒙古人、維族以及其他少數民族的命運如何？《建豐二年》如何想像南京政府與西藏的關係？陳冠中挑選了持共產主義思想的藏人平旺作爲切入點：平旺與年輕的十四世達賴喇嘛丹增嘉措在拉薩不期而遇，彼此信仰不同，卻能友好相處。那是一個讓人略感欣慰的場景。

然而，陳冠中仍在中央政府與地方政府的架構下思考西藏的處境，顯示出他在西藏、香港乃至台灣問題上並未達到認同「住民自決」這一普世人權價值的高度。近期，有流亡海外的中國民運人士僞造一個謊稱來自第十三世達賴喇嘛的說法：孫中山時代的中華民國是其心目中最理想的中國，西藏願意遵從此一中國的主權。這個說法比小說《建豐二年》還要魔幻：且不說並不存在「孫中山時代的中華民國」——孫文僅僅擔任過幾個月的臨時大總統，此後他自我加冕的「非常大總統」名不正言不順；即便以北京政府和南京政府這兩個法統並非一脈相承的「中華民國」而論，其主權始終未及於西藏——從辛亥革命直到一九五九年解放軍占領西藏，西藏在四十年間是主權獨立國家，擁有政府、軍隊、護照和駐外使館。北京政府和南京政府並未如清帝國那樣向拉薩派出「駐藏大臣」，蔣介石派遣特使入藏會見第十三世達賴喇嘛，必須得到西藏政府發給的旅行證件才能進入藏地。

讀小說中平旺的故事，對照現實中平旺的命運，讓人感慨萬千：現實中的平旺在秦城監獄被關押二十年，之後不允許回到西藏，他對中共峻急蠻橫的西藏政策有過嚴厲批評：「我是個雪域藏人，是個革命者……對西藏的遺留問題，即根據中央徹底否定『極左』國策的有關決議，以達賴喇嘛爲首的數以十萬計的流亡藏胞理應回國安居樂業，不宜再拖，否則後患無窮的問題，冒著風險和非議，前後給以胡錦濤同志爲總書記的中央常委呈送了幾封信。我以自己的經歷和身分，該說的話都坦率地說了。」二〇一四年，平旺以九十三歲高齡在北京辭世，在辭世之前一個月，將作爲「政治遺囑」的《平等團結路漫漫：對我國民族關係的反思》一書交由香港新世紀出版社出版。

蔣氏父子是「好獨裁者」嗎？

爲蔣介石「平反」之風，始於美國資深外交官陶涵。陶涵是第一位爲蔣「平反」的西方人，拿到蔣經國基金會的一筆巨款，寫成《蔣介石與現代中國的奮鬥》一書。

寫民國故事，不可能避開兩蔣父子。以陳冠中的聰明，不至於像中國國內和海外神經錯亂的國粉（國民黨粉絲），將蔣氏父子當作「民族救星」和「民主燈塔」。不過，《建豐二年》至少暴露出陳冠中對兩蔣父子具有「溫和的同情心」。

無論小說的情節如何玄妙，嚴肅的歷史學家都必須面對這樣的質問：蔣介石眞有機會打贏內戰嗎？蔣氏父子是「好獨裁者」嗎？

「好獨裁者」是一個自欺欺人的概念。人們不能拿毛澤東這個空前絕後的暴君當作標準或底線，認爲比毛澤東好一點的獨裁者就是「好獨裁者」，這是一種卑賤的奴性。任何一個沒有經過人民的選舉而霸占權力的獨裁者，都是壞傢伙。

當然，陳冠中也揭露了國民黨獨裁專制的一面：美麗島事件沒有發生在高雄，而發生在北平。受害者不是林義雄、施明德、陳菊等「黨外人士」，而是現實世界裡被鄧小平關進監獄的西單民主牆的活動人士——他們在小說中被蔣經國被當作「暴徒」逮捕。

然而，書中若干細節的設置，因與現實存在千絲萬縷的聯繫，而難以自圓其說。研究民國史的臉書群組「秋海棠民國史地」認爲，書中「老總統」連任五屆的細節自相矛盾。書中寫道：「民國四十九年（一九六〇年），蔣中正競選第三任中華民國總統……蔣堅持『反共復國』爲己任，才通過修改《動員戡亂時期臨時條款》部分條文，以獲得連任。」既然沒有共產黨的威脅，天下大治，怎會有逃到台灣才炮製的《動員戡亂時期臨時條款》？而沒有《動員戡亂時期臨時條款》，蔣又如何突破憲法獲得連任呢？

另一方面，蔣介石和國民黨不可能打贏內戰。與其說蔣是被毛打敗的，不如說是被他自己打敗的。國共內戰剛剛開打，身患重病、來日無多的史迪威將軍拖著孱弱的身軀前往華盛頓，告訴杜魯門總統：「蔣是不値得美國扶持的騙子！」史迪威預見到國民黨必將一敗塗地——他親自訓練出來的戰鬥力極強的遠征軍，由孫立人和廖耀湘這樣的名將率領，卻被稀釋到萎靡不振的國軍之中，最終難逃覆滅之命運。

蔣經國也非「民主之父」。漫長的白色恐怖時代，他用在蘇聯學到的KGB的手段，打壓民主力量，無所不用其極。五〇年代，韓戰爆發，美國重新援助台灣，美軍顧問團發現，國民黨的軍隊有著高度發達的諜報系統，包括各種便衣特務，卻無法展開戰術偵察或獲取戰鬥情報。美軍顧問團團長蔡斯（William Chase）指出，這是蔣介石丟掉中國的首要原因。

台灣的民主化，更多得益於日治時代教育普及和地方選舉所形成的公民社會的雛形。國民黨政權不值得留戀，蔣氏父子更不值得跪拜。如果到過綠島和景美人權園區，仍然讚美兩蔣，那就是缺乏基本的理性和誠實。熱愛自由民主的普世價值的中國人，爲什麼非得在共產黨與國民黨、壞與次壞之間做選擇呢？中國人有權利創建新的政黨、新的國家和新的未來。

對中國現代史的反思，陳冠中只是開了一個頭。共產黨的壞並不能推導出國民黨的好。今天的歷史學者需要反思抗戰勝利之後，爲何左派思潮席捲全國，共產黨確實是「得民心者得天下」；更需要一路往前反思：黨軍北伐、孫文赤化、五四運動中的激進思潮、辛亥革命中的種族屠殺以及清末戊戌變法的急功近利，一百多年來的「革命史」都需要重寫。

威權與現代化的結合是中國的出路嗎？

在《建豐二年》中，國民黨在二十世紀後半葉的中國所實行的政策，多半參照國民黨逃遁到台灣之後的「勵精圖治」，如「十大建設」，如發展出口加工業、如開放報禁和黨禁。

然而，國民黨在台灣的很多政策，只能在特定時空中發生，若將其轉移到他處，則變成「無源之水，無本之木」。

陳冠中在接受《紐約時報》中文網專訪時說：「我沒有打算將中國塑造成一個烏托邦。但或許因爲台灣取得的成功，我可以說他們會做些類似的事情。」他舉例說：「一九四九年後，國民黨在台灣的確開展了土地改革，所以我猜他們也會在大陸推行。台灣的土地改革很成功，因爲那是非暴力、合作性質的改革。地主成爲國有企業的股東並獲得了貸款。他們轉變爲資本家，推動工業發展。」

陳冠中的邏輯是不成立的：既然土地改革有如此巨大的好處，蔣介石在一九二八年完成形式上的統一中國之後，爲何長達二十多年都不實施呢？即便蔣實際控制的區域有限，至少可以在其控制的東南諸省實行。蔣沒有實施土地改革，因爲他依賴大地主和大財團，不可能主動削弱其統治基礎。

那麼，國民黨逃到台灣之後，爲什麼可以實行土地改革？不是因爲蔣介石從失去中國大陸的慘敗中汲取教訓，而是因爲他們沒收、掠奪的不是自己的土地，而是台灣本省籍地主和鄉紳的土地，以及日本人遺留的土地。拿別人的土地分給窮人（特別是隨同蔣氏政權到台灣的外省人），讓獲利者對國民黨感恩戴德，不正是一本萬利的買賣嗎？這樣的買賣誰都會做，蔣介石這樣做，絲毫不能說明他多麼聰明睿智。

在作爲前英國殖民地的香港，民眾長期以來一直存在嚴重的認同危機。回歸中國之前，港人從台灣借來「中華民國的鄉愁」聊以解憂。陳冠中跟香港泛民陣營中的李柱銘和黃毓民等人一樣，深懷中華民國或國民黨情結。有趣的是，很多流亡海外的中國民運人士以及生活在中國國內、找不到出路的年輕人，也都是深淺程度不一的「國粉」。他們眞的不知道或假裝不知道，國民黨和中華民國已被台灣的年輕世代所厭棄？

《建豐二年》描繪國民黨一九四九年之後在海峽兩岸以及香港、西藏等地實行「良性獨裁統治」的「烏有邦史」，讓不少中國人、香港人以及海外華人產生「王師北定中原日」的遐想，卻無法激起台灣人的情感認同。「國民黨」這個名詞，在台灣島內和在中國及海外華人當中，所引發的情感和聯想完全不一樣。台灣評論人摩訶指出：「國民黨若要求長久，其實應該把心思花在這些期盼中華民國重回大陸的中國人身上。說起來這也才符合國民黨的統戰之道，只在台灣打混仗，實在太小家子氣了些。國民黨諸公應該看看《建豐二年》，好替自己壯膽，去想他們自己不敢想的未來。」對於在選戰中一敗塗地、黨產遭凍結、再起的希望日漸渺茫的中國國民黨，《建豐二年》不單單是一本小說，或可成爲人手一冊的勵志經典和心靈雞湯。

洪秀柱的案頭應當有一本《建豐二年》，這樣她去北京見習近平時，腰桿就能挺直一點，甚至可以買一本送給習近平——慶豐帝會被書中的建豐帝的故事感動嗎？習近平被感動的機率微乎其微，但洪秀柱等國民黨人讀了這本書之後，能否改換思路，不再宣揚「九二共識」、「國共一家親」之類的謊言，不再幫助共產黨暗渡陳倉占領台灣，而是爭一口氣、鼓一把勁，傾注全力於中國大地，跟中共逐鹿中原？那麼，也就不枉陳冠中苦心經營這本小說了。

第三卷

自由之心

在黑鐵時代的法庭上，有人宣讀黃金般的辯詞

——張思之《行者思之：張思之回憶錄》

《行者思之》是中國律師界最受尊重的張思之的「八十回憶」。張思之從幼年在河南的童年生活談起，之後經歷抗戰，在戰火中流亡、念書，繼而參加「遠征軍」，遠赴印緬。抗戰結束，入北京朝陽大學唸法律，如同許多年輕學生一樣，投入左派陣營，參與共產黨地下黨。一九四九年，他成爲新政權的第一批法官。一九五八年，反右運動中，被劃爲右派，歷經了長達十五年的勞改。

文革之後，中國恢復廢除二十年的律師制度，張思之出任「林彪、江青反革命集團案」辯護小組負責人，懸崖上走鋼絲，萬人矚目。此後，他本可在黨國體制內飛黃騰達，卻反其道而行之，選擇了一條艱難而崎嶇的路——爲王軍濤、鮑彤、魏京生、高瑜等多位政治刑事案件被告擔任辯護律師，屢戰屢敗，屢敗屢戰。在本書中，張思之回憶了參與這些「敏感案件」的經過，道出了在這個「黨主法律」的國家當律師的艱辛與苦痛，幫助張思之整理書稿的孫國棟感嘆說：「先生的一生就是一部活生生的中華人民共和國法制史，先生的坎坷遭遇正是這個民族的苦難縮影，先生的不懈抗爭正是一代法律人和知識分子的人格寫照。」

在很多國家，包括中國，律師的社會觀感普遍不佳。有人說，律師進天國，比駱駝進針眼還難。作家慕容雪村在長篇小說《原諒我紅塵顛倒》中，淋漓盡致地描述了律師和司法行業的「罪惡、陰謀、墮落、勢利、虛僞、凶殘、歹毒、骯髒、矜持、善良、固執」。雖是小說，不妨看成新聞報導。

在黑鐵時代，張思之以「一朵含露的白玫瑰」自我期許，希望在泥濘的路上，始終「帶著晶瑩露珠」、「露出直挺尖刺」。「眞正的律師，似澄澈見底的潺潺清流，如通體透明的光澤水晶：是眞正的人，表裡如一，道德崇高，事事處處體現著人格的完善與優美。眞正的律師，必有赤子之心：純正善良，扶弱濟危。」這是張思之半個世紀律師生涯的眞實寫照。

由學者余世存主持的「當代漢語貢獻獎」，頒獎對象一般都是作家，如劉曉波、廖亦武等人，張思之是獲獎者中唯一的律師。頒獎詞指出，在通往自由的旅途中，張思之「不僅要做叛徒的吊客，還要做異端的辯護」，他「以哲人的智慧、詩人的激情、法學家的素養、政治家的立場」，寫出了「黃金般的辯詞」。讀張思之親筆撰寫的擲地有聲的辯護詞，我覺得他沒有當作家太可惜了。不過，在中國，人權作家和人權律師是彼此扶持的兩種「志業」：當人權作家受政權迫害時，是人權律師挺身而出爲之辯護；當人權律師被秘密下獄時，則是人權作家爲之大聲疾呼。

張思之的「黃金般的辯詞」，不僅寫給著名的異議人士，也寫給被冤屈、被踐踏、不名一文的草民——他們付不起律師費，張思之有時不收費也要仗義執言。本書中收入的此類案件有：「排斥律師、草菅人命」的李清章案，「秘殺被告、群起告冤」的曹海鑫案，「槍桿子裡出政權」的郭凱案，「收拾律師、無所不用其極」的李奎生案，「權力至上、法律淪喪」的張啓生案等，每個案件都刺穿了「依法治國」的面具。

二〇〇五年，張思之接觸到聶樹斌案，決意爲這位無辜冤死的農村青年正名。他的努力卻碰到鐵板、付之東流。直到二十二年後，最高法院復審判決聶樹斌無罪，死者的沉冤才得以昭雪。有網友將中華人民共和國的聶樹斌案與大清朝的楊乃武小白菜案做了一番對比：楊乃武被捕四年後得以昭雪，仍被列爲晚清四大冤案。慈禧太后親自介入，涉案的三百多名官員中，三十餘人被革職、充軍或查辦，一百五十多名六品以上官員被革除頂戴花翎、永不續用。與之相比，聶樹斌在一九九四年被殺，二十二年後才被判無罪。除了主導此案的「河北王」張越因周永康案而垮台，沒有任何官員被追責。最高法院表示，沒有證據表明聶樹斌受到刑訊逼供。然而，白癡都明白：若非刑訊逼供，一個無辜的小伙子，爲什麼會承認他沒有做過的強姦殺人案？不比不知道，中華人民共和國的法治眞比不上大清朝。

爲「壞人」辯護：完成黨國交付的任務

張思之一舉成名，是因爲出任很多前輩律師避之唯恐不及的林彪、江青「兩案」的辯護小組組長。他在回憶錄中並沒有以之爲職業生涯中的光榮一頁。他承認，那是完成黨國交付的任務，審判是排練好的戲劇。文革的罪魁禍首應是毛澤東，但毛是「法庭上的大象」，大家心知肚明，卻假裝沒有看到。

在準備辯護的過程中，張思之跟同事閒聊說，「得弄清楚是四人幫還是五人幫？」「實事求是地說，是五人幫！四人幫算老幾？」那是私下裡開的玩笑，他清楚地知道，在審判過程中不可能涉及到毛，上頭命令每個律師都要與當事人溝通，在法庭上不能提到毛主席。如果律師扯出毛的罪惡，說不定自己先於四人幫被塞進監獄。

當局原本安排張思之擔任江青的辯護律師，江青是最難對付的受審人。張思之到秦城監獄與江青會面，經過一番交談，江青拒絕他擔任律師，說他「態度不好，是葉劍英、鄧小平的人」。會見快要結束時，江青希望張思之將手上的《刑法》和《刑事訴訟法》送給他，張思之拒絕了此要求，讓江青向監獄索取。

作爲文革的受害者，劫後歸來的張思之很難做到心平氣和、物我兩忘，對江青難免懷著敵對心態。事後，張思之承認「有重大失誤」，對江青不夠耐心且充滿偏見。「面對一個性格多面、心態複雜的對象，作爲律師，應有合情合理的分析。偏見，恰恰是那『不夠耐心』的根源之一。」一名優秀的律師，應當將法律當作最高信仰，即便爲「眾人皆欲殺」的「壞人」辯護，也要盡力幫助其行使法律賦予的基本權利。張思之反省說：「給江青辯護儘管有壓力，有難度，有挑戰，但對法制的健全完善，對律師的歷練成長，卻具有不同尋常的意義，這個意義甚至會超出審判本身。我沒能爲中國律師把握這個歷史的機遇，我經常爲這個重大失誤而懊悔。」

被江青拒絕後，張思之轉而爲林彪案的「同謀」、林彪集團的「四大金剛」之一、海軍司令李作鵬當辯護律師。兩人第一次會談，像是久別重逢的老戰友。張思之在法庭上幫李作鵬擺脫了兩個罪名，一條是謀殺毛主席，一條是另立中央，撼動了上級「罪名不能動」的指示。

不過，張思之一直爲一件事感到後悔。李作鵬因心臟病入院治療，日常起居受嚴格監控。上級得悉李在書寫「最後陳述書」，叫張前去刺探內容。見面時，張思之特意提起被告享有最後陳述權利，套李的口風。李早有準備，說寫了份自我辯護的提綱：「縫到棉襖裏了……誰也拿不走！」這番看似漫不經心的有的放矢，讓張碰了個軟釘子。多年後，張思之有一番自我反省：「這次會見，是爲律師生涯中的最大敗筆。問題不在於一無所獲。作爲律師，怎麼能這麼幹呢？意圖從被告手中套取人家的『辯護大綱』，爾後交給法院制定辦法應對，這當然構成對被告的傷害。他是你的委託人啊，律師的職業道德怎麼可以被拋到九霄雲外呢？」他已經意識到，律師的職業應當高於「黨性」。

爲「好人」辯護：成爲公權力的對立面

爲「壞人」辯護，「壞人」的刑期早已內定，只須配合當局演戲。而爲「好人」辯護，則讓張思之成爲力抗「國家恐怖主義」的人權律師，正如張思之所說：「在律師領域工作，注定處於同公權力相對峙的狀態。對方強權，仗勢施壓；應變不周，會有失策、失誤乃至失敗，好在從未失神，心中永遠埋著希望的種子，期待著笑到最後。」

二〇〇五年，我曾因被中共構陷陷入一起名譽權案而向張思之諮詢，他聽我講述有關情況之後，就知道對方一定不簡單，有國家的力量在背後操縱。那段時間張思之生病，我請在名譽權官司方面經驗豐富的浦志強擔任律師。但無論浦志強多麼努力，此案二審之後仍失敗。再後來，我離開中國，浦志強成爲階下囚。事後，我想，這個案子即便由張思之親自出馬辯護，也會輸掉，判決結果人家早已「內定」——張思之也知道：「我所接觸的政治性比較強的案子，從來沒有贏過。」他憤憤的說道：「如果你能從我敗訴案子的辯護詞裡講出一件事、一句話是我講錯了，我都認輸。」然而，中國的法庭從來不是眞理的戰場，只是權力的附庸。

在中國當人權律師，很難爲辯護對象贏得公義和自由，還會讓自己身處險境。在張思之的律師生涯中，曾遇到警車明目張膽、寸步不離地跟蹤、攝影、恐嚇，甚至在法庭上，出現了代表對方出庭旁聽的一隊士兵，全副武裝，荷槍實彈，氣勢洶洶，連法官都察言觀色，如履薄冰，唯有張思之視若無物，慷慨陳詞。這就是中國律師的現實處境：政府，特別是強力部門，從不尊重憲法和法治，在他們眼中，律師是弱勢中的弱勢，是可有可無的點綴。張思之在接受德國媒體訪問時說了一番心裡話：「按道理來講，我們不應該感到恐懼。實際情況是，我有恐懼。作爲一個律師，特別是一個高齡的律師，我在辦理案件的過程中，經常會考慮到辦理這件案子是不是有風險，甚至會不會被關進去。這本身就是恐懼。我希望這種恐懼能夠免除。」連律師都不能享有免於恐懼的自由，法治國家何以成立？

這本回憶錄最精采的部分是張思之將爲多名良心犯的辯護過程娓娓道來，宛如美國律師丹諾的故事——處於法治社會的丹諾，常常讓正義在法庭上得以伸張；而處於專制社會的張思之，只能在法庭失敗之後「立此存照」，將公正的判決留待歷史學家完成。

其中，最感人的一篇是談鮑彤案。六四屠殺之後，反對調兵殺人的趙紫陽被罷黜並軟禁。作爲趙紫陽秘書的鮑彤成爲代罪羊，被非法關押四年，再開庭審判，以洩密罪判處七年徒刑。張思之描述了跟鮑彤會面時的細節：鮑彤問：「他怎麼樣？」張思之與之心有靈犀一點通，知道「他」是指趙紫陽，就回答說：「他很好，身體很健康，你放心。」一邊說，一邊有淚欲流。鮑彤跟著說：「他好就好，只要他好，一切都會好。我無所謂。」這話發自肺腑，這一幕可以寫入當代《史記》。這個時代，人性幽微到了禽獸不如的地步：江澤民因告密而青雲直上乃至成爲「核心」，薄熙來與谷開來落難後如仇敵般互相撕咬，周永康的秘書們淪爲階下囚之後拚命揭發主子。趙紫陽與鮑彤之間的情誼，千金一諾，肝膽相照，不是單單爲著私人的情誼，乃是基於共同的理想與價值，何等高貴、何等純眞！

另一起張思之敗得更慘的案件是阿安扎西活佛案。阿安扎西活佛被四川當局誣陷爲成都天府廣場爆炸案的主使者，面臨死刑。張思之出馬爲其辯護，千里迢迢赴成都展開調查。沒有想到，情勢突變，該案主審法官王靜宏拒絕承認張思之所受之委託，告知在此前一天，阿安扎西已委託另外兩名律師。

炮製此一冤案的元凶是時任四川省委書記的周永康。或許，周永康一夥擔心心細如髮的張思之拆穿案件的黑幕，便想出釜底抽薪之計。逼退張思之後，阿安扎西被判無期徒刑，且家人會見長期受阻。從此案開始，我就對周永康的殘忍暴虐有了最初的認識，後來周升任公安部長、政法委書記、政治局常委，一路罪惡昭彰，最終身敗名裂。但是，周永康垮台並不意味著阿安扎西能獲得平反，這是制度的邪惡。阿安扎西悲慘地冤死獄中，當局連屍骨都不交還家人。

英雄或匹夫：那些人們不願聽的眞話

張思之未能在法庭上爲異見人士爭到自由，但他與多位辯護對象成爲心心相印的好朋友。比如，他讚賞鮑彤在法庭上的表現「明快、清晰、乾淨利落」，宣判之時，「沉著冷靜，未動聲色，微微一笑」。等到鮑彤出獄，兩人常常相聚，互相唱和，情同手足。再比如，張思之爲記者高瑜辯護，「對其第一印象很好，第一她沒有畏懼之心，第二她沒有抱怨之情，第三談起情況來從從容容、有條有理」。高瑜出獄後，張思之送去兩束鮮花——高瑜在獄中兩度獲得國際大獎，每次都應該有一束。

另一方面，張思之從不諱言對某些異議人士或維權律師的批評。他看到願意參與人權案件並敢於爲之付出代價的年輕律師愈來愈多，爲此感到欣慰，並毫無保留地將經驗傳授給他們。同時，他也看到某些異見人士或維權律師身上驕狂、自戀、急功近利、虛榮心強、專業素質差等缺陷，並直截了當地指出來，希望他們改進。張思之批評某些維權律師，既不願扎實研究案件資料，也不願將當事人的利益置於首位，只是將人權案件當作在國際社會謀求自身名望的籌碼，頻頻接受西方媒體訪問，甚至公開宣稱自己是未來的總統或總理。

張思之也敏銳地觀察到昔日的英雄，去國之後成了徒增笑柄的匹夫。當年，他與上海律師郭國汀合作辦案，對其評價頗爲正面：「在法庭上，郭國汀非常尖銳，勇氣可嘉，敢講，也能講到點子上。」對郭氏流亡之後的表現，張思之則大搖其頭：「後來他在境外不斷發表一些不靠譜的意見，當年那個意氣風發、衝鋒陷陣的郭國汀律師的身影漸去漸遠了。」

張思之對魏京生的評價也是前後判若兩人。三十多年前，張思之到監獄與魏京生第一次會見，印象正面：「魏是『智慧型』的被告人，他所追求的，僅止於人民大眾應當享有的民主權利，爲此承受的個人榮辱已置之度外，並不在意。」時光流逝、環境變化，人也面目全非，張思之對魏京生赴美之後的表現提出嚴厲批評：「他可能沒有搞清楚『流放』之後應當做什麼和怎麼做。……劉曉波獲諾獎，竟然大喊大叫：劉曉波算什麼？分明是一種莫名其妙的妒忌：我還沒得諾獎呢，怎麼讓你得了？渾身沾滿低級趣味，哪裡還有政治家的胸懷？是，想當年他也許有條件結緣諾獎，那時他被世人推崇爲中國的曼德拉。可是，探究一下曼德拉一生，坎坷經歷中體現的超凡精神、品格、氣質、風采，加以對比，我只能說，也許中國還眞的沒有產生曼德拉的土壤，僅憑四堵高牆、一間囚室、二十載關押是不夠的。」

若是一般人對民運、維權律師或反對陣營發表如此尖銳的批評意見，一定會被批評對象打上「中共特務」的烙印，這是這個群體對付批評意見時的本能反應。然而，他們無法如此攻擊和誹謗張思之律師，進而讓批評意見灰飛煙滅。這些意見如此寶貴，被批評的對象應當虛心接受，反躬自問，甚至所有在專制制度下喝過『狼奶』的反對派人士都應『有則改之，無則加勉』。異議陣營面臨的問題，不是遭受的苦難不夠多、不夠深，而是如何將足夠多、足夠深的苦難轉化成精神資源，塑造謙卑而正直的品格，迎來自己的曼德拉、哈維爾和瓦文薩。如此，張思之的一片苦心才沒有白費。

企鵝的遠征必將勝利

——查建英《弄潮兒：中國崛起中的行動者和推動者》

如何闡釋今天的中國？這是每一個有企圖心的報導者和思想者都會面對的難題。查建英是土生土長的北京人，旅美多年之後歸來，已認不出這座日新月異的城市了。北京如此，中國也一樣。面對陌生的故鄉，她萌生了「以聚焦中國人去詮釋中國」的想法。查建英的性情，有點像林語堂筆下的蘇東坡，「上至皇帝太后、閣臣地主，下至和尚乞丐、市井潑皮，都可以做朋友」。早年在北大唸書和八〇年代的文化圈活動時，她認識了許多立場和身分迥異的名人（當年的人脈使她成爲寫作《八〇年代訪談錄》的不二人選）；如今，她以紐約客專欄作家和美國智庫研究者的身分歸來，有機會跟老朋友再續前緣，並認識更多新朋友。

「早知潮有信，嫁與弄潮兒」是唐詩，「弄潮兒向濤頭立，手把紅旗旗不濕」是宋詞，對於《弄潮兒》這一書名的釋義，查建英選擇了《尤利烏斯．凱撒》中的那句名言「人生總有漲潮時」。中國很難寫，中國人更難寫，更何況查建英寫的是知識人和企業家這兩種最複雜深沉的中國人。她自己說「我要的是一種剝洋蔥式的功夫，一種層層扒開切入血脈的耐心和邏輯」，她所追求的寫作風格是「沒有激情的寫作是不好的，但表達要有節制，盡量冷靜和客觀」。

大江東去，不一定淘盡風流人物。通過講述六名難以用世俗的成功或失敗來定義的弄潮兒們的故事，查建英對中國變成一個仁愛之國、優雅之國充滿樂觀的想像——她引用文化人類學家米德（Margaret Mead）的話說：「永遠都不要懷疑一小群深思熟慮、獻身理想的公民能夠改變我們的世界。事實上，他們是唯一曾經改變了世界的人。」

異見者如何才能不讓自己成爲冰凍的北極？

在《弄潮兒》未出版前，第一篇文章〈國家的敵人〉就已風靡中文網路。這是妹妹爲哥哥寫的私人傳記：查建英的哥哥查建國是中國民主黨創始人之一，三十年來始終不渝地從事反對黨的組織和文宣工作，在不允許有反對黨的、一黨獨裁的國家，其歸宿必定是監獄。

在查建英筆下，查建國用一生對抗共產黨，如同螳臂當車，如同精衛填海，如同夸父追日，走過大半生的光榮荊棘路，仍看不到隧道的盡頭、有光的地方。長期監獄生涯，使查建國的身體受到很大傷害，每天都要忍受數不清的小毛病。然而，他對政治改革的熱情和中國社會問題的關注從未減弱。進入網路時代，查建國每天在網路上發表時政評論文字，儘管其文字和思想並非第一流，但他就那樣堅持著，比如針對煽動民族主義狂潮的《環球時報》的社論，他撰寫了數十篇反駁文章。這樣的工作，需要勇氣，更需要耐心。

妹妹寫哥哥，或者所有的親人寫親人、朋友寫朋友、學生寫師長的文字，都會讓人心生警惕和懷疑。這樣的文字容易被情感所左右、被宏大敘事所充滿，不加節制的讚美和拔高不知不覺地敗壞讀者的胃口。在中文圈，我讀過很多這類文字，即便出於異議人士之手，風格跟共產黨給它的領導人的悼詞如出一轍。

查建英寫查建國，不是一味讚美和頌揚。她敬佩哥哥的付出和犧牲、韌性與堅持，也對哥哥的某些言行有所反思。她寫道：「當查建國及其同道在一九九八年成立中國民主黨的時候，他們不僅沒有看清政府的容忍底線，也沒有準確地估測到國人的心理。最主要的是，他們缺乏深厚的社群根基，既沒有受過良好教育也未與菁英階層進行溝通，連與其他自由主義者和改革者也極少聯繫。」一九九八年，我在北大中文系讀碩士，跟北京的自由主義知識分子圈有很多往來，從未聽到查建國的事蹟。當中國民主黨案發之後，才在海外網站上得到隻言片語。可見中共封鎖之嚴密，而民主黨的活動人士未能吸引民眾的關注與同情。

查建英更看到哥哥思想上的局限性：「他將一堆巨大複雜犬牙交錯的問題簡化為一個萬惡之源：共產黨。結束一黨專制，罪惡就會被根除。」這也是很多海外民運人士的偏執和缺失。查建英舉出魏京生的例子：「魏京生宣稱共產黨永遠不變，其實永遠不會改變的是魏京生。隨著時光流逝，許多魏當年的崇拜者都會認識到魏對中國的看法是一成不變和簡單化的。事實上，共產黨遠比魏京生身段靈活，更加能夠與時俱進。」她引用了中國問題專家林培瑞的說法：「魏京生這種人就像北極，他們已經冰凍了，但他們代表著一極。」

查建英不是一名與共產黨激烈對抗的異議知識分子，她安全地往返中美之間，還成為有「海外央視」之稱的鳳凰衛視談話節目的嘉賓。但是，作為《零八憲章》的簽名者，她基本認同《零八憲章》中的政治改革方案。她對包括哥哥在內的政治反對派的批評，不是雞蛋裡挑骨頭，值得反對派重視和思考。

我在北京跟查建國有過一次交談。比起大部分被邊緣化的反對派人士，他更理性和寬厚。我也能感受他內心的孤獨與憤怒，但我對此有充分的理解和認同。相比而言，查建英雖然是查建國的妹妹，卻有美國身分賦予的安全感和旁觀者視角——對於寫作者而言，或許能夠更加冷靜和客觀，但卻少了一種眞實的切膚之痛。

查建英提出的問題不容忽略。異見者只有避免成爲冰凍的北極，才能在未來的社會轉型中發揮作用。不變成冰凍的北極，就應當放棄「自我英雄化」，以謙卑和耐心的態度跟社會不同階層和不同立場的人對話，像海綿一樣吸收新思想和新資訊。在擇善固執的同時，也要與時俱進。這就需要面對中國複雜多元的現狀，並直面自身文化和精神的毒素。如果僅僅將中國問題化約爲共產黨暴政，認爲打倒共產黨就萬事大吉，那是不負責任的「革命狂想」。共產黨的垮台是可預期的將來，但更艱鉅的工作是如何推動公民意識的養成和公民社會的壯大。

查建英最大的貢獻，是通過〈國家的敵人〉這篇文章，讓查建國的故事被更多國人熟悉，至少在一定程度上回歸公共生活。誠然，查建國以及跟他同代的反抗者們不一定能看到民主自由價値在中國的勝利，但他們爲之奮鬥過，就無怨無悔。查建英的美國友人、女作家勞瑞・西格爾（Lore Segal）讀了查建英寫的〈國家的敵人〉之後，用一部名爲《企鵝的遠征》的著名紀錄片來比喻查建國：「企鵝是一種笨拙可笑的動物：肥胖，一根筋，步履蹣跚，常常一跤跌得滿嘴泥。但是，只要一到水裡，他們的泳姿多麼優雅美麗！你哥哥政治上的想法和作爲很荒唐，但他的理想主義和他的勇氣，因爲如此純潔而如此優美。」

無論多麼優秀的奴才，仍然是奴才

書中的第二個人物是〈國家的僕人〉的主角、作家和文化官員王蒙。〈國家的僕人〉和《國家的敵人》這兩個題目相映成趣，褒貶之意明明可見。

王蒙是查建英交往了二十多年的老朋友，這篇寫王蒙的文章，被作家阿城評價爲「惟妙惟肖」。當然，有人認爲寫得太嚴，也有人認爲寫得太寬——我的看法是後者。在中國，「國家」是「黨」的「宿主」，「黨」是「國家」的「寄生蟲」，「國家的僕人」更準確地說應當是「黨的僕人」。在毛時代，王蒙被劃爲右派批鬥；在鄧時代，又因小說《堅硬的稀粥》被封殺過，但他從沒有反對過他爲之服務一生的共產黨。這篇文章揭示了爲何經過反右、文革乃至六四屠殺，王蒙仍對黨和國家忠心耿耿的原因：王蒙從不試圖把自己從國家中分離出來，他曾這樣寫道：「中華人民共和國對於我從來沒有是身外之物。而且你喝的水，你吃的糧，全部來自國家……國營體系的供應，你拉的屎全部需要政府的環境衛生部門去處理，你自吹疏離，是眞的嗎？」

查建英回顧了九〇年代初「人文精神」討論中，王蒙與文學評論家王彬彬的論爭，那場論爭涉及到「文壇黑馬」這個名詞，將尚在獄中的劉曉波無端捲入。大概因爲劉曉波發表過對王蒙不敬的文字，王蒙順便討伐劉曉波一番。查建英的整篇文章風格溫柔敦厚，但也有一段怒髮衝冠的文字：「這居高臨下的語氣令人不寒而慄。王蒙怎麼能以他享有的全部特權，來攻擊一個無法公開發言的政治犯？很多人覺得，王蒙這種作法已經淪爲人格謀殺。王蒙當初批黑馬是怎麼想的？怎麼能對一個被國家幾乎完全封殺的人擺出這種貴族式的輕蔑？」

查建英引述的其他人對王蒙的評論就更加尖銳了。香港《開放》雜誌主編金鐘指出，王蒙很像周恩來——周是毛澤東忠誠而順從的總理，個性富有魅力，但歸根究柢，周是在爲「大惡」服務。詩人張耳認爲：「中國文化仍然是主子和奴才的文化：一個人高高在上，其他人都是奴才。王蒙只不過是一個優秀的奴才。」在這個「優秀的奴才」的序列中，除了周恩來和王蒙，還有溫家寶。這類「黨的好官員和開明派」的危害性甚至比那些明目張膽的壞官員更大：他們是中共政權的遮羞布和牌坊，是其統治合法性的沙漏中最後的幾粒流沙。

王蒙還有尚未公之於眾的「隱蔽的惡」。如果我早知道查建英在寫王蒙的文章，我願意提供素材供她使用，這是一段我本人成爲受害者的往事：一九九八年，我的處女作《火與冰》出版後，計畫出版第二本文集《鐵屋中的吶喊》。鋒芒畢露的文字總是難以找到一家大膽的出版社當婆家。書商找到吉林的一家出版社，向其購買書號，並簽下合作協議。正要進入下廠印刷環節，突然被總編輯叫停。

後來，我才知道背後的曲折：原來，王蒙率領一個作家代表團去東北訪問，當地出版界請他們吃飯。席間，這位總編輯無意間談到即將出版我的新書，王蒙厲聲告知：「這個人的書不能出版！他的思想太反動，會給出版社惹禍上身！」王蒙雖然不是文化部長了，但畢竟是「前部長」，代表著來自北京的聲音。總編輯嚇得魂飛魄散，下令單方面取消出版合約。

其實，我跟王蒙並無過節，他對我的反感，大概是因爲《火與冰》的封面有一句書商聳人聽聞的廣告詞「北大怪才、文壇黑馬」。又來了一匹黑馬！讓王蒙不禁聯想起幾年前與王彬彬、劉曉波的那段公案。王蒙這種用權勢（儘管是「過氣」的權勢）剝奪他人出版自由的作法，也是一種「大惡」。王蒙只是沒有毛澤東的權力，如果他是毛，未必更仁慈，一定會將王彬彬、劉曉波和我等「黑馬」抓入東廠西廠，大刑伺候。

中國不僅需要「德商」，更需要「民主商人」

《弄潮兒》的下部寫幾名企業家的故事。最吸引人的是〈一位好大亨〉，即大中電器的創始人張大中。「好大亨」的中國式說法是「德商」，張大中的朋友列舉了他的諸多美德：正派、誠實、韌性、冷靜、自信、堅持原則，既不見風使舵，又勇於挑戰自我。張大中的這些美德來自他的母親，文革時因爲公開向毛澤東挑戰而被槍殺的王佩英。張大中經商起家的一千塊錢，是文革之後政府發給張家子女的補償金。張大中說：「雖然我還並不完全理解我母親，但內心深處我意識到母親是一位非凡的女性，這是用她的生命換來的一筆血錢。」

一九八〇年，北京市人民法院修改了對王佩英的判決，認爲她是在精神病發作期間發表反毛言論的，那個時代唯一能洗掉母親頭上「反革命分子」污點的辦法就是將她描繪成「精神病人」。如今，張大中不願接受這種說法：「這玷污了她的形象。她沒瘋，是她生活的那個時代瘋了。我想要還原眞相。」他建議查建英不要寫自己，去寫他母親：「我的故事跟其他中國民營企業家沒多大不同，我母親的故事才眞正値得講述。人們應該知道，應該記住像她那樣的人。」二〇一〇年春，張大中為母親舉辦了遇難四十週年紀念會，小提琴演奏的是《辛德勒名單》的主題曲，每個參與者都收到一本製作精美的紀念冊和紀錄片的光碟。我沒有參加紀念會，輾轉從朋友那裡收到這份珍貴的禮物。

查建英寫的房地產商夫婦潘石屹和張欣的故事就遜色得多了——我不知道是主角遜色，還是作者寫得遜色。這對夫婦光鮮至極，可跟影視明星搶風頭，但人格上無法跟張大中相提並論。全文只有一處畫龍點睛之筆：腐敗是中國房地產行業難以去除的頑疾，查建英提出關於土地買賣的普遍問題，張欣謹愼地回答說：「我對模糊不清的東西忍耐度非常低。我並不是那種能在黑暗中吃魚的人。潘石屹在這樣的環境當中卻如魚得水。這就是他的正常狀態。而我，也在慢慢的適應這種環境。」換言之，在這個世界裡，只有沉淪才能換來成功。

我對潘石屹和張欣如何取得成功並不感興趣，那是勵志類書籍編造的神話——實際上，查建英不可能挖掘出他們成功路上的黑幕。對於房地產商而言，財富的多寡與原罪的大小成正比。我感興趣的、敬重的是另一名商人，當年跟潘石屹們一起在萬通公司創業的王功權。王功權後來走上一條截然不同的道路，使自己成為階下囚，媒體上除了他的緋聞之外，不可能報導他如何成了像查建國那樣的「國家的敵人」。

如果說張大中是「德商」，王功權就是「民主商人」。中國需要「德商」，更需要「民主商人」。二〇一二年秋，我在哥倫比亞大學跟在那裡做訪問學者的王功權見過一面，朋友們感覺到他處境危險，勸他暫時留在美國，他卻如飛蛾撲火般回去，支持好友許志永的新公民運動，結果被捕下獄。法律學者蕭瀚認爲，官方擔心像王功權這樣的商人給公民社會的生長與發展提供物質資助，擔心王功權所具有的影響力和號召力將影響一大批商人站起來，他們對王功權下手是完全符合邏輯的。可惜，二〇一一年《弄潮兒》英文版出版時，王功權後來的故事還未發生。否則，查建英若寫王功權，不知比潘石屹、張欣夫婦精采多少倍。

對我來說，書中的主角，有的重如泰山，有的輕如鴻毛，不過，正因爲如此，才彰顯出當下中國的複雜性。我很喜歡《弄潮兒》這個書名，但對副標題稍稍存疑。「中國崛起」是事實，還是幻象？北京和上海的高樓大廈是屹立千載的鋼鐵森林，還是搖搖欲墜的豆腐渣工程？康乾盛世之後中國人盼望了兩百多年的「崛起」，是眞的崛起，還是更可怕的衰敗的開端？

查建英沒有給出答案——她只是描述了中國內部紛繁複雜的矛盾衝突，查建英個人的生活和思想也是如此，正如一位書評作者指出的那樣：「儘管，看起來她好像與這些實用主義者和漸進主義者結成了聯盟，但她卻不是一個爲共產黨辯護的人。事實上，她是《零八憲章》的早期簽署人之一，這份呼籲民主改革的文件把它其中一位作者劉曉波送入了監獄，但隨後又爲他贏得了諾貝爾和平獎。」查建英從不掩飾自己是查建國的妹妹，以及劉曉波的朋友，這就夠了。

他的眼睛比所有的人明亮
——陳光誠《盲眼律師》

有很多中國流亡者都寫過以「逃離中國」爲主題的回憶錄，比如六四之後遭到通緝，在東北原始森林中如同魯濱遜般刀耕火種兩年之久的學運領袖張伯笠，以及從雲南邊境逃到越南再飛赴歐洲的作家廖亦武，他們的故事讓人「拍案驚奇」。當然，逃離中國的過程最爲曲折驚險，甚至以美國駐華使館爲「中轉站」並牽動兩國外交折衝的，在最近三十年來，當推兩個人：第一個是一九八九年遁入美國駐華使館的前中國科技大學副校長、民主派知識分子代表人物方勵之，第二個是二〇一二年遁入美國駐華使館的盲人維權律師陳光誠。從這兩個人在偌大的中國找不到一寸立足之地的悲劇命運就可看出，時間相隔二十三年，中國人的物質生活發生翻天覆地的變化，但政治的獨裁及人權狀況之惡劣，並沒有絲毫的改變。

陳光誠的故事，因爲太具戲劇性，成爲西方主流媒體競相報導的大新聞。我更感興趣的是陳光誠如何「講述自己的故事」。陳光誠故事的重要性，在於它提供了哈維爾所說的作爲「無權者」的普通人（甚至是身體殘疾的盲人）挺身反抗龐大的極權帝國的可能性，從而成爲二十世紀以來「勇敢者序列」——潘霍華、曼德拉、馬丁・路德・金恩、索忍尼辛、哈維爾、華勒沙、翁山蘇姬、劉曉波們——中的一員。陳光誠以自己的受難和抗爭，參與了對何為「真實中國」的定義。正如本書編輯富察所說，陳光誠的故事是「中國無夢」的一種類型。進入二十一世紀，中國經濟高速發展，共產黨吹噓太平盛世、大國崛起。但陳光誠的故事，卻折射出另一個中國：充滿暴戾之氣、暗黑無情、漠視人權、政府黑道化、靠殘酷打壓人權捍衛者營造和諧穩定的假象。世界能對這樣一個中國視而不見嗎？

中國農村盲人版的《肖申克的救贖》

在數百人密不透風的包圍中，陳光誠從變成監獄的家中逃亡，前後經歷二十幾個小時，堪稱一幕由智慧、勇氣、信念和機遇交疊而成的傳奇，也宛如中國農村盲人版的《肖申克的救贖》（台譯《刺激一九九五》，那是我心目中最偉大的電影）。

陳光誠的成功逃亡，離不開三個因素。首先，是陳光誠本人鋼鐵般的意志和超凡的智慧。我也有過在家中坐牢的經歷，也動過從二樓的公寓跳到一樓逃亡的念頭，不過風險太大，並未實施。陳光誠雙目失明，行動困難，卻勇敢地付諸於行動。在最初幾個小時，他幾乎陷入絕境，只前進了一百公尺，摔斷了右腳，入夜後守衛們打開探照燈，更讓他寸步難行。然而，他靠著從幼年起對周圍地形瞭如指掌，靠著盲人對聲音和氣味的敏感，連滾帶爬，穿越水溝與田地，逃到隔壁村子，聯繫上遠方的親友。美國總統傑克森說過：「一個人的勇氣，可以勝過千軍萬馬。」陳光誠這一段決定生死的逃亡之路，是本書最精采的部分，即便是卡麥隆那樣的電影導演也無法重現。

在美國使館，陳光誠仍堅守原則，在中方的陷阱和美方的妥協之間獨自奮戰。在家人被當作人質要挾的情形下，他不得不同意離開使館到朝陽醫院治療腿傷。若是一般人，故事大概只能到此爲止。他卻抓住美國國會召開緊急聽證會的契機，在電話中全盤托出眞相，再度逆轉情勢，讓全家赴美從不可能變成可能。奇蹟只屬於堅貞不屈者。如果陳光誠滿足於在中國某大學學習這個差強人意的談判結果，在更加無視國際輿論的習近平上台之後，在國際媒體不再關注他之時，他肯定會再度墜入地獄。

其次，是家人和朋友無怨無悔的支持與幫助。中國已不是當局可驅使家人和朋友互相揭發、互相批鬥的「文革」時代，正義的觀念在一部分願意成爲公民的中國人身上建立並傳播。妻子袁偉靜對丈夫不離不棄，一度想幫助丈夫挖地道逃走。當陳光誠逃走後，她鎮定如常，不露聲色，成功麻痺了看守，爲丈夫爭取到好幾天時間。他們的女兒從小歷經種種磨難，比同齡的孩子成熟許多。袁偉靜講述了一個感人的細節：女兒看到院子裡的竹子長高了，又發現門口的看守在打量她，就奔跑到空空如也的裡屋大聲喊：「爸爸，爸爸，竹子長得好快，現在比我還高了！」女兒的勇氣讓媽媽大吃一驚。

除了家人，還有愛人如己的朋友，郭玉閃，珍珠，丁丁，滕彪，胡佳……他們因爲參與救援陳光誠，受到程度不等的迫害。郭玉閃一度被捕入獄，直到習近平訪美前夕才獲釋。有些朋友是通過社交媒體動員起來的，有大學教師、律師、外企職員、NGO工作人員等，此前彼此並無深交，爲著一個正義的目標走到一起。這表明中國的公民社會和公共空間正在萌芽之中，民主轉型的希望亦孕育於此。這也是習近平上台之後對這一「板塊」辣手摧殘的原因所在。

第三，幸運的是，美國使館有一群遵循聯合國人權宣言的原則，同時也按照內心的良知行事的外交官。即便他們受到華盛頓的壓力，仍然竭盡所能地爲陳光誠爭取權益。書中有一個小小的細節：華盛頓要求陳光誠交出所有電子設備，失去信息來源，任其擺佈。王公使對陳光誠說，華府要大使館拿走收音機，不過他不想這麼做。這是在官僚系統的壓榨之下，善良人性散發的光輝。

「授權作惡」的邪惡制度

飾演《蝙蝠俠》的男演員貝爾（Christian Bale）曾試圖探訪被軟禁在家的陳光誠，卻被一群野蠻的「軍大衣」驅離。他如此評價這本自傳：「在那些躲在官僚體系和共黨制服身後的怪獸眼中，陳光誠完完全全就是個麻煩製造者。他是一個走過地獄，還帶著微笑走出來的人，這是他勇敢又鼓勵人心的故事，代表著對抗殘忍和犬儒主義的勝利。暴政與酷吏，你們要小心了。」他對陳光誠的評價很準確，但他對加害者的理解卻停留在《蝙蝠俠》的世界——在那個世界，只有黑白分明的好人和壞人，壞人通常是十惡不赦的小丑，你一眼就可以把他從人群中分辨出來。

現實生活中遠非如此。陳光誠的加害者，遍布北京最高當局、山東省、臨沂市、沂南縣、雙堠鎮、東師古村的各級官僚，甚至跟他同一個村莊、得到過他的幫助（他從英國申請到援助項目，幫助村裡打了一口水井）的村民，也甘願受僱於當局充當監視者和告密者——陳光誠在書中提及上百個骯髒的名字，未來中國啓動轉型正義時，不要忘記追究這些人。大部分直接毆打、羞辱他的，是基層的國保、獄卒以及沒有編制的「協警」，這些人也是掙扎著勉強餬口的可憐人，但對待更弱者的殘暴行徑何其可恨。他們連陳光誠年邁的母親、妻子以及年幼的女兒也不放過，呈現出人性中最陰暗的一面。他們要努力表現，以獲得上級的嘉獎。山東是孔孟之鄉，但從陳光誠的遭遇可以看出，傳統的鄉村倫理已被極權體制全然摧毀，「授權作惡」的體制吞噬了每一寸土地。

英國學者詹姆士・道斯（James Dawes）寫過一本名爲《惡人：普通人爲何會變成惡魔？》的著作，他採訪了許多參與屠戮平民和俘虜的日本老兵，在這些看上去很正常、很和藹的老人身上發現，邪惡的樣貌既不橫眉怒目，也非青面獠牙，其特質不是大奸大惡，而是正常到可怕的「平庸」。他發展了政治哲學家鄂蘭「平庸之惡」的概念，進而分析指出：「凶殘總是牽涉系統結構和計畫。方法是把受害者說成活該，讓潛在的加害者愈來愈麻木不仁，再結合往上晉升的動機和威嚇懲罰。凶殘是一種劑量遞增的陰謀。」換言之，在戰爭期間粗暴對待敵人——搶劫、揍人和辱罵——並不是偶發事件，也不是一時失控，它們是訓練過程的蓄意部分。當一個人被羞辱得夠久，被餓、被傷害得夠久或被揍得夠久，就會更像是活該被羞辱、被餓、被傷害或被揍的人。這時，要殺他便能下得了手。

心理學家用「公道世界」的假設來解釋這過程。人們日常的心理均衡有賴假定這世界是安全和公道的。但當人們目睹一些令人髮指的暴行和看似無意義的苦難時，「公道世界」的假設就會受到威脅。爲了扭轉這種道德不穩定所引起的焦慮，就會說服自己，受苦難者必然是做了些什麼，咎由自取，因爲世界是必然公道的。「任何栽培加害者的計畫，都必須系統地移除所有可能引起懊悔的因素。」這就是加害者爲什麼毫不羞愧地、理直氣壯地折磨陳光誠和他的家人——他們折磨的對象是「國家的敵人」，「國家的敵人」危害了國家的面子和安全。於是，慘不忍睹的虐待在非戰爭期間上演了。

在此意義上，金字塔最頂端的黨國領導人，比金字塔最底層的國保警察更邪惡。邪惡是通過由上到下的「授權」來傳播的。當陳光誠逃到北京，錄製了一段向溫家寶呼籲的影片，公布到網路上。但慣於作秀的溫家寶偏偏放過這個大可作秀一番的事件，從未作出善意回應。號稱「得到中央高層直接授權」的國家信訪辦接待司副司長郭守松，到朝陽醫院的病房探視陳光誠，給他帶去鮮花和果籃，承諾確保陳光誠及其家人的安全與自由，並調查肇事人員。然而，與此同時，地方的官員和警察仍在淩虐陳光誠的家人，郭所說的全是緩兵之計。溫家寶、郭守松跟直接動手施加暴力的傢伙是一丘之貉。

歐巴馬爲何與中共狼狽爲奸？

美國數一數二的中國問題專家林培瑞讀了這本自傳後讚揚說：「陳光誠擁有博聞強記的天賦，還有對原則堅不妥協的信念，他的冒險犯難終究證明了其信念要比深受人權教育的美國外交官更強大。」八〇年代，林培瑞在北京負責中美教育合作項目，算是半個外交官，他曾陪同方勵之前往出席在美國大使館舉辦的老布希總統訪華晚宴，卻被警察半路攔截。可惜，處理陳光誠事件的美國外交官，不是每個人都像林培瑞這樣堅持人權價值，有人接受歐巴馬和希拉蕊的指令，欺騙陳光誠離開美國大使館，在整個事件中扮演了極不光彩的角色。歐巴馬事事看中國的臉色，不配獲得諾貝爾和平獎。

進入使館第三天，陳光誠敏銳地感到，館內工作人員的態度發生明顯轉變，「使館人員似乎為了某件他們無法讓我知曉的事相當擔憂、難過甚至失望。只好在提供食物與安排醫療照顧上表達他們的友善與熱情，這些小舉措的善意現在似乎是他們表達支援的唯一方式。我感覺到使館人員與我之間已經升起一道隱形的牆。」事後他知道，歐巴馬於美國時間四月二十七日一早在白宮舉行國家安全會議，從那時起有了新政策，不允許有人幫助陳光誠上網，這讓他從此不可能知道大使館外發生的事情。白宮方面希望他短期內離開大使館。會議中有人提出，中國實現民主與人權並非美國最重要的利益。對陳光誠而言，被迫離開使館的痛苦，甚於此前在獄中被囚徒毆打的痛苦。他寫道：「此時最讓我苦惱的是：當一貫主張民主、自由以及普世人權的國家在與一群流氓控制的政府談判時，竟就這麼輕易投降。那份支撐我度過最沮喪與痛苦時刻的理想主義，現在卻屈服在冷酷又明顯的現實之下。」

山重水複疑無路，柳暗花明又一村。五月四日，在宗教自由活動家傅希秋的幫助下，陳光誠在朝陽醫院與多名國會議員通話，以前所未有的方式參加了國會的一場緊急聽證會。他告訴他們，他是在承受很大壓力下離開大使館的，美國人民有權知道此事。這一幕被曝光到全球媒體面前。面對國會與大眾的壓力，歐巴馬、希拉蕊和美方談判代表被迫重估形勢，再次與中方談判。此前飛揚跋扈的中共也突然軟下來，外交部宣布，將「依法通過正常途徑」為陳光誠一家辦理出國手續。

到了美國之後，「歐巴馬陰影」仍未離開陳光誠。我到紐約大學的公寓去探望他時，居然要經過層層關卡，他要見什麼人必須經過歐巴馬的代理人孔傑榮同意，連跟他合影都不被允許。他到了美國，仍未成為完全的自由人——直到年底美國總統大選落幕，他才慢慢脫離受人擺佈的局面。原來，歐巴馬不願讓陳光誠成為美國媒體長期關注的人物，一方面害怕觸怒中國、影響美國與中國的貿易關係；另一方面，陳光誠批判中國計畫生育政策，跟共和黨反對墮胎議題有相關性，會對民主黨和歐巴馬的選舉不利。可見，歐巴馬何其小肚雞腸，功利主義考量壓倒對人權的重視。歐巴馬才是蘊含在《五月花號公約》、《獨立宣言》和《美國憲法》之中的美國建國核心價值的敵人。歐巴馬與習近平的相似之處，多於他與另一位貨真價實的諾貝爾和平獎得主劉曉波的相似之處。歐巴馬與習近平在白宮「相見歡」之際，不提仍在監獄中的劉曉波以及像陳光誠那樣被非法軟禁在家的劉曉波的妻子劉霞的處境。美國被一個賣國賊掌控，實在是美國歷史上最大的恐怖事件。

幸虧歐巴馬不能像習近平那樣一手遮天。在另一些美國友人和機構的幫助下，陳光誠一家遷居華府郊區，繼續其人權事業。戰場轉換了，目標沒有變化，正如陳光誠在本書中自我期許以及對同胞的期許：「我的每一步努力都是為了中國公民和所有人類的正義和公平的夢想，現在，讓這份一人的奮鬥志業成爲邀請他人與我同行的舉動，所有人內心都擁有無限的力量，足以讓我們克服萬難，一同翻山越嶺」。

「她們」就是我們

——趙思樂《她們的征途：直擊、迂迴與衝撞，中國女性的公民覺醒之路》

中國的民主化尚未啓動，但中國人從未放棄民主夢和自由夢，那是習近平的「中國夢」裡嚴重缺席的內容。一九四九年以來，一直面對亙古未有的中共獨裁暴政，爲了民主自由而奮鬥的仁人志士前仆後繼，絡繹不絕。正在發生的事件，必定成爲歷史中不能掩蓋的一部分，若秉持此種信念，書寫者就能秉筆直書，留下驚天地、泣鬼神的文字。

讀趙思樂的《她們的征途》，宛如讀一部另類「後六四時代」中國人權運動史。所謂「另類」，因爲過去的人權運動史幾乎是清一色的「男性英雄列傳」，只是在縫隙間點綴著林昭及報導文學作家胡平在《中國眸子》中講述的反抗毛澤東獨裁統治的女性的故事。這一次，趙思樂將處於「邊緣的邊緣」的女性人權活動者作爲主角，男性成了她們的陪襯。此前，法國思想家索爾孟（Guy Sorman）前去採訪劉曉波，在書中將劉霞作爲主角，劉曉波成了劉霞的「附屬品」。趙思樂跟索爾孟「英雄所見略同」，他們都相信「巾幗不讓鬚眉」。

由女性寫女性的故事，讓我聯想到台灣作家唐香燕的回憶錄《長歌行過美麗島：寫給年輕的你》——唐香燕的丈夫是政論家陳忠信，美麗島事件爆發之際，陳忠信正好是《美麗島》

雜誌執行編輯。覆巢之下，豈有完卵，那個冬日寒冷的清晨，一陣急促的敲門聲打破了他們夫妻的睡意，安全人員不由分說將陳忠信抓走，也帶走了唐香燕歲月靜好的新婚生活。丈夫大難不死，繫獄四年。但唐香燕不再是不識愁滋味的單純女孩：「眼前的是一個以前一直存在，但我不曾眞正面對過的世界。在這個世界裡，人被迫害，尊嚴被踐踏，與你最親近的人也可能在你面前背過臉去，而感受到另外一種放棄你、背叛你的椎心的痛苦。」這何嘗不是趙思樂筆下中國政治犯的妻子們的心情？

九〇後出生的、似乎過於年輕的趙思樂，執筆寫幾代抗爭女性的故事，剛開始讓人擔心她能否把握這個敏感而複雜的主題。但漸漸被此書吸引一口氣讀下去才發現，她本人並不是冷靜而理性的「旁觀者」，她就是「她們」中的一員：在廣州開明知識分子家庭長大的趙思樂，從小喜歡看香港電視。看久了，她以爲自己是一名想上街就上街的香港人，直到去南京唸大學，才發現自己是在人權上「一無所有」的中國人。她學會翻牆上網，在網上直抒胸臆，爲海外媒體撰寫公民運動深度報導，榮獲香港人權新聞獎等獎項。再後來，她嫁給著名NGO「傳知行」的骨幹小樹。不久，「傳知行」遭到中共毀滅性打擊，小樹被抓，趙思樂成爲最年輕的良心犯家屬。然後，兩人婚姻破裂，在經歷了一場抑鬱症之後，趙思樂在人權主題的寫作上越挫越勇。

當趙思樂正在爲香港「端傳媒」採寫一篇維權運動的報導時，突然發生了一場波及全國、堪比台灣美麗島事件的「七〇九」大抓捕。她與採訪對象之一的異議人士莫之許困居成都郊外一家民宿，在那段關閉手機及所有通訊工具，警察隨時追蹤而至的與世隔絕的日子裡，採訪者與採訪對象之間擦出火花，產生美好的愛情。當年，張愛玲以淪陷時期的香港爲背景寫成《傾城之戀》，那座傾頹的危城，成就了一場驚天動地的愛情。傅雷在一篇評論文章中說，「奇蹟在中國不算稀奇，可是都沒有好收場。但願這兩句話永遠扯不到張愛玲女士身上！」我也套用傅雷的感慨：但願這兩句話永遠扯不到趙思樂身上！

從天安門母親到「七〇九」難屬

趙思樂書中的「她們」，大致分爲兩類，一類是「政治犯的妻子」，如劉曉波的妻子劉霞、李和平的妻子王峭嶺、以及「七〇九」難屬群體；另一類是自身爲人權活動者的女性，如文學教授艾曉明、NGO活動人士寇延丁、出身「紅二代」的維權人士王荔蕻、曾爲性工作者的兒童權益維護者葉海燕等人。這兩類女性，如同壓傷的蘆葦卻不折斷，也宛如長江和黃河，各有其人生軌跡，卻共同匯入蔚藍色的海洋。

我曾以美麗島事件比喻「七〇九」大抓捕，此比喻只是從統治者對異議人士的全國性大抓捕這個意義上而言。「六四」屠殺之後，政治案件從未中斷，但即便是一九九八年的民主黨組黨、二〇〇八年的零八憲章，當局抓捕了不少參與者，卻尚未形成全國性的大案。在此前的政治案件中，湧現出不少勇敢的政治犯的家屬，如世紀之初「新青年讀書會案」的家屬。劉曉波在〈心牢中的女人〉一文中，特意表彰該案當事人之一徐偉的妻子王英，說她具有跟丈夫一樣「堅強的決心，向邪惡的制度和法律挑戰的勇氣」。王英說：「在走投無路之時，唯有抗爭才是唯一的出路。」不過，這些案件規模有限，當事人有限，難屬也有限，未能形成更大的群體。

「七〇九」大抓捕之後，積極參與救援的被捕者親屬被稱爲「七〇九家屬」，大部分是被捕者的妻子。趙思樂指出：「七〇九家屬團的橫空出世讓人眼前一亮。自天安門母親之後，中國還不曾出現如此有影響力的政治受害者家屬抗爭團體。」這個難屬群體的形成，與天安門母親一樣，是先有一個人站出來，再有第二個人與之並肩而立，然後其他人紛紛加入。「七〇九」難屬中第一個挺身而出的是王峭嶺，或許此前丈夫已有過「被失蹤」的經歷，再加上她本人也是學法律的，她不像其他難屬那樣驚慌失措。接著是王全璋的妻子李文足與王峭嶺相遇、相知、相濡以沫，李文足說：「一個人孤孤單單的，覺得自己什麼都不懂，有人一起，你的精神狀態都不一樣，鬥志就起來了。」王峭嶺則特別讚揚李文足的勇氣並謙虛地表示：「李文足的出現是『七〇九』家屬團能形成的關鍵。」

「七〇九」和美麗島事件同樣是抓捕異議人士，但抓捕之後，政治犯家人的處境截然不同，足以說明威權體制和極權體制的差異：在威權體制下的台灣，在美麗島和其他政治案件中，政治犯家人除了聘請律師爲親人辯護、召開新聞發布會譴責司法不公之外，可以打悲情牌、參加各級民意代表和地方行政首長的選舉並且勝出，如蘇東啓的妻子蘇洪月嬌、余登發的媳婦余陳月瑛、林義雄的妻子方素敏、陳水扁的妻子吳淑珍、鄭南榕的妻子葉菊蘭、姚嘉文的妻子周清玉等人，都是如此陰差陽錯地登上政壇。國民黨不得不接受她們當選的結果。

在極權體制下的中國，政治犯家人可做的事極少。一開始，家屬連逮捕通知書都拿不到，也不知親人關押在何處。王峭嶺多次感慨，如果警方帶走李和平後，四十八小時內給她一紙通知書，允許律師會見，哪怕丈夫的罪名是顛覆國家政權，她都不會走上抗爭道路。「我大學讀法律讀得不好，但有一點記住了，你要按程序辦事。因爲程序是普通人相對強大權力的基本保障。」共產黨之邪惡，就是從不尊重程序和法律，即便程序和法律是它自己製定的。

「七〇九」難屬群體不可能參與選舉，但在有限的空間內，用種種行爲藝術的方式抗爭，用李文足的話來說就是「離開梳妝打流氓」。每次集體行動時，都穿上最漂亮的裙子，以最樂觀的形象展示在公眾面前。就連警察也奇怪地說：你們的表情也太高興了，這哪像想念老公？李文足回嘴說：「那應該怎樣？是不是應該每天以淚洗面，愁眉苦臉的？這我不太會，要不你給我表演一下？」這樣的難屬是不能被打倒的。

茉莉花、太陽花與黃雨傘何時合流？

在《她們的征途》中，主角之一的寇延丁由山東小城的下崗女工，變成具備國際視野的NGO工作者的人生軌跡，一波三折。她一開始只是爲幫助一位殘疾人藝術家推銷其作品，到政府部門及殘聯之類的官辦社團屢屢碰壁，這才找到方興未艾的NGO尋求幫助。然後，她一頭栽進這個領域，從政府眼中「無害」的NGO走向被政府視爲心腹大患的跟人權、環保議題有關的NGO。然後，意想不到地淪爲階下囚，遭受身體和精神的雙重折磨。

寇延丁認爲這是一場「飛來橫禍」，但在黨國眼中，她是「咎由自取」，她已觸及黨國的「紅線」——勾結「境外敵對勢力」。寇延丁在訪問台灣和香港期間，偶然遇到兩場社會運動，即台灣的太陽花運動和香港的黃雨傘運動。她好奇地加入抗議人群，觀察、記錄、體驗。這一切逃不過「老大哥」無所不在的眼睛——她以爲「自由行」眞的是一場以「自由」爲願景的旅行，但「老大哥」擔心的是她要將在台灣和香港學到的一切用到中國來。

秘密警察審訊寇延丁時，威脅說她的罪行已到了「殺頭」的程度。寇延丁及其NGO同伴，早已成爲中共精心設計的一盤大棋局中的「棋子」，如同六四屠殺之後，中共虛構出一群殺害解放軍士兵的「暴徒」，以便爲其血腥鎮壓提供合法性一樣。這一次當局也爲香港的鎮壓預案設置了一套說辭，寇延丁正好成爲其中的一部分：「一個涉及兩岸三地的大陰謀，他們的領導，或者領導的領導，有著另外一種高瞻遠矚——有關部門已經確定了『佔中』清場的進程和方式，一旦失控，他們需要一個故事。這個故事是關於一群罪魁禍首的顚覆者。」

幸運的是，香港「佔中運動」和平結束，沒有失控，也無需鎮壓。寇延丁說：「小夥伴獲釋，不是因爲無辜——他們早就知道我們無辜。放人，只是因爲不需要我們了——香港仍在掌握之中，他們不需要講故事了。」這個細節值得香港人和台灣人好好思考。中共的作法還會在以後兩岸三地的公民運動中再次使用。李明哲事件也是其中之一，共產黨最怕兩岸三地反對運動串聯、團結、互通有無、取長補短，這對中共是致命威脅。

那麼，什麼時候茉莉花、太陽花和黃雨傘可以實現眞正的鏈接與整合，攜手抗暴，終結黑暗？可惜，所謂海外民運不敢突破大一統、大中華、愛國主義的教條和框架。在香港議題上，最多跟傳統泛民一樣，標榜「反共不反中」。他們「走出黨國」的距離，並未超過泛民的精神領袖司徒華——司徒華在去世後出版的回憶錄《大江東去》中披露，直到晚年他也未放棄左派意識形態，幻想由共產黨扶持成爲「香港的李光耀」。對此，旅美前輩學者高爾泰批評說，這是「最奇怪價值觀的錯位，沒有時間差」。而香港的年輕一代經歷了近年來的政治風雨，不再有不切實際的「中國夢」，「港獨論」乃是「輕舟已過萬重山」。

中國民運前輩、政治學家嚴家祺，流亡美國近三十年，仍是磐石般的統一論：「隨著中國大陸的民主化，兩岸的和平統一必將提上議事日程。……從地緣政治來看，蒙古會回歸中國，西藏、新疆沒有獨立可能，香港獨立只是幾個人的『香港夢』。」一說「統一」，他們便像患了白內障一樣——老先生爲什麼看不到香港有七成以上的年輕人認爲自己是香港人而不是中國人的實情呢？

如何擺脫反抗者與反抗對象「精神同構」的困境？

中國傳統文化中一個糟糕的觀念是「爲尊者諱」，官方歷史敘述當然如此，即便是異議人士寫異議運動，也不脫此窠臼。趙思樂之可貴，就是「不爲尊者諱」，如實寫出異議人士的人格缺陷和異議運動的精神短板。「眞」的價值高過「善」和「美」。

反抗者與反抗對象精神同構，一直是反抗運動的「阿基里斯之踵」。天安門學運期間，有學生代表在人民大會堂外的台階上長跪數小時遞送請願書，學生和市民跟解放軍對峙時雙方唱的是同樣的革命歌曲，這種情形至今沒有改變。在聲援因言獲罪的福建網友的「四一六」活動現場，王荔蕻拿著擴音器喊：「三網友無罪！公平正義！比太陽還要光輝！」來自全國各地的網友跟著她齊聲吶喊。「公平正義比太陽還要光輝」是溫家寶的講話，選擇這句話，是爲了增加行動的合法性，然而，「打著紅旗反紅旗」，嚴重傷害了民間運動的主體性。

書中還有一個細節引起我的注意：因言獲罪的網友游精佑獲釋之後，推友們一起聚會，不知在誰的提議下合唱起了革命歌曲《團結就是力量》。這是一首讓我厭惡的共產黨宣傳歌曲。中國異議人士精神世界之貧乏，由此可見一斑。在台灣太陽花學運中，年輕人創作了《島嶼天光》等振奮人心的歌曲，難道中國新一代人權活動人士不能創作新歌嗎？

書中如實描述了葉海燕這位前性工作者，當校長強姦年幼的女學生後，打出「校長，開房找我，放過小學生」的橫幅一舉成名，但其立場總在不斷變化：「她一會兒爲政治犯疾呼，一會兒說應該再給共產黨進步的機會，一會兒抗議政治的保守趨勢，一會兒說這是最好的時代，她要與習近平一起做公益。」實際上，不僅是葉海燕這樣的草根維權者常常首鼠兩端，即便鼎鼎大名的公共知識分子也時時進退失據：紅黃藍幼稚園孩童遭凌虐事件發生之後，一大批公共知識分子再度簽名上書，其中有以哈維爾的中國傳人自居的名流——他們那麼快就忘記了，幾個月前劉曉波是怎麼死去的，與虎謀皮有用嗎？

書中最讓我震驚和難過的是，趙思樂爲了寫「七〇九」難屬的故事，與王峭嶺一起住了一個多月，寫出了不少不爲外人所知的夫妻生活「內幕」。我跟李和平、王峭嶺夫婦是多年的老友，在同一教會受洗，但下面這個細節是我做夢也不會想到的：

有一次，在高壓下王峭嶺對丈夫發作了，大喊說：「我鄙視高智晟！你們這些人我都鄙視！」「啪」地一聲，王峭嶺被搧了一個耳光，她驚呆了，這是結婚十多年來丈夫第一次動手打自己。

王峭嶺感到壯懷激烈，她盯著李和平氣紅的眼睛繼續說：「我就是鄙視高智晟！」「啪」又是一個重重的耳光。「我就是鄙視高智晟！」又一個耳光。

後來，李和平好像不忍心再打她的臉了，他開始打她的屁股。兩人就這樣，一個人說一句，另一個人打一下，一直打到李和平再也沒有力氣。

當王峭嶺要離家出走的時候，她聽到一句話：「你去跟他道歉。」王峭嶺覺得自己是聽到了上帝的聲音，走回去對李和平說：「神讓我跟你道歉，對不起，我侮辱了你的價觀。」

李和平悶悶地好像沒有反應，王峭嶺繼續對他說「對不起」，李和平終於看著她的臉說出一句：「我都把你打腫了。」但沒有道歉。王峭嶺默默地在心中選擇相信他一定是心疼後悔的。

我第一次被北京警方傳訊之後，李和平趕到我家爲我妻子提供法律諮詢，我對他深懷感激。但我沒想到他會對妻子家暴，於我而言，這是難以諒解的惡行。在美國，若妻子或旁觀者報警，施暴者必定承受相應的法律責任。如果維權律師在外面追求法治和人權，卻在自己家中家暴，其人格和理想就是扭曲和殘缺的。

王峭嶺的反應同樣讓我無法理解。我也是基督徒，但我不能接受聖靈驅使受害者向加害者道歉這種說法。我聽說王峭嶺在一間傾向靈恩派的教會聚會，她在教會是否接受某種有所偏差的教導，我不得而知；上帝究竟以什麼樣的方式對她講話，我更無從判斷。我只能說，我信仰的上帝是愛和公義平衡的上帝，沒有公義的愛必定是危險的愛。

書中的這些細節，顯示出行動者群體迫切需要精神和文化更新。若沒有精神和文化更新，久久地凝視深淵，自己有可能變成深淵；長期反抗共產黨獨裁，自己有可能被黨文化所毒化。從胡適、殷海光一直到劉曉波的精神遺產，需要反抗者群體加以重視和吸納，首先完成自我的重建，才有可能重建社會。在此意義上，「她們」就是我們，我們都在路上。

攝影機是捍衛自由和人權的武器

——文海《放逐的凝視：見證中國獨立紀錄片》

一九四七年春，享有盛名的戰地攝影師羅伯特・卡帕（Robert Capa）與三位志同道合的朋友共同創辦了馬格南圖片社（Magnum Photos）。另一位創始人布列松（Henri Cartier-Bresson）說：「馬格南是一個思想團體，是人性的共享，是對世界事務的求知，對事實的尊重，對理想的視覺化轉述，這一切使馬格南生存至今。」

盧塞爾・米勒（Russell Miller）為馬格南圖片社撰寫了一部傳記《揹相機的革命家》，他將這些捨生忘死的攝影家看作是革命家，這兩個身分重疊在一起，因為「過去五十年來，馬格南的攝影師們總是在各種關鍵時刻，出現於事件發生現場，成為世界歷史的目擊者，記錄了災難、勝利和人類的種種愚蠢行為，創作了二十世紀最具有紀念意義的照片。他們的作品，證明了攝影是我們這時代最有穿透力、最使人信服的藝術形式之一。」

在槍林彈雨、硝煙瀰漫中，馬格南的攝影師們奔赴第一線，拍下無數驚心動魄的歷史畫面——西班牙內戰、二戰、中國的國共內戰、以色列獨立戰爭、韓戰、越戰……攝影師手中的相機如同作家手中的筆。盧塞爾・米勒評論說：「在馬格南攝影師的手中，相機不再只是旁觀者的眼睛，而成了一種既能啓蒙又能傳達訊息的儀器，一種能影響並激發人們觀點的力量，有時還能成為那些無聲人們的代言人。」

九〇年代，DV的發明及大量生產並迅速普及，使得動態影像及聲音的記錄不再是一項貴族化的活動。DV的價格跟相機相差無幾，使用簡單，又能記錄豐富的資料。在中國「公民記者」群體中，出現了一群DV永不離手的拍攝者，這群人中的佼佼者就是獨立紀錄片創作者。

偉大的藝術總與社會正義聯繫在一起。馬格南的攝影師用照片追求正義，中國的獨立紀錄片攝影和製作者用影像再現著馬格南群體的理想、信念與傳奇。今天的中國，表面上是和平年代，但獨立紀錄片創作者的生存環境絲毫不比馬格南圖片社的戰地攝影師更好。當官府發現小人物手上小小機器的危險性和顛覆性時，武裝到牙齒的國家暴力機器就重拳出擊——獨立紀錄片創作者的對頭，是跟納粹德國的蓋世太保和蘇俄的KGB同樣殘暴的國安和國保人員。監視、騷擾乃至暴力毆打、非法囚禁，成為紀錄片創作者日常生活中無法擺脫的陰影。

本人「身在此山中」的文海，獨立製作了《軍訓營記事》、《混沌三部曲》等多部紀錄片，跟他人合作了《童話》、《三姊妹》、《採油日記》等作品，部部都入選歐美電影節。在習近平辣手摧毀公民社會、獨立紀錄片電影節紛紛夭折、創作者作鳥獸散的危機中，文海遷居香港，在香港大學新聞及傳媒研究中心資助下完成《放逐的凝視：見證中國獨立紀錄片》一書。紀錄片導演、北師大教授張同道不吝讚美，稱此書是「中國獨立紀錄片的《史記》」。在我看來，本書不僅是當代電影史當中不可或缺的重要部分，更是當代人權抗爭史的縮影，正如台灣紀錄片導演黃明川評論的那樣：「文海不單熱血記載中國獨立紀錄片者多方艱難的歷程，也不時對尊重少數民族、女性及人權等等議題發出震天之響。」

從體制內新聞工作者到獨立紀錄片創作者

《放逐的凝視》是一本難以歸類的書：訪談、新聞報導、歷史記載、自傳、政論、藝術隨筆，不同的文本毫不突兀地融合在一本書之中，所有文字都指向同一個主題：在極權體制下，如何實現自由和正義？在尋求眞相與藝術兩個目標的過程中，如何戰勝暴政強加的恐懼？

本書中記載的獨立紀錄片創作者們，大都是在最近十多年裡完成社會身分、人生道路及價值理念的重大轉型。他們中有許多人都是我尊重並有交往的師友，笨拙如我，雖未嘗試「棄筆從拍」，卻也眞眞切切地看到朋友們如何拿起DV，記錄這個時代最苦痛、最慘烈、最黑暗的事件。《放逐的凝視》以大量第一手資料，印證了這個「屢戰屢敗，屢敗屢戰」的過程。

從其他領域轉入紀錄片創作、完成「悲壯的轉身」的人們，大致有三種類型。第一種是由體制內新聞工作者「自我放逐」，成爲獨立紀錄片創作者。文海是其中之一，他從北京電影學院畢業後，進入人人羨慕的中央電視台。他曾幻想在體制內推動政治民主和新聞自由，自以爲是「無冕之王」，「高高在上」地「俯視眾生」。他拍過揭露食品安全問題的節目，有過上億觀眾收視的榮耀。然而，挫敗與折磨接踵而至，央視是「黨的喉舌」，不是「第四種權力」，他被要求製作那些指鹿爲馬、謊話連篇的節目。如果在央視「不求有功，但求無過」地混下去，很快就可過上「居有豪宅、出有寶馬、食有魚翅、飲有茅台」的中產階級上層的生活。文海不願如此虛耗生命，於二〇〇一年離開央視，進入獨立紀錄片世界——在這個江湖世界裡，有可能衣食不繼，卻可以自由拍攝自己喜歡的東西。

在本書第一章《決絕》中，作者講述了幾位走向獨立紀錄片領域的同道的故事。何謂獨立紀錄片創作者？北京電影學院張獻民教授說：「獨立就是不接受審查，也不接受具有官方性質的資金援助。總而言之，就是對官方採取一種強硬的決絕態度。」獨立紀錄片導演胡杰離開體制比文海早兩年：一九九九年，利用業餘時間蒐集毛時代反抗暴政的「中國的聖女貞德」林昭的資料，計畫爲林昭拍攝紀錄片，胡杰面臨著就職單位——新華社江蘇分社——的巨大壓力。壓力來自某個神秘部門，胡杰的領導都愛莫能助。胡杰選擇離開，以失業爲代價換來載入史冊的紀錄片《尋找林昭的靈魂》。

二〇〇二年，胡杰剪出第一個版本，經朋友介紹，來到我北京的家中，給我和幾位朋友播放。畫面樸實無華，配音是胡杰低沉的嗓音，空氣凝重得像石頭一樣。那天，胡杰向我們徵求意見，我只提出一個小小的修改建議：林昭是基督徒，基督新教不認同天主教的聖母馬利亞崇拜，最好將影片中聖母馬利亞的畫面刪去。胡杰不是基督徒，大概分辨不出這種外人看來相當細微的差異。從此，我常常在教會中說，中國的教會史，不能少了關於林昭的章節。

幾經修改，這部從未公開放映、只是在朋友圈子中悄悄流傳的紀錄片，產生了比任何一部文學和學術著作更大的影響。東北一所大學的年輕女教師盧雪松，在課堂上放映此片，被五毛學生告密，遭學校解聘；絡繹不絕地去蘇州郊外林昭墓地祭拜的人群，不斷遭到警察攔截，當局在墓園安裝攝影機，以威懾民眾。這些都是這部紀錄片產生的後續效應。林昭這位「思想史上的失蹤者」浮出水面，即使在當下的中國，她的思想觀念也是超前的。林昭更是一位行動的先知，她的故事如同銳利的破冰船，擊碎了知識分子與政府合作「改革」的妄想。

從公共知識分子到獨立紀錄片創作者

第二類轉型，是很多公共知識分子一手拿筆，另一手拿起了DV。其中，最具代表性的是廣州中山大學教授艾曉明。艾曉明是一位敢言的體制內學者，參與了近年來若干起具有高度「敏感性」的維權事件，受到警方騷擾，並受到出入境管控。此前，作爲文學系教授的艾曉明，使用她最擅長的文字表達政治觀點；當DV普及之後，她發現DV是另一支筆。

文海認爲，艾曉明是最先意識到NGO組織和民間權威專家作用的獨立導演。當然，艾曉明本人常常成爲獨立紀錄片中的主角。在文海對艾曉明的訪問中，艾曉明說：「在我使用攝影機的過程中，發現我有能力去組織攝影機的語言，表達我的想法。寫文章的人很多，但能去現場拍攝的人，拍完後能夠把它做成作品，還是不多的。」從專業角度來看，艾曉明的作品或許算不上有多高藝術性，她也沒有將自己看作藝術家。她說：「在公民行動中，我是其中的一分子，我手中有攝影機這樣的工具，我盡可能地使用這個工具。」換言之，她的願景不是讓紀錄片獲獎，而是喚起更多民眾的公民意識。

艾曉明在訪談中談到一個有趣的細節，「警察面對公民也有恐懼的想像」。她說：「在現場，我們會和警察對拍。他拍我，我也拍他。當然，我拍他的時候，爲了避免衝突，不像他拍我那樣肆無忌憚，但在各種情況下，警察還是會出現在攝影機的鏡頭中。對視很重要。你看我，我也看你。」艾曉明對警察的心理狀態洞若觀火。今天，警察失去了《悲慘世界》中警官賈維爾那樣一心一意抓壞人的職業熱情和信念，多半秉持「飯碗意識」和「拿人錢財，與人消災」式的「家丁思維」。明明是共產黨占據的天下，警察卻像昔日的地下黨那樣，躲藏在黑暗角落裡做事。在網路時代，警察害怕面孔被拍入鏡頭、公之於眾。他們不願讓妻兒、父母知道自己每天都在幹傷天害理之事。警察實際上比被他們監控的人權人士更害怕DV。有一次，北京方舟教會遭到警察衝擊，警察一進門就拿著DV對眾人拍攝。我們也拿出DV和手機拍攝警察。警察很心虛，說他們的肖像權受法律保護。會友中有律師，立即反駁說，公務人員在從事公務活動或執法的過程中，其肖像權不受保護。警察遂啞口無言。

在長期缺乏公民意識、人民不由自主地將自己當作「草民」、「順民」的中國，公民意識的覺醒是漫長的過程。DV的出現，讓這個過程大大加速。文海在書中談到一個細節：當局在打擊太石村維權村民時，村民們原先一看到手持DV的警察就魂飛魄散，DV似乎比警棍還可怕；後來，村民們發現自己也可以拍攝警察，警察面對鏡頭時比村民們更加不自在。村民們花錢買來DV，跟警察「對拍」。果然，有了DV在手，不僅村民個人的公民意識被喚醒，警察也不敢像往常那樣隨心所欲地打人、罵人，被迫收斂許多。因爲缺乏言論自由和新聞自由，DV在中國成了弱勢民眾與強勢警察抗衡的武器，成了走向公民社會的標誌。

DV在中國公民運動中的作用越來越大，未來的人權活動人士大概個個都會操作DV。法國龐畢度中心眞實電影節藝術主席瑪麗・皮埃爾・杜阿梅（Marie-Pierre Duhamel）敏銳地發現，DV在中國公民運動中的作用舉世無雙：「談及電影，文海謙虛地說，他只是試圖展現出一些『公民』的形象。這令人肅然起敬的謙遜，爲他片中的詩人英雄們表現出某種勇氣，而這種勇氣，也讓人們聽到和看到，在這個被霓虹燈、手機、摩天大樓和奧運會所粉飾的『當下』，中國歷史中一種沉甸甸的份量。這沉思的形式，是夜幕裡的詩句、冷靜下的決斷，它寂靜於文字間，這個形式即爲電影。」

從持不同政見者到獨立紀錄片創作者

本書的書名爲《放逐的凝視》，大概包括兩重含義：首先，此類紀錄片無法進入電影院線和電視台播放，在網路上也遭到封鎖，只能在小眾圈子內傳播，國內觀眾需要翻牆才能在特定網站上找到。其次，拍攝者以及相當一部分拍攝對象，被統治當局劃爲危險分子、邊緣人士，加以監控、打壓乃至放逐——近年來，流亡海外的獨立紀錄片創作者不在少數。

我想，還有另一層含義是：有一些獨立紀錄片創作者原本就是持不同政見者，將自己在暴政下的日常生活當作素材，甚至創作爲紀錄片。比如，居住在北京郊外名爲「自由城」小區的人權活動者胡佳，被警察軟禁在家時，將這段經歷拍攝成名爲《自由城的囚徒》的紀錄片。「自由城」與「囚徒」形成強烈反諷，出現在鏡頭中的各類警察則成爲漢娜・鄂蘭「平庸之惡」的最佳例證。

除了拍攝底層民眾，文海也拍攝被「放逐」的異見人士。「放逐」不僅是指在空間意義上與祖國或同胞隔離的流亡人士，更包括內在的、精神上的流亡者。比如，劉曉波是黃文海拍攝《我們》時想訪問的對象，然而劉曉波隨時被軟禁、被旅遊，很難聯繫上。二〇〇八年，文海在朋友引薦下成功拜訪了劉曉波，拍下一段影片。誰料當時如困獸的曉波，很快因發起《零八憲章》而入獄，之後更被判十一年重刑，八年後又被中國虐殺於獄中。文海的訪問，成了劉曉波留給世人的最後影像。

獨立紀錄片中的中國，比城市中產階級認識的中國更眞實。城市中產階級也埋怨共產黨的腐敗、片面追求經濟增長造成諸如霧霾之類的環境污染，但並不反對共產黨統治本身。他們被習近平念叨的「中國夢」的魔咒鎖定，害怕手中的房產、存款和股票貶値，竭力幫助共產黨維持穩定。他們很容易掌握翻牆技術，卻沒有翻牆的慾望。他們選擇不去招惹共產黨，「如果不能打敗它，就加入它」。他們從未跟國保警察打過交道，甚至不知道中國存在國保警察這種錦衣衛式的鎭壓工具。他們最需要觀看文海在這本書中提及的獨立紀錄片，這些獨立紀錄片是最佳「精神解毒劑」。

在一次訪談中，文海列出十部必看的當代中國的獨立紀錄片：《鐵西區》三部曲（王兵）、《尋找林昭的靈魂》（胡杰）、《淹沒》（李一凡／鄢雨）、《天堂花園》（艾曉明）、《三里洞》（林鑫）、《自由城的囚徒》（胡佳/曾金燕）、《我們》（黃文海）、《上訪》（趙亮）、《老媽蹄花》（艾未未）、《克拉瑪依》（徐辛）。如果你連一部也沒有看過，就難以把握當代中國的脈搏。

俄國流亡詩人布羅茨基（Joseph Brodsky）說過：「金字塔的穩定是很少依賴其尖頂的，然而卻是那尖頂吸引我們的注意力。」獨立紀錄片不去拍攝尖頂，而拍攝那沉默而負重的基座。艾曉明評論說：「通過文海的梳理，我們看到這一脈紀錄片的力量所在。它挑戰禁忌，反抗強權，堅持自由拍攝，追隨社會改變。儘管言論環境嚴酷，獨立紀錄人和觀眾之間的交流被阻隔，但依然產生了一批作品，爲中國的極權災難、社會衝突和民生疾苦留下寶貴影像。」是的，越是在不自由的地方，獨立紀錄片的價值越大；越是在人民渴望自由的地方，獨立紀錄片最能體現人民的心聲。

告別鱷魚潭

——羅宇《告別總參謀部》

中共紅二代，絕大多數是習近平、薄熙來式愚蠢、兇殘、自私的角色，與自由、民主、人權等現代理念格格不入。從功名利祿、紅塵滾滾中抽身而出，與中共政權一刀兩斷、背道而馳者，寥寥無幾。以六四屠殺爲例，最支持鄧小平開槍殺人的，是數十名開國元老及其家族；而因六四與黨國機器決裂的紅二代，據我所知，只有副總理吳學謙之子吳曉鏞。吳曉鏞作爲中國國際廣播電台英語部副主任、值班編輯，毅然簽發揭露大屠殺的英文新聞稿，於當天早晨六點二十五分，向全世界發布六四屠殺的消息。六四後，吳曉鏞爲此承受了四年苦役，也連累父親仕途終結。二十五年之後，吳曉鏞接受香港媒體訪問，對當年的選擇無怨無悔。

當我讀到羅瑞卿長子羅宇的回憶錄《告別總參謀部》時，才知道還有第二位值得尊重的紅二代。羅瑞卿是毛身邊的紅人，一度掌控軍隊實權。文革後，羅瑞卿復出，羅宇被安排到總參謀部，主管軍備。若他與軍中紅二代同流合污，如今大概熬成了上將一級的風雲人物。六四槍響，正在海外負責軍購的羅宇拍案而起，不是共產黨開除了他，而是他開除了共產黨，「我對共產黨、共產主義，從擁護到懷疑，到徹底拋棄，用了半生時間。文革之後，我想這架機器是出了問題，但還想把它修好。六四之後，我知道根本沒可能修好，只能把它徹底砸爛，我無力砸它，只能逃跑，否則就會被它吞噬。共產黨是架可怕的機器，它無情地吞噬著敵人，也無情地吞噬著自己人。」這幾句話何等真摯、何等沉痛又何等勇銳！

大染缸中，誰能潔身自好？

由於羅瑞卿位高權重，羅宇從小耳聞目睹了中共權力核心的諸多秘辛，以少年人的敏感與單純，捕捉到不少外人難以想像的眞相。一般圈內人的回憶文字，欲說還休，點到爲止，而羅宇中年以後在歐美自由世界生活了二十多年，早已是心靈自由的「圈外人」，加之性格直爽，口無遮攔，書中臧否人物的段落，讀來如同品味麻辣川菜，大快朵頤。

羅宇筆下的紅朝文武百官，栩栩如生，可圈可點。對於朱德夫婦和周恩來夫婦，羅宇有一番比較：「在我心目中，朱德兩口子和周恩來兩口子就是不一樣，要說慈祥可親，都慈祥可親，可就是不一樣。」究竟哪些地方「不一樣」，他沒有明說，但周恩來夫婦的謹愼、僞善和柔媚，在高文謙《晚年周恩來》一書中看得清清楚楚。反之，羅宇從小就叫朱德「老爹」，少年時跟隨朱德乘坐專列外出視察。朱德性情隨和，跟大家一起用膳，與毛澤東出行時戒備森嚴迥異。文革後期，羅宇陪同劫後歸來的父親去見朱德，朱的身體已不好了，頭腦還清楚，對羅發牢騷說：「你看現在，成什麼樣子，這麼大的國家就一家子管了？」可見，朱德對政局保持沉默，但內心對毛重用江青、毛遠新非常不滿，大概他知道這是跟羅最後一次見面，忍不住說了一句心裡話。

在中共高官中，羅宇評價最高的是胡耀邦。胡耀邦與羅瑞卿在戰爭年代有過合作，羅宇多次在胡面前以後輩身分「大放厥詞」，胡亦耐心傾聽。緊隨胡耀邦之後的是習仲勛，一九八七年鄧小平整胡耀邦時，習仲勛不同意，說耀邦是好人，一句話得罪了鄧小平，被禁止住在北京，只能住深圳、廣州。直到一九九九年國慶五十週年，習仲勛才獲准進京參加慶典。活動完後，習仲勛請友人吃飯，沒有一個當官的，同桌是胡耀邦夫人和羅瑞卿夫人。習仲勛的遭遇是胡夫人親口告訴羅夫人的。如今，習近平的所作所為，儼然是其父親的敵人。羅宇對反對六四開槍的趙紫陽和張愛萍評價也很高。

反之，羅宇認為，高官中最壞的，是忘恩負義的薄一波。還有很多戰場上的名將，是打天下的將星、坐天下的小人，如楊成武、蕭華、黃永勝、劉志堅等人。羅宇與江澤民時代掌握軍中大權的劉華清、遲浩田等，也有頗多近距離接觸，在其眼中，劉、遲等人是溜鬚拍馬、見風使舵的鼠輩。

中國高層權力圈是鱷魚潭，也是絞肉機。在老百姓面前人模人樣、威風凜凜的高官，幕後像豺狼一樣彼此撕咬，血肉淋漓。對於這種詭異的氛圍，羅宇小時候就有所體會。小時候他喜歡去楊尚昆家吃飯，楊是中辦主任，伙食豐盛。後來，父母不准他再去，因為不願讓其他人認為兩家親密，他這才開始思考背後的奧秘：「中央這些主要領導人之間的關係，是一個非常敏感的情報，為什麼進城之後，大家的關係變得疏遠了，只是開會時見面，去公眾場合見面，私人之間的交往就越來越少了？」答案只有一個：毛最忌諱高幹們結成朋黨，威脅到他的獨裁地位。

作爲列寧式政黨，中共形成了一套「規矩」，有些是明文規定，有些是「潛規則」。位居頂層的高官們亦作繭自縛。林彪在休養期間，研究醫書，有一年突發奇想，說要「減壓」治病，要去西藏住，因爲西藏氣壓低，便給中央寫報告。毛讓羅轉告林，不同意林去西藏。羅宇感嘆說：「他們這些人不是你想去哪兒就去哪兒，他們這一級幹部去哪兒都得中央批，不批就去不了。」可見，即便出將入相者，人身自由亦少得可憐。

羅瑞卿是嚴密的公安制度的締造者之一，他本人卻成爲其受害者。羅宇在書中提及一個細節：上海會議，羅瑞卿被打倒。毛澤東組織一對對高級官員前去探視軟禁中的羅（不能單獨去，兩對一起去能彼此監視）。有一次，周恩來帶鄧小平夫婦去探視，卓琳上樓看望羅夫人，兩人相對流淚。後來，這個細節出現在紅衛兵的大字報中。可見，高級幹部的一舉一動都在「組織」的監控之中，那張天羅地網，無人能逃離。

軍中太子黨，軍火走私商

若論及紅二代所寫的有情有義、有血有肉的文字，首推陶斯亮的萬字長文〈一封終於發出的信：給我的爸爸陶鑄〉，女兒對含冤而逝的父親的無盡思念，勾起無數飽經亂世離合者的深切共鳴。我父母那一代人，都被這篇文字感動得泣不成聲。後來，在八九學運中，在統戰部任處長的陶斯亮因爲同情學生，與部長閻明復一起被免職。

其次就是羅宇的妹妹羅點點的回憶錄《紅色家族檔案》。羅宇和羅點點兄妹二人的作品可以參照閱讀，相映生輝。妹妹的文字細膩凝練，故事鋪陳搖曳生姿；哥哥的文字天馬行空，尤其是後來在總參謀部任職期間觀察到的紅二代貪污腐敗的內幕，是罕見的透視解放軍內部運作的寶貴資料。

文革後期，鄧小平力排眾議讓羅瑞卿復出，一則羅鄧關係良好，工作上有交集，業餘經常一起打麻將。上海會議，毛簽發空軍司令劉亞樓臨終前揭露羅的信件，鄧對此只說了一句話「死無對證」。二則鄧需要在軍中威望甚高的羅幫助穩定軍心，特別是從汪東興手中奪走指揮中央警備團的大權，如此才能鬥垮華國鋒。

羅瑞卿重掌軍中大權，羅宇被安排到總參謀部擔任要職。他與鄧小平的女婿賀平、賀龍的兒子賀鵬飛、王震的兒子王軍、楊尚昆的女婿、趙紫陽的女婿等頂級太子黨共事，發現了軍中太子黨原來是軍火走私商這個驚天秘密。

羅宇揭露，兩伊戰爭期間，中國一隻手賣軍火給伊朗，一隻手賣軍火給伊拉克。特別好賣的是大口徑砲彈，兵工廠開足馬力，二十四小時生產，仍供不應求。保利集團成了鄧小平和楊尚昆的私家公司，數十億美金的軍火交易不受任何部門監管，從兵器工業部買來再倒手，中國軍隊反而沒有武器可用。空軍好幾個地空導彈營的裝備賣給伊朗，什麼都沒有了，不成部隊的樣子。

中國賣落後武器給第三世界國家，又從西方購買先進武器。六四前，西方沒有對華實施武器禁運，各國武器都要兜售給中國，經手人拿到天文數字般的回扣。軍火買賣的收益，勝過印鈔票和販毒品，就連台灣向法國購買拉法葉戰艦，也要向鄧小平和楊尚昆兩家進貢，才能避免北京杯葛。當年，羅宇作爲中國向美國、義大利、英國、法國等國購買武器的經辦人，卻拒絕從中撈錢，不撈錢倒還罷了，還不識時務地阻擋太子黨的財路，使賀平、賀鵬飛對其恨之入骨，原本親密的鄧小平家族和楊尚昆家族也與羅家疏遠。

六四後，羅宇辭職出國，賀平向江澤民施壓發布開除其黨籍、軍籍的主席令，楊尚昆威脅說「如果羅宇回國就不放他出去」。羅家成爲元老家族中的一個異類。羅瑞卿九十誕辰出版紀念冊，羅瑞卿夫人希望鄧小平題字，被鄧拒絕，說明羅家與權貴系統形同陌路。羅宇認爲，若父親還在世，未必能認同多黨制和全面選舉這些理念，但不會同意軍隊對學生開槍。然而，即便羅瑞卿在世並擔任當時楊尚昆的職位——羅的地位高於楊，羅去世後，楊才接任其軍委秘書長之職，總管軍隊日常事務——他也不可能阻止鄧小平下達開槍殺人的命令。那麼，如果羅瑞卿公開反對鄧，必然像趙紫陽那樣，再度成爲被清洗的目標。

爲什麼中國的官兵毫不猶豫地對人民開槍？連東歐最落後的羅馬尼亞的軍隊都不會這樣做。羅宇的看法是：「中國的軍隊還是一支愚蠢的軍隊。這支軍隊所以愚蠢，是由於它大部分成員來自貧困的農村，他們沒受過基本的教育，不懂人權、平等、民主、自由，因爲他們自己在農村就沒有人權，和城裡的人也不平等，他們天生仇視城鄉差別，不怕造成最悲慘事件。」羅宇痛定思痛，得出中共仍是封建王朝的結論。我同意這一分析，毛是皇帝，鄧是半個皇帝，中國的軍隊不是國防軍，而是替皇帝保家護院的「家丁」。今天的習近平不滿足於做鄧那樣的半個皇帝，要當毛那樣的皇帝，中國軍隊仍是獨裁者的「私家軍隊」，開槍鎮壓示威群眾的、小規模的六四屠殺時常發生。

毛澤東爲什麼先重用後拋棄羅瑞卿？

羅瑞卿在十年公安部長任上，與毛朝夕相處，對毛忠心耿耿。羅宇指出：「父親這個公安部長有一個非常特殊的工作，就是管毛澤東的事。」中共剛接管北京城，羅的公安部長的任命發布前，羅表示多年在軍隊工作，不熟悉公安事務，向周恩來推薦李克農。周一語輕輕帶過：「這是毛主席親自點的將。」羅或許沒有意識到，他推薦李克農是何其幼稚：毛認爲李克農是周的人，毛對周只是「用」而不是「信」，哪會讓周的人負責自己的安全事務呢？

毛澤東爲什麼挑選羅瑞卿擔任公安部長、並負責自身的安全保衛工作呢？羅宇的解釋是：「毛用父親，一個是『水至清則無魚』，不搞小圈子；一個是『舉輕若重』，警衛工作就是不怕一萬，就怕萬一，事情做到萬無一失。」多年來，毛對羅百分之百地信任，早在長征初期羅對靠邊站的毛悉心照料，就已深得毛心。

羅宇承認，羅瑞卿任公安部長期間，「代毛行使生殺大權」。兒子寫父親，總不脫中國人「爲尊者諱」的傳統，章詒和寫父親章伯鈞，不涉及民盟內部的險惡內鬥；艾未未爲父親艾青編輯全集，刪去艾青寫的吹捧毛澤東、攻擊同僚的文字。這也是羅宇的局限所在，他在書中對父親領導的公安工作作出正面評價：「大家都懷念五、六〇年代的治安和警民一家，哪有黃賭毒？」但是，背後的血腥殺戮呢？

在鎮反運動中殺戮的，不僅是國民黨遺留的軍政人員，更多是對共產黨毫無威脅的老百姓。羅宇寫道：「建國頭十年，毛相當大的精力是親自領導公安工作，每年全國公安會議，毛都出席接見與會人員，以示重視。」毛說，公安工作不能放過壞人，也不能冤枉好人，似乎公正無私，但關鍵在於，好人、壞人的標準不是由法律決定，而是由毛一個人說了算，毛說你是好人你就是好人，毛說你是壞人你就是壞人——羅瑞卿一夜之間從毛的心腹變成篡黨奪權的野心家，不也是如此嗎？

在中共高層血淋淋的內鬥中，羅瑞卿並非身家清白。在高饒事件、批判劉伯承和粟裕以及批鬥彭德懷的廬山會議中，羅瑞卿隨著毛的指揮棒衝鋒陷陣，痛打落水狗。他統帥的公安人員對這些失勢高官何曾高抬貴手？

文革後期，羅與彭德懷在同一間醫院治病，羅有家人細心照料，彭則孤家寡人，淒淒慘慘。那時，羅對彭的境遇深表同情，卻不曾向兒子表達內心的愧疚。羅對毛始終是封建時代臣子對皇帝的忠心，林彪事件之後，羅剛被解除監護，就讓車先去天安門轉一圈，給毛像行禮——毛不願見他，便只好見頭像如見眞人。

既然羅對毛並無二心，文革前夕，毛澤東爲什麼要精心炮製羅瑞卿案呢？羅宇認爲，罪魁禍首是林彪，是林彪看到老部下羅瑞卿不聽招呼，在毛林之間選擇忠於毛，才決定對羅下手。這個看法失之於片面。當時，毛林尚未決裂，林正處於上升狀態，即將成爲毛的接班人，不會因爲羅忠於毛就要搞掉羅，林更不可能大膽到向毛提出以搞掉羅作爲他支持文革的籌碼。

更接近歷史眞相的解釋是，在《羅瑞卿案》一書中，歷史學者丁凱文分析說，羅垮台的原因有二：其一，羅一度身兼軍委秘書長、總參謀長、國務院副總理、中央書記處書記等要職，大將凌駕於元帥之上，「木秀於林，風必摧之」（羅的綽號羅長子，是中共高層身高最高者），其性格果斷幹練。正如毛對羅的評價「霸道」、「渾身長刺」，故而與老帥們發生矛盾，葉劍英、聶榮臻等人早在林彪發難之前就開始倒羅活動。葉劍英在羅倒掉之後興奮地發揮其詩才，改辛棄疾的名句爲「將軍一跳聲名裂」。

其二，更重要的原因是毛本人下決心拿掉羅，林彪只是遵循毛的部署、爲毛提供素材罷了。羅與主持軍委工作的賀龍關係緊密，賀龍又與劉少奇、鄧小平搞在一起。毛要發動文革、扳倒劉鄧，自然不能讓軍隊控制在與劉鄧親近的賀羅手中。

丁凱文的結論是：「『羅瑞卿事件』，是毛澤東爲了發動蓄謀已久的文革運動，確保軍隊在運動中的絕對忠誠、可靠，利用了解放軍內部派系的矛盾，尤其是利用了所謂的林彪與羅瑞卿之間的矛盾，對軍隊高層採取的一次清洗鬥爭，成爲打倒劉少奇資產階級司令部的前哨戰，羅瑞卿則成爲毛澤東文革運動最早的犧牲品。」

遺憾的是，羅瑞卿復出之後不久，即在赴西德治療腿傷時心臟病發去世。否則，若像胡耀邦所期待的那樣，胡管黨，趙抓經濟和行政，羅治理軍隊，三駕馬車形成合力，或許有可能在八〇年代有更好的政績。

你必須經歷那條你不在其中的道路

——張新穎《沈從文的後半生》

我離開中國前最後去的地方是湘西的鳳凰古城，古城無比喧囂，城外山坡上的沈從文墓地依舊寂寥。

眞正偉大的作家都是寂寞的，跟時代格格不入。我在大學時讀過兩本沈從文的傳記：一本是美國學者金介甫（Jeffrey Kinkley）的《沈從文傳》，此書偏向嚴謹的史學，作者首次提出沈從文在中國現代文學史上可比肩魯迅，在世界文學史上可比肩福樓拜、普魯斯特。另一本是淩宇的《沈從文傳》，此書偏向抒情的文學，淩宇是老師輩的學者，書中激盪著一股不平之氣——當年，他選擇沈從文作爲碩士論文題目，受到阻撓與刁難，甚至影響到畢業分配。

沈從文在一九八八年驟然離世，與諾貝爾文學獎擦肩而過，但這絲毫無損於沈從文的偉大；反之，諾貝爾文學獎的桂冠落到莫言頭上，改變不了這名御用作家的卑賤與庸俗。沈從文的前半生，是赤子之心、元氣淋漓的小說家，充滿浪漫與歡笑；沈從文的後半生，是謹言愼行、一絲不苟的考古學家，在政治運動的陰影下苟延殘喘。文學史家張新穎爬梳數百萬字，專注於沈從文從四十六歲直至去世整整四十年的生命歷程，寫出了沉鬱苦楚的《沈從文的後半生》。張新穎寫沈從文的生活和精神的磨難史，爲沈從文以及每一位如螞蟻一般的倖存者正名：「在二十世紀中國，國家的力量過於強大，個人的力量過於弱小。不過，弱小的力量也是力量，而且隔了一段距離去看，你可能會發現，力量之間的對比關係發生了變化，強大的潮流在力量耗盡之後消退了，而弱小的個人從歷史中站立起來，走到今天和將來。」

這種力量的變遷從沈從文和毛澤東兩個人身上看出來。沈從文與毛澤東處於善與惡兩端，他們都是湖南人、都是鄉下人。沈從文最傑出的作品大都以鄉下人爲主角，他寫士兵、農民、船夫、商販甚至妓女的故事，他愛他們，從他們身上看到人類生活的莊嚴和人類情感的高貴。而對於毛澤東來說，農村只是其發動「痞子運動」、奪取天下的「根據地」，毛一點不在乎數百萬農民成爲內戰的炮灰、千萬農民被其苛政折磨致死。在暴君眼中，沒有一個值得悲憫的生命，人只有一串僵冷的統計數字。

一九五一年，沈從文隨土改團去四川，看到階級鬥爭的慘烈景象：「來開會的群眾同時都還押著大群地主（約四百），用粗細繩子捆綁，有的只縛頸子牽著走，有的全綁。押地主的武裝農民，男女具備，多帶刀矛，露刃。有從二十里外村子押地主來的。地主多已穿得十分破爛，看不出特別處。……群眾大多是著藍布衣衫，白包頭，從各個山路上走來時，拉成一道極長的線，用大紅旗引路，從油菜田蠶豆麥田間通過，實在是歷史奇觀。人人都若有一種不可理解的力量在支配，進行時代所排定的程序。」這是他辨認不出的新農村。他無力反抗與制止正在上演的暴行，只能悄悄用筆記錄下看到的一切。

從「自殺未遂」到「被迫焚書」

故事一開始，是國共政權交替、天翻地覆的一九四九年。左派文人胡風歡呼「時間開始了」，不屬於任何政治派別的沈從文發現自己走到了絕境。沈從文在好友楊振聲的齊清軒中避暑時，寫了一篇題爲〈中國往何處去〉的文章：「中國往何處去？往毀滅而已……我們爲下一代準備的，卻恐將是一分不折不扣的『集權』！」那時，他的創作正面臨重大突破，他期盼寫出像托爾斯泰的《戰爭與和平》和軒克維奇（Henryk Sienkiewicz）的《你往何處去》那樣的鉅著。但他沒有時間了——代表共產黨文藝風向的郭沫若，在〈斥反動文藝〉一文中點名批判沈從文是「粉紅色文藝」的典型。看來，以新中國之大，沒有地方擺放沈從文的一張書桌。

一九四九年三月二十八日，自認爲是「一個犧牲於時代中的悲劇標本」的沈從文，用剃刀劃破頸部及兩腕的脈管，又喝了煤油，試圖結束生命，所幸被家人發現，送到醫院急救。然後，又被送入精神病院治療，身體慢慢恢復。他死了一次，又活了過來。從此，他放棄了自殺的念頭，在生不如死的文革高潮中，也不再尋死，他心靜如止水：「我心中平靜慈柔。記起《你往何處去》一書中待殉難於鬥獸場的一些人在地下室等待的情形，我心中很柔和。」

如果說一九四九年的自殺不成功，維持了沈從文的肉體存在；一九五三年的焚書事件，則加速了他精神的死亡。一九五三年，開明書店正式通知沈從文，由於他的作品已過時，他在該店出版和待印的各書及紙型，全部銷毀。稍後他又輾轉從香港媒體得知，台灣也明令禁止出版他的一切作品。次年一月，沈從文在給大哥的信中說，小說完全失敗了，毫無意義，在家中的也望一切燒掉，免得誤人子弟。此刻，唯一的安慰是貝多芬的音樂：「在床上躺著聽貝多芬，很覺爲生命悲憫。可惜得很，那麼好的精力，那麼愛生命的愛人生的心，那麼得用的筆，在不可想像中完了。不要難過。生命總是這樣的。」

此時此刻，沈從文大概忘記了在一九三四年，他寫過一篇題爲〈禁書問題〉的評論，嚴厲批判國民黨中央下令查禁兩百多冊文學書籍。沈從文生性溫和，很少有怒髮衝冠的筆墨：「我很懷疑這些被查禁的文學書籍，有多少種曾經爲通過這個議案的委員先生們閱讀過。……就通常禁止的理由，大多數總以爲是『爲了這個社會秩序的維持與這個民族精神方面的健康上著想』，因此不能不加以取締。……若這些作品包含的理想眞已深入人心，書一燒就完事了嗎？我極希望當局有一點比『跡近反動』的措詞更多一些的具體說明，免得使後人在歷史上多有一件十分含混的記載，免得被人把這件事與兩千年前的焚書坑儒並爲一談。」沈從文進而指出，禁書不可能成功：「以爲只需要把凡稍有傾向的書籍焚盡，勒迫作家餓斃，就可以天下太平。這種打算實在是太幼稚。」他直言不諱地批評國民黨政府禁書、焚書是一種野蠻行徑：「在世界上我們不是極不願意被別一國家別一民族把我們當成野蠻人看待嗎？希望從別人方面得到尊敬，第一步就應當是自己不作出野蠻人的行爲。」這是士大夫之怒吧？

爲什麼短短十多年之後，沈從文自己的書被焚毀，他卻唾面自乾、忍氣吞聲呢？國民黨政權是勉強容忍文人發牢騷的威權政府，共產黨政權是不能容忍一點不同意見的極權主義政府。

寂寞的歷史博物館比喧囂的文壇更安全

從死亡的邊緣活過來之後，沈從文做出了一生中最重要的抉擇：不再寫作，轉行做文物研究。不寫也是一種堅持：五〇年代初，有一次，沈從文受到毛的接見，毛鼓勵他寫小說。毛希望他成爲趙樹理、柳青那樣爲中共的農村政策歌功頌德的御用作家。沈從文無法讓自己變成趙樹理、柳青，《邊城》與《長河》也成不了《小二黑結婚》和《創業史》。

沈從文進入文物研究領域，隱遁在歷史博物館做一名卑微的講解員。從消極方面來說，他有一種來自草根階層的生存直覺，比那些「小資產階級」的作家朋友更加敏銳。他深知文壇乃是一塊是非之地，看似風光無限，實則危機四伏。他乾脆將自己全部歸零，將歷史博物館當著躲避暴風雨的烏龜殼。

那裡並不快樂，文學史家陳徒手在〈午門城下的沈從文〉一文中，引用沈從文給一名年輕記者的未發出的信中的一段描述：「我在這裡每天上班、下班，從早上七時到下午六時共十一個小時。從公務員而言，只是個越來越平庸的公務員，別的事通說不上。生活可怕的平板，不足念。每天雖和一些人同在一起，其實許多同事就不相熟。自以爲熟習我的，必然是極不理解我的。一聽到大家說笑聲，我似乎和夢裡一樣。生活浮在這類不相干笑語中，越說越遠。關門時，獨自站在午門城頭上，看看暮色四合的北京城風景……明白我生命實完全的單獨……」

如此這般，沈從文躲過了反右運動，反倒是一向追求進步的大兒子被劃爲右派，他在一份檢討書中寫道：「許多熟人都成了右派，我思想中不免有種錯覺，只擔心以爲我也屬於右派。又家中大孩子，本來人極老實，入團多年，且已入黨，在學校忽被劃爲右派，心中十分難過。」

在文革中，沈從文不可避免地被抄家、被下放農村勞動，但比起文革前當紅的作家朋友來，吃的苦頭少得多。文革動亂一開始，巴金被關進牛棚，妻子慘死；老舍被紅衛兵殘酷毆打，跳進太平湖自殺，也有人認爲是他殺；傅雷和夫人不堪受辱，雙雙上吊自盡；沈從文的老朋友，詩人兼考古學家陳夢家在家中自縊身亡……從八月下旬到九月底，北京有一千七百多人被打死，八萬四千多人被趕出北京。早早脫離文壇中心的沈從文，反倒有一小塊喘息的空隙。

從積極方面來看，文物研究成爲沈從文後半生發揮其創造力和想像力的一片新天地。「一個以鑑賞人類生活與自然現象爲生的鄉下人，進而對於人類智慧光輝的領會，發生了極寬泛而深切的體味。」沈從文在文物中看到的是，普通人在漫長的歷史裡面，用勞動和智慧創造出各式各樣的藝術品。他如此夫子自道：「愛好的不僅僅是美術，還更愛那個產生動人作品的性格的心，一種眞正『人』的樸素的心。」

讀《沈從文的後半生》，讓人聯想到《陳寅恪的最後二十年》。沈從文的選擇，不也正是陳寅恪的選擇？一九四九年之後，陳寅恪放棄了最擅長的中古史、佛教史，轉而「以詩證史」，研究《再生緣》，寫出《柳如是別傳》，柳如是何嘗不是陳寅恪本人的寫照？而沈從文自搜集關於中國古代服飾的實物與資料，完成了洋洋大觀的《中國古代服飾研究》——對於我這樣的文學熱愛者來說，儘管這部學術鉅著無法彌補沈從文胎死腹中的幾部大部頭作品，但已是不幸中的萬幸了。在腥風血雨的歲月中，沈從文和陳寅恪留下了不朽的文化豐碑。他們的後半生恰如卡夫卡所說：「無論什麼人，只要你在活著的時候應付不了生活，就應該用一只手擋開點籠罩著你的命運的絕望……但同時，你可以用另一只手草草記下你在廢墟中看到的一切，因爲你和別人看到的不同，而且更多；總之，你在自己的有生之年就已經死了，但你卻是眞正的獲救者。」

地上的人們，爲何像星星一樣的疏遠

沈從文很早就「明白生命的隔絕，理解之無可望」，他的寫作致力於恢復人與人之間原初的美好關係。在專制政治的碾壓之下，這種努力如同西西弗斯推石頭上山一般悲壯。沈從文一生與人爲善，與「不憚以最大的惡意揣測人性」的魯迅截然不同。但是，在一個「比惡」、「比凶」、「比狠」、「比毒」的國度和時代，善未必有善報。

沈從文與丁玲早在三〇年代便是老朋友，當初丁玲和丈夫胡也頻先後被捕，沈從文在上海和南京之間來回奔波營救，並撰文譴責國民黨當局。然而，以極左意識爲傲的丁玲，從北大荒歸來、重登上文化界的高位之後，出重手辱罵沈從文是「貪生怕死的膽小鬼，斤斤計較於個人得失的市儈」，她眼裡的沈從文，「整個一生是一個可憐可笑的人物」。丁玲不敢反思造成其個人悲劇的毛式暴政，卻向同樣是受難者的沈從文「從背後殺來一刀」，這是何其黑暗、何其齷齪的人性。歷史是公正的：今天沒有一個讀者津津有味地閱讀丁玲的長篇小說《太陽照在桑乾河上》，儘管它獲得了共產陣營國家的最高文藝獎「史達林文學獎金」；沈從文的文字卻歷久彌新，擁有眾多讀者。

另一名跟沈從文漸行漸遠的，是曾為其學生的作家、記者蕭乾。當初，沈從文和蕭乾被郭沫若並列為批判對象，但兩人早已「道不同不相為謀」。蕭乾惡毒地攻擊沈從文「賣鄉下人」，這是針對沈從文自稱「鄉下人」而說的。沈從文的回應則要溫和得多，他只是輕輕地說了一句「他聰明過人」。

傷害沈從文最深的，是他給予幫助最大的畫家范曾。文革期間，范曾寫大字報攻擊沈從文，編造了幾百條沈從文的罪狀。雖然范曾在八九學運期間一度支持學生，六四槍響之後，流亡海外，然而，眼看中共風光無限，又向當局寫悔過書，得以「榮歸故里」，以「國畫大師」的身分與「國學大師」季羨林暢談「東風壓倒西風」，難怪有網友諷刺說：「中山狼在信奉狼圖騰的年代自然是如魚得水。」

「天上的星星，為何像人群一般的擁擠呢；地上的人們，為何又像星星一樣的疏遠？」沈從文心靈最深處的那個角落，即便是一生摯愛的妻子張兆和也未必洞悉。沈從文去世之後，張兆和在編完《從文家書》的「後記」裏寫道：「從文同我相處，這一生，究竟是幸福還是不幸？得不到回答。我不理解他，不完全理解他。後來逐漸有了些理解，但是，眞正懂得他的爲人，懂得他一生承受的重壓，是在整理編選他遺稿的現在。過去不知道的，現在知道了；過去不明白的，現在明白了。」夫妻之間，有時是最熟悉的陌生人。一九四九年之後，張兆和努力追隨新時代，與「抱殘守缺」的沈從文不無分歧。難怪張兆和發出嘆息：「太晚了！爲什麼在他有生之年，反而有那麼多的矛盾得不到解決！悔之晚矣。」可惜，在《沈從文的後半生》一書中，作者過於渲染沈從文與張兆和的夫唱婦隨，心心相印，偏偏少了對兩人精神世界中歧異部分的呈現與剖析。

張新穎是一位克制的傳記作者，很少代傳主發表議論，而是如紀錄片導演那樣，讓主角自己說話。納粹集中營的倖存者，大都敢於開口做見證，因爲納粹帝國已灰飛煙滅；毛時代的倖存者，卻仍然噤若寒蟬，因爲毛的頭像還掛在天安門城樓上。進入八○年代，沈從文在私人信件中也極爲謹愼，幾乎不臧否時事。罕有的一次，是一九八○年在一封信中如是說：「《花城》附刊了我兩首舊體小詩，題〈擬阮籍詠懷〉而作，像是朦朧，又像是還有內容，每一句話都有所指。記得阮的傳中提及『有憂生之嗟』，譯成白話即『擔心活不過去』的意思。這種提法過去不易懂，經過近三十年人事風雨的教育，似乎才較多明白一些。在極端專制猜忌司馬氏新政權下，詩人朝不保夕憂懼處境情形，萬千人就都因之死亡了。我總算活過來了。」極端專制猜忌、讓萬千人死亡的，難道只是司馬氏新政權嗎？司馬氏新政權跟共產黨新政權相比是小巫見大巫。沈從文最後的十年再也沒有恢復早年的寫作能力，他是一位未完成的天才，時代虧欠他太多。

葉公超為何不見容於蔣介石？

——湯晏《葉公超的兩個世界：從艾略特到杜勒斯》

美國漢學家費正清稱讚葉公超是「學貫中西的中國文藝復興人」。「文藝復興人」是極高的評價，讓人聯想起文藝復興時期的巨匠達文西、米開朗基羅、拉斐爾。二十世紀的中國，承受得起這個評價的人，屈指可數如梁啓超、胡適、傅斯年、陳寅恪等人。在這群「中國文藝復興人」當中，葉公超述而不作，惜墨如金，沒有日記和自傳，雖多年擔任中華民國外交部長、駐美大使等顯赫職務，其文學、學術和政治生涯鮮爲人知。

旅居紐約的學者湯晏，因喜愛艾略特（T.S. Eliot）及其詩歌，關注到首次將艾略特引入中國的葉公超，進而研究葉公超作爲外交家的成敗榮辱，十年如一日地爬梳史料，爲葉公超寫了一本傳記。湯晏認爲，葉公超一生出入於兩個世界之間，一個是文學和學術世界，即二十世紀偉大的詩人艾略特的世界；另一個是政治與外交世界，即美國國務卿杜勒斯（John Foster Dulles）的世界。葉公超早年留美歸國，任教清華和西南聯大，講授英美文學，研究和評論艾略特的詩歌，在抗戰的硝煙裡，也弦歌不絕。在抗戰後期，葉公超跟胡適一樣棄學從政，投身外交事務。在國府敗退台灣前夕，又開啓十年外交部長生涯，代表台灣簽下《中日和約》和《中美共同防禦條約》。無人知道，如果葉公超沒有以學人從政，能否成就更高的文學事業；同樣也無人知道，如果沒有葉公超，台灣的弱國外交能否安然度過五〇年代。

「飛鳥盡，良弓藏」，國民政府阻止蒙古加入聯合國失敗之後，蔣介石以兩道金牌召葉公超回國，免去其大使職位，用艾略特的詩句形容就是「烏雲捲走了太陽」。在半軟禁狀態下，葉公超鬱悶地度過了最後二十年。他孤身一人，與妻子感情淡漠，兩人早已分居，其妻留在加州大學工作。葉公超奉命回台灣述職時，連隨身衣服都未攜帶，還向胡適借衣服。一九七五年，蔣介石去世，他才獲准出國訪問。再次回華府，已是十七年之後的一九七八年，比之如同「白頭宮女在，閒坐話玄宗」。晚年連重返學術界到大學教書的願望亦無法實現，比之同樣擔任過駐美大使，後來出任中研院院長的胡適更爲不幸。葉公超和孫立人，一文一武，都是深受美國和西方尊重的傑出人才，本是「國家的柱石」，卻遭「武大郎開店」的蔣介石嫉恨，成爲「國家的敵人」。孫立人長壽，活到台灣步入民主時代，生前獲得平反昭雪；葉公超個性激越剛直，在白色恐怖的陰影下鬱鬱而終。

本書對葉公超的晚年生活一筆帶過，只有幾頁描述，誠然是一大缺憾。或許日後可以寫一本續集，如同《陳寅恪的最後二十年》那樣的《葉公超的最後二十年》。葉公超在其風華正茂的壯年時期，「飛揚跋扈爲誰雄」，其獲罪原因是喜歡臧否人物甚至「侮辱國家元首」。在晚年幽居歲月，他謹言慎行，不留下任何文字。傳記中記載了一個令人毛骨悚然的細節：葉公超剛一去世，蔣經國即派遣秘書長馬紀壯藉口蔣經國曾有一份重要文件必須送還總統府，到其寓所大肆搜尋，甚至開啓私人保險箱，卻一無所獲。蔣經國要找的不是什麼重要文件，而是搜查葉公超有沒有留下回憶錄或日記。葉公超生前已料到此種情況，所以「不著一字，盡得風流」。這可苦了歷史學家和傳記作家。

艾略特的世界比杜勒斯的世界美好

一九二六年，葉公超遊學劍橋大學，結識艾略特，生性內斂的艾略特並未與這個東方青年有深交。葉公超此後致力於譯介艾略特的詩文，十年後，其女弟子趙蘿蕤譯出《荒原》全詩。次年，《荒原》的首部中譯本出版，葉公超爲該書作序。

以詩歌而言，如果說十九世紀是丁尼生（The Lord Tennyson）的時代，那麼二十世紀就是艾略特的時代。胡適不喜歡艾略特，大概其性情單純務實，缺乏詩人氣質，讀不懂艾略特敏感細密、充滿形而上學思考的詩歌。葉公超和徐志摩激賞艾略特，他們觸摸到艾略特詩歌中對人類現代文明崩壞的先知般預感。葉公超認爲，艾略特的詩所以令人注意者，「在他有進一步的深刻表現法，有擴大錯綜的意識，有爲整個人類文明前途設想的情緒」。

艾略特很像王國維，在《荒原》中表達了對死亡與救贖的深刻思考。《荒原》開頭的題詞是：「因爲我在古米親眼看見西比爾吊在籠子裏。孩子們問她：你要什麼，西比爾？她回答道：我要死。」艾略特說，他在政治上是保皇黨，在宗教上是英國天主教徒，在文學上是古典主義者。不過，他所信仰的天主教不是中世紀的天主教，而是被美國和英國的清教徒精神洗滌之後的現代天主教。葉公超沒有宗教信仰，他認爲艾略特的重要性「不在他的宗教信仰」，這個思路讓他難以更深入艾略特的世界。《荒原》以及艾略特的其他作品，都在有意識地模擬《聖經》的文體和故事，與清教徒時代的偉大詩人米爾頓的《失樂園》一樣，揭示被罪所捆綁的人類的苦難狀態以及對上帝恩典的仰望。

湯晏認爲，「自文學革命以來，除胡適以外，沒有一個人能像葉公超有這麼大的影響力，刻意栽培了那麼多的人才。」這恐怕是傳記作者對傳主的過譽之詞。葉公超在學術和教育領域只停留了十年，且大部分時間都在抗戰的顛沛流離中，很難說有多大的學術成果並培養了多少受其薰陶的學生。錢鍾書和季羨林不過聽過他的課，並未傳承其學養和人格。平心而論，在文化教育界的影響，葉公超比不上蔣夢麟、梅貽琦、傅斯年、羅家倫等。

另一方面，艾略特不僅僅是偉大的詩人，也是對政治和公共議題有眞知灼見的公共知識分子。艾略特對「何謂民主國家」及言論自由等議題有深刻論述，本書沒有論及這一部分，或許葉公超也未接觸艾略特此一面向。若是葉公超對艾略特這方面的論述有所瞭解，恐怕在投身政治活動之前，會有一番更爲謹愼的評估。艾略特認爲，民主表現爲議會政體，存在兩個政黨，一黨當政，一黨在野，不論當政或是在野，兩黨都不可歷時過久。「一個民主國家中公民的作用，在於爲了全體人民的美好生活而輪流執政。在一個民主國家，人人都應該懂得如何治理和被人治理。成爲完全的統治者，成爲完全被人治理的狀態，則可謂喪失人性。」以此衡量蔣介石政權，不就是一個「喪失人性」的政權嗎？

艾略特重視公民教育。他指出：「在一個自由的民主國家，『社會旨趣』應該意味著全體國民的思想和氣質方面可以分辨之處，它產生於一國的共同精神氣質，而這種氣質的表達，則要通過百家爭鳴的學術宗師，他們各持己見，有時見地相左。」反之，「在一個極權主義社會，『社會旨趣』可能意味的內容，會在少數當權者頭腦中形成公式，它是根據一種特殊的政治——社會理論演繹而來，通過各自手段強行灌輸和長期訓導，從而施加於人。」葉公超在一九二八年與胡適、徐志摩等友人一起創辦《新月》雜誌，那段時期他不曾寫過政治評論，但他知道胡適等人發起人權議題討論，導致南京政權對《新月》雜誌和書店的威脅、查封。艾略特曾強調言論自由的重要性：「在一個民主國家裡，科學家和學者以及藝術家，他們應該治理各自的領域：一部交響曲，居然被指爲立場偏差，或者一首描寫不幸愛情故事的憂鬱詩篇，居然背上失敗主義和思想頹廢的罪名，或者一種生物學理論，被指含有顛覆作用，這個時候，民主政體就無從談起。」這段話也可用來批判蔣政權對言論自由的戕害。

你不是轎夫，你是詩人

葉公超在抗戰最艱難的時刻，抱著「我不入地獄，誰入地獄」的悲壯之情進入外交部門服務。他在短短四年內從一名局外人升任外交部長且連任十年，堪稱奇蹟，但要說他在這個領域取得多大成就，恐怕還有進一步探討的餘地。

首先，在專制體制下，獨裁者壟斷一切，正如湯晏所說，「在中國凡事大大小小都是由蔣介石一個人作主」——在中國，蔣未能實現「一統江湖」，除了與共產黨和日本人周旋外，還要跟國民黨各個集團和派系調和折中；到了台灣，蔣成爲小朝廷的獨裁者，獨斷朝綱。在此背景下，作爲職業外交家，要通過外交推動國家的民主富強，其騰挪發揮的空間有限。現代中國，個人才華的發揮受限於低劣的社會制度：中共常常炫耀周恩來是外交奇才，其實周只是毛的走卒；周恩來比不上葉公超，因爲共產黨比國民黨更劣質；葉公超比不上顧維鈞，因爲南京政府比北洋政府更糟糕。

好的外交家只有在民主制度下才能實現凌雲之志。民主制度之下，國民對外交事務亦有知情權。艾略特的這段話，葉公超大概未曾讀到：「從前的外交政策在任何一個國家裡，無非是爲數不多的人關注的事宜；但如今天天下發生的一切大家都要始終關注，每個受過教育的公民都理所當然必須知曉。」葉公超從事外交活動，哪一件不是服從老蔣的命令？即便明知老蔣錯了，也違心地執行，然後在背後痛罵一番——厲行特務政治的國民黨，早已在他周圍安插了專打小報告的小人，葉對蔣的「大不敬」言論被搜集、記錄、匯報。之後，才有蔣在日記中對葉口誅筆伐，稱之爲「葉逆」、「葉奸」，甚至說「留美之文化買辦，凡長於洋語者，無不以一等奴隸自居爲得意」。吊詭的是，蔣聘用日本人對付共產黨，岡村寧次在其庇護下逃避戰犯審判，充任顧問。蔣敗退台灣後高薪招募日軍軍官組成「白團」，對待這些軍官比手下將領親密百倍。這難道不算是「賣國」嗎？

其次，國民黨敗退到台灣，朝廷縮小了一百倍，外交也縮小了一百倍。葉公超作爲風雨飄搖的小朝廷的外交部長，沒有多少外交可辦。即便他不被老蔣罷黜，單靠他個人在華府兢兢業業，也無法改變日後中華民國被逐出聯合國、美國及西方大國與中共建交的趨勢。正如歷史學者戴鴻超在《蔣介石與毛澤東治國之道》一書中所論：「中國大陸是一個地廣人稠，具有龐大而未開發的自然及人力資源的國度。在國際政治的交易中，是一個很大的籌碼；蔣介石失去了大陸，便失去了這個籌碼。他後來據有台灣，在面積方面僅及大陸的千分之三，這籌碼是無可比擬地微小了。如果外交具有一種賭博的性質的話，蔣到台灣時，已輸掉他大部分的賭本；而他的對手中共、蘇聯及美國都擁有很大的賭本，他不可能獲得勝利。」葉公超輔佐蔣介石，只能勉強維持小朝廷的顏面，他在任時擁有大使的名頭和禮遇，幾年之後，繼任者只能屈辱地接受「妾身不明」的「代表」的稱呼。

湯晏過高評估了葉公超外交上的成就，他認爲：「外交上，葉公超和蔣廷黻是蔣介石手上的兩張王牌。蔣介石有一個遐想：認爲葉公超、蔣廷黻是他的兩個轎夫，總有一天，他們會把他抬回南京中山陵。」蔣一生南征北戰，知道唯有靠武力才能回到中國，不可能單靠外交。軍事爲主，外交爲輔，歷來如此。不過，「抬轎人」的比喻非常生動，葉公超是抬轎人，但他本質上是詩人，詩人要爲眞善美說話，讓他閉嘴是不可能的。他對蔣不可能愚忠到底，他知道轎子上坐的是什麼人：「在與蔣介石接觸過的美國人眼中，蔣介石是個教育程度不高，國際知識有限的人，馬歇爾及魏德邁等人即認爲蔣介石只是軍校高中生的程度。」葉公超一旦逆龍鱗、說眞話，厄運就如期而至。

自由主義知識分子在現代中國的悲劇命運

未能阻止蒙古加入聯合國，成爲葉公超外交生涯的終點。但這是由國際大勢決定的，非葉公超所能左右。進入六〇年代，中華民國在聯合國安理會常任理事國的席位已搖搖欲墜，蘇聯將蒙古入聯案與非洲茅利塔尼亞聯案捆綁在一起，若台灣否決蒙古案，則茅利塔尼亞案也會遭否決。十多個非洲國家就會遷怒於台灣，甚至投票反對台灣的席位，要將其否決權連根拔除。此種嚴峻局勢，連一向挺台的美國都無能爲力。葉公超認爲，必要時在蒙古問題上可做出讓步。這一務實觀點，又跟其他論點聯繫在一起，如不反對兩個中國、主張削減軍費、限制特務和黨棍的活動、不要妄談反攻大陸等。這些都是蔣介石最忌諱的、不能觸碰的「神主牌」，獨裁者容不下有獨立思想的下屬。

蔣介石對蒙古入聯案的態度是「寧可玉碎，不能瓦全」，似乎有錚錚鐵骨。但當美國施加足夠大的壓力，蔣又軟下來。美方駐聯合國代表魯斯克（Dean Rusk）對中華民國駐聯合國代表蔣廷黻說，蔣的作法是「政治自殺」，如果一意孤行，美方將「與台北不往來」。美方檔案記錄的措辭是「washing out hands off」（洗手不幹），這是非常不客氣的說法。蔣垂頭喪氣地接受了現實，未在聯合國對蒙古入聯案投反對票。這眞是「敬酒不吃吃罰酒」。

但是，蔣介石罷黜葉公超，以洩心頭之恨。他不敢對抗美國人，就用罷免美國人欣賞的駐美大使的方式向美國人示威。這是多麼幼稚、怯懦和可笑的作法。湯晏感嘆說：「在蔣毛主宰的海峽兩岸，其治術和帝王心態竟能與封建時代並無二致。」絕大多數的中國現代自由主義知識分子，只能在蔣介石和毛澤東之間做出選擇；像哲學家張君勱和經濟學家張公權那樣既反對毛也反對蔣，在一九四九年之後選擇流亡美國的，少之又少。

蔣介石和毛澤東都是獨裁者。毛澤東打敗蔣介石，只能說明毛比蔣更殘暴、更血腥、更冷酷無情、更不擇手段。一九五七年，毛澤東在莫斯科出席共產黨及工人黨代表大會，在發言中大放厥詞，呼籲來一場核戰爭：「極而言之，死掉一半人，還有一半人，帝國主義打平了，全世界社會主義化了，再過多少年，又會有二十七億，一定還要多。」義大利共產黨領袖陶里亞蒂（Palmiro Togliatti）在晚宴上問毛：「有多少義大利人會挺過原子彈啊？」毛很冷靜地回答：「一個都不剩。你爲什麼覺得義大利人對人類而言很重要呢？」蘇聯領導人赫魯雪夫訪華，毛澤東再度鼓吹核戰爭，並說中國不怕死一半的人。

毛有多壞，並不能反過來推導蔣有多好。毛的這番言論早已爲天下所知，蔣建議美國向中國投放核彈卻不爲人知。這個細節在親蔣的美國學者陶涵（Jay Taylor）的《蔣介石傳》中有記載。一九五八年十月二十二日上午十點，杜勒斯在台北與蔣會談。白天會談的內容兩國都未公布，但晚宴前的講話流傳出來。談及金門局勢時，杜勒斯說，用常規方法無法摧毀共軍炮火。蔣說，可以使用若干戰術性而非戰略性核子武器。杜勒斯說，任何戰術性核子武器，足以消滅共軍炮火者，至少同時消滅一百萬人。這時，葉公超插話說，使用清潔性（即無放射性）核子武器如何？杜勒斯解釋說，核子彈藥必須觸及地面爆炸，使用地上爆炸的武器，必將殺害很多生命。而且，敵軍有可能對台灣使用核子武器報復，「到時候什麼都不剩了。」杜勒斯的這席話將蔣介石嚇住了，蔣改口說要「研究研究」。在談話中，暴露出蔣知識不足，對現代核子武器的殺傷力不太清楚。葉亦如此，他的本行是文學和哲學，而非政治與軍事。

湯晏提出一個重要觀點：「凡是對蔣介石有利的，未必對中國人有利。」對台灣人來說亦是如此。湯晏對蔣提出嚴厲批評：「蔣介石爲了生存和自己的利益，而與杜勒斯討論可能要用美國人的核子武器來殺傷二千萬中國同胞。試想在一、二百年後，歷史上如何評價蔣介石。如果蔣介石厚愛中國，則根本不應該爲了自己及洋人的利益，與杜勒斯討論使用可怕的核子武器來對付中國大陸。」知道這個細節之後仍崇拜蔣，就是沒有心肝和缺乏理性。葉公超、胡適等現代自由主義知識分子的最大悲劇在於，他們有一流的智慧，中國卻沒有華盛頓式的領袖。在帝王般專橫的領袖與瘋狂的民族主義之間，他們無地彷徨。

再卑微的骨頭裡都有江河

——曾年《沉默的河流：三峽的人和事》

三峽工程對四川乃至整個中國的危害，在其建成十多年後日漸凸顯。三峽大壩未來的結局，恐怕只能是炸掉或拆除。在建與拆的過程中，這一世界上最大的水壩對長江沿岸人文和自然生態已造成的破壞，是難以估算、無法彌補的。

如果中國的決策者們讀過美國學者詹姆斯・C・斯科特（James C. Scott）的《國家的視角：那些試圖改善人類狀況的項目是如何失敗的》一書，恐怕在實施三峽工程時會三思而後行。遺憾的是，獨裁者們個個都是「劉項從來不讀書」——比如，習近平以四處「報書單」的方式掩飾其可憐的初中文化水平，他並沒有讀過書單上那些文史名著。從毛澤東到習近平，都是毫無道德底線和憐憫之心的無神論者，相信「人定勝天」，充當災難的製造者。

《國家的視角》的主題是「解釋二十世紀烏托邦式的大型社會工程失敗的背後所隱含的邏輯」，通過對若干大型社會工程的研究，爲海耶克的《通往奴役之路》一書提供了鮮活的例證。斯科特認爲，社會工程必然產生巨大災害，它源於四個因素的結合：第一，對自然、社會的管理制度的簡單化。第二，極端現代化意識形態，認爲人類一定可以認識自然，掌握自然規律，從而征服自然，理性地設計社會秩序。第三，獨裁主義國家，它有願望有能力用強制權力使計畫成爲現實。第四，公民社會軟弱，無力抵制國家計畫的強制施行。這本書不曾論及中國，其理論卻契合中國的歷史和現實。從大饑荒到三峽大壩，以及轟轟烈烈的「中國模式」，都是通往毀滅之路上頗具誘惑力的風景。

三峽大壩矗立起來，南方文明的搖籃巴蜀荊楚區域面目全非，誰能記錄下沉默的河流無聲的抗議？我所見到三峽的最好的攝影作品，是曾年的《沉默的河流：三峽的人與事》。曾年在長江上當過十二年水手，對生活在長江兩岸的人們具有超乎血緣之上的親情。從一九九六年到二〇一二年之間，他屢次往返於三峽地區，與拍攝對象會面，耳聞目睹了三峽底層民眾的悲歡離合。曾年一邊拍攝，一邊用文字記載沿途見聞，法國攝影家阿蘭・柯拉爾（Alain Collard）評論說：「曾年以客觀、同時充滿敬畏的態度爲我們拍下了一幅幅圖片，向我們展示出了自然的炫美與現實的黯淡。」

老子說，上善若水。江邊的人，像水一樣遭到統治者的蔑視和驅使，在曾年眼中，「他們每一位的每一縷頭髮，每一個皺紋，每一個動作，都有其故事，都有其出處。我只有誠惶誠恐的資格。」曾年像寫作《中國底層訪談錄》的作家廖亦武，「老吾老以及人之老，幼吾幼以及人之幼」，在貧瘠的山嶺間與拍攝對象同吃同住，風餐露宿亦不以爲苦。他在攝影手記中寫道：「住宿老孫家，我們是在同一個盆子也是同一盆熱水中洗臉洗腳，又是同一條毛巾，之後又被安排在同一張床，而且同一個被褥裡睡覺。我也不好提出異議，是他覺得對我的好。夔門的大山上巨冷，久久不得入眠。」如果攝影者不能成爲被拍攝者中的一員，就不可能捕捉到被拍攝者的眼淚與微笑、哀傷與希望。只有讀到這樣的細節，讀者才會明白，那些細緻入微、情深意切的照片並非從天而降，每一張背後都有迂迴曲折的故事。

被腰斬的長江與被毀滅的風景

《沉默的河流》用整整一章篇幅，記錄位於涪陵的歷史文化遺產白鶴梁的故事。白鶴梁是一塊每逢長江枯水季便露出水面的礁石，因有白鶴棲息其上得名。白鶴梁最具價值之處，不是白鶴，而是一千兩百年來文人墨客在其上題寫的一百六十三段、共計三萬多字的詩詞歌賦。三峽大壩提升了長江的水位，白鶴梁永遠沉沒在水底，不見天日。儘管後人可通過玻璃管道進入水下觀賞先人的智慧，看北宋詩人黃庭堅手書的「元符庚辰涪翁來」——那個「來」字的「來去不得也」；但白鶴梁再也無法爲長江提供歷年水位高程的記錄——失去周邊原有自然環境的白鶴梁，身不由己地被凝固爲「水下博物館」。

對於利用三峽工程橫征暴斂、殘民以逞的官僚和奸商而言，白鶴梁等歷史文化遺產是無足輕重的「雞肋」，是一堆缺乏「經濟價值」的石頭。沿江那些古城、城牆、寺廟、百姓的家園，更是驅動怪手肆意拆毀的「廢品」。然而，三峽工程並沒有讓長江沿岸居民享受價格低廉的電力資源，電力系統被一小撮太子黨壟斷。李鵬家族是三峽工程的最大受益者，斂聚的財富堪稱天文數字。李鵬的女兒、中國電力「一姐」李曉琳在「兩會」上提案爲民眾設置「道德檔案」，眞是「賊喊捉賊」。無論習近平如何信誓旦旦地反貪，李鵬家族這樣的巨貪之家卻安然無恙。

曾年沿江而下，一路上看到不少利用三峽工程大發橫財的事例。他在巫山的渡船上聽當地人說，南岸的山上是一片平原，已為某家大公司以四十億人民幣買下。曾年問道：「難道有那麼多人要到大山裡居住嗎？」對方回答說，那是要修建度假村和高爾夫球場。很難想像在窮鄉僻壤、崇山峻嶺之間，突然冒出一大片芳草萋萋的高爾夫球場。誰說中國閉關鎖國，西方的高爾夫不是在中國風靡一時嗎？誰說中國是發展中國家，中國最不缺的就是有錢人。

在大寧河的渡船上，曾年又聽朋友說，剛經過這片土地被某大公司以二十億人民幣買下，將於此建別墅群。曾年問：「為何有如此多有錢人？」朋友為之指點迷津：「先把地盤買下來，什麼都好說了。」最後，朋友用「瘋了」這個詞形容三峽兩岸「大開發」之怪現狀。這是瘋狂的時代，就連毛澤東都不敢將「高峽出平湖」的狂想付諸實踐，後毛時代自信滿滿的中共領導人卻敢於將長江攔腰折斷，如此才能「數風流人物，還看今朝」——領袖滿足虛榮心，下面大小官員拚命撈錢。

三峽大壩蓄水沒有幾年，生態災難已初現端倪。曾年寫到：在重慶，船行過一片滑坡區域，自三峽蓄水以來，這裡已有過大型滑坡。他用手機拍下施工現場的大幅白底紅字標語：「勇排險，鑄豐碑，保平安，利國利民——重慶市地勘局一〇七地質隊」；下面又有紅底黃字標語：「地勘隊伍做好國土危岩整治，不畏艱難確保長江三峽安全」。在「中華標語國」，人們閱讀標語時已有一個共識：越是現實生活中缺少的東西，在標語中越是頻繁出現，如安全、環保等詞彙。二〇〇三年六月一日，三峽大壩首次一百三十五米蓄水；七月十三日，湖北秭歸縣沙鎮溪發生滑坡。七月十四日，曾年趕到滑坡現場，拍下一張照片：經由軍人找到抬出遇難者遺體的瞬間。曾年感嘆說：「再歸咎於自然天災，怕老天不幹了吧？」在一潭死水的官媒上，此類滑坡和死人事件，從來不會被報導，也不會被公眾知曉。

那些背井離鄉的三峽移民

就連樹木都不能隨意遷逡。在急速城市化的過程中，城市管理者以高價收購的方式從鄉村掠奪樹木，掠奪者反倒有一種居高臨下的施捨者的派頭。那些千里迢迢遷逡到城市的參天大樹，往往沒過幾年就死掉了。那麼，人呢？

三峽工程涉及的移民數量超過兩百萬。中共一聲令下，移民被連根拔起，奔赴陌生省份。中國憲法中不保障公民的遷徙自由，中國人被戶籍制度死死拴住。但是，一旦政府要你離開祖祖輩輩居住的土地，你就必須服從，沒有拒絕和討價還價的權利。中國的面積跟整個歐洲相似，中國一直存在超級集權的中央政府，也有統一的文字，但各地的歷史傳統、氣候飲食以及方言的差距，並不亞於歐洲諸國。很多來自四川、重慶、湖北的三峽移民，被「規畫」到別的省區，宛如歐洲人從一國遷逡到另一國，所經歷的文化震盪和生活磨難一言難盡。當局此前承諾的住房、工作、子女教育等條件，後來往往成了可望而不可及的水月鏡花——中國政府對內和對外都不遵守承諾。很多移民偷偷逃回家鄉，家園已被江水淹沒，戶籍已失去，但至少可以在家園附近開始新的生活。

在曾年的鏡頭之下，有很多風塵僕僕、來來去去的三峽移民：有的老人獨自留下，在廢墟旁邊搭一個窩棚，燒火做飯，不知明天將如何；有的年輕父母背著還不懂事的嬰孩，乘著渡船去往遙遠的他鄉，臉上充滿迷惘的神情；有的家庭帶著大包小包物品蹣跚上路，似乎要將過往幾十年的生活一起打包帶走；有的打工歸來的青年人，身上穿著沿海城市流行的服飾招搖過市，卻弄不清楚自己是城裡人還是鄉下人……亙古如斯的長江，總是充當他們的背景，如果沒有了長江，日子如何計算、如何延續？長江靜靜地傾聽他們喋喋不休的訴說，也收納他們的淚水和汗水。

既然是移民，他們在不同身分之間轉換和游移、迷失和尋找。曾年在棚戶中拍攝到一位守著棺材的韓家老媽媽，身後那口厚重的黑色大棺材與老人那皺紋如雕刻般的臉龐遙相呼應，死亡的氣息在城市廢墟和江水之間瀰漫。這位八十七歲的老人向曾年講述的故事，簡直就是現代中國苦難史的縮影：這位王姓老人剛兩歲時，黃河決堤，自徐州由父親背著逃到南京。丈夫是軍械修理員，在馮玉祥和張學良的部隊中都待過。日軍攻破南京時，她墜入水塘，懷胎七個月的胎兒流產了，自己陰差陽錯地活下來。抗戰八年，她隨軍行動，輾轉到過安徽、河南、陝西……丈夫所在的國民黨軍隊跟八路軍打仗，在死人堆中撿到一條命。再後來，國民黨軍隊退到四川，丈夫開了小差，一家人留在此地。之後，丈夫以打鐵爲生，被新政權調查過，但早已將身分資料燒掉，躲過歷次政治運動。老人告訴曾年：「移民要我們去廣東，我說『要死就死在這裡了，這把老骨頭就埋在這裡了』。」老人早年逃難已走過大半個中國，如今走不動了，就讓她在這江邊長眠吧。

一八五一年，美國華盛頓州布格海灣，被迫出讓土地的印第安酋長西雅圖對白人演講：「河川是我們的兄弟，也是你們的……我們只為求活才去捕獵，若沒了野獸，人又算是什麼呢？若鳥獸盡失，人類亦將寂寞而死。發生在動物身上的，必將回到人類身上。」可惜，中國的三峽移民，連對政府發表類似演講的機會都沒有，沈默的長江邊，盡是更加沈默的民眾。

那些力氣比不上習近平的苦力們

長江沿岸，有挑夫，也有縴夫，衣不蔽體、大汗淋漓的外貌，常常出現在曾年的鏡頭之中。

每到一個城市，在渡口，都會有挑夫來攬客：「要個力？」幫客人挑行李的挑夫因其手中的那條扁擔或者竹筒，被稱之為「棒棒兒」或者「扁擔」。對於這兩個司空見慣的稱呼，曾年有一番人性化的反思：「這幾個稱謂似乎都不顯示有人在後面存在。」這些苦力早已被上等人或者掌握文字書寫權力的人「非人化」，曾年要用鏡頭找回他們被剝奪的人性尊嚴。

曾年記錄下與一位棒棒兒聊天得到的資訊：馬姓，今年三十五歲，一九八九年高中畢業，一九九五年進奉節縣的國營煤礦當井下工，合約制，去年辭掉煤礦工作。當棒棒每個月要交一百五十元給奉節碼頭，奉節碼頭共有二十至三十個棒棒兒。租房住，一天一元錢房錢，幾十個人同住，每個人自己做自己的飯吃。當棒棒兒是從早做到晚上。他有兩個小孩，一個六歲，一個八歲；老婆拾些個別人不要的東西，也種點菜自己吃。

這位棒棒兒沒有受過正規教育，長期掙扎在最底層，卻一眼看穿主導中國社會運行的「潛規則」：「有錢人是用錢來賺錢；沒有錢的要用力來賺錢，有權力的說一句話可以賺上幾萬幾十萬，所以我們是永遠賺不到錢的。」

曾年很天眞，問他說：「生了病怎麼辦？」

對方似乎在談論別人的事情，口氣輕鬆而冷漠：「生活都沒有保障，病了就該死了。我們是生活在饑餓中的人，還談什麼理想，什麼社會公道？」

這段對話以及與之相配的「棒棒兒」們的照片，讓我聯想到英國作家毛姆（Somerset Maugham）的隨筆集《在中國屏風上》。將近一百年之前，毛姆也是沿江而上，吃驚地發現在長江邊上拉船的縴夫們艱辛的生存之路。在英國，如此艱苦的勞作已轉由汽車、火車和輪船承擔；而在中國，依然由活生生的人拉動龐大的船隻緩緩前行。縴夫們在舉步維艱中喊出響徹雲霄的呼喊，「這聲音幾乎不是人發出的，那是靈魂在無邊苦海中有節奏的呼號，它的最後一個音符是人性最沉痛的啜泣」。毛姆被這高亢的縴夫船歌感動得潸然淚下：「他們都赤著腳，光著上身，他們汗流滿面，他們的聲音是痛苦的呻吟，是絕望的歎息，是揪心的呼喊。……這生活實在是太艱難、太殘酷了，這是他們最後的絕望的抗議。這就是江中號子。」毛姆認爲，中國上層社會的官僚和文人們，腐敗而衰朽，已失去了活力與方向感，無法引導中國這艘巨輪前行。他將更多的注意力對準下層社會，用更多的筆墨描寫那些食不果腹、衣不蔽體的農夫、漁夫、挑夫和縴夫們。

民國初年，受聘到成都任教的日本教師中野孤山，在《橫跨中國大陸》一書中描述船行三峽時，縴夫的辛勞與危險：「拉縴的船夫，如猴子、似蜘蛛，在重疊參差的亂石岩脊上奔跑。激流奔騰，如千百蛟龍並肩飛舞。」與毛姆差不多同時訪問中國的日本思想家德富蘇峰，在看到長江沿岸苦力們的生存狀態之後亦感嘆說：「那些在樹下彎著背、把腳踏在石頭上的人獸難辨的苦力們，才是使中國恆久屹立在世界上的原因。」

說到苦力的力氣，中國央視曾發布一段影片，介紹一位「超級大力士」：此人能扛兩百斤麥子，走十里山路不換肩！該名壯士不是別人，正是國家主席、中共黨魁習近平。有網友撰寫了一副對聯「稱頌」說：中國有一位全能的領導人，「文可興邦，背一千個書名，訪百國不重樣；武堪定國，扛二百斤麥子，走十里不換肩。」習近平的舉重紀錄，曾年鏡頭之下的那些苦力們個個甘拜下風。不過，沒有一個苦力會將習近平這樣的大力士當作他們裡面的一員，沒有一個苦力分享了和諧社會和大國崛起的榮耀。在被歧視、被剝奪、被奴役的境遇中，他們的憤怒和仇恨如雨後的野草一般生長。一位受盡屈辱、看不到前頭有希望的苦力發牢騷說：「下次文化大革命，會比上次囟一百倍。」移居法國的曾年聽了這句話尚且心驚膽戰，處廟堂之高的中共高官顯貴們讀到這句話，將作何感想呢？

流血之地不能開花結果

——廖亦武《這個帝國必須分裂》

蘇俄流亡詩人葉拉金用一首短詩揭示爲何流亡：「你們不要在我的頭頂落淚／我活過，我見過大地，然後離開／爲使自己與灰燼有所區別／就需要在某個時候成爲灰燼。」這首詩也可以解釋廖亦武爲何離開中國，那是一片流人血的、被詛咒的土地，不會有種子開花結果，有毒的空氣、水和思想四處蔓延，說眞話是通往監獄的捷徑。在六四屠殺之後，廖亦武因爲當眾朗誦長詩《大屠殺》，坐過暗無天日的黑牢，他深知監獄會對健康的人性造成何種摧殘，他不願再次入獄。

監獄的陰影再度籠罩在廖亦武的頭上，他不得不選擇一條雞飛狗跳的逃亡之路。這麼多年來，他在祖國一直是流亡者，是如同荷馬那樣行吟於帝國邊陲的浪子，「這個世界是個大客棧，我們每個人都是旅客，你在家裡坐著，其實也是在路上走。」這一次，他走得最遠，從雲南邊境跑到越南，從越南飛往波蘭，然後安全抵達終點站柏林——那座曾經修建過高高的圍牆，人們又推倒圍牆的城市。那座誕生過敢於對抗希特勒的潘霍華和史陶芬堡的城市，「非藏污納垢之地，乃報仇雪恥之鄉」，敞開懷抱擁抱遠道而來的廖亦武，廖亦武也心懷感激地宣稱，「我是柏林人。」

流亡不是恥辱，乃是重生的開端。劉曉波選擇留下和廖亦武選擇離開，如同清末譚嗣同的留下和梁啓超的離開，「去留肝膽兩崑崙」。流亡者身上有沉甸甸的使命，廖亦武說：「作家，特別是見證這個時代的作家，言論和出版的自由，比什麼都重要，有時候甚至比生命都重要。……我不願進牢房，我必須要走出中國這個無形的大監獄，才能隨心所欲地寫作和發表，我有這個責任，讓全世界瞭解一個眞實的、被經濟騰飛的假相所掩蓋的中國，一個民怨沸騰卻麻木不仁的中國，一個不斷擴散的垃圾場——它的垃圾價値觀最終將污染整個人類。」對抗中國的「大外宣戰略」，乃是每一個流亡者必須參與的沒有硝煙的戰爭。

抵達德國之後，短短幾年內，廖亦武在德國成爲最受歡迎的當代作家，獲獎無數，讀者無數。祖國的棄兒，成爲別國的寶貝，就像詩人布羅茨基被蘇聯官方判處「寄生蟲罪」、卻在美國成爲備受景仰的桂冠詩人。在廖亦武所獲的各種獎項中，「霍恩舍恩豪森獎」意義最爲特別，該獎由前東德國家安全部監獄博物館基金會創立，特別表彰廖亦武「爲記錄中國文革歷史、八九年天安門事件所做的努力，以及付出的個人代價」，他是第一個沒有坐過東德監獄的獲獎者。廖亦武的作品有兩個主題，即「監獄」和「流浪」，他的生命在不自由與自由之間不斷轉換。長期處於不自由狀態、沒有護照、沒有身分的廖亦武，卻是心靈最自由的、身上長著翅膀的人，他在德國書業和平獎的受獎詞中喊出「這個帝國必須分裂」的石破天驚之語，也以此爲名出版了第一本政治評論集。

統一就是殺人

一九九四年，天安門大屠殺過去五年，在香港紅磡體育館，二十五歲的搖滾歌手何勇喊出了《垃圾場》，這是中國最後的搖滾，之後是漸去漸遠的墳墓。何勇喊道：「我們生活的世界／就是一個大垃圾場／人們吃的是良心／拉的是思想／有的人減肥／有的人餓死沒糧／有沒有希望／有沒有希望」這比巴布．狄倫的歌詞更有力。當時，廖亦武熱淚盈眶，因爲他出獄不久，正在酒吧賣藝，擔心自己沒糧餓死。

二十多年後，廖亦武沒有被餓死，中國果然變成舉世無雙的垃圾場。賈平凹說西安是中國的「廢都」，中國何嘗不是世界的廢都？廖亦武以寫小說和報導文學見長，不是政治理論家，他的第一本政論集《這個帝國必須分裂》卻達到了劉曉波的思想深度。他沒有任何「政治正確」的顧慮，既不「忠黨」也不「愛國」，如杜斯妥也夫斯基那樣只愛被侮辱的靈魂。他靠著長期廝混在中國最底層而磨練出來的直覺，斷然否定大一統和大中華的傳統觀念，也就是持香港獨立理念的香港年輕人批判的「左膠」和「大中華膠」的思維模式。

廖亦武在德國書商和平獎頒獎典禮上的演講，從六四屠殺中被殺害的、年僅九歲的呂鵬談起，直抵中華文明和極權主義的「核心」——統一就是殺人。劉曉波說過，統一就是奴役；廖亦武說得更決絕，統一就是殺人。他說：「鞏固國家的根本手段就是殺人，這是從毛澤東到鄧小平，都心照不宣的。……毛澤東隨時都在提醒老百姓，致命的災難莫過於『民族分裂，亡黨亡國』，如此，人民將生活在水深火熱之中——類似的提醒，也出現在列寧、史達林、希特勒、西奧塞古、金正日、海珊、格達費等暴君的論調中。「國家統一，領土完整」，獨裁統治的終極王牌，多少罪惡借此而公然大行其道。」

跟我一樣，廖亦武也是四川人，我們驕傲地以四川人自居，否認「龍的傳人」這一「夢幻身分」。兩千年來，四川有一半時間處於獨立或半獨立狀態，「帝力於我何有哉」的日子快樂幸福，偏偏在統一最鞏固的時代——毛澤東時代，四川在大饑荒中餓死一千萬人。

統一的中華帝國，對於「少數民族」來說，更意味著種族、文化和宗教的滅絕。本書收錄多篇聲援西藏的文章，作者指出：「在古代，新疆、西藏、內蒙和台灣，都是異域。……藏人為什麼要頻頻自焚呢？如果他們是一個與四川和雲南接壤的國家，不受到來自獨裁北京的彈壓，恐怕這個能歌善舞的高原種族永遠想不到要惹火燒身。」作者的結論是：「這個滅絕人性的血色帝國，這個地球災難的源頭，這個無限擴張的垃圾場，必須分裂。」大一統不是共產黨的發明，大一統來自於兩千年前的「秦制」，共產黨強化而非發明了這個傳統。單單反對共產黨是不夠的，更要反對綿延不絕的大一統思想觀念。

廖亦武的主張，當然會引起聲稱「反共」卻「愛國」的「中華帝國主義者」的反感和憤怒。比如，自封為「民間思想家」的王康撰文反駁說：「國家統一民族大義是通向天下一家的必由之路。……以任何緣由名義分裂中國，都既不順天更不應人，徒逞口舌之快。」王康等人認為，只反對共產黨這一「外來邪教」，一旦恢復漢唐盛世，中國就是天朝。在他們眼中，香港和台灣只是「反共復國」基地，香港人和台灣人若想獨立，照樣要施加辣手鎮壓。

在中國之內和中國之外，有一群化石般的「國粉」（中華民國和國民黨的粉絲），其中最狂熱的是「蔣粉」（熱愛「蔣公」蔣介石）。他們罔顧蔣介石跟毛澤東一樣是打著「統一」旗號的屠夫。美國夏威夷大學政治學教授魯道夫・拉梅爾（Rudolph Rummel）在《政府謀殺》一書中，經過研究統計得出二十世紀四大血腥獨裁者的名單：史達林、毛澤東、希特勒和蔣介石。名列第二的毛澤東謀殺了三千七百八十二萬八千人，名列第四的蔣介石謀殺了一千零二十一萬四千人。吊詭的是，那麼一些中國人，好不容易拋棄了毛澤東崇拜，卻又爭先恐後地投入蔣介石崇拜。

所謂的「民族大義」、「必由之路」，是抄襲共產黨官方文件的陳詞濫調，是一堆「髒詞」。廖亦武不是「逞口舌之快」，而是在苦難中咀嚼出最高眞理。二十世紀以來國共兩黨的歷史敘事，將近代史描述爲受西方帝國主義侵略的悲情史，這個說法有一定的眞實性，但它遮蓋了長久以來中國對周邊國家而言也是殘暴的「帝國主義」。漢武帝攻打匈奴，隋煬帝攻打高句麗，乾隆攻打安南和緬甸，難道是自衛而不是侵略嗎？

有些人在醬缸中活久了，就喜歡陰溝中的氣味。王康大言不慚地說：「中華兒女一直在爲文明人道民主自由而戰。」那麼，辛亥革命期間漢人對滿人的屠殺也是爲文明人道民主自由而戰嗎？左宗棠對回族和維族的屠殺，王陽明對苗族的屠殺，以及今天中共政權對藏人、維族、蒙古族的屠殺，又算什麼呢？爲了國家統一民族大義，就可以將「蠻夷之人」殺戮乾淨嗎？中華兒女、中華民族是近代生造出來的「僞概念」，誰是中華兒女，誰不是中華兒女？美國學者白魯恂（Lucian Pye）說，中國只是一個「僞裝的民族國家」。

廖亦武有「世界公民」的心胸和視野，而很多海外反共人士與共產黨「精神同構」，就像金庸小說《天龍八部》中的慕容復，沉迷在「復興故國」的迷夢中，他們的「中國夢」與習近平的「中國夢」，只差一層薄薄的窗紙。廖亦武早已徹底擺脫民族主義和國家主義的魔咒，正如德國作家卡爾・克勞斯（Karl Kraus）所說：「所謂國家主義，就是一種把我的祖國的蠢蛋們，同侮辱我的生活方式的人，同褻瀆了我的語言的人聯繫在一起的愛。」那種愛，不要也罷。

每一隻螞蟻都不能被大象踐踏

我第一次與廖亦武見面是在一九九八年，那時我的處女作《火與冰》剛剛出版，中國尚有少許言論空間，我應邀回鄉到四川大學演講時，廖亦武趕來，把他自費印刷的獄中作品《古拉格情歌》送給我。此後，我們成了好朋友，每次回四川，我都會約上廖亦武等友人一起「飯醉」（犯罪之諧音），廖亦武是貨眞價實地「飯醉」，大碗喝酒，大塊吃肉，每次必醉。

我滴酒不沾，卻從不勸阻廖亦武「酒肉穿腸過」。我知道他內心非常悲苦，不是爲鬱鬱不得志而悲苦，而是爲六四亡靈遲遲得不到公義而悲苦。六四是他生命中跨不過去的一道坎，他在《一個中國詩人的二十天》中，歷數六四屠殺之後二十年間所度過的每個紀念日，「生者我流浪中老去，死者你永遠年輕」。他的生命是延續死難者的生命。

其實，只要稍稍變通一點，只要稍稍忘卻一些事情，廖亦武就不必活得那麼痛苦。很多流亡在海外的知識分子都「與時俱進」了。寫過「在沒有英雄的年代，我只想做一個人」的詩人北島，在與諾貝爾文學獎擦肩而過之後，令人意想不到地又回到中國，寫下悔過書，戴上紅領巾，接受少先隊的「納粹禮」，出書演講，分得「大國崛起」的殘羹冷炙。於是，有一位讀北島詩歌長大的人權律師，從那天起將北島詩集從書架上取下來扔進垃圾桶。

當昔日的反對者們紛紛跑到中國這座「新的金山」淘金之際，廖亦武反其道而行之。中共御用喉舌《環球時報》總編輯胡錫進無法理解，在「中國為王」的時代，還有如此愚鈍的文人，不願被招安，不願被包養。《環球時報》發表社論，譴責廖亦武在西方「靠辱罵自己的祖國為生」。是的，戈培爾永遠無法理解，這個世界上為什麼有荷馬、但丁、雪萊、托馬斯・曼。

在《這個帝國必須分裂》中，廖亦武談論「螞蟻」（那些掙扎在底層的生命）的文字遠遠多於談論「大象」（帝國）的文字，尤其是那些不屈服的「螞蟻」——廖亦武乾脆給女兒取小名為「小螞蟻」。很多流亡者在西方安定下來，美美地享受西方的自由，不再為缺乏自由的同胞發聲。廖亦武沒有陶醉於自己的「成功」，即便在榮耀的頒獎典禮上，他每次都會提及微渺的「螞蟻」的名字，為無聲的弱者發聲：李必豐、蒲勇、許萬平、陳雲飛……這張身陷黑獄的「螞蟻」的名單越來越長。收錄本書中的、在不同的頒獎典禮上的演講稿，都是「大象時代」擲地有聲的「螞蟻宣言」。

那些「四體不勤，五穀不分」的中國知識分子，永遠把眼光聚焦於中南海裡的統治者，熱衷於傳播中南海的小道消息，期盼當政者中出現「救苦救難觀音菩薩」。一度是薄熙來外圍智囊的王康，當薄熙來垮台之後，立即撰文歌頌溫家寶是「爲中國背負十字架的活耶穌」，奴性入骨而不自知。廖亦武從不與菁英知識圈爲伍，像荷馬一樣生活，像荷馬一樣寫作。他像雨果寫《巴黎聖母院》，不以國王和王后爲主角，而以「鐘樓怪人」爲主角。到美國旅行，他不去位於帝國大廈的知名人權機構，而去洛杉磯住幾塊錢一天、如同北京上訪村的「家庭旅館」，一間幾平方米的房間擠進十多名等待辦政治庇護的偷渡客——他對他們的故事有興趣。

柯林頓、馬悅然、傅高義：「與狼共舞」的西方世界

當年，索忍尼辛流亡西方，並沒有對西方感恩戴德，而是痛斥西方陷入物質主義和享樂主義的深淵。索忍尼辛以東正教傳統批判歐美文化未必「對症」，但其風骨遠非某些「有奶便是娘」的中國流亡者所能企及。廖亦武也一樣，他在一個更險惡的環境中，毫不留情地揭穿「與狼共舞」的西方政客、商人與幫閒文人的畫皮。

在索忍尼辛流亡西方的時代，在冷戰格局之下，既然蘇俄是西方的敵人，批判蘇俄的異議知識分子當然享有英雄般的待遇。在廖亦武流亡西方的時代，中國成爲爲西方生產廉價產品的世界工廠，中國驅趕數億奴隸勞工爲西方市場晝夜趕工，並將垃圾留給自己，這不是好朋友，誰是好朋友呢？美國總統歐巴馬說，中國的強大符合美國的國家利益，他當然不會在

意跟他同爲「諾貝爾和平獎」得主劉曉波的悲慘遭遇。

早在一九九八年柯林頓訪華時，廖亦武就發表了給柯林頓的公開信，批判柯林頓篡改具有人類性的美國自由精神，在九年前發生過大屠殺的天安門廣場檢閱同一支殺人的軍隊。柯林頓不會傾聽廖亦武的聲音，不會像雷根總統那樣在柏林牆前呼喊，「這面牆必定倒下」——因爲「我們每個人都有可能是極權主義的受害者」，全世界熱愛自由的人都要站在一起。

誰又敢對諾貝爾文學獎評委會那幾位「自我神化」的老人出言不遜呢？當中國官僚作家莫言獲獎之後，廖亦武發表了致諾貝爾文學獎評審委員會的公開信，並到現場表演「裸奔」。大廳內衣冠楚楚的高貴者，看不到在冰天雪地中裸奔並被警察帶走的廖亦武的身影。唯一懂得中文、身邊簇擁著一堆中國作家的評委馬悅然，不悅地撰文跟廖亦武筆戰。然而，廖亦武對莫言的無情批判無法迴避——以文學而論：「《紅高粱》裡的病態民族主義，曾被官方媒體大肆渲染；《豐乳肥臀》的色情低俗，迎合了中國書刊市場的膚淺墮落；《檀香刑》裡的殘忍刺激，是有悖人性及傳統常識的胡編亂造。」莫言最高的文化成就，不在於小說，而是歌頌薄熙來的詩歌：「唱紅打黑聲勢隆，舉國翹首望重慶。……中流砥柱君子格，丹崖如火照嘉陵。」莫言還用謊言幫助中共遮羞，在接受西方媒體訪問時說：「言論審查和飛機安檢一樣。……我沒有聽說獄中有作家，有位作家朋友，是因爲偷東西坐牢。」小丑加冕仍然是小丑，同樣是諾獎得主的赫塔・米勒（Herta Müeller）指出：「諾貝爾文學獎授予共產黨高官、前解放軍軍官莫言是一場災難。」

廖亦武也曾應邀到哈佛大學演講。然而，經過教授投票表決，他朗讀《大屠殺》的影片不允許在哈佛網站上出現，是「少兒不宜」，還是會「削弱中美文化學術交流」呢？未曾上過大學的廖亦武，並沒有拜倒在哈佛的金字招牌之下，他發現招牌下的骯髒惡臭：「中國高官習近平和薄熙來，如今一個台上一個台下，子女都在哈佛深造，薄熙來的兒子還僱傭了兩個美國保鏢。中國還有多少有權有勢的家族子女就讀哈佛，哈佛通過這些子女，從獨裁者的手裡得到過多少利益，卻是個誰也無法追究的謎。「以充當薄瓜瓜導師爲榮的哈佛教授傅高義，在一千多頁的著作《鄧小平改變中國》中說，鄧小平開槍殺人的決策「也許是對的」。他敢不敢說，納粹大屠殺「也許是對的」呢？難道因爲中國人比猶太人低劣，就活該被共產黨屠殺嗎？

廖亦武不是功利主義者，他不懂得跟柯林頓、馬悅然、傅高義等「重要人物」搞好關係，如果與之互相吹捧、互相利用，廖亦武在西方能獲得更大的成功。他點出這些位高權重的人的名字，他是「雖千萬人，吾往矣」的勇敢者，他擔當得起由劉曉波和余世存執筆的獨立中文筆會第五屆自由寫作獎的頒獎詞：「廖亦武的生存和寫作比勢利者們更契合於人類意識和世界命運。廖亦武的寫作強化了漢語世界的恥辱，又洗刷著漢語世界的恥辱。」

第四卷

審判暴君

蔣介石為何崇拜希特勒？

——柯偉林《德國與中華民國》

新竹光復高中舉辦校內遊行活動，一群學生裝扮成納粹德國的軍隊，有模有樣地仿效向希特勒致敬的軍禮，該影片在媒體上引發軒然大波。事件曝光後，不只總統蔡英文大怒，下令成立專案小組調查，校內行政人員也一律給予行政處分，校長辭職，教育部取消補貼。此事甚至成爲國際新聞，以色列與德國駐台代表處雙雙發文，譴責台灣教育界出現此等「憾事」。

毫無疑問，這是歷史教育的失敗，更是華人世界長期奉行「崇拜權力，不問善惡」的思維方式的結果。與其居高臨下地指責「無知者無畏」的孩子，不如靜下心來讀一讀美國歷史學家柯偉林（William C. Kirby）的專著《德國與中華民國》。該書被學界評爲一本中德關係史的「難以超越」的著作，也是關於中華民國史和中國現代史的一項「極其出色」的成就。該書初版時名爲《蔣介石政府與納粹德國》，這個名字與全書的實際內容更加貼切。納粹迅速崛起的道路讓蔣介石艷羨不已，蔣介石認爲以中國傳統文化加上法西斯主義理論，是可以讓中國由亂變治的法寶。蔣介石以納粹爲榜樣，在軍事、工業、文宣和特務系統等方面奮起直追。不過，由於中德兩國的民族特性和文化傳統迥異，蔣介石將中國「納粹化」的努力並未成功——多年以後，習近平終於打造成了「納粹中國」。

任教於哈佛大學的柯偉林在《德國與中華民國》一書中，論述了從一九二八至一九三八年間，南京政府向德國「取經」的是非成敗，尤其是希特勒上台，將威瑪共和國改造成第三帝國之後，中德兩國的關係一度如膠似漆。一九三七年六月，國民政府行政院副院長兼財政部長孔祥熙應邀訪德，與納粹元首希特勒舉行會談。希特勒對孔祥熙談及蔣介石，讚蔣介石為「中國負有天賦使命的偉人」。當然，兩者的關係並不對等，德國的國力之強、希特勒的權力之大，是勉強統治鬆散、孱弱的中國的蔣介石難以望其項背的。希特勒對蔣介石的稱讚只是禮貌話，蔣介石則是希特勒真心實意的崇拜者，曾宣稱「我們需要中國的希特勒」——「中國的希特勒」就是他自己。為了得到德國的武器與工業產品，蔣介石致信希特勒，承諾「中國之原料必須巨量供給貴國」。一九三六年四月十三日，蔣介石再度致信希特勒，專門為其祝壽。如今已知蔣介石致希特勒之私人信函至少有四封，希特勒只回覆了其中一封。

納粹德國何以成為中華民國的「良師益友」？

辛亥革命爆發之後，垮台的不僅是大清王朝，更是在中國運行兩千多年的帝制。對於如何建構一個現代化的民族國家，各派勢力並沒有明確的答案和通盤的計畫。革命派和立憲派對於爭奪權力更感興趣，權力到手之後卻不知如何治理國家。民國的前十五年，中央政府處於高度不穩定狀態，「亂鬨鬨你方唱罷我登場」，中國的外交政策和中國自身的發展模式頻繁更換。

民國初年，聯邦共和、多黨競爭、議會政治的美國模式被菁英階層視爲可效仿的典範。宋教仁遇刺、孫文發起二次革命、袁世凱稱帝、張勛復辟等事件，使中國人的「美國夢」灰飛煙滅。二〇年代中期，已淪爲弱勢軍閥的孫文，面對西方的冷落態度，轉向十月革命後強悍凶猛的蘇俄求助。蘇俄樂於向東方「輸出革命」，雙方一拍即合。隨即，國民黨和共產黨這兩個蘇俄催生的「雙黃蛋」，在南方點燃階級革命的火種。一九二七年，經過蘇俄訓練和援助的國民黨黨軍，在北伐戰場上摧枯拉朽，蘇聯模式的黨國終於「平地起高樓」。共產黨不願屈居國民黨之下，國民黨與共產黨又發生血腥內鬥，蔣介石斷然實施清黨屠殺，宣布與蘇俄決裂，此後不再公開以蘇俄爲師。

那麼，蔣介石的新老師是誰呢？蔣介石早年曾留學日本，一度對日本的現代化道路崇拜得五體投地。但是，日本對中國鯨吞蠶食，國民政府不可能跟日本結成親密的師生關係。而英美等西方民主國家，對曾經赤化且民族主義高漲的國民黨政權不予信任，蔣介石本人也對英美的制度和文化毫無好感，剩下唯一可以當老師的國家就是德國。柯偉林指出：「與德國的密切合作，實際上導致了對該國某些基本經驗的模仿，國民黨政府在謀求國家統一、增強經濟實力、尋求民眾支持的各項努力中，均打上了這種模仿的烙印，所有上述努力都是在日益增加的日本威脅下進行的。」

蔣介石發現，既然日本以德國爲師，與其學日本，不如直接學德國；既然日本學德國能在短期內取得空前成效，中國學德國或許也能事半功倍。希特勒上台後，短短三、五年，就驅散了德國在一戰失敗之後的萎靡不振，改變了遭其他強權凌辱的窘迫狀況，軍隊實力大大增強，工業日新月異。蔣介石也想在中國實踐德國「麻雀變鳳凰」的秘方，柯偉林如此描述蔣介石的心態：「蔣介石和許多國民黨領導人都對德國的成就留下了深刻的印象：是軍事化和工業化造就了德意志帝國。一個精銳而忠誠的軍官團，保證並強化了軍隊作為國家柱石的地位，法西斯主義甚至能夠成為一個衰落社會的強心劑。」

在三〇年代，以德為師的想法不僅存在於以蔣介石為首的南京政府實權派心中，也為許多知識菁英所接受。有不少頂級知識分子追捧法西斯主義，對於納粹迫害猶太人的惡行視若無睹。中國人從不在意政府對境內少數民族的種族歧視乃至種族屠殺，希特勒的種族政策對他們從來不是一個問題——他們唯一一次微弱的抗議，是希特勒在《我的奮鬥》中將中國人與黑人並列為劣等民族。「我們無需隱瞞，我們正需要中國的墨索里尼，中國的希特勒，中國的史達林！」美國歷史學家易勞逸（Lloyd Eastman）在其名著《流產的革命》一書中引用了這批知識分子的呼籲。具有諷刺意義的是，這批人不單單是留德歸來的高級知識分子，也包括留學英美卻對英美自由主義興趣闕如的社會菁英。

蔣介石對納粹德國的羨慕，持續到中日開戰乃至太平洋戰爭全面爆發、德國成為中國的敵國。中國與德國沒有面對面作戰，但雙方處於敵對陣營，蔣介石從未批評納粹的窮兵黷武。美國學者羅丹分析蔣介石在抗戰期間發表的《中國之命運》一書時指出，與五四時期的思想界的繁榮相比，蔣標榜的民族主義不僅要求絕對的個人權威，同時對西方思想（特別是那些同盟國所支持的思想）持排斥態度。蔣自命為聖王，就像帝制時代的皇帝那樣集政治和思想權威爲一體。與蔣政見對立的孫中山的兒子孫科對《中國之命運》做出批評：「這本書批評共產主義，而共產主義是我們盟友蘇聯的意識形態；它還批評自由主義，而自由主義是英美盟邦的意識形態。但是這本書唯獨沒有批評納粹主義和法西斯主義——這是我們的敵人德國、日本和義大利的意識形態。」

蔣軍爲何無法具備德軍超強的戰鬥力？

相信「槍桿子裡出政權」的蔣介石最羡慕的是德國軍隊的戰鬥力，他學德國的重心是建立一支嫡系的德式軍隊。

讓國民黨軍隊脫胎換骨的關鍵人物是被譽爲「德國國防軍之父」的漢斯・馮・塞克特將軍。一九三三年，塞克特出任蔣介石的總顧問，提出推動中國工業化和軍事化的大綱。他強調必須建立規模較小但機動能力強、裝備精良的武裝力量。軍隊的戰鬥力在於素質的優越，素質的優越來源於優秀的軍官團。塞克特建議，中國的武裝力量必須統一訓練，聽從於蔣一人的號令，整個軍事系統由此成爲中央集權金字塔的基石。

塞克特獲得了對外國人心存猜忌的蔣介石罕見的信任，他可以用蔣介石的名義對軍隊發布命令。他改組軍隊的工作取得意想不到的成功：一九三四年，德國顧問團協助國軍創建了三個「示範師」，組建十個炮兵營，並組建工兵、汽車、高射炮、海岸要塞、電信、炮兵航空觀測機隊等專業化部隊。到一九三七年抗戰爆發前，德軍顧問團爲國民政府整編的精銳部隊接近三十萬人。這些部隊被視作是國民黨軍隊中的菁華。

果然，德式的「中央軍」在對中共割據的蘇區第五次「圍剿」中大放光芒。蔣介石採取德國顧問提出的穩中求進的「碉堡戰術」，迫使紅軍放棄中央蘇區走上「長征」之路。經過德國訓練並裝備德國先進武器的國軍，其戰鬥力讓此前屢次擊敗國軍的紅軍刮目相看。學者黃道炫在《中央蘇區的革命》一書中指出，國民黨軍隊將裝甲部隊和新購德國山炮投入戰場，讓紅軍將士吃盡苦頭。中共悍將粟裕回憶說：「十九師是紅七軍團的主力，戰鬥力強，擅長打野戰，但沒有見過裝甲車……部隊一見到兩個鐵傢伙打著機槍衝過來，就手足無措，一個師的陣地硬是被兩輛裝甲車衝垮。」紅軍兩個主要軍團的指揮者彭德懷和林彪都注意到：「蔣軍在第五次圍剿時，技術裝備比以往有所加強。每連有多至六挺機關槍，至少也有一挺。……我們在敵機關槍下除非不接近，一接近就是傷亡一大堆。」

然而，這些新式部隊能打敗共產黨軍隊，卻不是日本軍隊的對手。中日全面開戰之後，蔣介石不顧德國顧問的反對，將德械精銳師投入淞滬戰役以及南京保衛戰。中國軍隊總體傷亡三十多萬人，其中德國整編之三十萬部隊損失十萬到十八萬人，失去一萬名低級軍官，從此基本喪失獨立作戰能力。柯偉林評論說，這個結果對於蔣介石來說是巨大的災難，蔣的精銳部隊不復存在，無法執行統一中國和抗擊日本侵略這兩大任務。蔣不得不依靠戰鬥力薄弱、忠誠度較差的地方部隊，「從此以後，蔣介石就越來越不是作爲獨立的權力實體而越來越以派別集團的操縱者的身分進行統治。中日戰爭的歷史，尤其是中國內戰史將會證明這種統治方式的局限性。」換言之，日後蔣介石被共產黨打敗，根子在此時就埋下了。

蔣介石的軍隊在短短幾年內可以裝備德軍的先進武器，穿上德軍威風凜凜的軍裝，但離現代化軍隊的標準還很遠。軍隊的現代化，必須有整個社會的現代化與之配合，如受過一定教育的兵源、龐大的兵工廠和工業系統，後勤、通訊、交通和金融的配合等，這些都不可能「速成」。蔣介石敗退台灣之後，有一次到國防大學觀看美國拍攝的第二次大戰之中途島及瓜島與地中海各實戰影劇，頗有所感，「自覺在我國以十八世紀之程度，而要擔任二十世紀中葉之戰爭，焉能不敗」。僅以蔣介石本人的文化和軍事素養而論，亦不足以指揮現代化的軍隊。蔣迷戀於孫子兵法、曾國藩兵法，這些東西無法應付一場現代戰爭。蔣習慣於儒家式的「吾日三省吾身」，卻從未意識到自己的知識和思維方式需要全盤更新。

新生活運動：半途而廢的「儒家版本法西斯運動」

蔣介石效法納粹是全方位的，比如蔣介石欣賞納粹的蓋世太保，下令組建特務組織「復興社」（由於「復興社」幹部穿藍衣黃褲，又稱「藍衣社」），以恐怖手段維護其統治。「復興社」的中心機構是國民黨中央組織部軍隊黨務處，主要負責在軍隊系統中宣揚法西斯主義。

希特勒對德國的鐵腕統治，並不完全靠秘密警察的恐嚇、民族主義的煽動以及發展經濟、改善工農大眾的生活來實現，更是靠塑造如同上帝般的元首形象來達成——元首是納粹黨的靈魂所在。希特勒宣稱，在德國歷史上從來沒有一個人像他那樣將德國人民帶往至高無上的位置，「我是幾十年來，也許是幾百年來最嚴厲的德國人之一。我具有德國領袖的偉大權威。但最重要的是，我相信我的成功，無條件地相信。」德軍占領巴黎後，希特勒特別去參觀和研究拿破崙的紀念碑，聲稱自己遠比拿破崙偉大：「我將成爲人們仰視、國家談論和永遠牢記的元首。我的生命將不會因軀體的死亡而結束，相反，我的生命將因軀體的死亡而開始。」

蔣介石在中國人當中從未獲得希特勒在德國人當中的那種尊崇與愛戴。一九三四年，蔣介石發動新生活運動的目的，或許是要創造一種凌駕於黨、軍隊和政府之上的運動，使自己成爲無可爭議的領袖。柯偉林指出：「蔣介石的新生活運動是徹底失敗了。它動員中國人成爲新公民的努力未獲成功，哪怕僅就從來沒有去發揮群眾的主動性這一點而言也是如此。」新生活運動的內容是儒家道德理想與從德國引進的普魯士軍事體制的混合物，它所強調的是民眾的服從，排斥民眾的參與。

國民黨在北伐成功之後，喪失了發動民眾的動力和勇氣。蔣介石看到共產黨發起的群眾運動的威力，沒有信心與之競爭，反倒害怕各種形式的群眾運動。新生活運動不是群眾運動，只是上層菁英對民間社會進行「訓導」。然而，「動員的眞意就是組織訓練」，這場運動因缺乏人民大眾的響應而慘淡收場。蔣介石學希特勒「畫虎不成反類犬」的重要原因是：「只是模仿法西斯體制，而不是法西斯運動，但是運動對於建立法西斯政權是必不可少的，那種認爲可以跳過初期動員階段也能實現國家軍事化的觀點，是對歐洲法西斯主義的誤解。」

沈從文在長篇傑作《長河》中嘲諷「新生活運動」說：樸實的湘西鄉人理解不了「新生

活」。一位婦女得知「新生活」要來了，十分擔憂，她不明白「新生活」是什麼樣子，會不會拉人殺人，問了許多人也說不明白。一位老水手對「新生活」抱有杞憂，以爲「新生活」一來，這地方原來的一切，必然要有些變化。湘西人被折騰怕了，之前又是土匪，又是共產黨的蘇維埃，又是追剿紅軍的國民黨軍，一點兒風吹草動都讓他們感到莫名的恐懼。等到新生活運動在湘西小城實施，人們看到的只是些不切實際的可笑之舉，比如強行規定鄉下人走路要靠左，不然要打膝關節，不扣鈕扣也得挨罰等。《長河》因此被國民黨圖書審查官認爲「思想不妥」，輾轉交涉，做了刪節，才得發行。

民國史研究者傅國涌認爲，「新生活運動」最大的缺失是價值錯置：強調個人生活規範，只是爲了規矩、服從、守紀律，而沒有自主的爲社會服務，做一個負責任的公民這類內容。也就是說，「新生活運動」倡導的價值不是現代的，它奢望以政治運動的方式重塑一代新國民，本質上不是要培育現代化的國民，而只是想訓練聽話的工具。這是權力主導的改變私人生活規範的嘗試，依靠權力自上而下推行，在公眾當中並沒有激起多少迴響。

隨著太平洋戰爭全面爆發，中華民國與納粹德國的蜜月期結束了。但是，即便沒有這場世界大戰，蔣介石學納粹德國也注定不會成功。首先，中國與德國的民情差別太大，中國人不可能改變數千年散漫、含混的民族特性，突然變得跟嚴謹、勤奮、刻板的德國人一模一樣；其次，納粹德國自身的發展模式中有一個致命的弱點，「在經濟現代化飛速進行的同時，未能建立起一套行之有效的政治制度和社會制度。」納粹德國的滅亡是必然的，而學納粹德國的蔣介石政權也不可能順利地從「訓政」階段過渡到「憲政」階段。

當城市流氓遇到農村流氓

——戴鴻超《槍桿、筆桿與權術：蔣介石與毛澤東治國之道》

二十世紀的中國歷史，前半段主角是蔣介石，後半段主角是毛澤東。這兩名叱吒風雲的國共領袖，憑藉槍桿子、筆桿子和權術打天下、治天下，關於各自的研究著作汗牛充棟，但對蔣毛兩人的比較研究，卻是一項空白。曾任美國底特律大學政治學教授的戴鴻超，多年來研究蔣毛統治術，所著《槍桿、筆桿與權術：蔣介石與毛澤東治國之道》一書，是第一本深入探討蔣、毛二人治國之道與成敗原由的力作。

近代中國災難深重，從太平天國、義和團到辛亥革命、新舊軍閥混戰、抗日戰爭及國共內戰，結果一言以蔽之，「只剩下渣滓」。連毛也承認：「共產黨裡面的好人都死光了，剩下來的都是渣滓。」他本人就是渣滓中的渣滓。美國探險家兼耶魯大學教授杭亭頓（Samuel Huntington）說過：「一個中國人如果沒有畸形發達的自私心，就過不了那麼殘酷的荒年。」中國二千年的歷史，一多半是兵荒馬亂，唯有「厚黑無形」之人，方能「物競天擇，適者生存」。那些解衣推食、愛人如己的好人，荒年時都死光了。近代中國的歷史，更是一部優敗劣勝的逆向淘汰歷史：人品更好的黃興、宋教仁競爭不過人品更壞的孫文；人品更好的陳炯明、胡漢民競爭不過人品更壞的蔣介石；人品更好的陳獨秀、瞿秋白競爭不過人品更壞的毛澤東。

作爲江浙「城市流氓」的蔣介石打敗了比他更君子的北洋軍閥，當遇到比他更心狠手辣、更不擇手段的湖南「農村流氓」毛澤東，就只能垂頭喪氣地逃亡台灣孤島了。江浙「城市流氓」蔣介石被湖南「農村流氓」毛澤東打敗，不單單是他們個人的成敗得失，更是「黃色文明」擊敗「藍色文明」。爲本書作序的歷史學家許倬雲指出：「蔣、毛二人的對比，乃是兩種世界觀、兩種文化背景，加上兩個不同的使命感，造成了兩個人的作風完全不一樣。弔詭之處，在大動盪的時代，在價值已經經常變動的時代，不遵守任何尺度的毛澤東，用他自己的話是『無法無天』，他可以無所顧忌。相對而言，蔣介石被自己的文化背景約束，也被自己知識領域的限度約束，舉動都縛手縛腳，既想作聖賢，又常常不免權謀，兩頭不著落。」

在人吃人的社會，要麼吃人，要麼被吃，少有其他選擇。旅居加拿大的評論人蘇賡哲嘆息說：「在國共殘酷鬥爭中，被國民黨抓去而堅持理想，不願屈服變節的共產黨人會被處死；在戰壕內替戰友頂子彈、衝鋒內搏勇奮在前的，生存機會也比較渺茫。即使在一九四九年以後，環境仍然一樣，仍是人噬人的世道，不肯出賣朋友的人，會被貌似老友的人出賣。」前輩作家王鼎鈞在回憶錄《文學江湖》中寫兩蔣時代的台灣，並非人間天堂，也是爾虞我詐的鱷魚潭。王鼎鈞在臨近退休之時斷然移居美國，一定要體驗一下不是流氓統治的社會和自由的滋味。蔣和毛留給中國人一份最可怕的禮物是：在這個國度，「比壞」才能生存下來。

槍桿子是暴力的隱喻

蔣毛獨裁者地位的形成，首先靠槍桿子。毛用「槍桿子裡出政權」赤裸裸地說出眞相，蔣則「猶抱琵琶半遮面」地講禮義廉恥的套話。

戴鴻超指出，敗退台灣之後，蔣痛定思痛，總結出諸多失敗原因，如對美外交失敗、爭取知識分子失敗、國民黨內部嚴重腐敗、蘇俄對共產黨大力支持等。但歸根究柢，蔣在大陸失敗的主要原因還在軍事方面。「他允許軍閥保留自己的軍隊，游離於中央控制之外，各自為政，相互傾軋，而從未像毛領導的共軍一樣，指揮統一，意志集中，具有高度的戰鬥精神。他以陣地戰應對毛的游擊戰，失去機動，時時受制，處處挨打。他未能洞察共產黨間諜對其軍隊的廣泛與深入滲透，予以有效防止。」

我同意這一論點，但這一論點又跟作者對蔣早期軍事生涯的高度評價自相矛盾。作者認爲，蔣在北伐及中原大戰等內戰中取得輝煌成就，「幾乎是戰無不勝，攻無不克」。尤其是從一九二五年到一九二八年，在短短四年中，蔣完成東征和北伐兩大軍事任務，擊敗至少十倍於他的敵人，「他從一個率領『三千子弟兵』的軍官，躍升爲中國最高軍事領袖，統帥百萬之師；把中國從分割之局，帶上了統一的道路。」

然而，在表面輝煌的背後是千瘡百孔、謊言密布的事實：國民黨軍隊是靠蘇俄幫助訓練並裝備先進武器才「麻雀變鳳凰」，絕非蔣有「點石成金」的本領。北伐中重要戰役的指揮者，除了在蘇俄內戰中戰功卓著的蘇聯軍事顧問加倫將軍，其他多爲非蔣嫡系的將領，如張發奎、李宗仁、白崇禧等，他們打贏了關鍵性的武漢戰役和龍潭戰役——蔣介石在這些戰役中都缺席。在敵人並非最強的福建戰場及徐州戰役中，蔣及其嫡系將領何應欽屢遭敗績。灰頭土臉，懦弱無能的何應欽就是受蔣重用。

其次，蔣在北伐及後來與馮玉祥、閻錫山和桂系等的幾場戰爭中，勝利主要不是靠戰場上得來，而是靠幕後的分化瓦解，收買招安。比如，在一九二九年的蔣桂戰爭中，蔣勸誘隸屬於白崇禧的原湖南官兵「打倒桂系回故鄉」，使得桂系軍隊被分割，一觸即潰。在一九三〇年的中原大戰中，蔣以重金賄賂東北張學良揮師入關，致使敵對方瓦解。在這些戰爭中，蔣並未顯示出他具有軍事指揮的天才。蔣在內戰中收編各路軍閥，那些軍隊與中央軍保持相對獨立的地位，從而埋下蔣軍事失敗的伏筆：國民黨軍隊從一開始就是魚龍混雜，泥沙俱下，這是蔣無法克服的「歷史遺留問題」。

就槍桿子運用而言，蔣毛都不是職業軍人：蔣曾短暫留學日本，所受的只是振武學堂的初級訓練，大致相當於今天中專畢業生水平。毛未受過完整的軍事教育，其戰略戰術都是在「農村包圍城市」的盜匪生涯中形成的，更接近李自成、張獻忠、洪秀全之流。

不過，毛比蔣更能用人。毛以漢高祖劉邦自居。劉邦問手下第一猛將韓信：「你覺得我能帶兵多少？」韓信說：「最多十萬。」劉邦又問：「那你呢？」韓信說：「越多越好，多多益善！」劉邦反問：「那麼，如果你要造反，我是不是只有束手就擒？」韓信的最後一句話是畫龍點睛之筆：「主公是駕馭將軍的君王，我是駕馭士兵的將軍，所以我只能受制於主公。」毛也是如此。毛在井岡山時期就發現林彪的將才，對其破格提拔。一九三〇年，年僅二十三歲的林彪出任紅軍第一主力紅四軍軍長，成為中共第一悍將。在遼瀋會戰中，前線的林彪與後方的毛澤東對戰局看法存有分歧，毛賦予林「將在外，君命有所不受」之權限。林彪無拘無束，大開大合，大獲全勝。在與國民黨爭奪天下的時代，毛對不同派系的將領都頗為尊重，給予相當大的自由權限。

與之相比，蔣固守黃埔系，打壓其他背景的將領。只要對其忠心，將領無論如何腐敗無能，蔣都給予放縱和寬宥。一九四四年，湯恩伯全軍潰敗，失去河南大部，蔣對實際情況很清楚：「湯有勇無謀，又為走私貨財所害，不能專一於軍事。」他非但沒有懲罰湯恩伯，反倒繼續委以重任。在國民黨軍隊內形成了一個不可思議的現象：越是腐敗無能的將領，越是靠對蔣表忠心和溜鬚拍馬的將領，越能獲得升遷；反之，最有才華、最具個性的將領，偏偏不被蔣信任。「戰神」孫立人雖立下赫赫戰功，卻因有留美經歷而被蔣猜忌。孫立人在東北戰場打敗了林彪，若蔣任命孫立人擔任東北最高軍事和行政長官，而不是重用無能的黃埔弟子杜聿明，東北的局勢未必會江河日下。若東北能守住，則局面就不會到了不可救藥的境地。另一方面，蔣比毛更喜歡越級指揮，甚至直接指揮團級軍官，造成指揮系統紊亂，前方將士無所適從，而他本人自信滿滿，渾然不知自己是前線敗績之罪魁禍首。

筆桿子是謊言的隱喻

中國統治者向來依靠兩手掌權，一手爲槍桿子，一手爲筆桿子，蔣毛也不例外。戴鴻超指出：「秦始皇建立起中國歷史的兩個傳統：一是維持君王專制政府，另一個是由政府樹立正統思想。前者傳統維持了兩千多年，到辛亥革命爲止；後者傳統則持續到蔣介石與毛澤東時代。」蔣毛之爭，既是槍桿子之爭，也是筆桿子之爭，前者爲正，後者爲副，兩者結合，方是「天命所歸」。

在筆桿子方面，蔣同樣敗給毛。蔣繼承古代的「大傳統」，即儒家傳統。他發起「新生活運動」，倡導恢復四維八德，並制定國民守則十二條，以實踐傳統道德觀念。蔣一輩子堅持寫日記，韌性可嘉，但其眞實性如何，則見仁見智。蔣在日記中迴避與上海灘流氓頭子杜月笙等人的交往，對掘開花園口大堤導致百萬民眾死難亦毫無痛惜。蔣的重要著作是《中國之命運》，這本由陶希聖起草初稿的書稿，蔣親自修訂多次，「自信此書對於國家與民族之影響，將愈久愈大，聖人復起，必從吾言矣！」此書的中心思想是恢復儒家倫理，宣揚民族主義，反對西方民主自由觀念。這本書不但沒有引起知識階層的共鳴，甚至還產生了一些相反的效果。美國學者羅丹（Daniel D.Knorr）評論說：「《中國之命運》讓深受五四影響、渴望報國的知識分子造成巨大打擊。對於這本被奉爲國民黨『聖經』和蔣總裁『我的奮鬥』的書，知識分子的抵抗也只有拒絕閱讀。知識分子要麼消極應付，聽憑國民黨操縱中國的命運；要麼奮起發聲，喊出他們心中的中國之命運。」

毛則是「小傳統」即民間草莽文化集大成者。毛只受過粗淺的師範教育，卻在筆桿子的運用上超過蔣，更勝過以北大學人爲代表的菁英知識分子。毛的「選集」和「語錄」，在文革時代人手一冊，在全球的發行量僅次於《聖經》。毛的文章比馬克思、列寧和史達林更通俗易懂，深入人心。在中共建政之後的黨內鬥爭中，毛通常都是從文宣領域對政敵發起致命攻擊，誰能想到聲勢浩大的文革運動，是由名不見經傳的姚文元的一篇〈論海瑞罷官〉引發？此文經毛親自字斟句酌，數易其稿，儼然如同策畫一場沒有硝煙的戰爭。

戴鴻超發現，在以口號宣揚政策方面，蔣習慣用四字成語，蔣用清末的語言，未經五四白話文運動洗禮。如「安內攘外」、「禮義廉恥」、「以德報怨」、「處變不驚」、「莊敬自強」等，一股腐儒的氣息撲面而來。敗退台灣之後，蔣最常用的口號是「毋忘在莒」，這個典故來自於戰國時期，齊國被燕國打敗，只剩下兩個城市，其中一個叫莒。大將田單在此經過五年臥薪嘗膽，終於將燕國打敗，收復失地。蔣在台灣的處境與之相似，遂手書此四個大字，刻在石碑之上，置於金門太武山頂，鼓勵軍民。但若無相當古典文化修養，普通民眾無法理解這個詞語的意思。不能讓人一讀就懂、口耳相傳的口號，注定就是死的口號。

毛善於使用民眾的口語，甚至是土語、俚語，宣傳其政治主張。比如，他用「長征」這個詞語掩蓋紅軍敗逃的眞相，重新鼓起士氣；他蔑稱美國和蘇聯兩大超級強國是「紙老虎」，宣稱如今是「東風壓倒西風」，以此喚起中國民眾的民族主義情緒。蔣介石未能創造出類似的、可深入人心的話語體系，蔣把握民間脈動遠比毛遲鈍。

無情方是屠夫

在我看來，本書最大的缺陷在於，作者翻譯過《毛澤東私人醫生回憶錄》，並對蔣介石有過若干研究，知曉這兩名獨裁者犯下的罄竹難書的罪行，也知道他們給國家和人民帶來的巨大災難，卻仍然從大部分海外華裔學者難以避免的民族主義立場出發，企圖「客觀理性」地給予蔣毛二人的「歷史貢獻」以某些正面評價，比如：促成中國統一、建立龐大的國家武力、致力於創建大市場、幫助中國人恢復自信心、爲興起中的超級強國奠定基礎等。

我無法認同作者對蔣和毛的肯定性評價。若希特勒沒有戰敗，這些讚譽也可放在希特勒身上，因爲希特勒讓德國從一戰失敗的絕望中崛起，比蔣和毛的功勞更大。但是，如法國作家雨果在《九三年》中借主角郭文之口所說「絕對正確的革命之上有一個絕對正確的人道主義」，在絕對正確的民族主義和國家主義之上也有一個絕對正確的人道主義。暴君屠夫應當被全盤否定，徹底批判，歷史學家「客觀理性」的立場本來就是幻象。

美國夏威夷大學教授拉梅爾在其著作《政府屠殺》一書中提出，二十世紀極權統治者對其人民進行了慘絕人寰的屠殺，經過詳細統計，屠殺人數最多的前五名依次是史達林、毛澤東、希特勒、蔣介石以及列寧。他認爲，極權是導致屠殺最主要的因素，民主制度則具有權力分散以及呈現多元利益的好處，同時也可促進和平。中國是其中一個爲暴君排行榜提供兩個名額的國家，這是中國的驕傲，還是中國的羞辱？

在海峽兩岸及海外華人中，蔣和毛各自擁有大批支持者。尤其是毛，是中共現任領導人習近平的偶像，習上台後，在江澤民和胡錦濤時代有限的批評毛澤東的自由也被取消。最具代表性的事件是：山東建築大學教授鄧相超因微博轉發諷毛文章而遭毛粉圍攻、責罵和抗議，被當局相繼免除省政府參事和政協常委，並被校方勒令停職檢查、記過處分和強迫退休。

在信息被篩查、歷史被扭曲的中國，出現對毛的崇拜不足為奇，奇怪的是在西方上流社會，毛依然是一個上得了枱面的歷史人物——歐巴馬夫人蜜雪兒在白宮的聖誕樹上掛上有毛澤東頭像的卡片，他們夫婦覺得毛很偉大，還是足夠酷？所謂「毛家菜」出現在中國各地及全球的唐人街，人們視若無睹，甚至進去大快朵頤。但如果有人開設希特勒餐廳或波布餐廳，估計早就被人們砸毀或告上法庭了。

毛澤東必須被徹底否定。荷蘭歷史學家馮客完成了《人民三部曲》，其持久性的價值在於完整地呈現了毛澤東治下的恐怖真相。馮客主張毛澤東應該接受希特勒與史達林一樣的待遇——後人應該把他視為令人髮指、專門奴役自己人民的暴君。但是，不僅毛澤東崇拜近年來在中國死灰復燃，在以文明進步自詡的歐洲和美國，很多人也不認為毛澤東可以跟希特勒、史達林相提並論。馮客認為，西方對毛澤東存有東方主義的誤讀，其遺毒更加劇烈，它在兩個層面上發揮作用：第一，中國的受害者不會得到跟西方受害者一樣的同情；第二，西方把毛當成一位提供神秘古老、孔子式智慧的人物。

關於蔣介石，在台灣一部分「深藍」政治立場的人士崇拜蔣介石，定期去慈湖拜謁蔣介石尚未入土的遺體；在中國更有部分反對共產黨的人士組建「泛藍聯盟」，將獲救的希望寄託到蔣介石及其國民黨身上——這是一種頑童式的思維方式：一個屠殺一千萬人的獨裁者，難道眞的比另一個屠殺四千萬人的獨裁者善良嗎？

我盼望著有一天，華人世界裡出現一本將蔣介石和毛澤東這兩大獨裁者同時釘在恥辱柱上的鉅著。

作為史達林的「兒皇帝」的毛澤東

——潘佐夫、梁思文《毛澤東：真實的故事》

寫作毛澤東的傳記，對研究中國當代史的學者來說是難以抵抗的誘惑。在滿坑滿谷的毛澤東傳記當中，在中共嚴密封鎖毛澤東的檔案而缺少有參考價值的史料的局限之下，一部讓人耳目一新的「毛傳」的出現，難於上青天。潘佐夫（Alexander V. Pantsov）、梁思文（Steven I. Lenvine）所著的《毛澤東：眞實的故事》就是其中的佼佼者。

這本毛澤東傳記的最大特色，是作者發掘了「俄羅斯社會暨政治史國家檔案」這個寶庫。這是國際共產主義運動及蘇聯共產黨黨史文件最大的收藏所。有關中國共產主義運動的文件一直鎖在檔案室的最高機密部門，直到今天也僅向少數專家開放，俄羅斯裔的潘佐夫即是其中之一。這些檔案包括：中國共產黨中央委員會各種帳冊及財務收據；共產國際和布爾什維克黨給中國的指令；毛澤東和史達林、史達林和周恩來、毛澤東和赫魯雪夫的會談速記紀錄；由蘇聯醫生匯總的毛澤東病歷；蘇聯國家安全委員會和共產國際特務的秘密報告……潘佐夫宣稱：「我們是首開記錄可以利用所有這些材料的毛澤東傳記作者。這些材料在重新評價毛澤東私人生活和政治生活時，乃是無價之寶。」

正是這些第一手的史料，證實了中國革命是俄國革命的「克隆版」。史達林是毛澤東的導師，如果沒有史達林二十多年一以貫之的支持，毛澤東很難單單靠學習朱元璋創建屬於自己的王朝。二十世紀的中國迥異於元朝末期，僅有朱元璋「高築牆，廣積糧，緩稱王」的秘訣是不夠的。國民黨在北伐中打敗軍閥，共產黨在內戰中打敗國民黨，除了運用孫子兵法、合縱連橫的傳統謀略，更從蘇俄獲得武器、金錢以及意識形態的援助。在奪取政權之前，中共掩蓋與蘇俄的親密關係；在六〇年代中蘇關係破裂之後，更是抹煞從蘇俄得到的幫助。長期以來，人們誤認爲中國革命是一場自發的、具有中國特色的、非典型的革命。這本毛澤東的傳記戳破了這個謊言，正如《華盛頓郵報》的書評所說：「作者最重要的貢獻或許在於他們對毛澤東的史達林主義的見解，以及認知到毛澤東各種運動中對蘇聯在經濟上及意識型態上的仰賴。」史丹佛大學胡佛研究所研究員米勒亦評論說：「作者深入之前無法接觸的蘇維埃檔案，永久地淘汰了毛澤東的革命與蘇聯無關的政治神話。」

中共是蘇共的分店，毛澤東是史達林的學生

沒有蘇共，就沒有中共；沒有史達林，就沒有毛澤東。毛奪取天下之後，謙稱中共在共產主義陣營只是一家「分店」，既是「分店」，就得由「總店」發放和驗證「正宗秘方」。毛向史達林效忠的表現之一，是毛請史達林派遣一名意識形態專家到北京擔任大使，其首要任務不是負責兩國外交，而是對不久即將以俄文及中文出版的新版本《毛澤東選集》進行

「正確、技術性的編輯工作」。換言之，毛澤東懇請史達林擔任其意識形態的檢查官。

中共從二〇年代建立之初，就接受莫斯科的政策指導和經濟援助。潘佐夫指出：「中共接受和莫斯科的不平等關係，在他們和共產國際的財務關係上亦非常積極求助。……中共一點也不覺得不好意思，不斷向蘇聯及共產國際索討金錢協助。」直到三〇年代中期，中共必須仰賴克里姆林宮每月贊助三萬美元才能運作，蘇聯的財務援助細微到分角的供應。共產國際代表達林（Serge Dalin）將毛澤東形容爲蘇聯顧問馬林（Henk Sneevliet）的「愛將」，長期經濟拮据的毛，從蘇聯拿到優渥的經費，在上海過上中產階級生活，還將妻子楊開慧和兩個兒子從湖南接到上海團聚。

潘佐夫從浩如煙海的檔案文件中找到蘇聯給中共經濟援助的詳細紀錄，這是迄今爲止披露的最爲詳盡的數字。在二〇年末期至三〇年代初期，經濟支持達到數十萬甚至數百萬盧布（或銀元）。僅三〇年代二月至七月，中共就從莫斯科得到二十二萬三千多銀元。一九三一年，數額增長到超過一百萬元。吃人嘴軟，拿人手軟，潘佐夫得出如下結論：「中共談不上有任何的獨立自主，財務上完全依賴莫斯科，使得共產運動的領導人癱瘓。」拿外國的錢，從事顚覆本國合法政府的地下活動，這不是賣國，什麼才是賣國？

就毛澤東個人的命運來說，毛在中共七大執掌黨內最高權力之前，幾度大起大落，沉浮不定，每一次成敗榮辱，都與「是否得到史達林的支持」密切相關。每當史達林及其派駐中國的代表支持毛，毛在黨內的競爭對手便偃旗息鼓，對其俯首稱臣；每當史達林及其代理人否定毛的路線，毛便被無情拋棄，並遭到火力密集的批判，甚至有生命之憂。

三〇年代初，中共分爲三個部分，一是以毛澤東及其支持者爲代表的本土的游擊隊幹部，二是以王明、博古爲代表的莫斯科畢業生，三是以周恩來、張國燾、項英爲代表的共產國際舊幹部。三個勢力集團明爭暗鬥。史達林支持毛澤東，卻沒有出面挺他。潘佐夫評論說：「這個克里姆林宮主子以他馬基維利式的銳利眼光，以這三批人馬爲基礎建立起中國共產黨的混合領導團隊。」毛澤東以賭徒的耐心等候時機，「他不僅必須展現他是史達林同志最忠實的學生，還必須在眾多競爭者當中出人頭地，時機一旦成熟，就甩掉他們。他是個思慮異常細膩的陰謀大師」。一直到三〇年代中期，史達林才決定厚愛毛。一九三四年一月，在莫斯科的堅持下，毛由政治局候補委員晉升爲委員。

爲本書撰寫長篇導讀的學者丁學良敏銳地指出：書中很多細節白紙黑字，比如某年某月某日莫斯科給中共祕密撥款幾十萬美元、幾百萬盧布；發出什麼樣的政策指示、人事安排命令、軍事行動意見；頻繁訓導中共領袖不可輕舉妄動，若不服從必有懲罰；蘇聯駐華領館暗地裡又是共產國際的派出機構，具體指導中共活動等等。這些史料確鑿地支持了本書的中心論點：「中共從誕生到發展到挫敗到復興到終於征服中國大陸，最關鍵之處都是仰仗蘇聯的扶持和莫斯科爲首的國際共產黨的有力配合。」那麼，爲什麼中國民眾乃至西方國家認可中共是「一個純粹源自中國本土爭土地改革、爭平等自由、爭多黨民主制的開明進步組織」，而沒有認識到「中共是蘇共的走狗」的眞相？這是丁學良感到困惑的問題。我的答案是：共產黨早在戰場上打敗國民黨之前，就已在宣傳戰上打敗國民黨。毛掌握了五四之後新式的、風靡全球的左派話語系統，蔣及其筆桿子還停滯在儒家傳統思維和話語之中。毛是顚倒黑白、「喪事當喜事辦」的宣傳大師，他不像希特勒那樣在公開場合面對大眾發表激情澎湃的演講，但他的文字有一種征服底層民眾的心靈，使之如醉如癡的魔力。

不是抵抗日本，而是拱衛蘇聯

毛澤東和中共在抗戰期間的作爲，宛如史達林一手操縱的傀儡。毛的出發點，不是爲了拯救中國的危亡，而是悉心擴張自身地盤和拱衛蘇聯。毛和紅軍抵達陝北與莫斯科建立無線電聯絡，第一封電報是拜託史達林將對中共的援助增加到每月兩百萬元。史達林立即撥出兩百萬盧布、五十萬美元以及諸多燃料、軍用補給和其他戰略物資。史達林還命令中共停止與蔣介石的軍隊作戰，並親自否決張學良的入黨申請（讓張學良繼續在國民黨內部活動）。史達林提出，中共軍隊由於缺乏重型武器，不得與日軍展開正面作戰，而要以游擊戰的方式，保存自身實力。毛在抗戰中並沒有獨立的戰略發明，只是聽從史達林的指導。

西安事變後，毛欣喜若狂，宣稱要公審和處死「人民公敵」蔣介石。而史達林否定西安事變，認爲這是日本人的陰謀，命令中共捍衛蔣的領袖地位，和平解決危機，毛立即轉換立場，承認國民黨的領導地位。國共宣布合作抗日，「史達林龍心大悅，即使只是形式，中國現在已經團結抗日，這一來大大降低了日本侵犯蘇聯的可能性」。史達林利用中國將日本拖住，蘇聯不必在遠東駐紮軍隊防備日本。中共和毛澤東只是他的一枚小小棋子。

不過，這一部分是這本毛傳中相對薄弱的章節。或許俄國的資料有限，更需參考和挖掘其他國家特別是日本的資料。比如，日本筑波大學名譽教授遠藤譽在其新著《毛澤東：與日軍共謀的男人》中，提出史實論證，在國民黨軍隊抗日時，毛澤東率領的中共，曾與日本駐上海的特務機關「岩井公館」合作，謀求共同利益並打擊國民黨。書中指出，一九三七年日中全面開戰後不久，毛澤東向上海和香港派遣中共特務，與日本外務省旗下的特務機構「岩井公館」的岩井英一等接觸。據岩井回憶錄說，中共特務把國民黨軍隊的情報提供給日方，意圖削弱國民黨的實力。毛澤東沒有道德底線，爲了權力可以做任何傷天害理、殺人越貨的壞事。

遠藤譽指出，岩井認識了毛麾下從事特務活動的潘漢年，潘漢年多次向日方提供國民黨政府和國軍的情報，並以「岩井公館」作爲據點，擴大中共在香港的間諜活動。岩井透過日本駐香港領事館，每月向潘漢年支付兩千港元收購情報，加上由潘漢年籌辦多種定期出版的刊物費，每次另支付潘漢年一萬港元。日本支付的費用大部分源自外務省機密費，支付的總額達三十多億日元（兩千五百萬美元）。遠藤譽認爲，這筆經費成爲中共壯大的根基之一。中共建政之後，潘漢年一度貴爲上海市副市長，很快被毛澤東下令逮捕關押，迫害致死，這是殺人滅口。

兩大暴君之間的欣賞與猜忌

一九四九年十二月底，毛澤東訪問蘇聯，拜謁導師史達林，慶賀史達林七十大壽。兩個獨裁者的會面，既有欣賞，也有猜忌；既有枱面上的親密，也有幕後的冷漠。兩人都是天生的演員，史達林是男一號，毛澤東是男二號。

史達林重視毛的來訪，提升對毛的待遇，派遣國家安全部部長阿巴庫莫夫（Viktor Abakumov）負責毛的安全事務，讓阿巴庫莫夫到邊境處理沿途之膳食。在毛抵達的最後一刻，史達林派遣副手莫洛托夫（Mikhaylovich Molotor）去火車站迎接毛，這是其他共產黨領袖不曾享受的待遇。毛居住的莫斯科郊外的豪華別墅，早有工程人員將坐式馬桶改成毛習慣的蹲式馬桶。

另一方面，史達林也有意羞辱毛，將其「涼拌」在別墅三十天。毛向蘇聯抱怨說，「我再也受不了了。」毛很害怕此行到莫斯科一事無成，這會使他在中國人民眼中威望大損。「史達林的不信任和貪婪，讓毛不能釋懷，他失眠，不舒服，變得緊張，動輒發脾氣。」史達林玩夠了貓捉老鼠的遊戲，才再度召見毛澤東，展開兩國最高級別會談，簽署一系列協議。史達林的譯員費多連科回憶說：「兩人會談的房間其實是爾虞我詐的一個舞台。」毛澤東被迫簽署多份賣國協議，蘇聯在中國東北和新疆享有若干特權，除蘇聯人外，所有外國人必須退出這些地區，這比滿清王朝跟西方列強簽署的條約更加屈辱。

史達林欣賞毛身上跟自己相似的強悍、毒辣、冷酷無情的一面，但他從未眞正相信毛，他擔心毛成爲「東方的狄托」，當面用他特有的幽默嘲諷毛是民族主義者，毛假裝沒有聽見。在史達林眼中，中國是他在東方的「總督領地」，有證據顯示史達林在一九三八年考慮公審周恩來、劉少奇、康生、陳雲、李立三及其他人在內的中共高官，後來放棄了這個計畫。史達林沒把毛列入「黑名單」，卻不斷地敲打毛，讓毛俯首貼耳。

史達林在世時，毛始終生活在其陰影之下。以韓戰爲例，蘇聯並未參戰，但韓戰的總導演是史達林，而非毛澤東、金日成或麥克阿瑟。史達林並沒有打算統一韓國，而是設法讓美國不只和北韓交戰，也和中國衝突，希望藉此削弱美國。毛一頭栽進史達林鋪設的陷阱，在史達林答應給的資金和武器還未到位時，就派出數百萬「志願軍」到朝鮮血戰，近百萬官兵成爲炮灰，包括他當作接班人培養的兒子毛岸英也被美軍炸死，其結果是在北韓扶植了一個比中國更殘暴的金家獨裁政權，也讓中國與西方文明世界隔絕了近三十年之久。這場戰爭並不符合中國的國家利益，蘇聯才是最大的受益者。

這本傳記分爲三大卷，分別以「學習者」、「革命者」和「獨裁者」來命名。其實，前兩部分是「獨裁者前傳」，正如作者所說，毛有多重身分、多個面向，但其本質是：「通過欺騙和暴力，把極權的社會主義強加在苦難已久的中國人民身上，逼迫他們墜入血腥的社會實驗深淵。數億人因此吃盡苦頭，數千萬人更因饑荒和鎮壓而死於非命。整個世代在孤絕於世界文化的狀態下成長。」習近平就是一個在孤絕於世界文化的狀態下長大的共產黨接班人，一個不知何謂文明的殘障者。習近平對俄國「新沙皇」普丁的崇拜和迷戀，就如同當年毛澤東對史達林的諂媚和羨慕一樣。

枉言正道是滄桑

——康正果《還原毛共：從寄生倖存到詭變成精》

每逢毛澤東出生的十二月二十六日，無數毛粉排成長龍瞻仰「毛主席紀念堂」的毛乾屍。近年來，若干毛派文人多次發表公開信，呼籲中國政府將這一天設定為法定假日，民間有人舉起紀念「東誕日」的牌子，企圖讓「東誕日」與剛剛過去的聖誕節相抗衡。劉曉波已經去世，他的「將毛的乾屍移走，把毛的紀念堂改為文革紀念館」的呼籲，不知何時才能實現；而被毛殺害的啟蒙先驅林昭的墓地戒備森嚴，去拜祭林昭的人權活動人士屢遭抓捕。

當年，毛澤東關押和殺害林昭，是因為他的歪理邪說被林昭駁斥得體無完膚。有人羡慕毛澤東的詩詞才華，其實林昭的詩歌足以顛覆毛澤東的詩歌。毛澤東有七律〈占領南京〉，在文革中膾炙人口：「鍾山風雨起蒼黃，百萬雄師過大江。虎踞龍盤今勝昔，天翻地覆慨而慷。宜將剩勇追窮寇，不可沽名學霸王。天若有情天亦老，人間正道是滄桑。」林昭在獄中留下大量詩歌，並針對〈占領南京〉作了一首〈血詩題衣〉：「雙龍鏖戰玄間黃，冤恨兆元付大江。蹈海魯連今仍昔，横槊阿瞞慨當慷。只應社稷公黎庶，那許山河私帝王。汗慚神州赤子血，枉言正道是滄桑。」這首詩讓獨裁者夜不能寐，故而發出殺害林昭的命令。

林昭的這首〈血詩題衣〉亦可用以概括康正果《還原毛共：從寄生倖存到詭變成精》一書之主旨。許多中國人信奉「成王敗寇」，康正果偏要打破這一魔咒，讓中國人「因眞理得自由」。他堅信，在世俗權力之上，有康德所說的與天上的星空相對應的「人內心的道德律」，也就是人類與生俱來的對正義、自由和愛的渴求，以及對暴政、暴君、獨裁、專制的痛恨。誕生在暴君的國家和民族並不可恥，只要徹底否定暴君並在制度設計上杜絕再度出現暴君的可能性。德國交出了希特勒，蘇聯交出了史達林，柬埔寨交出了波布，中國仍將毛像掛在天安門城樓，印在人民幣上。

是可忍，孰不可忍，康正果在教學之餘，韋編三絕，奮筆疾書，以《還原毛共》一書引導國人邁出「非毛化」和「自由化」的第一步，正如他在序言中所說：「本書既非爲毛澤東立傳，也非中共黨史模式的編年敘事，而是將毛澤東其人其事及其文置於中共自成立到武裝奪權成功的脈絡中夾敘夾議，做出應有的歷史審判，爲必須伸張的轉型正義提供一連串嚴正的證詞。」揭示出中共自打天下直至坐天下近百年來一貫「反國家、反民族和反人類的本質」。

不是妖魔化毛澤東，毛澤東本來就是妖魔

長期以來，海內外對毛的評價受限於「功過二分法」。曾擔任毛澤東秘書的李銳有一個傳播甚廣的觀點，毛「建國有功，治國有過，文革有罪」，這代表著黨內開明派反思毛所

能走出的最遠距離。海外華人學者及西方學者，則囿於歷史研究必須遵循的「客觀中立」原則，常常不由自主地採納「功過二分法」研究毛澤東，對「革命時代」的毛作出較爲正面的評價。比如台灣歷史學者陳永發對張戎的《毛澤東：鮮爲人知的故事》提出批評，認爲張戎「爲了坐實毛澤東是邪惡的化身，忽略了『小心求證』的『基本原則』，毛澤東固然需要嚴加批判，但不能單靠妖魔化他個人來達到目的」，並指出：「毛澤東帶給中國人民的，既有解放，也有奴役；既有浴火重生，也有紅色恐怖；既有信仰，也有詛咒。他從小就有救國救民的主觀願望，有用世之心，在擁抱馬克思列寧主義以後，相信階級鬥爭是科學眞理，是促成社會進步的不二法門。」但我認爲，毛並沒有給中國人民帶來解放，帶來的是更大的奴役；毛並不信仰任何主義，信仰的唯有權力。德國學者不會去發掘希特勒身上所謂善良的一面，俄國學者也不會去發掘史達林身上所謂善良的一面，對毛的評價也應如此。那種刻意的客觀中立，無助於認識毛的本質。無論是張戎的《毛澤東：鮮爲人知的故事》，還是康正果的《還原毛共》，都不是妖魔化毛澤東，因爲毛澤東本身就是妖魔。

康正果的這本著作，集中論述毛在一九四九年之前的發跡史和罪惡史。批判毛成爲現代帝王之後掀起的鎭反、反右、大饑荒、文革等惡行，除了少數迷狂的毛派和左派，大部分人不會有異議。但是，對毛從一無所有的「邊緣知識分子」或「落魄知識分子」熬成中共最高領袖的那段歷史，則爲眾人津津樂道。北洋政權和國民黨政權先後被顚覆，失去話語權；中共則以成功者的姿態將毛的步步攀升敘述成「歷史的必然」，毛在奪權過程中的暴虐與殺戮全被「漂白」。

康正果在本書中從兩方面透視毛的本質，指出毛不是在中共奪取天下之後才「變壞」的，毛在奪取黨內最高權力的過程中早已蛻變成「一代魔王」。首先，毛利用的「革命的主力」乃是鄉村最惡劣的流氓階層，毛在《湖南農民運動考察報告》中對暴力的示範和渲染空前絕後，「在把『莠民社會』之亂暴的勢力改裝成『革命行動』的運作上，毛澤東所起的作用可謂惡力昭著，危害至深，直接推動了中國社會劣化發展的趨勢。」其次，康正果提出「革命者的物化」這一具有創造性的理論，本來是無比尊貴的人的生命，在「革命」這個宏大目標面前無足輕重，殺人從孤立的謀殺行爲變成有組織和有理論爲之正名的「系統工程」。在這一套革命話語和革命思維之下，「革命者從人珍惜自身生命和憐愛他人生命的本質中被分離出去，成爲非人格化的存在，最終讓掌握黨權軍權者當作工具去任意使用和無情消耗」。

中共是升級版的梁山。康正果引用《王明回憶錄》中關於中共七大排座次的場景的描述：毛當仁不讓地居首位，劉少奇、周恩來、朱德、任弼時等人不敢入座，須由毛安排他們的排序，才能戰戰兢兢地坐下來。康正果對這一場景做出解讀：「經過二十多年的鬥爭，毛澤東克服諸多險阻，終於當選爲中共七大中央委員會、中央政治局主席。經歷這一從『極卑之人』向『極高之人』的詭變，毛澤東及其毛共基本上修煉成精。此修煉之實踐活動就是打造『反動修辭』，顛覆既有價值，把『烏龜王八蛋』人物大量培養爲積極分子，從而壯大起毛共的黨棍隊伍，同時侵蝕和馴化參加革命的熱血青年，利用知識分子幼稚的革命理想，將他們整治爲失去獨立思考能力的黨奴。」早在進入中南海之前，共產黨就已「毛澤東化」，每一個黨員都是「黨奴」。康正果以「毛共」命名中共乃是畫龍點睛之筆，中共至今也未褪去「毛共」之烙印。

「毛子兵法」是厚黑學的最高峰

某些批評毛澤東和中共的人士，僅僅將毛主義看成是來自西方的馬列主義的翻版，認爲只要除掉這種「外來邪教」，恢復中國的傳統文化，中國就能煥然一新，民主自由。實際上，毛的精神資源既有來自蘇俄的階級鬥爭和暴力革命學說，更有直接傳承於中國傳統文化中最幽暗、最邪惡的那一部分。中國傳統文化中既有朝堂之上冠冕堂皇的儒家倫理，是爲「大傳統」，更有流行於民間的演義小說和戲曲，是爲「小傳統」。支配中國人思維方式和語言方式的文化資源，與其說是「大傳統」，不如說是「小傳統」。哪一個中國人，沒有熟讀《三國》、《水滸》？在先秦諸子百家當中，當然存在少數可以實現現代轉化的、跟普世價值接軌的部分，比如「老吾老以及人之老，幼吾幼以及人之幼」、「天行健，君子以自強不息」、「富貴不能淫，貧賤不能移，威武不能屈」等等。但在戲曲小說中，更多是陰暗惡毒部分的積澱，用民國初年學者李宗吾的話來說就是「厚黑學」，它們更深刻地左右著中國人的「集體無意識」。

毛就是厚黑學的醬缸浸泡出來的一條大蛆蟲。與那些留蘇的、對馬列教條倒背如流的黨內秀才不同，毛從未仔細研讀過馬列原典，他一生手不釋卷的乃是二十四史、《資治通鑑》和各種演義小說。用學者周有光的說法，毛書架上的書，幾乎沒有豎著放的西方書籍，全都是橫著放的古典線裝書。這些書籍沒有讓毛的內心變得明亮而高貴，反倒讓其精神世界更加陰暗、猜忌、暴躁、冷酷。每當毛要掀起政治運動，便從這些典籍中汲取權術謀略。毛還指示手下通過閱讀他指定的古書明白其意圖，比如毛要求大老粗的軍頭許世友研讀《紅樓夢》。這對於許世友而言，可是比上戰場還要痛苦的差事。毛那張碩大的木板床上，有一半空間堆滿古書（另一半空間則躺臥著供他宣淫的女子），他浸淫於其中，提煉出一整套「毛子兵法」，使之成爲厚黑學的頂峰。

對毛的批判不能放過毛所依託的黑暗的中國傳統文化。這正是康正果與那些不加鑑別地擁抱傳統文化的人士之差異。康正果指出：「布爾什維克的洋詞彙僅爲其堂皇的表面，所包裝的內核則來自粗野黑惡的本土資源。毛澤東從小熟讀《水滸傳》，書中的『小說教』——好漢主義——對他影響至深。馬列主義的階級鬥爭論一經毛詮釋，就統統被導向草莽江湖上血腥報復的暴行。」在此意義上，毛更是傳統中人，而非現代革命者。如果說毛主義是一塊骯髒惡臭的沼澤地，直到今天仍有數以億計的中國人自得其樂地在其中折騰。毛主義已內化爲中國人的生存哲學和深層文化結構，學者丁學良在爲俄裔學者潘佐夫的《毛澤東：眞實的故事》一書所寫的導讀中指出，由此才能理解「爲什麼中國大陸有些人士那麼看重毛的核心遺產——對於努力奮鬥，在當今和未來的中共政治浪潮裡圖生存謀發展的人，還有什麼諸子兵法比得上毛的戰略戰術，更能教會你致對手於死命的絕招，對敵人絕，對同志更絕？」

非毛化是民主化的第一步

被毛整治得痛不欲生的鄧小平，在毛死後復出掌權，斷然制止黨內外批判毛澤東的思潮，仍然供奉毛的神主牌。習近平幼年時曾是毛的政治運動的犧牲品，習家到了家破人亡的邊緣，但習一上台就對毛頂禮膜拜；政協主席、黨內第四號人物俞正聲，母失常，妹自殺，卻仍對毛五體投地；劉少奇的兒子、解放軍上將劉源，不顧殺父之仇，帶頭稱頌毛的豐功偉業。習近平、俞正聲和劉源，爲何認賊作父，不遺餘力地「活化」毛的思想遺產呢？他們的作法，看似不可思議，實則符合中共黨內的「潛規則」：沒有毛，就沒有共；要維持中共一黨獨裁，就要捍衛毛的「太祖」地位。

然而在中國民間流行的毛崇拜，更多是一種「力量崇拜」。中國人不崇拜眞理，不崇拜正義，而崇拜力量，即便那是一種邪惡的、毀滅性的力量。比如計程車內會掛一個小小的毛像，毛能幫助「抵擋小鬼」，至於毛是不是「大鬼」卻無人深究。獨裁者餓死其父老，姦淫其妻女，奴役其孩子，中國人偏偏對這種有力量的獨裁者三跪九叩，五體投地。

康正果的這部著作，是要啓蒙大眾，掀翻毛的神主牌。康正果分析毛早期的造反生涯、毛在國民黨黨內從事宣傳工作的經歷、毛如何將農民運動變成土匪劫掠、毛抗戰中的賣國行徑、毛推動的殘酷無情的黨內鬥爭以及內戰中犯下的反人類罪，作者如同好萊塢大片中身經百戰、技術超群的拆彈專家，將環繞在毛頭上的神光圈一點一點地拆除，再對其「黑暗之心」發出雷霆一擊。

習近平執政之後，民間在江澤民和胡錦濤時代爭取到的在一定的公共空間內反毛或非毛的言論自由，再度被粗暴剝奪。若干批毛鬥士遭到圍攻乃至抓捕，比如央視主持人畢福劍和老右派鐵流，前者飯局上批毛而被停止出鏡，後者年逾八旬仍因印刷反右史料而被逮捕。無論言論環境如何惡化，仍有民族的良心前仆後繼地對抗「毛」毒。比如廈門大學公共管理學院副教授雷艷紅在其微信朋友圈發表批毛言論，她說：「『對毛的尊重、熱愛，是對所有戰死、鬥死、冤死、餓死靈魂的侮辱』，如果我的這句話導致朋友圈中崇毛者的不快，請把我拉黑。毛粉是這個國家最頑固的污跡，是這個國家黑心的永久添加劑。面對他們，我感到深深的無助與悲涼，因爲他們對時間淘汰不了，眞相教育不了，歷史接受不了，教育解決不了。因爲他們，我不敢奢望正義，只能祈禱仁慈。他們是人類文明史上永遠無法磨平的傷痕，是人類文明價値的絕佳反襯。」雷的言論很快就被刪除。

非毛化是中國民主化的開端。中國人仍是毛澤東的奴隸，打開這道沉重枷鎖的鑰匙之一，就是康正果的《還原毛共》一書。當這本書可以在中國出版，在學校和圖書館中流傳之時，也就是中國人精神解放、心靈自由的時候。

毒太陽何時落山？

——錢理群《毛澤東時代和後毛澤東時代》

在一九八九年那個血腥屠殺的夜晚，北大教授錢理群在書房裡閱讀毛澤東和鄧小平的兩份講話稿，在一張小紙條上記錄下自己的感受：「儘管人們已經千百次地宣布『毛澤東時代』的結束，但兩個時代，兩個領袖人物——毛澤東和鄧小平，其觀念，思想方式，行爲方式，以至語言，卻是驚人的相似。……並不存在所謂『新時代』，我們仍然生活在毛澤東時代。」從那時候開始，錢理群便產生了研究毛澤東的想法。他意識到，如果不徹底清理毛澤東思想，中國永遠不能走向民主自由。

俄羅斯有一部曾獲奧斯卡最佳外語片獎揭示了史達林暴政的電影《毒太陽》，毛也以「紅太陽」自比，歷史學家高華的經典之作《紅太陽是怎樣升起的：延安整風運動的來龍去脈》就是研究毛如何通過延安整風攫取中共最高權力的。「紅太陽」升了起來，卻是一顆「毒太陽」，殘害數千萬中國人的生命。它至今仍未落山，從鄧小平到習近平，歷代中共統治者都高舉毛的神主牌，難怪澳洲學者白傑明（Geremie R. Barme）指出，「如果不讀懂毛澤東，就讀不懂習大大」。在此意義上，毛是檢驗中國人良心和智商的試金石，正如錢理群所說：「如何認識和評價毛澤東及毛澤東時代，以至後毛澤東時代，越來越成爲九〇年代末以來，中國政治、思想、文化學術界關注與爭論的焦點，並出現了越來越明顯的分歧。這樣的爭論與分歧，實際上和每個人在中國現實生活中的選擇，以及每個人對現行體制的認識、態度、相互關係，直接聯繫在一起。」

上下兩卷、長達七十萬字的《毛澤東時代和後毛澤東時代》是「錢理群版」的當代中國史和「錢理群版」的《毛澤東傳》。強烈的個人色彩和文學風格，使這本著作不是嚴格意義上的史學，也不是標準寫法的傳記，錢理群說：「我試圖建立一個三維的講述空間，上層的毛澤東空間，中層的知識分子空間，底層的我和民間思想者、普通民眾的空間，從三者之間的互動中來講述這段歷史。」同時，「不僅敘述歷史過程，而且盡可能地揭示歷史當事人的心靈世界，講毛澤東的內心矛盾，更講在毛澤東的極權體制下人的心靈傷害、思想迷誤、精神掙扎以及背後所隱含的人文問題。」

被遮蔽的底層思想者和「思想史上的失蹤者」

中共嚴密封鎖有關檔案材料。根據「保密法」的規定，毛時代的很多檔案材料都應當公之於眾，但學者和民眾仍然難以接觸到原始文件（很多關鍵的文件已被銷毀）。高崗事件、習仲勛事件、羅瑞卿事件、林彪事件以及鎮反、反右、大饑荒、文革等政治運動的眞相，至今撲朔迷離。在此種情況之下，錢理群所說的「上層」和「中層」論述，很難出現重大突破，這是研究者普遍的無奈。本書最大的特色在於錢理群講述自己的故事，也就是毛時代和後毛時代知識分子的心靈史，以及用「考古學」的方式發掘被湮滅的民間思想者的思想遺產。

錢理群的父親是逃到台灣的國民黨高級官員錢天鶴，他們的家庭是典型的「離散家庭」。一半的家庭成員陰差陽錯地留在中國，由於「出身」不好，從母親到錢理群本人，多年來謹言慎行，「夾著尾巴做人」，那種滋味，若非「同爲天涯淪落人」，不可能心有戚戚焉。本書中最讓我感動的一個細節是，錢理群坦率地披露出在反右運動中，作爲北大中文系學生的他，爲求自保，曾參與批判一位右派同學，「我的這篇發言在當時算是高質量的，但是對那個同學的傷害也最深」，以至於對方多年之後念念不忘。當他開始研究「右派學」時，才突然意識到「我就是當年迫害右派的一員」。於是，他痛定思痛，找出當年的發言稿並撰寫懺悔文章，後來在《隨筆》雜誌上發表。

很多知識分子將自己打扮成英雄和反抗者的形象。但錢理群承認：「反右之後，我的手上就沾上了同學的血。」他如此還原當年的心態：「發言的樣子有點洋洋得意，這正是奴才的得意，其實是在扮演一個幫凶的角色，以傷害別人來自救，而且傷害的是自己的同窗。」直到今天，很少有中國人願意公開懺悔，大部分知識分子都像余秋雨那樣，只記得作爲受害者的一面，而竭力抹煞作爲加害者的一面。錢理群指出：「體制異化了人性，異化了的人性又反過來支持著體制。……在一黨專制體制下，每個人既是體制控制的對象，受害的客體，同時又是加害於人的主體，所有人的手上都有血。」

除了自我反省之外，本書對「思想史上的失蹤者」的發掘，成為重寫當代思想史的先聲。「思想史上的失蹤者」這個概念，是歷史學者朱學勤最早提出來的。這些被迫失蹤者，甚至直接遭到暴政殺害的人，本是帶領中國走出專制獨裁的迷霧和沼澤的先驅，卻遺憾地「出師未捷身先死，長使英雄淚滿襟」。他們的肉體生命與思想成果，像彗星一般消失在漆黑的天幕，下一代人無法繼承其思想遺產，又從頭開始，從零開始，這是最大的悲劇。錢理群在本書中用很大篇幅介紹了多名相繼浮出水面的民間思想者和反抗者，如顧準、張中曉、王申酉、林昭、張春元、楊曦光等人。

書中還有另一群特別的人物：大學畢業後，錢理群被放逐到貴州安順的一所學校教書。在這個偏遠的「夜郎國」，他接觸到一群更具草根氣質的民間思想者，他們固然沒有上述那些人物的知名度和思想深度，但他們身上蘊含了「活的中國」。即便錢理群後來重回北大唸書並留校任教，從此身居最高學府，「得天下英才而教之」，仍與這個群體保持密切聯繫。錢理群與他們的親密交往及思想碰撞，才是「接地氣」的。錢理群堅信，必須發掘民間思想者及其思想成果，並使之成爲重建批判性理論的思想資源。

不過，錢理群未能在理論上完成對這些「異端思想」的概括。他使用的「民主社會主義」的概念無法揭示「異端思想」的眞義。比如顧準思想的重要部分，是對希臘城邦制民主的思考，這種美好的地方自治、自主模式，可以破除中央集權的、大一統的意識形態。有趣的是，半個世紀之後，香港市民在反對「中國新殖民主義」的運動中，出現了一位重要的理論家陳雲，其主張就是讓共產黨恨之入骨的「香港城邦論」。顧準與陳雲，生活在不同的時間與空間中，在「城邦論」上卻心有靈犀一點通。再比如，楊曦光（即後來名滿天下的經濟學家楊小凱）很早就接觸到哈耶克一脈的古典自由主義，不僅反對毛主義和史達林主義等共產極權體制，也反對同樣導致「通向奴役之路」的「社會民主主義」。然而，錢理群本人根深蒂固的「社會民主主義」理念，限制了他對光譜更加廣博而紛繁的民間「異端思想」的闡發。

「五七體制」和「八九體制」一脈相承

本書不可忽視的理論貢獻，是基於一九五七年的反右運動和一九八九年的六四屠殺，提出了「五七體制」和「八九體制」這兩個歷史、文化與政治概念。這兩個概念也成爲觀察和研究中國當代史的新的立足點。

就「五七體制」而言，錢理群認爲這是對原有一黨專制的強化與發展。他指出，該體制具有以下四個特點：第一，重新站隊，重組階級隊伍。嚴格劃分政治立場和家庭出身，並以政治審查制度和檔案制度來保證。第二，建立一個大權獨攬、黨的一元化的領導體制。黨對國家事務、社會生活的一切方面實現絕對的領導和控制，一切社會組織也必須服從黨的絕對領導，其中，「第一把手專政」和單位體制將人變成制度的螺絲釘。第三，建立以「興無滅資」爲中心的新意識形態，妖魔化西方及民主自由的普世價值。第四，不斷設置對立面，製造階級鬥爭，以保持「不斷革命」的緊張態勢。

以「八九體制」而論，錢理群指出，其本質就是權威主義加市場經濟，即權力和市場的結合。這是鄧小平路線的精髓，也成爲江澤民時期一直到當下的執政綱領，即「穩定壓倒一切」，「發展就是一切」。其主流意識形態則是堅持主義爲表，實利、實用與消費爲裡。

因爲本書篇幅和主題的限定，無法對「五七體制」和「八九體制」這兩個概念做出更多分析和闡發——單是這兩個概念就可各自寫成一本大書。不過，這兩個概念可以用來觀照當下中國的政治模式：二〇一六年一月二十七日，習近平的核心幕僚、中辦主任栗戰書在中央直屬機關黨工作會議上指示，要「增強核心意識」，堅持把「對黨絕對忠誠」作爲根本政治要求。新華社報導，二〇一五年十一月，中央政治局召開會議，指出「對黨絕對忠誠是最重要的政治紀律」。將習近平奉爲黨的領導「核心」的說辭，也被多名省市的黨委書記和國家部委負責人提起。歷史學者章立凡評論說，中共強調對黨中央的忠誠，其實是要求對領導人的忠誠，一個高度集權的政權已經形成。換言之，習近平正在致力於打造「加強版」的「五七體制」和「八九體制」。

「反抗絕望」與「絕望的反抗」

錢理群在序言中承認，毛主義的「一些毒瘤已經內化爲我自己內心的毒氣，因此，我必須堅守在批判和清理毛澤東思想文化的過程中進行自我清理的基本立場」。他在序言中對未來給出悲觀的預測：「我選擇研究毛澤東，是明知其失敗，或明知其局限性，仍然要硬做，這可說是『知其不可爲而爲之』，也是一種『反抗絕望』。」

毋庸諱言，本書確實存在若干思想的盲點與缺陷。錢理群身上的「毒氣」，就是毛澤東身上最具迷惑性的毒素，比如所謂詩人氣質、浪漫主義、理想主義、烏托邦激情以及對平等價值的追求，這些精神取向、思維方式和語言風格，對幾乎所有中國人都產生了巨大影響。富若不經過漫長而痛苦的、如同「關羽刮骨療毒」的過程，就不可能眞正「告別毛澤東」。富於浪漫主義和理想主義情懷的錢理群，在書中時不時對毛的某些部分產生「同情的理解」甚至流露出迷戀之情——然而，我們很難想像會有德國學者從希特勒身上尋找「歷史合理性」和「審美的愉悅」。希特勒是「全部」的壞人，毛澤東當然也是。

這種情感投射，也影響到錢理群對毛的政策的具體評價。比如錢理群認爲，「開放中國的決策是毛澤東定下的，而開放也就必然帶來改革，在這個意義上，改革開放的格局是毛澤東開啓的。」這個結論不能成立，即便毛自己也不認同，甚至會氣得從水晶棺中一躍而起。

改革開放的格局不是毛開啓的，恰恰相反，在否定文革和毛主義若干原則的基礎上才有改革開放。毛晚年邁出跟美國修好的步伐，不是因爲他要改變中國長達三十年的閉關鎖國政策，而是在面對蘇聯巨大的政治和軍事壓力（蘇聯甚至計畫對中國使用核武器）時不得不抓住的一根救命稻草。這是地緣政治的考量，而不是意識形態的轉換。毛直到生命的最後時刻，仍然重用「文革派」保護文革成果，在政治上不放棄僵化的階級鬥爭學說，在經濟上不准農村廢除公社並實行「包產到戶」（其後必然涉及到肯定私有制的問題）。毫無疑問，毛主義是改革開放的最大障礙，八〇年代的改革開放，若要往前邁出一步，就必須突破毛留下的思想禁忌。這個艱難的過程，從趙紫陽的回憶錄《改革歷程》和擔任過鮑彤秘書的吳偉的《中國八〇年代政治改革的台前幕後》這兩本書，可以看得一清二楚。

不過，瑕不掩瑜，錢理群走到了他所能走到的最遠處，接下來的路要由下一代來走。所謂「反抗絕望」，就是與自我內心的虛無主義、犬儒主義以及絕望的情緒抗爭，像希臘神話中推石頭上山的西西弗斯那樣，在無意義中尋找意義，意義蘊含在反抗行爲中。所謂「絕望的反抗」，就是「毒太陽」雖當空照耀，仍要「蜀犬吠日」，縱然不能將「毒太陽」叫落在地，也要讓它不能那麼肆無忌憚、理所當然地掛在天上。這就是知識分子「豐富的痛苦」和悲壯的命運。

烏鴉的翅膀不可能永遠遮住陽光

——印紅標《失蹤者的足跡：文化大革命期間的青年思潮》

清朝詩人黃仲則詩云：「十有九人堪白眼，百無一用是書生。莫因詩卷愁成讖，春鳥秋蟲自作聲。」在「皇帝最大」的時代，在一首詩歌就可能惹來「誅九族」的恐懼之下，詩人堅持「春鳥秋蟲自作聲」的思想自由和表達自由，最終貧困潦倒，鬱鬱而終。而在「和尚打傘，無法無天」的毛澤東時代，尤其是被中共官方文件稱爲「十年浩劫」的文革時期，知識分子再次遭到毀滅性的打擊和摧殘，大部分「自作聲」的「春鳥秋蟲」都是並不知名的青年思考者。

那些彌足珍貴的青年思想者，大都成了歷史上的「失蹤者」。「思想史上的失蹤者」這個概念，是由歷史學家朱學勤提出來的。朱學勤認爲：「所謂思想史的長河，只不過是一條狹長的小溪。在這條小溪的兩邊，是望不見盡頭的無邊黑暗。一代思想者失蹤，迷失在思想史這一邊或者那一邊的黑暗裏，不會引起思想史長河的一聲嘆息。它連一個漣漪都不會泛起，不動聲色地、熟視無睹地繼續向前滑淌。思想史上大規模、小規模、集體性、個人性的失蹤事件，幾乎每一代都發生過，已經發生過無數次了。」有沒有人致力於追尋和發掘「被失蹤」的思想者呢？

學者印紅標是一名在知識考古學層面上「竭澤而漁」的「漁夫」。我在北大求學時，聽說過他的大名，卻無緣聽他授課。離開北大多年之後，才讀到印紅標的著作《失蹤者的足跡：文化大革命期間的青年思潮》。文革期間，民間社會星星點點地存在著對毛及中共體制的批判和否定。有些思想者是「一個人的戰鬥」，力挽狂瀾，九死不悔；有些則以「思想村落」的形態存在，相濡以沫，肝膽相照。他們命運多舛，遭遇出賣、告密、監禁和酷刑，但其思想成果開啓了文革以後思想解放運動的先河，胡平、陳子明、劉曉波等思想界的反抗者無不受其啓蒙和滋養。

爲那些被「暗殺」的思想者樹碑立傳

清末詩人龔自珍憤怒地譴責專制制度對人的創造力和想像力的扼殺，並呼籲說：「我勸天公重抖擻，不拘一格降人才。」龔自珍想像不到，一百年後毛澤東創建的「中華人民共和國」比他生活的大清王朝殘暴和獨裁千百倍。大清王朝有荒郊野外供異端者隱逸，「中華人民共和國」卻沒有一寸土地供異端者擺放一張書桌。毛澤東引以爲自豪的事情，就是他發起的全國性焚書坑儒讓秦始皇甘拜下風。毛時代的中國如此，後毛時代的中國也是如此：我在台北教育大學的一次演講中，遇到一名剛剛來台灣讀文學研究所的陸生，她坦率地告訴我，她從未聽過諾貝爾和平獎得主劉曉波的名字，更沒有讀過劉曉波的任何一篇文章。這從一個側面說明，中共政權對劉曉波的「暗殺」何其成功！

印紅標的《失蹤者的足跡》一書，是爲那些被「暗殺」的思想者樹碑立傳。大部分史家都是趨炎附勢之徒，甘心情願地爲帝王將相寫歌功頌德的家譜，以此向權貴階層換取一點殘羹冷炙，把自己養得腦滿腸肥。印紅標則轉過身去，矚目於那些被稱爲「牛鬼蛇神」的賤民群體，從浩如煙海的文字資料中查尋蛛絲馬跡，親身採訪當事人及見證者，讓被遮蓋者、被湮滅者脫去斑斑鏽跡，重新發出耀眼的光芒。

本書中除了記載遇羅克、李九蓮、王申酉等有相當知名度的文革受難者的行跡和思想之外，更彙集了若干尚不爲大眾所知的民間思想者。一方面將他們的思想還原到當初的歷史時空中，分析其獨特性和超前性；另一方面也不刻意拔高，如實地指出他們思想的局限性和蕪雜性。一九七六年，貴州青年陳爾晉撰寫了十二萬字的《特權論》，反對特權並提出借鑑西方民主制度的主張，比如實行三權分立和兩黨制、保障人權等。陳爾晉是最早提出「官僚壟斷特權階級」的民間思想者，儘管比南斯拉夫的吉拉斯（Milovan Dilas）晚了二十多年。

陳爾晉的《特權論》充滿眞知灼見，他偏偏用傳統士大夫上書的方式將這篇長文郵寄給文革後期主持中央工作的鄧小平，並請求鄧小平轉交給毛澤東。當然，他不可能得到任何回音。印紅標在肯定了陳爾晉「以基層社會觀察和體驗爲基礎所寫的社會政治的分析，在論述的系統和理論深度上面，超過了同時代社會和政治批判的其他青年」的同時，也毫不諱言其人格模式和思想方式的局限性：「他生活於邊陲一隅，昧於中央政治鬥爭，因而常常以自己不切實際的幻想代替現實；他不甘寂寞，認爲自己發現的治國良策可以爲當權者賞識，一鳴驚人；在他的意識深處，有很多與中國共產黨政治行爲方式迥異的傳統小說演義裡的思維方式。」不過，傳統小說演義裡的思維方式，倒並不一定與中共的政治行爲方式迥異，毛本人不就是一個只讀傳統的「低級小說」的梁山好漢式的梟雄嗎？

向那些敢於直接反對毛澤東的先知致敬

在《聖經．舊約》的傳統中，先知是敢於遵行上帝旨意，行公義、好憐憫、指責暴君的人，他們有可能是祭司，也有可能是平民。以此衡量，那些敢於直接反對毛澤東的思想者，就是中國的先知。

在文革之前的一系列政治運動中，敢言的知識分子已被打斷脊梁。既然老一輩知識分子無法發聲，接力棒就交到經過紅衛兵運動和上山下鄉運動洗禮的青年一代手上。印紅標指出：「在眾多知識分子失語的情況下，那些受教育不多的知識青年的思想探索，具有了突出的地位。他們處於思想管束薄弱的農村和工礦，有可能結成學習和交流的思想村落，又有初生牛犢不畏虎的青春衝動，因而他們往往能夠抓住時代最重要的命題，人民最關心的問題。這些青年的知識和理論素養十分薄弱，他們的思想更多的是來自樸素的生活體驗，但正是這些思想成果，彌補了中國思想史上可能出現的空白。」在這群異端思想者中，絕大多數仍然是「打著紅旗反紅旗」：要麼是出於知識背景的限制——他們多半出生在一九四九年之後，只能運用主流意識形態中教導的馬列主義和毛澤東思想爲精神資源，對照社會現實並「糾錯」；要麼是出於策略的考量——在馬列和毛的保護傘下，玩弄古已有之的「只反貪官，不反皇帝」的遊戲。因此，我對這一類半截身子深陷泥沼中的反對者或反對言論評價不高，我更敬佩和讚賞的是那些認清毛的本相，直接挑戰毛的權威的反對者和言論。

《失蹤者的足跡》一書中，記載了許多「明知山有虎，偏向虎山行」的反毛先知。比如清華大學附中紅衛兵發起者之一駱小海，在文革發生半年多之後，就通過閱讀吉拉斯的《新階級》並與友人的交流而逐漸認識到，「文化大革命是走向皇權專制的政變，是禍國殃民、摧殘文化的災難。毛澤東的革命路線實爲神經路線」。又如，北京外國語學院一年級學生、十九歲的王容芬，在紅色恐怖的「紅八月」肆虐之時，勇敢地致函毛澤東，質問說：「文化大革命不是一場群眾運動，是一個人在用槍桿子運動群眾。」她甚至奔向蘇聯大使館附近，企圖用服毒自盡的方式抗議文革暴政，喚醒國人並讓世界知曉文革眞相。之後，她被關押十年又被判無期徒刑，直到一九七九年獲釋。印紅標指出，王容芬的言論雖然沒有多少理論色彩，但她以必死的決心講出眞話，如同長夜裡的星星之火，說明這個民族的精神還沒有死滅，還有光明的希望。

《失蹤者的足跡》一書也有一個盲區，作者忽視了諸多劫後歸來者書寫的「監獄文學」。許多「監獄文學」生動了描述若干睿智而勇敢的思想者，在那個時代，敢於表達的思想者大都在監獄中。原名爲楊曦光的經濟學家楊小凱，在回憶錄《牛鬼蛇神錄》中描寫了各種各樣的反毛、反共的囚徒的故事。在他們當中，有高級知識分子，有資本家，有工人，有軍官，有農民，他們不是誤被當作右派的左派，也不是所謂的「第二種忠誠」，確實是共產黨和毛澤東的反對派，很多人都被處以死刑。或許，有心人可以專門寫一本《中共監獄裡的異端思想》，作爲《失蹤者的足跡》之續集。

林立果是一名異端思想者嗎？

多篇書評提到，《失蹤者的足跡》一書將《「五七一工程」紀要》作爲「與一般青年立場迥異的另類政治思想資料」收入書中，讓人耳目一新。

文革後期，《「五七一工程」紀要》的公布，對於許多狂熱的文革參與者來說，如同一場八級地震。毛爲什麼要公布這份文件呢？林彪之死讓毛鬆了一口氣，但毛對黨內外很難自圓其說——副統帥不正是毛一手挑選的嗎？毛爲了妖魔化林彪集團，便將這份「政變文件」公諸天下，不料搬起石頭砸了自己的腳，這份文件擊碎了民眾對毛的偶像崇拜，毛的權威至此搖搖欲墜。

在本書中，作者分析了《紀要》的內容有三點引人注目之處：第一，對黨內最高層鬥爭局勢的評估和對策；第二，對毛的猛烈攻擊；第三，對文化大革命以來政治和政策弊端的激烈抨擊。作者指出：「《紀要》如此膽大妄爲地策畫推翻以至謀害毛澤東及張春橋等文革勢力的武裝政變，如此毫無顧忌地譴責毛澤東政治人格和黨內鬥爭作爲，如此無情地揭露和批判文革以來的政策弊端，在中共黨內恐怕是沒有先例的，更加令人震驚的是，這樣的言論竟出自『毛澤東思想紅旗舉得最高的』、文化大革命的『副統帥』、黨章載明的毛澤東接班人林彪的兒子之手。」人們由此看到了冠冕堂皇的革命話語背後赤裸裸的權力鬥爭的黑幕，官方的宣傳不再具有權威性和神聖性。

從近年來陸續在海外出版的、被劃爲林彪集團重要成員的陳伯達、邱會作、李作鵬、吳法憲等人的回憶錄，以及諸多研究林彪集團的著作中可以看出，《紀要》並非該集團的「政變綱領」，那些依附林彪的高級將領和官員事先並不知曉這份文件的存在。至於林彪本人是否知道並支持《紀要》，目前沒有足夠的資料證明。所以，印紅標對此文件有所質疑：「其政策批判在多大程度上是爲了共產黨的事業、領導幹部的利益和人民的疾苦，又在多大程度上是發動政變的策略、『動員群眾』實現其集團利益的口號？如果相信號召人民打倒『當代秦始皇』的林立果，那麼將如何處置那個『萬歲不離口，語錄不離手』的林彪？……在諸如此類的諸多疑團化解之前，《紀要》難於贏得人們的信任和擁護。」換言之，林彪集團與四人幫集團的殊死搏鬥，有治國方略之不同，但更多還是權力之爭。《紀要》很難把林彪從毛澤東罄竹難書的罪惡中撇清出來。

如果說《紀要》體現的是林立果及其一小群智囊的理念，那麼它最多表明林立果是太子黨群體中思想最深刻的一位——跟薄熙來、習近平等思想貧乏、知識有限的「毛粉」相比，林立果的智商更高，視野更廣。《紀要》中多多少少表現出對中國底層受苦民眾的同情，如果眞的按照《紀要》的思路「改旗易幟」，「改革開放」或許會提前六、七年。今天的中共黨魁習近平若要破除對毛澤東的迷信和崇拜，不妨找出《紀要》來重新學習一番，才會明白他的父親和家族爲何遭到滅頂之災。反之，任何試圖在中國重演文革的雄心壯志，最後都必將在現實中撞得頭破血流。

在《失蹤者的足跡》一書中，走在時代前列的思想者爲他們的思想付出了沉重的代價，有的人甚至犧牲了生命。印紅標指出：「文革期間青年的思想探索是艱險的，甚至是帶血的歷程，它使我們倍加重視一個深刻的歷史教訓——必須建立和健全民主和法治，保障人民思想探討和言論的權利。」儘管如此，每一個時代、每個國族都會出現其思想先驅——與印紅標一樣，德國思想家漢娜．鄂蘭也寫了一本名爲《黑暗時代群像》的人物傳記，描述了若干位在納粹的暴政下堅持獨立思想的反抗者。我們必須記住那些勇敢而高貴的反抗者，因爲「他們的探索是一筆寶貴的精神財富，啓迪和激勵人們擺脫專制愚昧，創造美好的未來」。

仇恨是文革的起源和動力

——丁學良《革命與反革命追憶》

半個世紀之後，學者丁學良如此回憶「文革」開始的那一刻：一九六六年六月十三日下午兩點鐘，學校裡的擴音喇叭宣布來自中央的指示：「從現在起，一律停課鬧革命。何時復課，等待中央的有關指示。」當時，初二尚未唸完的少年丁學良，聽到消息非常開心，卻沒有意識到，「從那一天起，我們就一步跨進了橫掃人類各種文化遺產的狂飆時代，其中又以『大破四舊』即剷除中華傳統精粹爲烈。」他成了受害者，也成了加害者。

至今，文革仍是深不見底的謎，文革的親歷者眾說紛紜，文革後出生的人們視之爲神話故事。文革形塑的語言風格和思維模式仍是中國人每日飲食的「狼奶」。要瞭解當代中國最深層的心態景觀，絕對要從文革開始。作爲昨日的文革紅小兵、今日的中國研究權威，社會學家丁學良在西方求學、生活、研究、講學三十多年，但那段似乎陽光燦爛、其實是「毒太陽」熾熱的少年時代，讓他常常從噩夢中驚醒——暴力和死亡，仇恨和憤怒，在那一代人乃至之後若干代中國人心靈深處打上了揮之不去的烙印。

薄熙來在重慶「唱紅打黑」，險些成爲其問鼎中樞的跳板。「唱紅打黑」得到很多底層民眾的熱烈擁護，更有來自海內外的知識菁英雲集重慶，爲之出謀劃策，添磚加瓦，甚至炮製出一整套像模像樣的「重慶模式」。對此，丁學良深受刺激，在他看來，「薄熙來事件是一場小型文革，類似的小型文革將來在中國還會發生，所以應該將它從思想和意識上根除杜絕。」他寫下《革命與反革命追憶》一書，這是對文革的切膚之痛，也是紅衛兵第一手觀察紀錄，更是社會學家深刻反省革命意涵的思索報告。有別於一般文革回憶文獻只重宏觀，輕微觀；只批判「壞人」，不批評「好人」；只攻擊對方，不反省自己；只寫大人物經歷，不寫普通人經歷，丁學良以更廣闊的社會歷史脈絡和個人的體驗，寫下對革命與反革命最坦誠、最赤裸也最沉痛的反思。

統治者迷戀暴力，因爲暴力可以使權力合法化

丁學良的文革歲月是在安徽宣城度過的。那裡不是文革風暴中心，也不是北京、上海、四川、廣西、內蒙、湖北那樣的重災區。作爲中學生的丁學良，不可能成爲風頭浪尖上的人物，只能是哥哥、姐姐們的「跟屁蟲」。他成爲宣城中學的全職革命學生，一直鬧到一九六八年年底。「在此期間擔任過正宗的紅衛兵小將應該鬥的所有的文攻武衛，壯懷激烈，只差沒有殺死人和沒有被人殺死。可那也不是有意拒絕爲之，而是碰巧沒挨上。」少年丁學良目睹和經歷了殘酷的暴力，提前進入成年人行列。

丁學良所屬的派系爲了改變武器落後於對立派系的境況，安排稍稍懂得一些化學知識的

工程師土法上馬，自造槍炮。丁學良親身參與了製造硝化甘油的實驗，那是一種比TNT（三硝基甲苯）猛烈得多的液體炸藥。實驗出了差錯，玻璃缸裡的液體直衝而上，碰到天花板，散落下來，落到周圍人身上。每個人身上都火辣辣地灼痛，慘叫著跑去沖洗。丁學良發現，圓領衫成了一片漁網，右手食指中指上幾小塊皮肉爛掉，能見到裡面白森森的筋骨。醫生告訴他，這是「鏹水」，俗稱「王水」，連鋼鐵都能腐蝕掉。

還有一次是製造一種遙控飛機模型，試圖利用這種武器對準敵方的武鬥據點大樓，撞上去引爆。在往炸彈殼填裝火藥時，由於擠壓過猛，一枚炸彈在工程師的手中開花，引發旁邊的炸彈紛紛爆炸。工程師本人被炸成一級傷殘，助手們三級傷殘。丁學良記得當時的場面：「滿屋濃煙，昏黃的燈光下，三人在地上打滾；皮肉燒焦的臭味嗆得人難以透氣，我們手臂中的傷員痛苦地嚎叫，他們的頭和手覆蓋著暗紅的血漿和灰燼。」

丁學良描述了工人武鬥的場景，工人的武鬥是動眞刀眞槍。碼頭工人組織「鋼筋鐵骨戰鬥隊」，建築工人組織「銅牆鐵壁戰鬥隊」，兩派的武鬥均有實戰經驗豐富的退伍軍官幕後指揮，很像兩軍作戰，一場戰鬥下來，雙方死傷數十人。以此推測，全國武鬥死傷人數當有數十萬。

丁學良參與了造反派衝入南京軍區駐宣城通訊站搶槍的活動。數百人衝入軍械倉庫，丁學良一口氣在外衣口袋裡裝了六支「五四式」手槍。結果，進來容易出去難，訓練有素的士兵採取林彪在東北戰場的「三三制」戰略，三人一組，圍堵衝入院子的便服人員。丁學良身上原有的那支老掉牙的德國造「盒子炮」也被士兵奪走。

丁學良親眼目睹了一名對立派系「五湖四海戰鬥隊」的俘虜被凌虐至死。武衛小隊的頭目聽說抓到一名為害鄉下的小土匪，立即組成「無產階級革命造反法庭」升堂審訊。自封的審判長、審判員們一致投票，判處俘虜死刑。但如何執行呢？大家畢竟不敢公然槍殺俘虜。於是，將其捆綁在院子中間的大樹上，手腳都給打上死結。俘虜一開始還哼哼唧唧的，叫「痛啊，痛啊」，沒有人理他，逐漸悄無聲息。到了第二天中午，大家發現俘虜沒有氣息了。那個年代的少年人，喪失了基本的同情心，死一個「壞人」有什麼了不起呢？

文革中暴力的泛濫，是以毛澤東為首的中共中央縱容乃至慫恿的結果。毛早在二〇年代領導湖南農民運動時，就用暴力征服人心。毛的私人醫生李志綏在回憶錄中指出，毛生性冷漠殘暴，對暴力有一種病態的欣賞。毛讓攝影師拍攝高級官員被批鬥的照片，他看他的敵人受罪，心裏就痛快解氣。有的批鬥大會的影片在電視上放映，配的是樣板戲的音樂。劉少奇慘死之前，像狗一樣趴在地上找食物吃，毛看到錄影之後，神情歡快。文革後期出任副總理的紀登奎回憶，毛曾問他挨了多少次鬥，紀說他挨了幾百次鬥，坐了「噴氣式飛機」。毛聽了，哈哈大笑，還親自學作噴氣式的樣子，低頭，彎腰，並把兩手朝後高高舉起，逗得大家哄堂大笑。

文革的核心就是暴力。多年之後，丁學良到西方留學，接觸到西方文明，才知道崇尚暴力是不文明的標誌，文明社會形成各種法律、倫理和文化，以制約、防止暴力。共產黨反其道而行之，摧毀法律、倫理和文化，讓中國人浸淫在崇尚暴力的醬缸之中。毛迷戀暴力，不僅僅是其本性使然，更要利用暴力恐嚇政敵乃至全民。

毛與其他所有人（包括他的妻子江青、他的副手劉少奇和林彪、他的管家周恩來）的關係，都是主人和奴隸的關係，沒有人能跟他平起平坐。德國學者沃夫剛・索夫斯基（Wolfgang Sofsky）分析暴君如何運用暴力實現其統治時指出：「沒有一種行爲比主人對奴隸的權力更粗鄙。在傷害別人的過程中，他感受到自己身體中的那股力量，而這也是爲什麼統治者就算不斷擴張統治範圍之後，還是不願意放棄暴力的一個原因。暴力雖然可以製造短暫的脫序，但卻又可以藉由暴力的事實把權力合法化，加深群眾對保護和依靠的需求。」對毛來說，失去暴力，就失去權力。

暴力必然帶來死亡。對於缺乏超越性的宗教信仰，「好死不如賴活」的中國人而言，肉身的存活是最高目標，帶來死亡的暴力足以讓他們「甘心爲奴」。這就是共產黨的統治延續至今的秘訣。

革命不是請客吃飯，革命就是報復

丁學良認爲，把文革發動者的深層動機和這場革命自身的內在動力學一語點破的，是江青。在一九六七年秋天武鬥高峰時，江青對葉群說：「現在趁亂的時候，你給我去抓了這個仇人。你有什麼仇人，我也替你去抓。」果然，葉群動用空軍幫江青抓捕了孫維世，一年後將其折磨致死。

上層如此，基層也是如此。丁學良記載了敬亭山農場的張書記的故事：張書記是轉業軍官，在農場宛如土皇帝，管理上千名農場工人和家屬。他每日帶領兇狠的大狼狗巡視農場，人人見到他都要點頭哈腰。丁學良和寡母曾被他趕出農場，差點淪爲乞丐。文革開始，群眾起來造反，張書記淪爲階下囚。人們向這個「奴隸主」施加了酷烈的懲罰，當年冬天就奪去了他的生命。這還不算，造反派們作出了一個「革命決定」：把張書記家咬過許多人的大狼狗打死，與張書記埋在一起，這叫「惡狗伴惡人」。這是底層階級向壓迫階級的報復。由此，丁學良悟出了文革的本質：「革命就是報復。文化大革命中千千萬萬普通的中國老百姓乃至社會底層的賤民們，利用了紅色始皇帝毛澤東『對走資派造反有理』的聖旨，報復了自一九四九年十月以來一直騎在他們頭上作威作福的紅色官僚特權階層。」這種報復得到毛的授權，人們能不對毛視若天神嗎？

文革期間，毛澤東和江青肆意報復歷史上與他們有過過節的人士。江青的報復，主要針對三〇年代「上海灘」知道她隱私的文藝圈故人；毛澤東的報復更加複雜，凡是在過去黨內「路線鬥爭」中跟他有過分歧的人士，都是被掃除的對象：三〇年代當過總書記的張聞天，大饑荒中上書的彭德懷，七千人大會上逼他退居二線的劉少奇和鄧小平，個個都不能倖免。上行下效，社會各階層的人們都渾水摸魚，以革命的名義報私仇，何樂不爲呢？

冤冤相報的循環仍在繼續。在「驚天地、泣鬼神」的天安門民主運動中，反抗者和劊子手都不由自主地被籠罩在這一陰影之下。丁學良注意到一則短小的新聞報導：六四屠殺之後，四川大學生悲憤於同學遭到屠殺，立志報仇雪恨，宣稱要去鄧小平老家廣安挖其祖墳。理由是：「你老鄧下令殺大學生，讓別人家斷子絕孫，我們也要刨你的祖墳，讓鄧家斷子絕孫。以眼還眼，以牙還牙。」

對於這種反抗者和反抗對象的「精神同構性」，丁學良感慨萬千：「到了二十世紀末尾，中國統治集團中最具世界視野和大歷史感的改革總管鄧某人，與思想最激進、最渴望政治自由的大學生，在血仇報復這一點上，卻是那麼心心相印。」鄧小平在文革中險些家破人亡，不能容忍「庶民挑戰官僚」那個意義上的文革重演。一九八九年，鄧小平報復了膽敢再一次要掃除官僚階層制度性特權的大學生，鄧從追求民主自由的學生身上看到的是二十多年前把他打倒的那幫紅衛兵和造反派的幽靈再現。

大學生的報復行為沒有成真，即便成真，對鄧小平也造不成多大傷害。文革期間，連周恩來都下令鏟平自己的祖墳，共產黨人是無神論者，不會遵循中國人祖宗崇拜的傳統。更何況少年鄧小平是因為跟父親的小妾有了私情，醜聞敗露才逃離家園、參加革命，從此以後，他再也沒有回到過家鄉。鄧不在乎祖墳的存廢，他在乎的唯有權力。他是滅人倫的孽子，在這一點上，鄧小平跟毛澤東一模一樣。鄧小平不願將毛澤東像從天安門城樓上取下，他的潛在台詞是：「將來的接班人要像我對待毛主席那樣對待我。」

薄熙來和習近平都是毛澤東的兒子

這本文集不單單是文革回憶錄和反思錄——就文革來談論文革，沒有任何意義。我向來不太欣賞用乾嘉考據學方式研究文革的論文和專著。乾嘉學派是「避席畏聞文字獄」的產物，如果研究文革只是將文革當作屍體解剖，對當今的人們又有什麼益處呢？

丁學良的這本書從文革一直寫到重慶模式，其主題不僅是逝去的歷史，更是正在上演的行動劇。薄熙來在重慶的「唱紅打黑」以及整個薄熙來事件，是繼承了毛澤東文革精髓的一部分。薄熙來舉起的是毛澤東這把大刀，向四面八方砍去，不小心砍到了自己。薄熙來沒有毛的權勢和力量，沒能讓唱紅打黑普及全國，但文革的動力——階級仇恨、路線鬥爭、政治鬥爭和意識形態鬥爭——被以步步加碼的方式強力推行。當絞肉機高速發動，就無法讓其停下了。毛死掉了，他的妻子和侄兒都成了殉葬品；薄熙來倒掉了，他的妻子成了獄中難友，兒子則成了有家不能歸的政治流亡者。只要中國共產黨的這種把異見人士變成敵人的機制存在，文革悲劇就會在不同的時候以不同的方式重演，只不過規模和時間更小、更短而已。

如果整本書有續集，我建議丁學良寫一寫毛澤東、薄熙來和習近平。薄熙來被掃進垃圾堆，無論是公共形象還是私人品格都已臭不可聞，翻身再起的機會微乎其微；參與搞掉薄熙來的習近平，黃袍加身之後對薄熙來的那一套採取「拿來主義」，在全國推行。習近平與薄熙來有多大的差別？他們都是文革之子，都是毛的兒子——雖然他們的父親在文革中都是犧牲品。

文革的黑暗與殘酷，並不亞於納粹的集中營，丁學良所揭示的只是冰山一角。文革研究只完成了序言部分，猶太人的大屠殺研究則已成爲人類捍衛記憶的努力的一部分。在與遺忘的戰鬥中，有兩位猶太戰士功勛卓著。一位是一九八六年「諾貝爾和平獎」獲得者、納粹集中營倖存者伊利・威塞爾（Elie Wiesel），他是作家、歷史學家、世界形勢觀察家、記錄無以言喻的邪惡事件的犯罪學家，一生撰寫三十五本書，全都與記憶有關。有人曾以不同的形式問他：「你有沒有打算不再寫猶太人的遭遇了？」威塞爾回答說：「即使我什麼也不寫，也永遠寫不夠；即使所有的倖存者別的不寫，而只寫他們的經歷，還是永遠寫不完。」

另一位是被稱爲「納粹獵人」的維森塔爾（Simon Wiesenthal），他參與了追捕三千名納粹戰犯的行動，包括艾希曼（Adolf Eichmann）。他說，只要上帝賦予他力量、朋友提供他金錢，他會一直堅持下去。他堅信，倖存者的使命是幫助死難者開口說話：「當我們到另一個世界，我們會面對數百萬死在集中營裡的猶太人。如果他們問你『你做了些什麼？』可能答案會有很多。但是我會說：『我沒有忘記你們。』維森塔爾認爲，這項工作跟人類的未來息息相關：「這五十年來我所有工作的唯一價值，在於向明天的謀殺者發出警告：你們絕對不會逍遙法外。」

中國也需要有威塞爾和維森塔爾，丁學良的這本書是向兩位先賢致敬。未來中國的轉型正義，不僅要將毛像從天安門城樓上取下來，更要追討每個毛的幫凶、幫忙和幫閒的罪惡——這張名單不只局限於文革結束後被審判的「四人幫」及林彪「反革命集團」的成員，很多審判他們的人也都名列其中。

在華盛頓猶太大屠殺紀念館的門廳，鐫刻著聖經《申命記》的幾段經文，這幾段經文都是關於記憶的，比如「我今日呼天喚地向你作見證，我將生死禍福陳明在你面前」，以及「免得忘記你親眼所看見的事，又免得你一生這事離開你的心，總要傳給你的子子孫孫」。這些話不僅是上帝借摩西之口向猶太人說的，也是對整個人類說的，中國人也不例外。到了將北京市中心的毛主席紀念堂改建成文革博物館的那一天，中國才算是邁入文明國家的門檻。

以「造反」的方式「效忠」

——李遜《革命造反年代：上海文革運動史稿》

在文革發生五十週年之後（文革只有發生之日，而無結束之期，說文革結束四十週年，是一個自欺欺人的謊言），文革研究在中國仍是禁區。關於文革的檔案材料仍未解密，學者對文革的研究舉步維艱——研究計畫得不到大學和智庫的支持和立項，研究成果無法在學術刊物和大眾媒體上發表，更不可能面對學生講授這一題目。然而，仍有一些「知其不可爲而爲之」的學者，一頭栽進文革研究領域，從事這一「投入」與「產出」不成正比的事業，上海學者李遜就是其中之一。她放棄了在美國優渥的工作和生活條件，毅然返回中國，以十年時間撰寫完成上下兩大卷、長達一千六百頁的《革命造反年代：上海文革運動史稿》一書——當然，這部鉅著只能在香港出版。文革史研究的權威學者宋永毅評價說，這本著作「代表了文革研究從概括性的全國史向細節性的地方史的發展。另一方面，它又從一個獨特的視角出發，對整個宏觀的文革做出了一些深度的理論思考。」

上海這個近代以來中國最西化的城市、資本主義的先鋒和冒險家的樂園，在共產黨統治下卻成爲極左意識形態的發源地。直到今天，資本主義捲土重來的上海，市民可以紙醉金迷，夜夜笙歌，官方和民間在意識形態上仍「以左爲榮」——上海少有堅韌的異議人士和人權活動者，體制內傾向民主自由價値的學者大都謹言愼行。這種吊詭的錯位，値得探究其緣由。正是在這一背景下，上海成爲文革的「發動機」，理解上海文革乃是理解全國文革的前提。一九六五年，作爲文革導火線的姚文元批判《海瑞罷官》的文章是在上海秘密完成的，毛澤東親自策畫了這場上海對北京的「北伐」；一九七六年，當北京發生政變、「四人幫」被抓之後，各地立即順服新中央，唯有上海的文革派領導人企圖利用民兵武裝反抗。因此，《革命造反年代：上海文革運動史稿》堪稱一把打開文革這個幽深隧道之門的鑰匙。

毛澤東始終是文革大戲的幕後導演

一九四九年之後，毛澤東長期居住在中南海，那是明清兩朝皇帝的私家花園，這個選擇顯示毛雖無皇帝之名而有皇帝之實。但毛並不喜歡風沙撲面、暮氣沉沉的北京，更何況劉少奇、彭眞控制的北京被其形容爲「水潑不進、針插不進」的「獨立王國」。在中國的城市當中，毛最喜歡的是上海，上海擁有人數最多的工人階級，工人階級領導的革命才符合馬列主義原教旨主義，亦能塡補毛澤東這個利用農民革命奪權的土包子的自卑心理。而且，上海的領導人，從柯慶施到張春橋、王洪文，大都是對毛忠心耿耿且善於察言觀色的「自己人」。

毛澤東選擇上海作爲發動文革的基地，每逢文革遇到阻礙或挑戰時，他首先想到從上海打開突破口。《革命造反年代：上海文革運動史稿》的第一主角，不是在上海的驚濤駭浪中四處出擊的張春橋、王洪文和姚文元，而是毛本人。若非毛的全力支持，張春橋好幾次差點被「炮打」得粉身碎骨，為了保住張春橋，毛不惜與副統帥林彪翻臉，引發其晚年最大的政治危機；若非毛的提拔，王洪文至多是上海工人造反派組織的頭頭之一，不可能一躍成為中央副主席；若非毛的青睞，姚文元不過是上海宣傳系統的中層幹部，哪有機會成為權傾一時、一篇文字可活人亦可死人的政治局常委？在本書的每一個章節，在每一次不同派系的對決中，都隱隱約約可看到毛躲藏在幕後的影子，有時毛直接跳上前台發號施令，瞬間改變上海乃至全國的政治混沌、膠著狀態。

毛牢牢地控制著上海文革和全國文革的節奏，毛只在乎自己的權力不受挑戰，而全然不顧他的異想天開給民眾帶來的深重災難。毛最惡劣的品格之一，是對人的生命缺乏珍惜和敬畏。毛談到武鬥時，對各地報上去的死亡人數不以為然：「各地報上武鬥情況，死傷多少，講得都很嚴重。武鬥有，但查下來都沒有那樣嚴重，好像過去虛報災情，好多領糧食一樣，好得到支持。」這一點跟史達林如出一轍：史達林在批示貝利亞呈送的處決反對派的文件時，人的生命早已化為僵冷的數字。

上海和全國的造反派，並非「敢把皇帝拉下馬」的造反派。他們「橫掃一切牛鬼蛇神」，卻不敢造毛澤東的反，造反派都以「造反」的方式向毛「效忠」。毛讓他們反對誰，他們便反對誰，即便遭到毛無情拋棄，也只是自憐自艾罷了。除了極少數民間異端思想者（如林昭、顧準、楊曦光、王申酉、沈元等人）之外，文革期間並沒有形成具有相當規模的反毛思潮和運動。那麼，造反派、紅衛兵和大部分民眾，為何如癡如狂地捲入文革？

以前的研究有過「受矇蔽說」、「領袖崇拜說」和「人性險惡說」等，本書則提出全新的「革命名分的誘惑」之說。作者指出，共產黨執政後，消滅了以財富爲基準的不平等，但又建立了另兩個不平等的等級身分體系：以戶口、編制和工作單位所有制爲歸屬的等級身分，即體制身分；以階級鬥爭理論劃分出的本人成分、家庭出身、政治面貌、政治表現爲標準的等級身分，即政治身分。不同的身分，享有不同的資源。所有資源都被壟斷，要享有資源，必須表現出對共產黨的高度忠誠。在古代中國，讀書人通過科舉考試改變身分和地位；在毛的中國，民眾只能通過參與大規模的政治運動獲得的轉換等級身分的機會。作者的結論是：「以革命的名義改變自己的人生，是文革能夠發動起來如此眾多民眾的重要原因。『造反』口號之下，是與『造反』截然相反的『效忠』。『效忠』這個最俯首貼耳的卑微行爲，卻在文革中以慷慨激昂的『造反』形象表現。這是文革的底色，更是文革的眞諦。」

從臉譜化中還原的四人幫和造反派

我是一九七三年生人，在我四、五歲剛記事兒的時候，幼稚園老師給我們看的是官方媒體上「華主席粉碎四人幫」的漫畫。華主席是那個毛主席說「你辦事，我放心」的人，而「四人幫」的名字不太好記，「粉碎」更是一個孩子難以理解的動詞——是將他們放進菜市場上那個製作肉餡的絞肉機中絞成肉醬嗎？

漫畫上的「四人幫」，個個是青面獠牙、牛頭馬面的妖孽，這是當代政治文化的一部分：凡是垮台的官員，都會成爲漫畫家肆意醜化的犧牲品。文革初期，被毛澤東和四人幫擊潰的官僚們紛紛進入那幅有名的《百丑圖》；如今，四人幫則體驗到命運輪迴、千夫所指的殘酷。當我識字之後，又讀到無數批判四人幫的文字，彷彿這四個人一生下來就是十惡不赦的壞東西。但我偏偏想問一個不該問的問題：既然他們那麼壞，爲什麼英明偉大的毛主席要重用他們呢？瞠目結舌的小學老師惱羞成怒地打斷我的發問，放學後還向我爸爸告狀。

在本書中，作者梳理上海文革的脈絡時，也爲讀者呈現出非臉譜化的「四人幫」形象。作者並不否認「四人幫」及其在上海的下屬們的歷史罪責，更不是要爲「四人幫」和造反派翻案，而是力圖挖掘更迫近歷史眞相的事實與材料——一味將「四人幫」及上海造反派頭子們貶低爲不學無術、陰險惡毒的異類，並不能消除文革再度重演的危險。

作者訪談了若干上海文革時代紅極一時的人物，他們與張春橋、姚文元和王洪文等人有較多近距離接觸，他們回憶和講述的張、姚、王等人，跟官方在法庭上的判詞截然不同。雖然這些描述存在一定程度的溢美，但並非全然揑造。比如他們都談到張春橋生活簡樸，「總穿著一條藏青色舊呢褲，屁股上打著兩塊補釘也不以爲意。」文革前過春節，徐景賢幾次和上海一些黨員老作家一起，到幾位市委書記家拜年，別的書記家多少有些擺設，有的牆上還掛著字畫之類，招待客人時總有些拿得出手的食品，唯獨張春橋家陳設簡單，且只有兩盤花生招待客人。就簡樸生活這一點而言，今天中共的高級幹部，哪一個能比得上張春橋呢？即便是善於表演的薄熙來也自嘆不如。

姚文元也是如此。據張、姚的文膽朱永嘉等人回憶：姚文元寫文章一出手便可傷人，但現實生活中卻平易近人，寫作組的年輕人可以隨意跟他開玩笑。「姚生活隨便，外套可以穿到油光鋥亮，仍不換洗；書包裏吃剩的油條大餅可以放到發出異味，被人掏出，方才發覺；他理財馬虎，辦公室抽屜裏稿費和稿紙混在一起，幸虧同事發現，幫他清理出來；他會鄭重其事請人吃飯，但請吃的卻只是碗陽春麵。」這段出自當事人的描述，栩栩如生、繪聲繪色，姚是毛的金箍棒，但還保有幾分書生氣。

王洪文之所以在一群工人造反派領袖中脫穎而出，受毛的器重和受下屬的愛戴，也一定有其過人之處。比如，一次在機關事務管理局所屬飯店吃飯，工作人員在一旁站著，王洪文要大家都坐下，工作人員說不行，這是規矩，王洪文說，大家都是父母生的，不要有那麼多規矩。好幾位王的下屬都說：「王洪文關心人，也善於用人，知道誰適合做什麼工作，所以大家願意跟著他。」但是，王被提拔到中央工作之後，不知道上層宮廷鬥爭步步驚心的險惡。當時，請王洪文吃飯喝酒最多的是葉劍英，有時半夜三更也會打電話將王洪文叫去。王洪文大概認爲中央高幹都是這樣，吃吃喝喝是一種幹部待遇。殊不知，葉劍英借此營造出王洪文貪圖享樂的名聲，讓毛對其失去信心。面對身經百戰、精通厚黑學的葉劍英，初出茅廬的王洪文哪是其對手。

其他那些上海文革要角，如徐景賢、馬天水、王學珍、潘國平、朱永嘉等人，在書中都以相當的篇幅加以立體地呈現，或是本人的陳述，或是旁人的觀察，或是作者的思考與評論。這一點正符合中國史學中「知人論世」的傳統。

寫作組及余秋雨在上海文革中的份量

上海的文革力量大致分爲兩大勢力：以王洪文爲核心的市總工會的工人造反派，以張春橋爲核心的中共上海市委寫作組。關於造反派，過去學者有過很多研究，如徐友漁的《形形色色的造反派》，但對於寫作組，則一直是文革研究的盲點和弱項。

二千年前後，當我發掘當時在文化界紅得發紫的余秋雨曾是上海市委寫作組成員的歷史，並質問說「余秋雨，你爲什麼不懺悔？」的時候，一般民眾相當震驚。由於大部分人對寫作組在文革中的份量和地位一無所知，爲余秋雨辯護的聲音甚囂塵上。人們說，那時余秋雨年少無知，寫幾篇大批判文章算不得什麼，寫作組成員只是在書齋中舞文弄墨，畢竟不是在街頭打人、殺人的紅衛兵和造反派。

我當時所能考查到的上海市委寫作組的歷史資料有限，對於種種爲寫作組和余秋雨開脫的說法只能有限度地回應。而李遜在《革命造反年代：上海文革運動史稿》一書中，用十多個章節書寫上海市委寫作組的來龍去脈，以及寫作組在上海文革乃至全國文革中獨一無二的地位。這是我所看到的對寫作組最深入和全面的研究。

首先，本書指出，寫作組這個非正式機構，起著已經停擺的市委辦公廳和宣傳部的部分作用，他們不受原有的官僚體系的控制，成爲一個新的權力中心。其次，上海市委寫作組不但是張春橋的秘書班子，也應該是毛澤東的文人班子。跟其他省市的寫作組不同，上海市委寫作組具有「通天」的本領，以各種調查、資料匯編，爲毛澤東尋找和提供文革的理論和現實依據。他們所寫的文字，有些經過毛的修改，成爲全國性的政策和政令，正如作者所指出的那樣：「在知識分子被一片打倒的氛圍中，他們卻能爲毛服務，並去管理其他知識分子，剿滅異己思索，統治思想界。」總而言之，寫作組炮製的大量文章，都是借古諷今，影射比附。「歷史成爲打擊對手的政治武器，史學成爲黨派的宣傳工具。這是毛澤東五〇年代提倡的『古爲今用』的延伸。

余秋雨在寫作組中的地位，絕不是他輕描淡寫陳述的，僅僅是無足輕重的邊緣人物。本書指出，余秋雨是文藝組五名核心成員之一，在《學習與批判》、《朝霞》等寫作組的重要刊物上發表了若干重量級文章。比如，《學習與批判》雜誌從一九七三年九月到一九七六年九月，一共出刊三十八期，最高發行量高達九十六萬份。「雜誌的重要文章基本都是朱永嘉出原則和題目，可以說是上海市委寫作組的窗口，或者說是寫作組的同仁刊物。」其中，「絕多大多數文章都以筆名發表，用眞名的有余秋雨等少數幾人，一方面因爲朱永嘉很賞識余秋雨的文才，另一方面也是因爲他的文章都是自己完成，不用別人參與修改。」顯然，余秋雨在寫作組中並非懵懵懂懂的「無知少年」，朱永嘉是張春橋的文膽，余秋雨是朱永嘉的文膽。

當習近平企圖在中國上演新式文革之際，《革命造反年代：上海文革運動史稿》一書無疑是鏡鑑和警鐘。唯有這樣的著作在中國可以公開出版和傳播，成爲中國當代史課程的必讀書目，才能根絕文革重演的危險。

你的喉嚨是敞開的墳墓

——徐景賢《徐景賢最後回憶》

在若干文革名人的回憶錄中,徐景賢的《最後回憶》是價值最高的一本。全書資料詳盡,反思深刻,文采斐然,顯示作者不愧爲當年張春橋、姚文元上調中央之後,上海文革派的「第一筆桿子」。

徐景賢出生於上海一個知識分子的家庭,父親是上海交通大學化學系副教授。他從小擁有良好的教育環境,就讀於奉行菁英式教育的上海南洋模範小學和中學。即便在抗日戰爭和國共內戰期間那些上海最陰晦的日子裡,他也有機會在學校圖書館讀到《安徒生童話》、《格林童話》以及《萬象》和《文藝春秋》等雜誌。在濃郁的文藝氛圍中成長,使得徐景賢從小酷愛寫作,有著扎實的語言表達能力。中共建政之後,徐景賢響應官方的號召,放棄報考上海交通大學的機會,不滿十八歲即進入市委機關工作。因爲文字功底好,進了宣傳部門。

一步入仕途,徐景賢心中就有遠大志向:二十歲當幹事,三十歲當科長,四十歲當處長,五十歲當部長,六十歲當市委書記。但他很快發現,共產黨機關論資排輩和等級思想非常嚴重，像他這種資歷淺、家庭出身並非「根正苗紅」的年輕人，在常軌之內不可能實現設定的人生目標。當文革的暴風驟雨席捲而來之際，徐景賢突然發現，黨內選拔人才的條條框框一夜之間被打破，文革爲他這樣的小人物提供了一條「超趕」位高權重之人的「快車道」。於是，徐景賢以「造反書生」的身分積極投身其中，在不到四十歲的年紀便升任上海市委書記。十年文革，他在上海灘叱吒風雲，卻又如南柯一夢，夢醒之後換來十八年牢獄之災。學者丁學良評論說：「在自封『偉大光榮正確』的中共政治傳統裏，只有倒楣下台的領導人才會眞誠反思並出版接近事實的回憶錄。」徐景賢就是其中的一個。

沒有出版自由，其他一切自由都是泡影！

徐景賢回首昔日的人生道路，特別是當年寫的不計其數的「職務文章」，痛感那些文字不僅虛耗個人才華，而且禍害普羅大眾。他承認：「長期以來，在從事寫作的過程中，我深受黨的意識形態的影響與薰陶，在意識深處，時時、處處、事事要做黨的馴服工具，要讓自己的筆桿子聽從黨的指揮，要爲『輿論一律』做出自己的貢獻。……我們美其名曰『遵命文學』，實際上完全是以貫徹領導意圖、揣摩領導思想、緊跟領導精神作爲我們寫作的基本信條。」當每一個黨員都成爲「馴服工具」，黨也就淪爲瘋狂碾壓和凌辱個體的怪獸。

「揣摩上意」的寫作方式和生存方式，並非徐景賢一人獨有。自共產黨政權建立以來，帝制時代並未達成的「普天之下，莫非王土；率土之濱，莫非王臣」的權力體系終於實現，無人能逃離「黨天下」的天羅地網，無人能效仿古代的隱逸人士，也無人能做到「沉默是金」。在共產黨統治的國度，若要從事文字工作，必須老老實實地「聽黨的話」，「這種思想文化的影響所及，不但深入寫作者的靈魂，而且滲透到幾乎每一個報社、雜誌社、出版社、廣播電台、電視台、電影廠、劇團、學校和各個社會科學、文化藝術單位。」沒有獨立的新聞出版機構，焉能有獨立思考、自由寫作的作家？像沈從文這類屬於「舊社會」的作家，趕緊宣布封筆，自我放逐到故宮博物院去充當解說員和研究古代服飾，這才爭取到一點苟活的空間，文革中仍然不免被發配去打掃廁所。

進入五〇年代，全國上下只有毛澤東一個人的聲音，也只有毛澤東一個人的意志。文革的發生絕非偶然，正如徐景賢所論：「到了文革前夕，由於意識形態領域裏的一次次階級鬥爭，由於一個又一個的大批判運動，造成的後果是：完全聽命於某一個人或某一級黨組織的指示和號令，誰也不敢逾越雷池一步。這種思想文化影響深遠，我認爲正是文化大革命得以發動的思想基礎。」

在被當作「四人幫」在上海的重要黨羽，被判處十八年重刑之後，徐景賢在監獄中獨立思考和痛苦反省。他意識到毛的文化專制主義是文革底色，他本人既是受害者也是加害者：「在毛澤東的統帥下，姚文元成了全國的輿論總管，我則成了上海的輿論總管。我所信奉過的『一言堂』，我所嚮往過、鼓吹過的『姚文元道路』，實際上是一條文化專制主義一統天下的道路。在這種意識形態的管轄和控制下，人們往往『以言獲罪』，『以文致罪』；在社會上只能『輿論一律』，只能聽從『最高指示』，只能容得下一家之言，不允許有自由思想，不允許在媒體上存在不同的聲音，更不允許批評領導人。」由於知識結構所限，徐景賢找尋的否定文革的思想資源，仍從馬克思主義而來：「當時許多自稱為『真正的馬克思主義者』，但卻容不得言論自由，更容不得出版自由，而馬克思卻一針見血地指出過：『沒有出版自由，其他一切自由都是泡影！』」這段沉痛之極的反思，即便放在今天中國的輿論環境中，也屬於大逆不道之論。若是被自稱「我也姓毛」的習近平看到，必定勃然大怒，下令封殺。徐景賢這個文革受益者不希望文革重演，習近平這個文革受害者卻正在嘗試發動另一場小規模的文革。

徐景賢在本書中對比自己與堂弟徐景熙在天堂與地獄之間兩度轉換的命運。文革初期，二十四歲的徐景熙在武漢一所學校任教，不贊同姚文元的大批判文章，天真地投書《光明日報》與之商榷。結果，成為自投羅網的「吳晗餘黨」，成為重點批鬥的對象。長期的非人折磨，讓他精神幾近崩潰。直到林彪事件之後，才輾轉在南通一家農場找到容身之地。與之相反，徐景賢在上海市委寫作班造反立了功，追隨張春橋、姚文元奪取上海黨政大權，當上了市委書記、中央委員，呼風喚雨，紅得發紫。「兩相對照，同一家庭的成員在同一篇文章上竟然引發出兩種截然不同的命運和前途，真是讓人觸目驚心！」

文革結束，兩人命運再度逆轉。徐景熙獲得平反，憑藉個人的學術能力，成為南通師範學院中文系教授，退休後擁有幸福的晚年。徐景賢則入獄十八年，連兩個女兒也受父親牽連，雖貌美如花卻無人敢娶，延至九〇年代才成家。多年後，徐景賢和徐景熙會面，不勝唏噓，得出共識：「中國的學術和藝術要獲得長足的進步和發展，一定要避免把學術問題『政治化』的錯誤作法。」

從此，徐景賢不再做夢，希望中國啓動腳踏實地的政治改革。他掏心掏肺地總結文革的教訓說：「社會的發展一定要讓人的才智和創造性得到最充分的、自由的發展，而不能加以壓制和扼殺，更不能實行思想專制和文化專制。這是世世代代中國知識分子追求的理想和目標，有志者將爲此作出鍥而不捨的努力！」然而，習近平推行的「媒體姓黨」運動，使得徐景賢和歷代中國知識分子追求的理想和目標成了海市蜃樓。

奴才可惡，拿筆的奴才更可惡

五〇年代，徐景賢以小公務員的身分，業餘舞文弄墨，發表過有一批小有影響力的小說、戲劇和文藝評論文章。他的崛起之地是上海市委寫作班，即便後來成爲上海灘炙手可熱的紅人，他也沒有離開「寫作組」這個陣地。許多重大場合他親自操刀，反覆修改，然後呈送給張春橋、姚文元乃至毛澤東。他深知，如同將軍不能離開槍，秀才也不能離開筆。

魯迅對「奴才」和「奴隸」做過明確區分。奴隸，是身不由己失去自由的人；奴才，是甘心爲奴且幫助主人管理、壓迫其他奴隸的人。心知肚明的奴才遠比麻木不仁的奴隸更可惡。進而言之，拿筆的奴才，用筆殺人且不見血的奴才更可惡。徐景賢就是拿筆的奴才中的佼佼者，他在回憶錄中所描繪的，多半是拿筆的奴才圈子裡的刀光劍影。文革史學者李遜在《革命造反的年代：上海文革運動史稿》中指出，寫作組成員的寫作，完全是出於黨的需要，是政治宣傳，而不是學術研究。「更準確地說，他們不能算作知識分子，只能算是黨的秘書。這是一九四九年共產黨執政後自己培養的知識分子的共同特徵。他們關閉自己的直覺，聽任政治催眠。」

在「四人幫」中，徐景賢與姚文元最爲親近，他筆下的姚文元也最爲生動。毛澤東很喜歡命令下屬閱讀某部古書，以此隱晦地傳達其政治意圖。比如，毛讓王洪文讀《劉盆子傳》，警告剛到中央工作的王洪文，不要像被扶上皇位的放牛娃劉盆子那樣，很快被別人趕下台。這個細節後來人人皆知，因爲王洪文確實成了劉盆子第二。而徐景賢在書中披露的毛讓姚文元讀《李襲吉傳》的細節，則鮮爲人知。李襲吉是唐末士大夫，在唐末大亂中，投靠後唐君主李克用，擔任李克用的秘書。有一次，他替李克用修書給老對頭後梁君主朱溫。朱溫讀了來信，知道是李襲吉所寫，大加讚賞，認爲李克用得到李襲吉，簡直是如虎添翼，恨不得將李襲吉網羅過來爲己所用。顯然，毛澤東希望姚文元成爲他的「李襲吉」，如臂使指，彈無虛發。

姚文元確實是毛澤東的「李襲吉」。早年姚文元常常跟徐景賢一起步行上下班，午餐吃機關食堂的普通飯菜，不抽煙也不喝酒，唯一的嗜好是吃糖。他們最初都很敬佩主管文宣工作的周揚，但當毛決定批判周揚時，兩人寫文章批判周揚毫不留情，這是黨性高於人性。「他姚文元上調北京，發現政治鬥爭環境紛繁複雜，唯一自保的手段就是步步緊跟毛主席。「他每做一件事情都要給毛澤東寫請示報告，得到毛的批准後才去實行。」文革結束後，姚文元被送上法庭審判，當局想把姚文元所做的事情跟毛分開，卻無法分開。「因爲姚文元幾乎每件事都留有書面文件，都向毛澤東做過請示，都有毛澤東的親筆批示，這兩個人如何能夠分開？」

姚文元是毛澤東的「李襲吉」，徐景賢何嘗不是張春橋和姚文元的「李襲吉」？在徐景賢之下，朱永嘉、余秋雨等寫作組成員，又是徐景賢的「李襲吉」。這就是中共文宣系統的金字塔體系。直到今天，習近平仍然如此安置其大小吹鼓手，獨裁者永遠離不開「戈培爾式」的吹鼓手，而榮華富貴也在誘惑著無數的文人學者「鯉魚跳龍門」。

全黨上下都在掩蓋毛澤東的罪行

以徐景賢的層級，不可能像張春橋、王洪文和姚文元那樣時時受到毛的接見，但據他的觀察，毛無疑是文革以及歷次政治運動的總導演。

當王洪文領導的「工總司」與保守派組織「聯司」發生大規模武鬥時，徐景賢命令攝影師到現場拍攝，並立即將片子沖洗、剪輯出來。在這部長達五十分鐘的紀錄片中，有彈弓射擊、鏟車撞牆、逐屋爭奪、噴射硫酸、失火救火、雲梯進攻、半空開戰、毆打俘虜等場景，徐景賢這個手無縛雞之力的書生看得魂飛魄散。張春橋命令他趕緊安排在電視台播放，讓剛到上海巡視的毛澤東觀看。張春橋告訴徐景賢，毛在其行宮中看得津津有味。他人的鮮血和傷痛引不起毛的同情心，毛的政治野心建立在「一將功成萬骨枯」的基礎之上。

張春橋向毛請示：「如何重建上海民兵？」毛回答：「武裝上海十萬工人。」張問：

「可不可以發槍？」毛說：「每人先發一根棍子。」此後，毛同意給上海「文攻武衛」隊伍發槍。全國性武鬥造成的慘烈傷亡，毛的罪責不可開脫。

每個人心目中都有不一樣的毛澤東。徐景賢的晚年走出了對毛的偶像崇拜，很多文革派重要人物至死都不放棄對毛的忠心和信仰，如張春橋、戚本禹等人。一九七六年九月二十一日，徐景賢在北京最後一次見到張春橋。張大概對前景已有不祥預感，對徐說：「我一輩子最大的願望，就是寫一部《毛澤東傳》。」徐一直將張的這句話放在心上，張晚年出獄之後活了七年多，「不知他的《毛澤東傳》動筆了沒有？假如有，他寫出來的《毛澤東傳》又將是一本怎樣的著作呢？」以張春橋死不悔改的個性，即便寫出《毛澤東傳》，張版的《毛澤東傳》只可能是一本爲毛文過飾非之書。

徐景賢在書中提及一九七三年年末毛澤東發起批判周恩來的那次政治局擴大會議，會議紀錄後來被離奇銷毀。徐本人僅僅是中央委員，無緣出席會議，但張春橋、姚文元都向他透露了充滿火藥味的會議詳情。毛在批示中將周恩來與身敗名裂的林彪並列，江青將這次批周稱之爲「路線鬥爭」。「四人幫」批周不足爲怪，鄧小平在會議上的表現讓人跌破眼鏡。剛剛被毛解放出來的鄧，本來只能列席會議，卻在發言中捧毛批周，措辭凌厲地指出：「你現在的地位是『一人之下，萬人之上』，距離毛主席是『一步之遙』，只有你有資格『可望而可即』，取毛主席而代之，希望你警惕。」不知周聽到鄧這番話，心中是什麼滋味？毛在得知鄧的發言之後滿心喜悅地說：「我知道他會發言的，不用交代也會發言的。」並動了與鄧徹夜長談的念頭。可以說，在批判周恩來的會議上，鄧正式通過了毛的考試，毛才下決心重用鄧，十多天後任命鄧擔任黨政軍要職，執掌「黨政軍民學，東西南北中」之大權，權力比患病的周恩來還大。

這次會議的紀錄被銷毀，既是保全鄧的面子，更是掩飾毛的罪惡。若只看中共官媒報導和官方文獻，就會傻乎乎地認爲，毛澤東和周恩來，周恩來和鄧小平，是何等親密無間的「革命戰友」。只有知道種種幕後秘聞，才會發現金光大道背後原是一灘爛泥。中共銷毀了會議紀錄，但「凡走過的必留下痕跡」，徐景賢以及一生研究周恩來的黨史學者高文謙都披露了那次會議的部分實情。

徐景賢的自我反省並不徹底，對於成千上萬在上海文革中被凌虐而死的作家學者、黑五類和普通人，他並沒有做出誠摯的道歉和懺悔。但是，在晚年作爲社會邊緣人的生活處境中，他總算痛定思痛，在《十年一夢》和《最後回憶》兩本書中大聲呼籲中國應當保障公民的思想自由、言論自由和出版自由。徐景賢的兩本回憶錄都不能在中國國內問世，只能在香港出版，這個事實本身就是一個莫大的諷刺；不是因爲作者的身分過於「敏感」，而是因爲作者的反思超越了共產黨所能忍受的限度。今天的中國仍未走出文革和黨文化的陰影。

毛時代的鄧小平早已罪惡滔天

——鍾延麟《文革前的鄧小平》

一九五九年，中共八屆七中全會開幕會議上，毛澤東出人意外地說：「權力集中在常委和書記處，我叫毛澤東，掛正帥，就是大元帥；鄧小平掛副帥，爲副總司令，我們兩人一正一副，你是總書記嘛！」毛又說：「要當秦始皇，當秦始皇就要辦事，先在常委、書記處討論，我和鄧小平掛帥。鄧小平你掛了沒有？你敢不敢？你是書記處的總書記，也是常委會的總書記，也是政治局的總書記，你也是中央委員會的總書記，但是你也是我的總書記。」

毛的這番話，讓坐在他左右兩側的劉少奇、周恩來、朱德、陳雲、林彪五名中央副主席雖面不改色，卻心頭狂跳。特別是已被內定爲接班人的劉少奇，一定感到其地位岌岌可危。毛似乎要將此前在黨內排名在十名左右的鄧提拔到「一人之下，萬人之上」的位置上，毛特別強調對鄧的器重和鍾愛，鄧是他個人的總書記和個人的助手。毛行事爲人如同帝王，蔑視傳統和陳規，天馬行空，無拘無束，「和尚打傘，無法無天」，可讓人上天，也可讓人入地。

若研究二十世紀下半葉中國歷史，鄧小平的重要性僅次於毛。中共六十多年的統治，大致可分爲前三十年的毛時代和後面的鄧時代。某些企圖使用「打著紅旗反紅旗」策略的體制內改革派，刻意誇大鄧時代與毛時代的差異，試圖用鄧反毛，此種「癡心妄想」被習近平率先打破。習告誡說，兩個三十年如同一枚硬幣的兩面，共同構成中共的「偉大傳統」。前三十年，毛牢牢控制政權，掀起一場接一場原教旨主義政治運動，一直到文革失敗，眾叛親離地死去；後三十年，鄧打左燈往右拐，以改革開放爲口號，打造出非社會主義也非資本主義的「大國崛起」。前後兩個三十年看似南轅北轍，實則一脈相承，變化的是部分經濟政策，不變的是政治上一黨獨裁，六四天安門屠殺不就是文革的另一種形式嗎？

鄧小平的政治活動和各種傳記，一般側重於後三十年鄧獨當一面時期。學界對鄧在毛時代的作爲，尤其是從一九五六年至一九六六年文革爆發這十年間鄧的政治生涯少有研究。這種「模糊狀態」，是中共當局刻意製造的，鄧小平不願人們瞭解其作爲毛澤東暴政得力幫凶的一面。

若說「敦煌在中國，敦煌學在海外」，那麼，毛和鄧打天下、治天下都在中國，而毛研究和鄧研究卻在海外。台灣歷史學者鍾延麟的《文革前的鄧小平》一書，塡補了鄧小平研究的一大空白，戳穿了「鄧小平神話」的關鍵部分：中共官方宣稱，鄧是毛極左政策的「異議者」，爲了廣大人民群眾的福祉而對抗毛的胡作非爲，導致自己在文革開始時成爲被整肅的對象。實際上，在文革前十年，「鄧小平是毛澤東激進政策主張深信不渝的支持者與雷厲風行的執行者」。本書的重要性正如作者所說：「本書討論爭議性較高、但仍未充分而深入研究的重大議題。包括：鄧小平如何組織與運作黨務、指揮整風與反右運動、領導軍內『反教條』、推動經濟『大躍進』，以及處理黨際外交和輸出革命。」

毛澤東為何欽點鄧小平為「副帥」？

五〇年代中期，毛已有了幾個彼此競爭的接班人：黨務方面是劉少奇，政務方面是周恩來，彭德懷被整肅之後由林彪管理軍隊日常事務，劉少奇排名第一。那麼，毛為何突然破格提拔鄧小平？毛對鄧小平的提拔差不多與對林彪的重用同步發生：在一九五五年七屆五中全會上，毛將鄧小平和林彪同時提升為政治局委員，一文一武，為之看家護院。鄧小平早在江西時期就是鐵桿毛派，歷年來在行軍打仗和處理黨政事務方面是精明強幹的「多面手」，被毛視為心腹大將。

五〇年代初，毛對劉少奇和周恩來已有所不滿，一度想利用野心勃勃的高崗瓜分劉少奇和周恩來的權力。但高崗過於飛揚跋扈，反倒被劉少奇和周恩來聯手擊敗。高崗垮台，毛不甘於劉少奇和周恩來權力膨脹，提拔鄧小平來分權。毛對鄧說：「我們是醫生，書記處是護士，你是護士長，也是我的助手嘛！」毛的秘書陳伯達晚年說過：「鄧小平代替了高崗過去的地位。」本書作者鍾延麟指出：「毛澤東是鄧小平從『一路諸侯』變為『一朝重臣』的最大推手，也是鄧小平允諾就職中央總書記後的最大依靠。」

文革伊始，鄧小平與劉少奇一起被打倒，毛提出「劉鄧資產階級反動路線」的說法，「修正主義」的司令部是劉鄧兩人為首。很多人把鄧和劉綁在一起，似乎鄧與劉是盟友。實際上，劉鄧兩人僅僅是在文革初期工作組的問題上意見比較一致，他們以爲毛澤東又要來一次反右運動，便用反右運動中嫻熟的那套整人模式，向大學派出氣勢洶洶的工作組，結果被毛斥責爲「鎮壓群眾」。除此之外，劉鄧政治上、組織上和歷史上並不屬於一個派別。

有趣的是，毛對劉少奇和鄧小平的處理方式也不一樣。對劉，是置之死地而後快，毛看到劉臨終前如豬狗般趴在地上舔食食物的錄影，開懷大笑；對鄧，是手下留情、網開一面，毛將其當作一顆備用棋子。林彪墜機蒙古的「九一三」事件之後，毛在一九七二年表示，鄧小平問題是人民內部矛盾，「鄧小平同志……沒有歷史問題。」一九七三年，鄧被恢復黨組織生活和國務院副總理的職務。與之形成鮮明對比的是，在文革的整個過程中，沒有任何一派組織或高層領導敢於公開提出爲劉平反，包括重新出山的鄧也沉默不語。

鄧小平與周恩來的關係更耐人尋味。本書作者指出，鄧小平負責中央書記處工作期間，書記處地位相當顯赫，中央政治局決定「大政方針」，中央書記處負責「具體部署」，國務院及其黨組擔負「具體執行」。中央書記處與國務院的上下從屬關係，由此固定下來。既然黨指揮政府，那麼周恩來與鄧小平的地位就發生了顛倒：「雖然無論在黨或政，周恩來名義上的地位都高於鄧小平，但根據中央書記處與國務院的組織關係，鄧小平在中共政治運作上的地位，甚至比政府總理周恩來高。鄧小平與周恩來之間的權力互動出現重大消長，也就是『鄧領導周』，而非『周領導鄧』。」周恩來的內心一定深感痛苦和羞辱，不過既然他連江青都能曲意奉承，忍辱負重地向鄧小平匯報工作也就不在話下。

鄧小平的兒子鄧樸方曾撰文讚美父親與周恩來之間漫長的「革命友誼」，「堪稱二十世紀之典範」。這種文章只能欺騙歷史知識貧乏的讀者。鄧跟周並無密切的私人情誼。林彪集團瓦解之後，周接管原來屬於林彪的很多權力，形成毛之外又一個權力中心。毛澤東起用鄧這個「棄子」以制衡周。鄧復出之後，完全遵從毛澤東的旨意，不是做一名幫周排憂解難的副手，而是處處監視、限制和打擊周，讓周苦不堪言。

鄧小平跟毛澤東的滔天罪惡無法切割

曾擔任毛政治秘書的李銳指出：「鄧小平的左，在歷史上和毛也差不多。」鍾延麟亦指出，鄧對文革前黨國對民間社會的改造工程，以及伴隨而來的紅色恐怖，「自有應負的責任，根本無法規避與隱晦。」這些罪惡包括：數百萬人被錯劃為反黨分子並遭到殘酷對待；人民的言論自由實際上被取消與剝奪，社會氛圍呈現死寂狀態。數千萬農民缺糧致死、陳屍溝壑；億萬農民被禁錮在「通往共產主義天堂」的橋梁——人民公社，既喪失自主的權利，也失去努力生產的誘因。

在一九五六年至一九六六年間的政治運動中，人們過去只知道鄧是反右運動的「急先鋒」，對數百萬知識分子施以毒手。文革之後，鄧小平對右派平反「猶抱琵琶半遮面」，不承認反右運動本質上錯了，只承認有「擴大化」問題。「摘帽」右派並未得到國家賠償。直到今天，仍有若干右派未獲平反：鄧小平曾明令五個人不能平反，包括章伯鈞、羅隆基、儲安平、彭文應和陳任炳，他們同林希翎一起，是未被平反的六名大右派。

鄧小平的罪惡不止於此。本書最大的貢獻，是勾勒出鄧小平在軍隊「反教條主義」運動、大躍進、中蘇論戰、三線建設等政治事件中的惡劣作用。比如在「反教條主義」運動中，鄧小平對曾並肩作戰的劉伯承元帥窮追猛打，劉伯承臥病在床，也強迫其到大會現場親自檢討，接受批判。文革前夕，中共的黨文化已惡劣到何種地步，高級幹部泯滅親情和友情，只尊奉毛澤東一個人的意志，以毛的是非爲是非，以毛的好惡爲好惡。

鄧小平以實幹家自居，但在大躍進期間他照樣瞎指揮。本書綜述了一九六〇年鄧小平到地方視察工作的行程，發現鄧對「大躍進」並非消極應付，而是積極配合。在河南，鄧在極左派省委書記吳芝圃的陪同下參觀人民食堂以及只供展覽、毫無實用價值的「炊具改革」。河南的大饑荒已蔓延開來，鄧要麼是裝聾作啞，要麼是被吳芝圃蒙在鼓裡。鄧視察安徽同樣如此，安徽省委書記曾希聖與吳芝圃一樣，是大躍進時期的「四大左王」之一（其他兩人是四川的李井泉和上海的柯慶施）。曾希聖以私人名義「自掏腰包」準備豐盛的晚宴款待鄧，鄧欣慰地說：「別處困難，你們安徽不錯嘛，小康。」與此同時，安徽大量出現餓死人的情況，人相食（多數是吃屍體）的「特殊案件」高達上千件。接著，鄧小平到山東，山東省委書記舒同報喜不報憂，鄧聽完匯報後心花怒放。山東此時已餓死六十五萬人，外流一百多萬人。鄧小平一路走馬觀花，看到的都是風調雨順、太平盛世，他自稱「中國人民的兒子」，卻對三千多萬中國人民被共產黨的暴政餓死的可怕事實視而不見。

對於鄧小平在文革前十年的政治活動，本書有一處遺漏：在羅瑞卿事件中，鄧小平究竟扮演了什麼樣的角色？中央對羅瑞卿的批判始於一九六五年十二月八日至十五日的上海政治局常委擴大會議，次年五月北京政治局擴大會議將羅瑞卿定性為反黨集團成員，會議同時發布《五一六通知》，文革就此揭幕。研究者多認為倒羅事件是文革的前奏，但該案的前因後果至今仍未釐清。

歷史學者丁凱文在〈羅瑞卿事件始末與辨析〉一文中指出，羅瑞卿正在昆明視察，中央通知他中止行程到上海開會。鄧小平親自命令空軍司令吳法憲派專機接羅瑞卿，並特別指示吳，「告訴專機的同志帶上槍」，專機要準時起降，不許延誤，從昆明直飛上海，中途不准轉彎，更不許降落，要絕對保密，絕對保證安全。上海會議，羅瑞卿被免除一切職務。會後第二天，即十二月十六日，毛澤東指定周恩來和鄧小平向羅瑞卿傳達處理意見，羅提出見毛，周當場斥責其「太天眞」。次年三月，中央又在北京京西賓館召開批羅會議，毛指定鄧小平、彭眞、葉劍英三人主持會議，並由三人組成處理羅案的「中央工作小組」。可見鄧小平在羅瑞卿事件中擔任了重要角色，更多的歷史眞相和細節還需要被發掘和整理。

後毛時代唯一的「婆婆」是如何熬成的？

毛死後，就是鄧的世界。鄧將毛欽定的接班人華國鋒趕下台後，一直當權至死。趙紫陽在回憶錄中說，一九八七年三月，鄧小平在一次談話中決定，「一個人全退，三個人半退，即彭眞全退，鄧小平、陳雲、李先念半退。」也就是說，鄧退出政治局常委，仍留任軍委主席；陳雲改任中央顧問委員會主任；李先念改任政協主席。一個人保留實職，兩個人擔任虛職。鄧更進一步宣稱，「今後常委只能有一個婆婆，不能有幾個婆婆。」這就是說，三位老人都退了，今後只有鄧可以起這種『常委的婆婆』的作用。對此，趙紫陽感慨說：「這個說法很形象了，今後鄧的決策地位不變，是常委之上的婆婆，其他人不能這樣。」政治評論家高瑜指出：「在毛澤東之後又出現第二個凌駕於黨國、黨軍之上的獨裁者。」六四開槍殺人的決定，不是政治局五常委作出的，而是鄧小平在家中召集元老開會做出的，鄧是責無旁貸的最終決策者。

共產黨的體制變遷可謂「羚羊掛角，無跡可尋」，有很大的隨意性和機動性。在毛時代，毛爲對抗從蘇聯複製而來的龐大的官僚集團，靈機一動，設置了一個新的臨時性機構「中央文革小組」。短短幾個月間，毛悄悄讓「中央文革小組」取代了政治局常委會和書記處，成爲直接聽命於毛的最高權力機構。在鄧時代，鄧逼退其他元老，以政治局常委唯一的「婆婆」自居，具有對重大事務最後的「拍板權」。趙紫陽所擔任的「總書記」，從職位本身的含金量來說，比鄧小平在一九五五年至一九六六年所擔任的「總書記」更高：趙紫陽擔任的總書記，相當於毛時代的黨主席；鄧小平當年擔任總書記，只能算是中央秘書長。但是，由於此時鄧小平是常委會「唯一的婆婆」，雖然只保留軍委主席一職，卻能凌駕於總書記趙紫陽之上發號施令，趙紫陽無奈地承認自己只是一個跑腿的「大秘書」罷了。

鄧小平作爲文革前毛澤東的「副帥」，與後毛時代改革開放「總設計師」的稱號之間有何關係？換言之，中央總書記的經驗如何影響了改革開放時期鄧小平的政策和決策？本書的一個突出貢獻是，作者發現文革前十年鄧小平的政治生涯，與此後鄧小平長期執掌最高權力之間的關聯性。鄧在那十年間，積累了政治人脈和培養了政治隊伍。文革前與鄧在中央書記處共事者，如彭眞、李先念、楊尚昆、胡喬木等人，在文革結束之後都成爲其支持者；而在地方層級，鄧那時就與萬里、王任重、趙紫陽等省級官員有過相當的接觸，文革之後將他們上調到中央擔任要職，成爲鄧系幹將。

作者特別分析了鄧小平與陳雲之間的競爭關係及權力消長。若不是這十年鄧在前台處理龐雜的黨政軍包括外交事務，就不可能後來居上，超越陳雲的地位。陳雲在一九四五年即成爲中央書記處候補書記，地位僅次於五大書記（毛澤東、劉少奇、周恩來、朱德、任弼時），更比鄧小平早進政治局多年。但是，陳雲在文革前十年，因經濟主張不爲毛認可，處於半隱退狀態。此外，陳雲主要涉足組織和經濟工作，不及鄧在中央總書記位置上工作經驗那麼全面。鄧小平在中央總書記任內的豐富政治閱歷和實務治理經驗，在毛澤東的晚期，除了積勞成疾的周恩來以外，無人可與之相比。所以，鄧成了毛之後的最高領導人，他可以輕而易舉地扳倒有毛的遺囑「你辦事，我放心」撐腰的華國鋒，也可以隨意罷黜自己選擇的兩個接班人胡耀邦和趙紫陽；在六四鎭壓之後，鄧挑選江澤民作爲接班人，進而隔代指定江澤民之後的接班人胡錦濤。陳雲只能眼睜睜地看著鄧小平做出這些決策，只能發揮少許的平衡和制約作用。

毛澤東不是中國的救星，鄧小平同樣不是。對共產黨的否定，包括對毛澤東的否定和對鄧小平的否定。鍾延麟的《文革前的鄧小平》一書，以詳實的史料和精準的分析，論證了「毛鄧一體」的歷史眞相。任何「以鄧反毛」的「戰略戰術」，都是自欺欺人的無用功。

第五卷

邊陲呼喊

共產黨就是殺人黨

——蘇陽《文革期間中國農村的集體殺戮》

《河殤》總撰稿人、作家蘇曉康在〈灰飛湮滅一甲子〉一文中講述了當年親身參與一九八九年天安門學生運動時的場景：「一九八九年五月的一個夜晚，我站在金水橋的欄杆旁，張望那沸騰廣場上的黑壓壓一片，心裡焦急的只有一件事情：怎麼才能讓這些絕食的學生，和前來助威、呵護的百姓們相信，共產黨是會開槍的？那是已經殺了四、五千萬人之後依然存在的一個難題！」當時，幾乎無人相信解放軍會開槍殺人，蘇曉康深知，共產黨自從掌權以來，每逢與民間有「爭議」出現，通常都要「由子彈來裁決」。這一次，「子彈果眞呼嘯而來，木樨地的飲彈者卻是一聲『橡皮子彈』的慘叫——無奈林昭媽媽被逼爲女兒遭槍決而支付五分錢子彈費的驚人細節，仍不能驚醒這樣的懵懂。」

更讓人「哀其不幸，怒其不爭」的事實是：正如一九八九年走上街頭的民眾過早地遺忘了毛時代血雨腥風的殺人歷史，興高采烈地將公開抗議這種「致命的遊戲」當作「嘉年華」；「六四」屠殺三十年之後，人們不再相信屠殺的眞相，包括知識分子在內的許多人翹首以盼共產黨啓動「自改革」。從子虛烏有的「胡溫新政」到背道而馳的「習總變法」，寧願自欺欺人、畫餅充饑，時而將「唱紅打黑」的薄熙來當作救苦救難的「眞命天子」，時而甜蜜地沉浸在習近平「反腐運動」以及與之配套電視連續劇《人民的名義》的劇情之中，時而將殺人越貨的流氓富豪、國安特務郭文貴當作摩西式的「民族英雄」，就是不願接受「共產黨是殺人黨」這個鐵的事實。這不是天眞，而是愚昧，愚昧再加上殘忍，就是在中共苟活且長壽的首要秘訣。那些將廣場舞跳到全世界的中國大媽，那些對達賴喇嘛喊打喊殺的海外留學生，跟一九八九年開槍殺人的士兵和文革期間殺死鄰舍的民兵，精神層面有本質差別嗎？

歷史學者蘇陽指出：「都說文革是因爲愚昧造成的，如果沒有深入的研究，我們恐怕永遠不會明白愚昧在什麼地方。」他引用古典自由主義思想家和詩人喬治·艾略特的名言進一步說明愚昧之可怕：「常言說知識就是力量，殊不知愚昧也是力量。知識去慢慢建造，愚昧來頃刻毀滅。知識的力量在於眞，在於謹愼，在於辨別，在於分開或然和必然；愚昧則是一個亂衝亂撞的瞎眼巨人，玩弄文明的基石於鼓掌，恣意而爲，把歡樂之所埋葬於深淵。」那麼，蘇陽的專著《文革期間中國農村的集體殺戮》能不能驚醒夢中人，乃至消除如霧霾般厚重的愚昧呢？

農村是一個被遺忘的角落，農民是一個被忽視的群體，即便文革研究也是如此。此前，大部分研究文革的著作都以城市文革爲主，農村和農民少人問津，而《文革期間中國農村的集體殺戮》一書，將目光轉向農村。作者從一千五百多本縣誌中尋找蛛絲馬跡，發現集體殺戮是一種普遍現象；作者又進入田野，通過對倖存者和當事人的訪談，理解出現這個奇特現象的社會條件。蘇陽的研究探討了文革期間各類人等——授權者、殺人者、旁觀者——以不同方式參與集體殺戮背後的深層邏輯，無論在揭示史實還是建構理論方面，都有突出貢獻，因而榮獲美國社會學會年度最佳著作獎。

「普通人」是如何被煉成殺人兇手的？

一九六八年夏，在寧江岸邊的一塊空地上，舉行了「四類分子」（地主、富農、反革命、壞分子）批鬥大會，大會很快惡化成對批鬥目標的毆打和殘殺。四十出頭的受害者藍先生奄奄一息地躺倒在一堆死者之中，兇手們揚長而去。夜幕降臨，路過此處的一群中學生發現藍先生還活著，並低聲懇求要一口水喝。這群中學生知道這裡發生了什麼事情，垂死者的身分肯定是一名「階級敵人」，他們沒有施以援手，反而向求救者連續投擲三十多塊石頭，直到將他活活砸死。這些懵懵懂懂的中學生爲什麼如此殘忍呢？

作家章成在關於湖南道縣大屠殺的文章中，提到一個名叫胡茂昌的殺人兇手——他是個半文盲，好吃懶做，脾氣火爆，平時村裡沒有人看得起他。當其所在的村成立貧下中農最高法庭並將二十四名「四類分子」判處死刑時，胡自願參加民兵殺人小隊。當其他志願者在行刑時表現出猶疑時，他從一個民兵手上搶過刀，砍死七個受害者。殺完之後，他意猶未盡，又返回村中尋找更多目標，跑去一戶地主家中殺死兩個還在蹣跚學步的孩子。除了自認爲的「英雄主義」之外，胡茂昌還獲得五十五元獎勵，這在當時是一大筆錢，超過他一整年從生產隊獲得的「分紅」。可以殺人，還有報酬，何樂不爲？

在文革時期（又不局限於文革時期）農村發生的集體屠殺中，此類令人噩夢連連的細節數不勝數。正如人們對納粹統治時期「普通人是如何變成屠夫的」之追問，人們會好奇於爲何那麼多「普通人」在一夜之間成爲心狠手辣的兇手？蘇陽認爲殺人者大都是「普通人」，但又承認這些人具備三大特徵：首先，都與國家有聯繫，有的是地方幹部、民兵中的菁英，有的則是上層官員。其次，個人履歷證明，他們對毛的階級鬥爭理論有著深層的意識形態信仰。第三，雖然缺乏廣泛的證據，但一些殺人者似乎受心理因素困擾，換言之，可能患有不同程度的精神疾病。

若以更加寬廣的歷史視野來看，文革期間農村的集體殺戮還具有一些鮮明的特性。首先，跟納粹對猶太人的種族屠殺、土耳其人對亞美尼亞人的種族屠殺等相比，這是一種階級屠殺。毛政權刻意建構出「階級敵人」群體，比如「四類分子」、「黑五類」（「四類分子」之外又增加「右派分子」）。這些人被剝奪了基本人權，已處於被監督和管制的狀態，文革潮起，他們迅速淪爲遭批鬥乃至屠殺的對象。更可怕的是，這種階級身分被固化，且具有「可遺傳性」，很多遭到歧視、迫害和殺戮的人，並非「四類分子」、「黑五類」本人，而是其第二代的子女甚至第三代的孫子孫女，一出生就被打上烙印的賤民。

其次，毛政權直接參與倡導「戰爭框架」，將和平時期的中國描述成戰爭狀態，以此移除道德和法律的限制。納粹屠殺猶太人和土耳其屠殺亞美尼亞人，大都發生在戰爭期間；中國農村的集體殺戮，則發生在共產黨牢固掌握政權，既無內憂也無外患的時期。經過此前十多年的歷次政治運動，「敵對階級」即便真的曾是「敵對階級」，早被整肅得服服貼貼、「夾著尾巴做人」，對中共並不具備威脅性。中共故意製造出「階級敵人」隨時「反攻倒算」、「亡我之心不死」的危機，這種虛擬的戰爭狀態成爲集體殺戮的溫床。

第三，很多殺人行爲是出於私人利益的考量。農村生活的嚴酷性，迫使稍有能力的青年男女爭先恐後加入幹部隊伍。已獲得的職位並不穩固，新的職位十分稀缺。人們需要用越來越激進的方式獲取上級的信任和欣賞，殺人即是其中之一。這種通過立功被接納的模式，如同梁山好漢入夥時必須遞交的「投名狀」。據文革後廣西處理文革「遺留問題」的核查組統計，直接動手殺人的主要是共產黨員，廣西全省有近五萬共產黨員是殺人兇手，其中「有兩萬零八百七十二人是入黨後殺人的，有九千九百五十六人是殺人後被吸收入黨的，與殺人有牽連的黨員達一萬七千九百七十人。」一九八四年後，廣西共有兩萬五千名在文革中有嚴重污點的黨員被開除黨籍。

國家機器在屠殺中扮演何種角色？

與研究大屠殺常用的「國家政策模型」對應，蘇陽在本書中以「社區模型」分析集體殺戮。首先，他認爲集體殺戮是特殊情境中出現的事件，而不是國家政權事先策畫或計畫的結果。其次，他認爲國家政府對集體殺戮的影響力是間接的，國家並未直接下達命令，並通過官僚機構來執行政策。第三，他以社區而非國家爲分析單位，因爲集體殺戮在全國各省以及每個省的不同縣市呈現各不相同。

蘇陽的「社群模型」有一定的理論創意，也能庖丁解牛般地解析若干殺戮現象，但不免矯枉過正。或許過於「書生意氣」，作者用希特勒暴政對照毛澤東暴政，誇大了兩者之間的差異，出現一定程度的誤讀和曲解。比如，納粹通過官僚化的系統完成對猶太人的屠殺，它保存了完整的資料——自希特勒以下各級官員的命令、報告、檔案等，後來成爲納粹的罪證。而毛澤東蔑視和不信任官僚集團，很多時候並不直接下達殺人命令，只是通過一些含混、曖昧的講話，讓下級自己去領悟和執行。中共故意不留下太多文字紀錄，即便有歷史檔案也絕不對外開放——蘇陽在請求查閱官方資料時屢屢受挫。所以，不能因此認爲，與如臂使指地控制著納粹德國軍政系統、應對猶太大屠殺負有最終責任的希特勒相比，毛澤東是天馬行空的詩人和哲學家，並不對各種政治運動中的集體殺戮負有最大責任。應當相信，雖然希特勒和毛澤東的具體統治方式略有差別，但極權政權在本質上是一樣的。

各地的集體殺戮得到中央的支持或至少是默許。以殺戮最嚴重的廣西爲例，廣西文革史專家宋永毅在編輯完成三十六卷、七百萬字的《廣西文革機密檔案資料》，發現廣西文革有五大特點：第一，在全國所有省市第一書記或被打倒、或被調任的十年裡，它的自治區第一書記、自治區政府主席、廣西軍區第一政委、號稱「廣西王」的韋國清始終不倒，並得到廣西軍區、各縣武裝部和基幹民兵的極力支持；第二，發生過一場旨在消滅「四類分子」（及其子弟）的遍及全省的大屠殺；第三，出現相當規模的人吃人，即革命群眾對「階級敵人」剜心剖肝吃肉的風潮；第四，軍隊動用數個師的兵力，直接策畫、指揮、攻打和殲滅一派群眾組織，由此導致大規模的殺俘虜的現象；第五，作為大屠殺的自然衍生物，對女性的性暴力和性侵犯，堪稱中國和平時期從未有過的集中迸發，殺人姦妻、殺父姦女竟成為相當一段時間內某些農村地區的社會常態。

究竟哪個級別的官員最熱衷於集體殺戮？蘇陽認為，主導集體殺戮的官員大都是層級很低的基層幹部，不足以說明集體殺戮是國家政策；而宋永毅發現，大屠殺的黑幕絕不僅止於區縣一級的執政者，有確鑿證據表明：韋國清直接授意了廣西大屠殺。武鳴縣是韋國清在「四清」運動時蹲點的樣板縣，一九六八年六月下旬，當地梁同大隊支部書記梁家俊、副支書黃錫基（韋國清蹲點住在他家）、前任支書梁其均等三人到南寧找韋國清請示匯報。當晚九時，梁家俊說：「我們要把那些反對你的，想打倒你的『四二二』反革命牛鬼蛇神統統都幹掉。」韋國清笑咪咪的，不正面回答，卻興高采烈和三個幹部暢談到半夜一點。向韋國清摸清了底的三個幹部，回去後馬上策畫屠殺，當晚就殺了五十四人。在武鳴，梁同大隊是最先動手殺人的，接著，全縣推廣梁同大隊經驗，共殺死、打死、害死兩千一百多人。梁同大隊副支書黃錫基因殺人立功，直升武鳴縣委副書記兼城廂公社書記。宋永毅得出如下結論：文革中廣西等地所謂的無政府狀態，是一種完全由政府所蓄意製造出來的無政府狀態。文革中的屠殺和暴力大都是一種國家機器行為，即政權對公民的直接殺戮。所謂的「暴民政治」只不過是國家機器行為的一種結果和延伸，甚至是為國家機器直接利用的形式而已。宋永毅的觀點比蘇陽的觀點更讓人信服，而且，此類殺戮不僅僅發生在廣西這樣的偏遠邊疆，也發生在北京大興縣這樣離中南海只有二、三十公里的「天子腳下」，以中共統治之嚴密，最高當局不可能一無所知。

「平庸之惡」與「正義的暴徒」

在諸多集體殺戮中，除了既不敢怒也不敢言的受害者家屬之外（很多受害者家屬很快也淪爲受害者），旁觀的民眾都是集體殺戮的熱情支持者，很少有人認爲此種殺人方式「不合法」。中國自古以來就缺乏法治觀念，毛時代更是「無法無天」的巔峰。蘇陽在結論部分感嘆說：「半個世紀後的今天，中國還不是一個以法治國的國家。公民還會在司法程序之外受到以國家公權名義施行的拘捕、暴力和裁決。廣大公民一般都不會去質問國家給予的這些罪名是不是可以成立，而是盲目地爲國家引導的群眾行爲喝采。」如此，就算不上是公民，只能是臣民。蘇陽指出，共產黨善於分化人民，挑動人民鬥人民，或者將一般人攆出「人民」的行列，「如果毛澤東時代的帽子是『地主分子』、『走資派』、『當權派』，當代的『壞人』有了新的名堂——撥亂反正時的『三種人』、嚴打運動中的『流氓』、唱紅打黑裏的『黑』、懲治腐敗裏的『貪官』。此外還有各種各樣的『分子』。每當新的一輪開始，人民欣然支持，沒有要求國家把涉及人身自由的暴力行爲納入法律軌道。所以文革的迴響從未在政治和社會生活中消失。」

在中國，文革仍是進行式，而非過去式。現實中的典型案例是：深圳市公安局副局長、新聞發言人申少保在大運會前夕宣布，在過去的一百天裡，共有八萬餘名「治安高危人員」

被清出深圳。何謂「治安高危人員」？他界定說：在深圳對社會治安秩序和公共安全有現存或潛在危害的人群。深圳警方並未意識到，將存在潛在危害的公民當罪犯，本來就是文革思維。每個公民的基本權利都是平等的，都應得到同等的保護和尊重。如果公權力人爲地把公民分爲三六九等，強行將一部分人的權利凌駕於另一部分人之上，甚至只是爲了一部分人創造更好的環境而無情地傷害另一部分人的人格尊嚴和居住權利，這樣的社會管理就是制造歧視和對立，就是強權者對弱勢者的欺凌。

在中華文化圈當中，權力部門赤裸裸地違法，民眾甚至「民主人士」也沉浸在血腥的暴戾之氣當中不能自拔。政治哲學家漢娜・鄂蘭用「平庸之惡」的概念分析艾希曼之流，蘇陽則在調查文革期間農村集體殺戮事件時發現了「正義的暴徒」的群體——這些「暴徒」並不認爲自己平庸或邪惡，堅信自己站在正義一方。湖南道縣屠殺的組織者之一、人民武裝部部長關有志，文革後被捕入獄，他並不認爲自己有罪：「文革武鬥時，造反派搶了武裝部的槍，有聽說四類分子要變天（即恢復蔣介石政權的統治），反攻倒算，造紅色政權的反。」好一個秉公守法、明察秋毫的公務員。

文革控制著大部分中國人的精神世界。爲了崇高的理想或理念肆無忌憚地殺人，這本身就是一種非正義的邏輯。暴徒跟正義之間不可畫上等號。昔日農村集體殺戮的凶徒，如今「轉世」爲「民主人士」——比如中國政法大學國際法碩士、在北京從事律師職業近二十年、現居加拿大的賴建平在推特上發文說：「革命過程中同樣可以咒罵、欺騙、造謠、傷害、殺死他們。我有權以這些手段對付任何一個或多個或全體壓迫者，怎麼有效、怎麼管用就怎麼來，就這麼簡單。」意思是說，只要目標正確，爲達目標可不擇手段，可視他人生命爲草芥。這不就是寫作《湖南農民運動調查報告》時的青年毛澤東的翻版嗎？另一位現居加拿大的維權律師郭國汀在一則推文中說：「如何制約流氓暴君下屠殺令撲滅憲政民主大革命？凡是今後下令開槍及下令執行暴力鎮壓令的任何人，一律連同他們的家屬子女（未成年兒童可除外）處死刑，且得由任何人隨時就地正法，凡是執行其死刑者皆予重獎。」意思是說，他是掌握「懲惡揚善令」的武林盟主，可超越法律和法庭，授予任何人將共產官吏及其家屬「就地正法」的權力。這不就是在廣西的集體殺戮現場扔出石頭的某一個過路中學生的翻版嗎？他們生活在西方民主和法治的環境中、熟練使用網路等新興通訊手段，自以爲是民主自由的先鋒，卻對自身「網路紅衛兵」的身分毫不自知。如果中國相當數量受過法學教育，從事過律師職業的人士都在公開鼓吹血淋淋的暴力，那麼中國民主轉型前景非常悲觀，另一場更加血腥殘暴的文革即將上演。

中國的巴士底獄何時被推倒？

——袁凌《秦城國史：中共第一監獄史話》

《秦城國史》是一本險些被扼殺在抽屜中的著作。香港出版人鮑朴對媒體披露，他在出版此書的過程中，合作多年的香港某印刷廠拒絕印刷，發行方面亦表示有困難。印刷廠和書店不跟他合作，他處於產業鏈中間，上面拒印，下面拒賣，香港的出版自由已經崩壞。後來，鮑朴找到一家小型印刷廠，費盡九牛二虎之力才讓此書問世。共產黨當局為什麼會害怕這本書呢？

迄今為止，沒有一個中國作家寫出一部堪與索忍尼辛的《古拉格群島》相媲美的鉅著，這是讓中國知識人感到羞愧的事實。然而，即便不能修建一座當代中國的哭牆，也可以先冶煉出一塊小小的馬賽克。身在中國的作家、記者袁凌頂著風險和壓力，完成了《秦城國史：中共第一監獄史話》。這是一部另類的、微縮版的當代中國政治史，倘若法國思想家傅柯（Michel Foucault）還在世，讀到本書中的材料，其「監禁與規訓」的理論或許會更加豐富與深邃。記者及報導文學作家錢鋼評論說：「在對秦城監獄本身考察的詳實度和準確性上，現有的著述無出其右。」今天的讀者，與其去讀那些無聊透頂的盜墓和穿越題材小說，不如讀這本以口述史和文獻研究的方式、耗時十年寫成的《秦城國史》。

中共是列寧式的政黨，秦城是蘇聯式的監獄。中共從國民黨那裡奪得天下，並非靠自身實力，而離不開蘇聯「老大哥」明裡暗裡的幫助。中共建政後，毛澤東向蘇聯「一邊倒」，迫不及待地赴莫斯科朝拜史達林，簽署賣國條約，討要經濟援助和技術。蘇聯第一批援建中國一百五十七個大型工礦、軍事、交通等項目，對外公布一百五十六項——雙方有意掩蓋的一項，就是秦城監獄。據公安部副部長徐子榮的秘書邢俊生記載，秦城監獄從建築圖紙到管理制度，都由蘇聯人一手規劃和傳授，它是蘇維埃體制與人民民主專政的混血產兒，是按照「社會主義模範監獄」理念來建造的特殊項目。在以後的歲月中，秦城監獄的地位和重要性超過其他座監所，沒有一個囚徒從中越獄。

秦城監獄的囚徒當中少有無名之輩，它關押過形形色色的重要人物：從最初的國民黨高級戰俘杜聿明和沈醉等人，到作爲該監獄始作俑者的公安部部長羅瑞卿，以及前後擔任過政治局委員和北京市市委書記的彭眞與陳希同；從劉少奇的夫人王光美，到毛澤東的夫人江青；從左翼文人胡風，到藏人精神領袖第十世班禪喇嘛；從中共前總書記趙紫陽的秘書鮑彤，到六四時拒絕執行開槍命令的第三十八集團軍軍長徐勤先將軍；從學運領袖王丹，到諾貝爾和平獎得主劉曉波；作爲「正國級領導人」被關押於此的有：中共中央副主席和政治局常委王洪文、政治局常委張春橋、政治局常委周永康……有人作繭自縛、罪有應得，有人光照黑暗、彪炳史冊。經過漫長的秦城生涯，有人精神失常，有人大徹大悟，有人矢志不渝。「秦城大學」畢業生的名單，若一一羅列下來，比黃埔軍校、北大清華還要多姿多彩。

請君入甕：誰能脫離絞肉機？

秦城監獄是「中國的古拉格」的縮影，長期擔任北京市公安局局長的馮基平是秦城監獄的主要締造者之一。馮基平是羅瑞卿的得力助手，具體負責秦城監獄修建項目。中共是一台無情的絞肉機，馮基平是絞肉機上一顆忠誠的螺絲釘，但他的忠誠並未讓他倖免於難。文革當中，馮基平未經審判便被關押在這所他主持修建的監獄中長達十年之久。同囚者因吃不飽，埋怨馮當初將伙食標準定得太低。馮尷尬地解釋說，當初沒有想過犯人要吃飽這個問題，現在十分後悔，如果標準定高些，大家都能吃飽肚子。在獄中，長達四年半時間，馮基平被加上腳鐐手銬，精神失常後，被強行送入精神病院接受藥物注射。

一九七八年六月三十日，中共給馮基平平反。地點就在當年宣布逮捕他的首都體育館，宣布平反的人竟然是當年在大會上宣布逮捕他的北京市委副書記吳德（當時已經升任市委書記）。此種戲劇性，恐怕連戲劇大師莎士比亞也會瞠目結舌，難怪袁淩以「卡夫卡寓言」來命名這些「秦城故事」。

在遭受諸多慘無人道的虐待後，馮基平並未從自身經歷中悟出民主與法治的重要性，更沒有致力於改變公安系統之苛政。相反，他瘋狂報復那些迫害過自己以及其他鹹魚翻身的高幹的監獄管理人員。一九七七年，馮基平奉彭眞、羅瑞卿之命，清理北京市司法系統「沾有革命幹部血跡」的看守和審訊員，對其中的十七人內部審訊後秘密槍決，並向他們的家屬宣布爲「因公殉職」。操作絞肉機者，被絞肉機粉身碎骨，並成爲絞肉機的新動力，這就是中共體制最邪惡之處。

《秦城國史》引用了大量「秦城大學畢業生」的回憶錄，彙集成一幅幅「地獄寫眞」。毛澤東指定的接班人、曾貴爲中共中央副主席的王洪文，是這座活地獄中的亡魂。王洪文不曾寫下回憶錄，但林彪集團成員、原副總參謀長邱會作在回憶錄中披露了王洪文在獄中所受的虐待，這是其暴斃獄中的原因。王洪文親口告訴邱會作，專案組對其施加各種酷刑，爲了減少痛苦，爲了活下去，他什麼都承認，讓他說什麼就說什麼。王洪文被關押的第一天起就戴著重刑具，它會自動地緊固，要是掙扎，它就會逐漸加緊，像念緊箍咒一樣，如果用勁掙扎就會把人摔倒在地上。王帶上刑具後就沒有卸過，晚上睡覺也要帶著。王洪文說：「爲了要什麼材料，對我搞車輪戰術是常事。有時說著話就睡了，他們曾經幾次給我注射過針藥。只要注射了那種藥，無論怎麼樣也睡不著，心裡煩躁得特別痛苦。我堅決拒絕打針，他們就強給我注射。後來的交換條件是：只要好好交代就不打針了。」有一次，邱會作親眼看到王洪文因身體衰弱摔倒在地，獄卒不許旁人前去攙扶。幾分鐘後，王洪文掙扎著站起來，已是血流滿面。在「文革」後期火箭式竄升的王洪文當然不是什麼好人，但王洪文在獄中的慘狀，仍然讓常人生出惻隱之心。一個制度不能保護「壞人」的基本人權，當然也不能保障「好人」的基本人權。

毛澤東唆使王洪文等「造反派」殘酷鬥爭老幹部和知識分子，而發動政變重新掌握權力的「老近衛軍」代表鄧小平則動用司法系統加倍報復王洪文等人。鄧與毛的手段同樣卑劣、同樣下流。鄧小平對監獄中的王洪文趕盡殺絕，當然也會下令軍隊向學生開槍。倘若《秦城國史》一書在一九八九年之前出版，大學生看到此細節，就不會對中共心存幻想，最終無辜喪生了。

因嫌烏紗小，致使鎖枷扛

一九八六年，在鄧小平「垂簾聽政」下，趙紫陽「不完全執政」，啓動有限度的政治改革。作爲司法改革重要部分的，就是將監獄系統由公安部劃歸司法部管轄，健全司法體系。但秦城監獄成爲唯一例外，就連作爲總書記的趙紫陽都不能改變秦城監獄隸屬公安部的「特殊身分」。趙紫陽更不會想到，三年後他最親密的助手鮑彤會成爲秦城監獄的囚徒，而他自己也差點被送進去。

秦城監獄隸屬公安部，決定了它是一處「法外之地」。周永康垮台之後，有人研究中共歷任公安部部長的生平，發現絕大多數公安部部長都身陷牢獄甚至死於非命。一九六五年，文革紅人謝富治接替羅瑞卿掌管公安部，立即整肅公安部高官，八位副部長中有六位被關入秦城監獄。謝富治若不是在文革結束前期病亡，必定會被當作「四人幫」幹將被關進秦城監獄。或許，《秦城國史》再版時可以補充兩個章節：一是坐過秦城監獄的牢房的公安部長的故事，二是秦城監獄歷屆監獄長的生死榮辱。

這不是一本枯燥乏味的學究之作，而是如同一部兼具魔幻、懸疑、偵探等特質的小說。

最爲難得的是，袁凌採訪了曾被關押在秦城監獄的數十名不同身分背景的囚徒，掌握了豐富的第一手資料。他採訪到長期在秦城監獄擔任管教幹部的何殿奎。何殿奎是唯一願意接受訪問的秦城監獄管理人員，儘管他講述的幾乎是「正面信息」，但畢竟在鐵幕上撕開了一道小口子。

從衛星地圖上可以看到秦城監獄的建築風格與整體規畫。它的主體是監獄，還設有形形色色的附屬機構，自成一個「小世界」。《秦城國史》以時代爲經，以人物爲緯，其中若干人物的命運如過山車般起伏變化，挑戰讀者的想像力。即便是《哈利波特》的作者羅琳和《魔戒》的作者托爾金，亦難以寫出如此荒謬而殘暴的情節。袁凌仔細梳理了被關入秦城監獄的數百名共產黨高級幹部及社會賢達，分出若干群體：「夫人族」當中包括兩名「第一夫人」，劉少奇夫人王光美和毛澤東夫人江青，先後成爲秦城監獄的房客。王光美剛被釋放，江青就被關進來，王光美後來專程到秦城監獄觀看江青的監控影片，不知是否可以一解其家破人亡的恨意？「秘書族」更是陣容強大，包括毛澤東本人的歷任秘書班子和江青的秘書，如李銳、師哲、陳伯達、閻長貴等人。「將軍族」則有林彪手下的「四大金剛」黃永勝、邱會作、李作鵬、吳法憲，海陸空三軍齊備。「作家教授族」有作家丁玲、音樂家田漢、歷史學家吳晗、畫家葉淺予等人。其中，有一些人坐過軍閥的監獄、國民黨的監獄、日本人的監獄，最後發現共產黨的監獄最難坐。

在習近平、王岐山展開反腐大戲之前，秦城監獄一度「門前冷落鞍馬稀」。自薄熙來以後，這裡變得人聲鼎沸，迎來作爲落馬高官「集體宿舍」的黃金時代：政治局常委、正國級領導人周永康，副國級領導人薄熙來、郭伯雄、令計畫、蘇榮，省部級幹部則數不勝數，還有央企掌舵人、軍隊將軍等曾經「一日看盡長安花」的風流人物。過去，人們常說「到了北京才知道自己官小」；如今，這句話不妨改成「到了秦城才知道自己官小」。大部分落馬貪官在法庭上認罪，但很少「心服口服」，心態跟被江澤民搞掉的陳希同一樣：我是政治鬥爭的犧牲品，我是「國事犯」——而中國的法律辭典中從無「國事犯」這一說法。

訪舊半爲囚，嘆息熱中腸

歷史學家余英時談及秦城監獄時指出：「一言以蔽之，秦城監獄在中國極權體制中是一個發揮著世紀作用的獨特機構。最確當地說，它是一個有力的政治工具，但卻隱蔽在法律外衣之下。正因爲如此，它成爲一個重大的關鍵，可以引導我們去眞正認識所謂『具有中國特色的社會主義』。」認識秦城監獄，就如同拿到一把打開中共政治謎團的鑰匙。

秦城監獄之於習近平時代的中國，宛如巴士底獄之於路易十六的法國。毛澤東時代之後，中共幾經嬗變，放棄僵化的計畫經濟模式，改以光鮮的「權貴資本主義」。然而，秦城監獄還在，且人滿爲患，足以說明中共列寧式獨裁政黨的本質並未改變。正如西方記者馬利德（Richard McGregor）在《中國共產黨不可說的秘密》一書中所指出的那樣：「北京仍然維持了二十世紀共產主義政權許多該有的特質：中國共產黨鏟除或閹割了政治對手，廢止了司法和新聞自主權，限制宗教和民間社團活動，抹黑不同調的國家定位說法，中央集權，建立無孔不入的安全檢查網，將反動分子打入勞改營。」

秦城監獄中的囚徒，除了失勢的中共高官之外，還有一群眞正的「政治犯」。袁凌採訪到的「秦城大學畢業生」，大部分是這群與中共徹底分道揚鑣的「異議分子」。六四屠殺之後，大批知識分子和學運領袖被關押於此，催生了當代名副其實的「異見運動」。此前，八〇年代的幾次政治運動，如「反對資產階級自由化」、「清除精神污染」，有方勵之、劉賓雁、王若望等人被最高領導人點名批判。方勵之第一個提出「持不同政見者」的自我命名，但他們仍擁有體制內身分，思想上也未與中共決裂。直到「八九六四」之後，共產黨的屠殺與秦城的磨礪才煉成了一批全身心的反對者。

秦城監獄的待遇並不比其他監獄更糟糕。總體而言，一些著名人物在秦城監獄尚能獲得某種程度的優待。劉曉波在「六四」後被關押在秦城監獄，他很少談及那段經歷。他說，比起許多在地方監獄中關押的、飽受折磨的囚犯來，他不算是在坐牢。在其第四次入獄之後，中共官方爲掩人耳目，不讓其入住秦城監獄，而將其送到關外人跡罕至的錦州監獄關押。

也是六四後被關押在秦城的記者、葉劍英養女戴晴，在獄中除了堅持抗爭之外，想到了五〇年代即被關押在此的學者張東蓀。張東蓀是北平「和平解放」的推手之一，是民盟高層人士，卻因反對毛澤東向蘇聯「一邊倒」的外交政策，試圖促成中國與美國保持外交關係，並且未在中央人民政府主席選舉中投毛一票，被毛以美國間諜的罪名投入秦城監獄，折磨致死。日後，戴晴寫出了張東蓀的傳記《在如來佛掌中》，算是一次完成自我精神救贖。

習近平掌權之後，除了黨內清洗之外，對民間社會尤其是異議運動陣營的打壓變本加厲。一個關於蘇聯的段子也可套用在當今中國：「如果你既聰明，又正直，還勇敢，那麼，你不是坐過監獄，就是正在監獄，或者走在通往監獄的路上。如果你三種情況都不是，那麼那三種品質你肯定缺一樣。」當然，大部分人權鬥士「沒有資格」進秦城監獄，甚至沒有經過正式的逮捕和審判程序，被秘密綁架、關押在「黑監獄」，中國法治的崩壞，離無法無天的文革不遠了。

幾年前，中共修建了司法部直屬的燕城監獄。燕城監獄與秦城監獄僅一字之差，試圖取代秦城監獄的功能。若秦城監獄退出歷史舞台，會不會被拆毀、被毀屍滅跡呢？台灣民主化之後，爲實現轉型正義，將昔日的政治犯監獄綠洲山莊和景美監獄等改建成人權園區，開放給社會各界參觀，讓其發揮人權教育的新功能。那麼，在未來民主化的中國，若秦城監獄保留下來，它能完成類似的轉型嗎？

東突厥斯坦不是中國的「新疆」

——霍爾．唐日塔格《東突厥斯坦：維吾爾人的真實世界》

控制思想的第一步，就是污染語言。中共政權建立之日，北大官微發布了一條爲「祖國母親」慶生的信息。這條官微發布沒多久，有校友評論說：北大是一八九八年建校的，現政權是一九四九年建立的，爲什麼北京大學要稱呼比自己晚出生五十一年的中華人民共和國爲「祖國母親」呢？難道她是年輕的「後媽」嗎？

同樣的「語言強暴」，就是從清末起以「新疆」鳩占鵲巢地取代「東突厥斯坦」，中共政權更是「此地無銀三百兩」地在新疆之後加添了「維族自治區」這種後綴。然而，再將「東突厥斯坦」跟伊斯蘭國際恐怖主義掛鉤，使之成爲一個讓人生畏的負面詞彙——其實，東突厥斯坦是一個中性的地理名詞。

即便像我這樣對中共洗腦宣傳相當警惕的知識分子，第一次看到「東突厥斯坦」這個名詞，也是在官方媒體的負面宣傳之中。長期以來，「東突厥斯坦」被遮蔽封鎖，關於它的歷史與現實，是高度敏感的禁區。「九一一」事件後，在全球反恐的新形式之下，中共趁機將「東突厥斯坦」污名化爲恐怖主義，這個詞彙才在媒體上頻繁出現。

在以中華帝國主義、共產極權主義兩者爲「門神」的歷史敘述和現實報導中，新疆「自古以來」就是中國領土「不可分割的一部分」，維吾爾等生活在此區域內的原住民族則是「中華民族」的天然組成部分——在二〇一七年的春節聯歡晚會中，導演特意安排了一位維族演員聲嘶力竭地高呼：「我血管裡流著漢族兄弟的血。」

此時此刻，需要傾聽來自維吾爾人的心聲。一位生活在中共統治之下的維族知識分子，以「霍爾・唐日塔格」爲筆名，在台灣出版了《東突厥斯坦》一書。這是華文世界第一部擺脫大中華一統思想、以維吾爾人的角度闡述東突厥斯坦歷史、文化與政治的著作。作者藉由對東突厥斯坦的歷史資料與當代問題的細膩爬梳與深刻分析，使全球華文讀者重新認識東突厥斯坦的生存處境與問題淵源，並思考東突厥斯坦民眾的困頓與掙扎，以及鍥而不捨追求建國的理想。

未來的民主中國，應當是各區域、各民族自願「合眾」而成，不應當以殖民主義的形式強迫各區域、各民族加入其中。換言之，認真閱讀《東突厥斯坦》一書，必須承認：既要反對中共暴政，更要反對中華帝國主義。中共暴政的翻覆，在可預見的時刻必定發生；而中華帝國主義的清除，則要經過若干代人的努力才能完成。

突厥的土地何以變成中國的新疆？

在大中華文化敘事中，西域或突厥被想像成某種固化的、等待被華夏征服的疆土，那裡的自然條件惡劣，卻充滿神秘色彩；那裡的原住民族野蠻、叛逆、落後，必須經由中原文化的開化和啓蒙，才能成爲「多民族家庭」的一分子。

漢族中心主義的文化敘事，有兩種典型代表。一是唐詩中的「邊塞詩」。大部分唐代詩人都寫過邊塞詩，流傳至今的邊塞詩多達數千首。邊塞詩寄託了中華文人對帝國無限擴張的想像，以及個人憑藉參與帝國征服「邊緣地帶」的戰爭建功立業的野心，諸如王昌齡的〈從軍行〉：「青海長雲暗雪山，孤城遙望玉門關。黃沙百戰穿金甲，不破樓蘭終不還！」高適的〈燕歌行〉：「相看白刃血紛紛，死節從來豈顧勳？君不見沙場征戰苦，至今猶憶李將軍。」在唐代的邊塞詩中，以突厥人爲代表的西域各民族只是殺戮的對象，並不具備作爲人類「民胞物與」的生命價值。

第二種成爲華夏民族「集體無意識」一部分的，是金庸、梁羽生等人膾炙人口的武俠小說。二十世紀下半葉，傳統的戲曲式微，武俠小說取而代之。所謂「中國精神」，存在於武俠小說中的多於《四書五經》，武俠小說比其他文學作品更爲深刻地形塑了中國人的價值觀。新武俠喜歡以西域爲俠客們行俠仗義的空間背景，小說主角的價值觀遵循「華夷之辨」——漢族代表「維護國家統一」的正義一方，西域諸民族代表「陰謀分裂祖國」的邪惡一方；前者盡享頌揚，後者飽受唾棄。有意思的是，在金庸和梁羽生小說中作爲正面人物出場的維族人，是乾隆皇帝的嬪妃「香妃」，種族、階級和性別的糾纏，在此「剪不斷，理還亂」。

如果心平氣和地閱讀《東突厥斯坦》，將不得不承認，唐代邊塞詩和近代武俠小說塑造的西域或突厥的想像，並非眞實的歷史。本書以確鑿的史料證明，「維族人的祖先曾經馳騁在廣漠的中亞草原與荒漠，在涵蓋了東突厥斯坦這塊土地在內的蒙古大草原和中亞地區，建立了匈奴帝國、突厥帝國、回鶻帝國、喀喇汗王國、高昌回鶻王國、察合台汗國、葉爾羌汗國等龐大帝國」。這些突厥系的帝國，跟中國歷代王朝處於並列而非從屬地位，有時甚至強大到讓中國的王朝俯首稱臣。在漫漫歷史洪流中，東突厥斯坦兩度遭到漢帝國與唐帝國的短暫征服，西漢對西域的宗主式統治維持了一百多年，唐朝對西域局部地區的統治只維持了二十多年。在其他的一千多年裡，東突厥斯坦一直是獨立於中國之外的主權國家。

如果東突厥斯坦自古以來就屬於中國，就不會有「新疆」這個名字了。直到十九世紀後半葉，滿清帝國派左宗棠西征，在東突厥斯坦屠殺一百萬人，才將其徹底征服，並以「新的疆域」將其改名為「新疆」。從此，東突厥斯坦正式被併入中國版圖，淪為行政省份之一，至今不過一百多年。對漢人來說，左宗棠是民族英雄——但具有諷刺意義的是，作為漢人士大夫的左宗棠，卻幫助滿人占統治地位的清王朝，鎭壓以漢人為主的太平天國反叛運動；而對於維吾爾人來說，左宗棠是犯有種族屠殺罪和反人類罪的屠夫——只是那個時代沒有這樣的罪名罷了。

當左宗棠占領「新疆」這塊廣袤的土地時，清帝國已日落西山，積貧積弱，中國人開始渲染被西方列強瓜分的民族悲情。然而，左宗棠在西域的屠殺遠比西方人在中國東南和北方沿海的屠殺更加酷烈。中國人奇特地將受害者與加害者的角色合二為一。另一方面，左宗棠的西征固然讓中國增加將近六分之一領土，也使得清廷國庫空虛，無力購買新的戰艦，發展海軍，鞏固海防，在甲午戰爭中被日本擊敗。中日之間實力的易位，使東亞數百年的平衡格局被打破，中國近代歷史因而被改寫。可見，在中華帝國內部，就人口、經濟規模而言，東突厥斯坦並不特別重要，它具有牽一髮而動全身的意義。

中共對東突厥斯坦的殖民暴政

日本學者矢野仁一提出：「中國不但沒有國境，而且可以說由於沒有國境甚至連國家也不存在。」多名美國學者合作完成的《新疆：中國穆斯林聚居的邊陲》一書認為，以一八八四年新疆建省為界，在此之前，新疆從來不是中國的一部分；在此之後，新疆是中國的殖民地。美國歷史學家米華健更是像《皇帝的新衣》中的孩子那樣實話實說：「儘管東突厥斯坦共和國實際上依附蘇聯，但它卻是代表維吾爾、東干、滿、蒙古及其他民族的獨立國家。」

中共政權繼承滿清多民族、多文化的傳統帝國概念，又想將自己塑造成現代民族國家，不由自主地深陷在兩者之間的泥沼之中。《東突厥斯坦》一書的主體部分，細說中共半個多世紀以來在東突厥斯坦的殖民暴政。民國時代，中國從未對東突厥斯坦地區實現有效統治，該地區先後被半獨立的軍閥楊增新、金樹仁、盛世才統治。盛世才與蘇聯及中共鬧翻之後，失去靠山，蔣介石將中央勢力延伸到新疆。但國民黨很快被共產黨擊敗，在中國的統治崩潰，共產黨迅速占領了新疆。

共產黨統治新疆，先扔出誘人的「肉包子」，即有名無實的「民族區域自治制度」。這個拗口的說法，沿襲自「老大哥」蘇聯。這套制度在蘇聯並未成功實踐，蘇聯崩解的很大原因，就是其民族政策的失敗。中共偏偏將這個舉世公認的錯誤當作「速效救心丸」。在「民族區域自治制度」的表象之下，中共在新疆實行種族歧視、民族壓迫和宗教限制政策，最後發展到國家恐怖主義的地步。

本書中舉出兩個駭人聽聞的例子。第一個是自一九六四年以來，中共在新疆進行了多達四十六次毀滅人類和自然的核武器實驗。中共的核武器試驗基地在塔里木盆地的羅布泊，占地十萬平方公里，相當於浙江省那麼大。作者引用自由亞洲電台的報導指出，在歷次核子試驗之後，由於核輻射導致的各種疾病造成的死亡人數達七十五萬之多。這個數字高於前蘇聯車諾比爆炸的死亡人數。

關於車諾比事件，白俄羅斯記者、作家及諾貝爾文學獎得主斯維拉娜・亞歷塞維奇（Svetlana Alexievich）寫下了代表作《車諾比的悲鳴》。她耗費三年時間，採訪數百位受核災影響的人，以獨白的方式和紀實的筆調，忠實記錄人們的恐懼、憤怒、勇氣與同情，成就了紀實文學史上的佳作。然而，關於中共在東突厥斯坦製造的核災難，不為世界所知曉，更不為漢族知識分子所關心，沒有一部作品專門給予揭露。

第二個是在中共的縱容之下，東突厥斯坦成為中國海洛因最大的市場和吸毒最嚴重的地區，主要吸毒者是維吾爾族青少年。中共的紅色恐怖與毒品的白色恐怖，讓維族陷入萬劫不復的災難。本書引用聯合國愛滋病問題亞洲特派員薩迪克的數據，東突厥斯坦吸毒人群中百分之六十的人感染了愛滋病。中國官方報導承認，新疆的愛滋病感染人數僅次於雲南，位居中國第二。然而，整個新疆沒有一個像樣的愛滋病醫院，也沒有愛滋病專家。

讀到這樣的段落，我本人感到無比羞恥和愧疚。中國人在爭取民主自由時，有沒有想過也要批判中共對維族和其他少數民族的大屠殺？即便是在自由世界生活多年的海外民運人士，很多人理所當然地視新疆爲中國的一部分，至多承諾他們掌權後對原住民施行「仁政」。反共而不去除大一統毒素，乃是竹籃打水一場空，正如有台灣評論人反問的那樣：中國政府和中國人老是批評日本企圖否定侵華歷史，卻從不在乎新疆、西藏等少數民族的感受——他們除了感到諷刺，可能還有憤怒和憎恨。在南京有『南京大屠殺紀念館』，那中共建政後對藏族和維吾爾族的多次屠殺，紀念館在哪裡呢？歷史課本的紀錄在哪兒？政府的道歉何在？」對新疆、西藏來說，日本沒有侵略過他們，但中共和漢人對他們的侵略，不只是慘痛的歷史，而且還是「現在進行式」。

東突厥斯坦未來的出路何在？

本書詳細記載了過去一百多年裡，以維吾爾人爲主的東突厥斯坦人民的歷次反殖民鬥爭。一九三三年及一九四四年，東突厥斯坦先後兩次宣布獨立，建立東突厥斯坦共和國，但最終以失敗收場。兩次獨立運動都「先天不足，後天失調」。關於前一次東突厥斯坦獨立運動，歷史學者王珂指出：「它之所以能夠具有如此大的動員能力和威力，其實就是利用伊斯蘭教，讓維吾爾族伊斯蘭教徒，即維吾爾族穆斯林們產生這樣一種感覺，即：再也沒有什麼比接受「卡菲勒（異教徒）」的統治更讓伊斯蘭教徒感到屈辱的了。「關於後一次東突厥斯坦獨立運動，王珂在其開創性的著作《東突厥斯坦獨立運動》一書中指出，從頭到尾都受到史達林的操控，蘇聯願意給錢、給槍，獨立運動便聲勢大振；蘇聯一旦跟國民黨或中共達成協議、撤回對獨立勢力的支持，東突厥斯坦政府便無以爲繼。

吸取前兩次獨立運動的經驗教訓，本書作者提出東突厥斯坦獨立運動的三個原則：第一，以和平、非暴力方式，通過民族自決達到獨立建國的目標；第二，建立一個以維吾爾、哈薩克、柯爾克孜、蒙古等土著民族共同的國家；第三，東突厥斯坦將是一個各民族平等的、政教分離的、尊重人權的、自由民主的共和國。我個人贊同這三大原則，但這三大原則能被多少維族和其他民族民眾所接受？尤其是政教分離的原則，能否被某些伊斯蘭色彩相當強烈的族群、教派和群體所採納？這是一個懸而未決的問題。

毋庸諱言，作爲一種信仰體系和文明狀態，伊斯蘭世界至今未能完成宗教改革和啓蒙運動，始終無法邁過現代化的門檻。比如與維吾爾人同屬泛突厥文化系統的、從蘇聯獨立出來的中亞各國——哈薩克、吉爾吉斯、塔吉克、烏茲別克等，在獨立二十多年之後，仍未建立穩定的民主政體，在英國作家奈保爾所說的「自我殖民」式的獨裁暴政之下苦苦掙扎。《華爾街日報》資深記者菲利浦・席斯金（Philip Shishkin）在《不安的山谷》一書中，生動地描述了在中亞各國肆虐的激進伊斯蘭教、結構性貪婪、毒品走私以及獨裁統治對人民造成的深重災難，足以成爲未來東突厥斯坦的前車之鑑。

更讓人擔憂的是，長期以來充當突厥民族領頭羊的土耳其共和國，在其開國之父凱末爾開創的世俗化和現代化的道路上邁進一個世紀之後，二〇一六年下半年居然出現民主崩壞、伊斯蘭極端勢力回潮的轉折。在獨裁總統艾爾多安（Recep Tayyip Erdogan）的領導下，土耳其極有可能像伊朗那樣重新遁入政教合一的黑暗時代。若土耳其從歐洲式的共和國蛻變爲阿拉伯世界式的「伊斯蘭國」，不僅無法融入歐洲文明，而且也表明突厥世界難以移植現代普世價值。雪上加霜的是，發生在伊斯坦堡、造成重大傷亡的恐怖襲擊事件，土耳其政府宣布是流亡在土耳其的維吾爾人所爲，雖然沒有任何證據支持此一說法，但該事件已對維吾爾人的國際形象和獨立事業造成相當的損傷。

在未來東突厥斯坦獨立運動中，有識之士能否從突厥文化中發掘其非伊斯蘭的、更悠遠的傳統資源，進而將這一部分文化與西方近代文明完成一次新的嫁接？這是本書作者未能涉及到的關鍵議題，但它將直接影響東突厥斯坦獨立運動的成敗。盼望依然生活在中國「新疆」以及流亡海外的維族知識分子，對此議題能懷有一種自我批判和自我建設的開放與前瞻的立場。那樣，東突厥斯坦的建國時間雖然比中亞各國晚，但民主制度的建構將少走許多彎路。

這不是戰爭，而是屠殺

——楊海英《蒙古騎兵在西藏揮舞日本刀：蒙藏民族的時代悲劇》

很多漢族知識分子是六四屠殺之後才覺醒的，他們親歷了六四屠殺才明白共產黨軍隊不是「人民子弟兵」，而是屠夫和劊子手。他們的覺醒來得太遲了，共產黨軍隊對本國民眾以及被殖民的其他民族的屠殺，從其「八一建軍」之後就開始了，而且，他們中大部分人的覺醒是在「半夢半醒之間」——有一次，我參加在華府中共使館門口舉行的紀念六四活動，應邀發表演講，剛剛講到六四屠殺不是例外和偶然，六四屠殺應當與中共對藏人、維吾爾族的屠殺等量齊觀，立即就有人打斷我的發言，一定要反對這種「分裂祖國」的言論。此類所謂的「異議人士」，在以屠殺達成「祖國統一」這一議題上，與使館裡的那些人實在是「殊途同歸」。

中共不僅大肆屠殺尋求獨立以及宗教信仰自由的各少數民族，而且採取「以夷制夷」的惡毒策略，挑動少數民族之間自相殘殺。長期在青海工作的老幹部韓有仁，打破禁忌，秉筆直書，撰寫了《一場被湮沒了的國內戰爭》一書。書中引用了一個重要細節：當時，解放軍宣傳人員尉立青採寫了一篇題爲〈一等功臣蘭拉科〉的報導，主角蘭拉科係蒙古騎兵機槍射手，他有一手神槍，「挨著腦門給敵人點名，叫誰倒誰就得倒」。有一次，「他和一班副兩個，在溝裡抓了四十名俘虜。據說，這是他一個人衝到敵群裡，端起機槍一聲大喊，嚇得敵人慌了手腳，想抵抗也來不及了。」在玉樹，「他先後作戰五十次，打死打傷和俘虜敵人一百零三人」——這個殺人數字，快趕上中日戰爭期間「百人斬」競賽的日軍官兵了：一九三七年，日本軍官向井敏明少尉和野田毅少尉在從上海到南京途中，展開誰先殺滿一百個中國人的競賽，斬殺了一百零六人的向井敏明勝過了斬殺一百零五人的野田毅。中國將殺人如麻的日本軍官視為惡魔，但同樣殺人如草不聞聲的中國官兵不也是惡魔嗎？「一等功臣」蘭拉科所在的騎兵某部二連，「更是一個英雄連隊，在三年平叛中，殲滅叛匪九千餘名。」一個最基礎的軍事建制——連隊，居然屠殺了多達九千名藏人，那麼整場大屠殺究竟殺害了多少藏人呢？

有蒙古血統的我，特別注意到這名蒙古族「戰鬥英雄」及其所屬的蒙古騎兵部隊的「赫赫戰果」，並為此深切傷痛且懺悔。日本靜岡大學教授楊海英更以此為主題寫出《蒙古騎兵在西藏揮舞日本刀：蒙藏民族的時代悲劇》一書。楊海英是出身南蒙古的蒙古人，從小聽著曾為騎兵的父親講述有關蒙古騎兵的故事。由此，他開始研究在滿洲國時代日本殖民當局訓練的蒙古騎兵的歷史，其中被深深掩蓋的一段是：日本戰敗後，這支驍勇善戰軍隊被編入解放軍，並受命出兵西藏「平叛」。當時，毫無軍事經驗的藏人在蒙古騎兵面前猶如待宰的羔羊，引頸受戮。再後來，文革期間，南蒙古人遭中共虐殺，手上沾滿藏人鮮血的蒙古騎兵大都遭殘酷清洗，正所謂「飛鳥盡，良弓藏；狡兔死，走狗烹」，他們自己也視之為殺害藏人而遭受的「天罰」。原本親如一家的蒙古人和藏人，被中共驅使自相殘殺，命運何其悲慘。

「喜馬拉雅巔峰，浮現劫火光影」

五〇年代末中共在藏區「平叛」，是以現代化武器如機槍、坦克、飛機乃至化學武器屠殺數十萬藏族牧民，宛如納粹德國屠殺猶太人。然而，猶太大屠殺在全球範圍內家喻戶曉，中共屠殺藏族卻不爲人知。

韓有仁歷經千辛萬苦，採訪到若干參與那場「國內戰爭」的官兵。比如，參加「玉樹平叛」的士兵老李，在敘述騎十三團和第四百團合圍殲滅「敵人」時，繪聲繪色地說：「這一仗衝傍晚打響，激戰到拂曉，槍聲不斷、炮聲隆隆，信號彈、曳光彈、照明彈此起彼伏。大草原上閃爍之光，瞬間改夜如晝。光電的輝映顯出遠處群山的峰巒疊嶂，各展雄姿，景色奇特壯觀。」他居然還有觀賞美景的閒情逸致，藏人消逝的生命在其眼中一錢不值。韓有仁指出，除了戰場、俘虜營以外，還有一個置大量「叛匪」於死地的「黑洞」——那就是以「叛亂罪」被判刑投入監獄的勞改場所的人犯。據官方披露的數字：「從一九五八年到一九六〇年，青海省直屬勞改、勞教系統三年『三類人員』（勞改犯人、刑滿就業人員、勞教人員）非正常死亡高達四萬九千三百零四人，佔總數十六萬的百分之三十。」其中有不少就是被關押、被虐待的藏人囚徒。

藏人被屠殺，首要的兇手是以漢人爲主體的共產黨政權，蒙古騎兵則充當幫凶的角色。

楊海英的《蒙古騎兵在西藏揮舞日本刀》一書即圍繞蒙古騎兵在藏區的殺戮。此前，楊海英寫過《沒有墓碑的草原：內蒙古的文革大屠殺實錄》一書，描述中共在南蒙古的種族清洗，蒙古人是受害者；而在《蒙古騎兵在西藏揮舞日本刀》一書中，蒙古人則半推半就地充當加害者的角色，與藏人同為遊牧民族，蒙古人鎮壓藏人似乎更為得心應手。而信奉伊斯蘭教的回族，也有過與信奉佛教的蒙古人同樣的厄運——先是被共產黨利用作為屠殺藏人的利器，然後又被共產黨擺在刀俎之上，真是：「正笑他人命不長，哪知自己歸來喪」！

「喜馬拉雅巔峰，浮現劫火光影」，當年日本人專門為蒙古人開設的興安官校的校歌似乎預言著蒙古雄騎與西藏的雙重悲劇命運。儘管烏蘭夫早在一九五五年就提出「對少數民族用兵為下策」，反對並抵抗毛澤東武力鎮壓西藏，但由於本民族於滿蒙時代的「對日協力」歷史問題可能招致清算，在沉重的苦惱中不得不派出兩個騎兵團「進藏平叛」。楊海英眼見當事人日漸凋零，「不忍青史盡成灰」，採訪到若干在歷次政治整肅中倖存下來的蒙古騎兵官兵及其後人，記錄下他們痛心疾首的證詞。

楊海英說服一位名叫朋斯克的老人，請他講述遠征西藏的往事。經過多番勸說，老人這才打開關閉半個多世紀的話匣。當時，經過共產黨洗腦宣傳，這些蒙古士兵相信，「凡是藏人全部都是敵人」，「我們的戰鬥方法很簡單。中共空軍首先實施空襲，投下大量的炸彈，造成藏人混亂，步兵則趁機用機關槍向混亂的人群掃射。九死一生突破步兵包圍圈的藏人，迎接他們的是揮舞洋刀的蒙古騎兵」。到了晚年，老人對那段歷史有了沉痛的反省：「中國藉蒙古人的力量合併了西藏，這是其一。沒什麼能比最優秀的蒙古戰士手握人類最強武器日本刀時，更能發揮可怕的戰鬥力了。而中國人毛澤東利用了這一驚人的戰鬥力。他的陰謀，確實更可怕。第二，烏蘭夫一直保存的這支自滿洲國時代以來的武裝勢力，被中國消耗殆盡了。中國政府絲毫不願意看到手握日本刀的蒙古騎兵的存在。最後，讓蒙古軍隊與西藏人戰鬥，從而在兩個民族之間製造了新的仇恨，離間了少數民族同胞，可謂一石三鳥。」

楊海英又採訪到蒙古人噶丹，噶丹回憶說，他的伯父巴瓦是蒙古騎兵中的神槍手，有一次俘獲了四十多名藏人。就在巴瓦走進帳篷，熬奶茶時，中國軍隊將俘虜排成一排，用機關槍掃射。巴瓦衝出來抗議說：「繳械者不殺！」可是，中國軍人對其不屑一顧。中國軍隊不僅殺俘虜，也殺婦孺。中國人義正詞嚴地譴責日軍在侵華戰爭期間濫殺無辜，對自己屠殺更弱勢的民族的暴行，卻從來閉口不提。

這場「國內戰爭」，與其說是戰爭，不如說是屠殺。兩方的實力、武器和技術差異，甚至大於當年西班牙人與印加帝國之間的差異，也大於八國聯軍與義和團拳匪之間的差異。

「半調子的近代化」與蒙藏兩民族的未來

一九四五年，日本戰敗，滿洲國和德王蒙古自治政權瓦解之後，繼承蒙古騎馬戰術的優良傳統，又吸收了日本近代軍事思想和訓練的蒙古武士，在被解放軍所整編，清除了其內部的知識分子和民族主義菁英，使之完全成爲一支共產黨的「傭兵」部隊。國共內戰時期，這支騎兵部隊參加過遼瀋戰役和平津戰役，中共建政後三次參加國慶閱兵儀式。朝鮮戰爭時期，蒙古騎兵師團被調遣「支援前線」，緊接著做爲「傭兵」被調遣到鎮壓青藏高原的武裝起義中。

楊海英用「傭兵」這個概念指稱被中共控制的蒙古騎兵，其實，蒙古騎兵連「傭兵」的地位都沒有。所謂「傭兵」，必定跟僱傭者之間有一份契約，收取客觀的報酬；在完成合同之後，還可以選擇下一個服務對象，它有相當的自主性和獨立性。但是，被改編到解放軍之中的蒙古騎兵，不被信任，被充作炮灰，即便在戰爭中倖存下來，等待他們的是解除武裝、政治清洗、種族滅絕。與之相比，「傭兵」不知要幸運多少倍！蒙古騎兵的境遇，甚至比不上中世紀伊斯蘭世界中享有種種特權的「奴隸軍隊」馬克穆留。

蒙藏兩個民族遭遇滅頂之災，最大的原因是他們不幸成爲中國的鄰居，惡鄰侵門踏戶，他們走投無路。但另一方面也需要反思：蒙藏兩個民族爲何未能成功實現現代化？如果實現了現代化，不就擁有對抗中國的實力了嗎？本書講述了滿洲國時代蒙古地區的現代化，其標誌是一九三四年興安官校的設立。這所軍校從建立起就達到了很高水準，整個「蒙古世界」——不僅僅是滿洲國的蒙古人，西部德王統治下的蒙古聯盟自治政權，甚至蒙古人民共和國——的有志青年都來報考和學習。

然而，就蒙古區域而言，他們在日本的扶持下，只是在軍事領域實現了部分的現代化，整個社會結構並未走向現代化。滿洲國內的蒙古地區進步稍快，德王政權也在日本的支持下施行了一系列現代化改革，我在《一九二七：民國之死》一書中有專章討論德王改革的成敗得失，其改革成果相當有限。換言之，日本刀固然無比鋒利，但僅有「日本刀」的現代化對蒙古這個民族來說是不夠的。

以西藏而論，辛亥革命之後，西藏取得實質性的獨立地位，十三世達賴喇嘛開始了現代化改革，比如派遣貴族學生到印度和英國留學，聘請歐洲人修建水電站，建立新式軍隊等。然而，這場改革遇到保守勢力的頑強抵抗而功敗垂成。西藏的封閉、停滯，使得它成為中共眼中唾手可得的一塊肥肉。

可以說，蒙古和西藏都經歷了各自半途而廢的「戊戌變法」。在東亞視野下，日本的明治維新、脫亞入歐在富國強兵層面上獲得成功，中國現代化的步伐比日本慢，所以日本打敗了大清帝國和沙俄帝國，一躍成為亞洲第一強國。但日本並未完成精神、思想和民主政治層面的現代化，導致此後日本走向軍國主義，發動太平洋戰爭。蒙古和西藏的現代化又比中國慢，所以後來不幸淪為中國的殖民地。

現代化是任何民族、國家都必然經歷的一場巨大蛻變。抵制現代化的結局是可悲的，如南美和北美的原住民，與優勢文明接觸之後，數十年間人口銳減九成以上。弱者必須奮起直追。這不是為屠殺者辯護，而是為弱勢民族尋找未來的出路——直到今天，蒙古和西藏仍面臨著如何推進現代化的難題。

我曾接觸過藏人流亡社群，他們的第二代有不少進入歐美一流大學學習。但迄今為止，還未出現一個藏人的科學家、工程技術專家、政治學家和經濟學家群體。若未來西藏贏得獨立，建設西藏必須要有豐富的人才儲備，流亡藏人社群必須未雨綢繆。十四世達賴喇嘛部分地實現了藏傳佛教的「宗教改革」，但這場改革遠未完成。藏人和蒙古人共同信奉的藏傳佛教，不能只是供西方人茶餘飯後消遣的「心靈雞湯」，藏傳佛教中如何產生現代思想——如同韋伯所謂的「新教倫理與資本主義精神」，至今看不到明顯的跡象。南蒙古、東突厥斯坦等急於脫離中國的區域，未來也將面臨同樣的難題。

南蒙古的「五重悲劇」與楊海英的「三重背叛」

楊海英採訪了若干蒙古族的加害者，也採訪了若干藏族的受害者，他如此坦率地表達了自己坐在藏人受害者面前的感受：「做筆記的手顫抖，沒有勇氣直視兄妹倆的眼睛。」

本書的最後，總結了蒙古民族的「五重悲劇」：日本對蒙政策的非一貫性，以及日本戰敗導致其未能實現民族獨立；《雅爾達協定》阻礙內外蒙古民族統一；中共民族政策的欺騙與背叛。至今標榜的「高度自治」只是有名無實的「區域自治」；為洗刷歷史上「附逆日本」之原罪，效忠中國，對同為弱小民族的藏人揮舞洋刀，這是因為「中國人成為南蒙古統治者而造成的悲劇」；遠征西藏歸來的蒙古騎兵被解散，尋求民族自決的歷史，成為種族屠殺的藉口，民族菁英喪失殆盡，民族區域遭肢解。至今，蒙古民族尚未從這「五重悲劇」中解脫出來。

作為《沒有墓碑的草原》一書中文譯者的劉燕子在一篇書評中指出：「《蒙古騎兵在西藏揮舞日本刀》在平靜的文字中，矗立著高昂悲壯的民族未竟理想，同時作者忍受流血的疼痛，用一把鐵絲棕毛刷來梳理本民族的污穢——身為一個曾迫害他人民族的蒙古人，並未因為遭受過大屠殺而清白無辜，享有『政治正確』、『普世道德』的赦免權。」楊海英「自揭傷疤」的勇氣，堪比猶太裔思想家漢娜・鄂蘭。漢娜・鄂蘭身為深受猶太同胞愛戴的知識界領袖，且曾擔任「猶太復興委員會」領導工作，在採訪艾希曼審判期間，因為道出了「犧牲者的能動性」，即揭露二戰時期歐洲各猶太社群與納粹合作的事實，幾乎成了猶太社會的「賤民」和「棄兒」。許多猶太知識菁英都因此與她絕交，恰巧說明自民族被屠殺的歷史，在前所未有圖騰化的同時，成為禁忌叢生的領域。

楊海英經歷了比漢娜・鄂蘭更艱鉅的「三重背叛」：出身於中國統治下的南蒙古鄂爾多斯草原，卻拒絕「中國人」的身分認同，是為「一重背叛」；一九八九年，經歷了六四屠殺的衝擊，放棄在北京第二外國語學院日語系的教職，赴日本留學，又歸化為日本籍，是為「二重背叛」；在種族上堅持蒙古族認同，卻又將那段幽暗的民族史曝光於天下，是為「三重背叛」。儘管「世人皆欲殺」，但譯者吉普呼蘭在本書〈譯者記〉中向其表示感謝與欽佩之情：「對於蒙古人而言，楊海英發出了他們一直不敢發出的聲音，道出了他們至今不敢講的歷史和現實的眞相。」楊海英超越了特定群體的歷史禁忌，將蒙受的苦難賦予更廣闊的人類記憶內涵，在精神上遏制了黑暗與黑暗對峙、仇恨與仇恨循環的可能。

如何擺脫受害者與加害者兩種身分的盤根錯節、犬牙交錯、苦痛與恥辱的煎熬？從蒙古族的「五重悲劇」和楊海英個人的「三重背叛」中，或許可以找到一把浴火重生的鑰匙。

從天安門廣場到維多利亞公園有多遠？

——鄧小嬅、梁雅媛編《一般的黑夜一樣黎明：香港六四詩選》

每年「六四」屠殺忌日，都有數萬乃至數十萬香港市民及來香港「自由行」的中國遊客聚集維多利亞公園。白色的蠟燭與黑色的衣衫，穿雲裂帛的歌聲與晶瑩而滾燙的眼淚，讓香港成爲華人世界追悼死者、捍衛記憶、反抗暴政的中心。

有一年，支聯會邀請到在天安門廣場被坦克輾斷雙腳的體育學院學生方政來港。燭光晚會上，方政成爲全場焦點，所到之處獲市民報以掌聲及歡呼聲。方政表示，對燭光晚會感覺震撼，看到了「良知的海洋」。他認爲，晚會代表香港及中國人的良心，這種民意完全反映中國人的共同追求，相信民主一定會到來。

而我在大洋的彼岸，閱讀《一般的黑夜一樣黎明：香港六四詩選》一書，也彷彿裝上翅膀，親臨現場，與眾人一起歌唱和哭泣。這本詩集共收詩一百三十首，作者六十四人，寫作時間從「六四」當時延續至今，長達四分之一世紀。經過三倍於八年抗戰的時間，這場記憶與遺忘的戰爭、兇手與受害者的戰爭，仍然在持續之中。

詩歌是克敵制勝的最佳武器。坦克可以碾碎人的身體，卻不能徹底消滅詩歌。在文學的殿堂裡，詩歌高踞於王座之上。在古代中國，章回小說的作者或說書人，每講完一個精采的故事，就會來一段不甚高明的詩歌來「以詩爲證」。如今，這本詩集也是「以詩爲證」，證明著香港與中國割不斷的血肉之情：香港固然不是北京的殖民地，港人卻是一群熱愛自由的華人。

正如編者所說，以「一般的黑夜一樣黎明」作爲書名，有重召歷史、反省當下、展望未來之意。「不公義的黑夜繼續互相抄襲、複印，貼滿了國人的命運——而在維穩日熾、蔓延香港的今日，我們應細思『黑夜』的意義，並持守對黎明的期待。」

那場屠殺，也發生在香港，有詩爲證

這本詩集的編者概括說，本書有四個主題意象：「廣場」、「維園」、「母親」、「孩子」。

第一個意象是「廣場」：它是一個關於開放、投入、集體行動、人民、打破邊界的空間意象。第二個意象是「維園」：它既日常又詭秘，既平靜又悲傷，給香港的六四詩歌打上獨一無二的本土色彩。

天安門廣場是共產黨專制統治的象徵，具有諷刺意義的是，作爲全世界面積最大的城市廣場，它卻是最爲封閉的空間。香港學者洪長泰在《地標：北京的空間政治》一書中指出：「天安門廣場是官方號稱的人民廣場，但當人民跟宣稱代表人民利益的共產黨有衝突的時候，群眾自然而然會走到認爲是屬於自己的廣場去宣洩對政府和現狀的不滿。……但天安門廣場是中共的神聖的政治空間，官方絕對不能容忍其權威在此受到挑戰，結果示威者遭到政府的鎮壓。」六四屠殺就是發生在此處的最爲血腥的一次鎮壓。

詩集中很多作品直接描述廣場的場景。葉輝在〈我們回到空寂的廣場〉中寫道：「三天後我們回到空寂的廣場／水淋熄了火／洗擦了血跡／台階上留下了子彈殼，書籍，擴音器／以及許多淋不熄洗不掉的記憶／紀念碑上，有撫之猶覺灼熱的彈痕」小西在〈廣場上那個最後的人〉中寫道：「二十年了／多少陣塵埃與雨／把血與記憶洗了又洗／把同一的死者／殺了又殺」中國的孩子們從小唱著〈我愛北京天安門〉的歌曲長大，天安門演出的劇目，卻是從毛澤東接見百萬紅衛兵到「六四」屠殺再到江澤民、胡錦濤、習近平殺氣騰騰地閱兵，「愛」換來的是子彈和奴役。

那麼，維多利亞公園呢？這個香港最大的公園，已啓用六十多年，因正門安置維多利亞女皇銅像而得名。這個帶有英治時代烙印的名字，也許讓某些故作悲情的「愛國賊」心裏很不舒服。但是，正是這個名字背後的從大憲章時代一以貫之的自由主義傳統，才讓香港這個昔日的小漁村成爲華人世界的一塊「自由飛地」。維園不僅是一處讓香港市民「康樂」的空間，更成爲民主自由精神的突出象徵。

自一九九〇年開始，支聯會每年六月四日晚上都會在維園舉行六四燭光晚會，悼念六四殉難者。詩集中很多作品都與維園有關：比如葉輝在〈在日與夜的夾縫中〉中寫道：「我想告訴你，我們還有那麼一座公園／名字叫維多利亞／我們還有白色的蠟燭／照明二十年後，每一塊沈默的石頭」陳滅在〈當日維園〉中寫道：「攜帶昔日的狂熱來到這地／不同年代都有人們逐一燃點／悶熱晚上手中熾烈卻不動的火／每個坐在地上的人都唱同一首歌」可以說，維園改寫了香港是「文化沙漠」、香港人是「經濟動物」的固有偏見。

天安門廣場的冷酷與僵硬，跟維多利亞公園的溫馨與柔軟形成鮮明對照。這兩個互相關聯的意象，構築出饒有意味的問題：從天安門廣場到維多利亞公園有多遠？當年，在大屠殺之後風聲鶴唳的搜捕之中，以華叔爲首的港人策劃「黃雀行動」，拯救被通緝的學生領袖和知識分子。許多當事人在回憶錄中心有餘悸地描述了那段漫長的逃亡過程。「肉身翻牆」經歷千辛萬苦乃至九死一生，而「詩歌翻牆」則顯示詩歌擁有的超越時間和空間的神秘力量。

其實，天安門廣場離維多利亞公園並不遠，正如中國新修訂的《刑法》第七十三條離香港暫時擱淺的《基本法》二十三條並不遠。共產黨的黑手很容易伸到香港。熱愛自由的人們，不僅要努力避免出現香港「中國化」的結局，而且更要努力讓天安門廣場與維多利亞公園之間的互動呈現相反的路徑：未來有一天，將天安門廣場改造成第二個維多利亞公園——不僅在建築和空間的意義上，更在精神與價值的意義上。

本來，天安門廣場與維多利亞公園是兩個風馬牛不相及的地方，但六四屠殺將這兩個地方緊密聯繫起來。鍾國強在〈二〇一一年一月三日傍晚外望兼念華叔〉中寫道：「如在維園又如在廣場／肥腴房產當有瘦瘠的帳篷。」這兩句短短的詩歌，將對八九精神的捍衛與對香港本地地產霸權和不公正的經濟制度的批判融會貫通起來。

「維園」的燭光，實現了「六四」在香港的本土化。本書編者評論說：「八九之後，有許多思考者都想著如何將八九民運『本土化』，讓香港轉化成運動的中心。時至今日，港人可以大膽地說，六四是香港重要的構成部分，某種程度上六四是一個本土事件。」

母親與孩子永遠不分離

除了「天安門廣場」與「維多利亞公園」這兩個意象之外，這本詩集中還有另外兩個關鍵意象，就是「孩子」與「母親」。如編者所言，「孩子」這個意象，不斷變化，鮮明而神奇，賦理想以形狀，牽引行動的能量，時間過去而它不褪色；而「母親」這個意象，象徵堅持與愛，感通和溫暖，對立於黑暗。

天安門民主運動的精神遺產，凝聚在如同壓傷的蘆葦卻不折斷的天安門母親身上。詩集中獻給天安門母親的作品數量最多。比如，胡燕青在〈悠悠醒轉的清晨〉中寫道：「因著您，母親／我將繼續生存的使命／因我成了兄弟，才曉得了同胞／我成了人，才明白了苦難／您領我看見大地／我就站在地上，背向著您／問風、問雨、問星辰／問天空、和天空之上／良知的主宰和光明的根源」。彭礪青在〈母親的大愛〉中寫道：「每年六月是時候／她們總是滿懷心事／暗暗地穿過曲折的胡同／在一位母親家裏沈默相視／站崗的巡邏員，便衣的警探／如果你們懂得母親的大愛／就會給她們最後一個悼念的時辰／想像兒子仍會回家吃一頓餃子／讓她們放兒子出街，追尋／那未竟的夢想，讓每個中國人笑」。有這樣一群母親，與沒有這樣一群母親，中國的未來絕對是不一樣的。這群母親求索眞相、百折不撓的精神，是道德淪喪、是非混淆的中國起死回生的良藥。那一天，母親與孩子被迫分離。但是，母親與孩子永不分離，只要愛還存在。

這本詩集中最爲寶貴的部分，是最後一輯〈我們一樣年輕〉的作者與作品。從詩歌技巧而言，這些作品未必最佳，但從作者年齡來看，大都是九〇後的年輕人，很多是在八九屠殺之後才出生的。他們沒有「事不關己，高高掛起」，而是「將心比心，息息相關」。比如，洪曉嫻在〈他們〉中寫道：「他們唱歌他們跳舞他們／談著戀愛他們也其實／不過二十如我不過是二十／他們讀過的詩後來我們也讀過了／他們絕食他們說『歷史這樣要求我們』／我們沒有絕食我們吃得太多我們倒掉飯倒掉如花。」就這樣，陰陽相隔的「我們」與「他們」合二爲一，孩子奔跑著撲入母親的懷抱。

在時間上，作爲「六四」的遲到者；在空間上，作爲土生土長的香港人，這些年輕作者並未親身經歷屠殺現場的慘酷與血腥，但是，這二十多年來中國發生的一項項人權災難，無不與那場屠殺有關。中國總理溫家寶在回答記者關於如何評價「六四」的問題時說，中共正確處理了那場風波，使得中國此後二十年實現了繁榮富強。這樣一個僞君子，居然贏得那麼多人的掌聲與喝采，讓我感嘆中國人奴性之根深蒂固。年輕詩人雨希在〈如果我是一個母親〉中將所有的眞相全盤托出：「如果我是一個母親／我將會有多少個孩子／到老時我還有多少孩子／我的大兒子死在天安門廣場中／我的二兒子死在豆腐渣房子中／我的大女兒死在官員的凌辱中／我的四兒子死在礦場的暗黑中／我的兒女死在奶粉的毒液中／死在人性的毒液中／死在權力的毒液中／死在腐敗的毒液中／我的兒女死在絕望中」。不是屠殺帶來中國經濟增長和政治穩定，反之，在「殺二十萬人換二十年穩定」的思路之下，官場與社會的全面腐敗如脫韁野馬，中國人心的潰爛到了史無前例的地步。在天安門母親的眼淚的對立面，是「我爸是李剛」的豪言壯語。

中國的日曆上沒有六月四日這一天

屠殺讓中國淪為「動物農莊」，淪為「下流人上升的國度」。在這片滲透義人鮮血的土地上，一切價值和判斷都顛倒和倒錯了，如小奧在〈二十／二十〉中的描述：「善忘的人有福了，因為祖國是他們的／麻木的人有福了，因為他們必得安寧／貪污的人有福了，因為他們必承受地土／饑渴功名的人有福了，因為他們必得飽足／包庇人的人有福了，因為他們必蒙包庇／隱瞞的人有福了，因為他們必得見領導／使人閉嘴的人有福了，因為他們必稱為官的兒子／為才受開脫的人有福了，因為祖國是他們的」。作者巧妙地改寫《聖經》中耶穌的「登山寶訓」——那是改變甘地和無數人生命的文字；這些詩句不是對《聖經》的顛覆，在表面幽默與嘲諷的背後，是何等沈痛與哀傷的心靈。

喪鐘不是為我們而鳴，乃是為他們而鳴。六四這個數字是我們的傷痛，卻是他們的恐懼，他們恨不得從日曆上取消這個日子。李鵬、陳希同和袁木，都在竭力撇清個人的罪惡，但那沾滿血污的雙手，豈能輕易洗幹淨？

直到今天，六四屠殺中究竟有多少死難者，仍然是一個只有中共高層知道的秘密。近期，英國解密當年的外交文件，顯示有上萬死難者。假冒僞劣的「人權鬥士」艾未未卻站出來幫助中共洗地，在推特上堅稱只有三百人死亡。孟浪在〈數字之傷，數字之痛〉中寫道：「一些數字是一些人失蹤的日子/一些數字是一些人犧牲的日子/又一些數字呵，是這些失蹤者的人數/又一些數字呵，是這些犧牲者的人數/這些數字，也是這些失蹤者永生的日子/這些數字，也是這些犧牲者不朽的日子/數字之傷，因它曾被野蠻地抹去/數字之痛，因它曾不得不珍藏深深的心底/但這些數字已是刻在天上的星辰/但這些數字終於照亮世人的眼睛/這些數字現在停留在這一刻/它願意自己是最後的統計，永遠也不要再多出」。這就是共同撰寫這本詩集的六十四名詩人一致的目標：讓六月四日這一天成爲中國的國殤日，讓每一個死難者的名字都能被後人銘記，讓每一個兇手都被釘在歷史的恥辱柱上。

這本詩集在香港出版，居住在香港的作者數量最多，可見香港是全球最關心六四議題的華人城市。這讓若干中國知識分子感懷不已。四川作家冉雲飛在〈自由的香港也是我們的〉一文中指出：「在世界上有哪座城市，能如此從不停歇地紀念這些爲中國民主自由捐軀的野鬼孤魂，當他們在大陸得不到公開紀念的時候，是誰在代替我們懦弱膽小的大陸人盡那一份永遠的歉疚之責，答曰：香港人。香港人爲什麼堅持去紀念六四死難者？他們紀念，是因爲他們有推己及人的深愛和悲憫，是他們對自由的喪失，有一種唇亡齒寒的恐懼。」在此意義上，我尊重香港年輕一代「香港獨立」的選擇，但我認爲香港的命運並不獨立於中國的民主化進程之外。

香港民族，命運自決

——二〇一三年度香港大學學生會學苑《香港民族論》

二〇一三年，香港大學學生會會刊《學苑》雜誌發表四篇主題爲〈香港民族，命運自決〉的文章，引發種種爭議，北京恨之入骨，梁振英口誅筆伐。然而，讓中共及其走卒驚慌失措的思想，恰恰是最有價值的思想。隨即，《學苑》的編輯們又約香港、台灣和北美的五位華人學者和評論員撰寫同一主題的論文，將九篇重量級文章結集成《香港民族論》一書出版。

本書撰稿人之一的徐承恩在《香港本土意識簡史》一文中，特別提及二〇一三年發生的紀念六四燭光晚會的口號之爭。支聯會計畫以「愛國愛民，香港精神」作爲口號，不料許多年輕人對此不滿。他們認爲，香港人紀念六四，不是認同大中華的國家觀念，而是出於普世關懷而支援鄰近國家的民主運動。六四難屬、「天安門母親」的代表人物丁子霖支持香港年輕人的觀點，遭到支聯會常委徐漢光的辱罵。後來，支聯會在輿論壓力之下，向丁子霖道歉，並修改了原來的口號。

這一事件爲香港民主運動抹上一道傷痕，更標識著香港民主運動的接力棒由老一輩認同

「民主回歸」的泛民陣營轉移到具有明確本土意識的年輕一代手上。年輕一代不是不願關心六四，而是不願被動地「愛國」，他們要站在普世人權價值的高度上關心六四。關心六四與關懷本土是可以兼容的。

任何一地民族主義意識形態的興起，都離不開外部壓力。二十世紀後半葉以來的香港，民主特別是選舉相對滯後，但倫敦基本上按照法治和自由的原則治理這個比英國本土更有活力的東方殖民地。許多港人對英治時代並不感到恥辱，反倒充滿眷戀。香港之所以未能在民主和自治方面更加進步，不是英國人不想那樣做，而是受制於中國的束縛，正如學者珍・莫里斯所論：「要是換了是在其他地理位置上的話，香港恐怕老早已經自治了，就跟英國別的殖民地差不多，到最後就活脫會是另一個新加坡。」香港沒有成爲新加坡，罪過不在英國，而在中國。

中國是香港今天一切不幸的根源。當年，清帝國將香港割讓給英國，並沒有徵求居住在香港的華人的意見；中國以新殖民者的姿態收回香港，同樣沒有徵求現今香港人的意見。短短十多年，港人對回歸的善意想像灰飛煙滅，《學苑》年度總編輯梁繼平不無憤怒地數點了香港回歸之後的種種災難：「中共及港府一直具策略地去瓦解香港人的身分，包括高舉中國民族主義及其史觀、積極推動國民教育、在中小學推行以普通話教中文、收編各大傳媒及壓制本土影視業、推動邊境融合與中港同城化、大量輸入新移民、放寬大量自由行來港、推動消除基於居民身分的差別待遇之法案等。」香港人認同的基本價值遭到腐蝕，香港人的日常生活也深受攪擾。

香港人如何與這種宛如滅頂之災的命運抗爭？梁繼平認爲：「透過建構香港民族論述，我們將重新發掘、詮釋並凝練香港的文化內涵、生活方式與身分認同，守衛香港人身分的獨特性，免遭受中共同質化。」他向香港知識界提出呼籲：「香港知識分子的當務之急，是需重新審視、挑選並演繹香港的本土歷史與文化內涵，建構出一套具主體意識的民族論述，繼而將其成爲政治運動的理論基礎。」《香港民族論》就是這樣一部拋磚引玉之作。

公民民族主義和憲政民族主義的興起

香港人能否形成一個民族呢？如果用傳統的種族和血緣意義上的民族概念，香港人很難形成獨立民族，大部分香港人都是廣東人，熱衷於祖先崇拜的香港人常去廣東尋根。但是，如果用「公民的民族主義」或者德國思想家哈貝馬斯（Jurgen Habermas）的「憲政民族主義」的概念論述，則「香港民族」完全可以成立。台灣學者吳叡人指出：「所謂香港民族，主要是以共同命運、共同政治社會體制、共同心理特徵與共同價值等標準來界定的，與血緣、種族無關。本質上是開放的，與北京的血緣民族論形成鮮明的對比。」北京在共產主義和國際主義的騙局破產後，祭出「流氓手上最後一張王牌」，即與納粹近似的「血緣民族論」，中共領導人將血濃於水、炎黃子孫等詞語掛在嘴邊。昔日納粹以現代人類學所確認的雅利安人的概念爲標榜，今日中共也只能用不倫不類的、自相矛盾的「中華民族」的說法來籠絡人心。

公民民族主義和憲政民族主義是香港民族論的理論基礎。以文明程度而論，香港人有資格宣稱自己跟中國人不屬於同一民族。香港人需要反對的，不單單是共產黨政權，更是共產黨政權的「民意基礎」。一般人不敢說出這一眞相和眞理：反共與反中不可截然分開。共產黨不單單是「外來邪教」，共產黨還將中國的國民劣根性發揮到淋漓盡致的地步。共產黨也不是普通的綁匪，若僅依靠武力和暴力，不可能如臂使指地統治中國。當年，共產黨奪取政權，確實得到各階層民眾的支持。經過共產黨漫長而殘暴的統治，作爲人質的民眾早已跟綁匪「精神同構」。蘇賡哲指出：「歷史事實是，中共是有民意支持的。沒有民意支持，它不能建立政權；沒有民意支持，它不能在六四萬人唾罵下發展成目前的貪腐大國。沒有這樣的人民，就不會有這樣的政權。」每一個中國人、每一個華人文化圈中思想被污染的人，都需要「刮骨療傷」的過程。

中國沒有一個公民社會，香港已邁入半個公民社會。中國的傳統媒體和網路社交媒體上，連公民社會都成爲「敏感詞」。共產黨最害怕的就是由奴隸變成的公民。學者資中筠指出：「中國最需要的是培養理性的、有現代意識的公民，而不是愚民、順民。」共產黨仇視公民社會的原因很簡單：對於共產黨來說，暴民造成的動亂是遙遠的危險，而共產黨擔憂的是看得見的危險——覺醒的公民的維權運動。

由於共產黨的愚民統治，民間跟朝廷一樣卑賤暴戾。既然官場肆無忌憚地腐敗，民間也突破了一切道德底線。香港對中國開放自由行，帶給香港的好處，除了少許旅遊收入，更多的是秩序的淪喪，以及香港公民與中國愚民、暴民的文化衝突。蘇賡哲評論說：「土改可以謀財害命，奶粉製造者、食品生產者、玩具製造者爲了謀財，當然就不顧人命。他們在精神上是一脈相承的，不是時代有別，也不一定爲了鬥爭，都可以這樣做，因爲在文明程度上他們已經爛掉了，爛成香港人以外的另一個民族了。」那麼，香港人爲什麼不能選擇不跟這個野蠻族群做「同一個夢」呢？

如果將公民民族主義和憲政民族主義訴諸於政治實踐，就是普世價值中的「住民自決」原則。如《學苑》副總編輯王俊杰所說：「自決，歸根究柢是爲了捍衛人生而擁有的價值與尊嚴。」如果不能「住民自決」，或者如北京宣稱的那樣，香港七百萬人的命運，必須要由十三億人來決定；那麼，無非是在十三億奴隸中再增加七百萬奴隸而已。香港人中也有「奴在心者」，如梁振英、葉劉淑儀、民建聯、愛港力；但絕大多數香港人不願做奴隸，而要奮力捍衛公民身分，他們出現在「維園」燭光晚會中，出現在「七一」大遊行中，出現在「魚蛋革命」的巷戰中。

香港文化的精粹不是華夏文化，而是英美文化

如果說香港民族的概念可以成立，與之配套的就是香港文化——沒有獨特的文化體系，民族就是「空空如也」的符號。

如何定義香港文化呢？香港不是某些「北京中心主義者」心目中所蔑視的「文化沙漠」，它產生於金庸的武俠小說、粵語歌曲以及港味電影等，還曾一度風靡中國、台灣、東

南亞以及整個華語文化圈。本書收錄曹曉諾的〈香港人的背後是整個文化體系〉一文，論證了香港文化的獨特性及在沉寂中的出路：香港的文化人不應當忘我地追逐中國的市場、投合中國官方的喜好、進而被中國的文化黑洞所吞噬，反之，應當建構本土文化的崗位，表現香港的獨有城市特色。

再進一步發掘，香港文化的根基是什麼？香港評論人陳雲在《香港城邦論》中指出，香港須傳承華夏正統，在文化上比中國優越。但李啓迪質疑這種「以華夏文化反征服中國」的思路是否可行，而且香港文化不能單單以華夏文化的精髓來概括。學富五車的陳雲，在常識問題的判斷上，不如李啓迪這位初出茅廬的大學生來得精準。

陳雲的「香港文化是華夏文化的正統」的觀點，與海外新儒家以及中國國內的傳統文化論者同樣荒謬。論證華夏文化的優越性，跟論證中國人人種的優越性一樣，是畫餅充饑，望梅止渴。所謂博大精深的華夏文化，並沒有讓中國人過上自由、民主、有尊嚴的生活，並沒有在中國建構三權分立、多黨競爭、全民普選的政治制度，以及保護私有產權、自由市場的經濟制度。這種文化有多大的保存價值？即便保存下來，它脫離了其誕生的土壤，又如何存活下去呢？

香港人比中國人提前進入文明狀態，不是得益於華夏文化的薰陶——如果按照這一思路衡量，最「文明」的不應當是香港，而是作爲孔孟之鄉的山東或者作爲中華文明發源地的中原大省河南。然而，這兩個省分偏偏離文明最遠，發生的法西斯暴行也最多：在日光之下，山東地方政府將東師古村打造成一座囚禁盲人陳光誠的監獄，河南地方政府迫使調查「愛滋病村」眞相的高耀潔醫生踏上流亡路。作爲政府幫凶的，還有無數吃人血饅頭的當地底層民眾，心安理得地幫助政府「打工」，身兼受害者與加害者的雙重角色而不自知。

必須承認，香港文化中最可珍貴的部分都來自英國。用英國保守主義政治家丹尼爾・漢南（Daniel Hannan）的話來說，英語文化的範疇「是盎格魯圈，而不是盎格魯人」，是用文化及其背後的價值和信仰來畫線，而不以人的膚色和血統來區隔。香港理所當然地屬於「盎格魯圈」，也就是邱吉爾所說的「英語民族」，儘管會講英文的香港人只是少部分浮在社會上層的菁英階級，但英語文化及價值在香港早已「處處留香」——就連香港的警匪片中，也會出現法官依照普通法判案的細節。

何謂英語文明？邱吉爾在其鉅著《英語民族史》中，如此論述建立在英語之上的文明的特質：「它是指一個建立在民權觀念上的社會。在這樣的社會，暴力、武備、軍閥統治、騷亂與獨裁，讓位於制訂法律的議會，以及可以長久維持法律的公正的獨立法庭。這才是『文明』——在此沃土上才會源源生出自由、舒適和文化。」丹尼爾・漢南進一步闡釋說，選舉議會、人身保護令、契約自由、法律面前人人平等、開放的市場、出版自由、改變宗教信仰的自由、陪審制等等，「無論如何也不能說是一個先進社會生而就有的組成部分，它們是借助英語語言發展出的政治意識形態的產物。這種意識形態，連同這種語言，傳播得如此廣泛，以至於我們常常忘記了，它們的源頭實際獨一無二。」

香港何等幸運，——當年割走香港的是英國，而不是法國、德國、西班牙等「非英語系國家」。英國留給香港的制度遺產，可能在短短一、二十年之內被中國侵蝕乃至摧毀；但是，英國留給香港的文化遺產，可以讓香港年輕一代跟中共展開一場持久的、堅韌的、必勝的「價值觀之戰」。

香港不是古舊的城邦，而是新的生命與價值共同體

陳雲指出《香港城邦論》是以歐洲城邦的歷史折射香港未來的走向，如古典時代的雅典，或如近代的日內瓦、但澤等「自由市」。然而，以上這些城邦都是失敗的個案，它們沒有在鄰近帝國的壓力及內部的矛盾之下長存下來。或許陳雲的城邦之說，只是一種敘事策略，以此掩飾其內心的獨立慾望。雖然費盡心思過度包裝，陳雲仍被「左膠」和「大中華膠」們冠以「港獨教父」的帽子。

跟已有社會地位、瞻前顧後的知識分子相比，反倒是《學苑》雜誌的這群年輕人，毫無畏懼地喊出「港獨」的口號。十年前，我最後一次去香港訪問時，曾詢問幾位被視爲香港民主派中最激進的幾位朋友，「港獨」的想法在香港有多大的支持度？他們擺手搖頭說，主張「港獨」的人在香港屈指可數。殊不知，短短十年時間，昔日被視爲天方夜譚的「港獨」蔚爲大觀。若年輕一代繼續成長和突圍，「港獨」未嘗不可能成爲未來十年香港的主流意識。

二〇一五年十二月，香港大學民意研究計畫發布了一份關於香港市民身分認同感的最新民意調查報告。令人驚訝的是，在十八至二十九歲的受訪者中，只有百分之十三點三的人認爲自已是中國人。而在北京舉行奧運的那一年，香港市民的中國人身分認同達到頂峰，逾百

分之五十一的香港人認爲自己是中國人。這種中國認同迅速降低、香港認同迅速上升的強烈對比，成爲中共無法掌控、無法改變的大趨勢。即便未來中共政權崩潰、中國艱難地向民主方向轉型，這種趨勢或許會減緩，但絕不可能逆轉。

清帝國崩潰之後，無論是中華民國還是中華人民共和國，都沒有形成近代意義上的民族國家，而是竭力繼承清帝國的衣鉢，以維持原有的廣袤疆域。中華民國和中華人民共和國都成了夾在古老帝國和近代民族國家之間的「四不像」。具有香港背景、任教於美國霍普金斯大學的孔誥烽指出，近年來的國際局勢演變顯示，單一制多民族國家已走入死胡同。在此世界背景之下，「什麼是中國人」本身也成了一個讓人彷徨的問題。在價值系統紊亂的中國，如社會學家孫立平所說，「國家失去了方向感、菁英失去了安全感、老百姓失去了希望感」，又怎麼可能讓香港人對「中國」這個千瘡百孔的宏大敘事表示效忠呢？

香港本身就能孕育生長成爲新的生命與價值共同體，它將超越古舊的城邦概念而走出一條嶄新的希望之路。它將由一次或多次香港的全民公投來確立，它是開放式的而非封閉的。新加坡、科索沃、東帝汶所走過的獨立建國的道路，香港也可以效仿。香港人的教育水準、民主素養和國際視野，都比這些國家的國民更優秀，「香港國」可以成爲東亞的民主、自由、法治、富裕的典範。

過去，香港是一座「逃城」。李啓迪認爲：「香港的本質是一個逃避戰亂中國和共產黨統治的難民社會，但經過定居一代的艱苦奮鬥，終於在偏安一隅的一塊小土地上建立起自己的家和身分認同。」今天香港人的先輩，大都是躲避歷代中國暴政的移民，李啓迪用「五月花號」上的清教徒和抗擊西班牙無敵艦隊的英國官兵來類比之：正如「五月花號」帶著新教徒來到美洲開天闢地是象徵崇尚自由和反對帝制，或英國人打破西班牙無敵艦隊和納爾遜戰死特法拉加海戰象徵其海上霸權，香港也有自己的「民族神話」。一九九七年之前，香港出現過一輪逃亡潮。但是，如今的香港年輕一代不願繼續逃亡，他們視香港爲家：「香港是我們的主場，憑什麼要我們離開？年輕一代寧願絕地求生，亦不甘坐以待斃將家園拱手相讓。守護香港自治，已無退路。」

狗吠火車有用嗎？

——金鐘主編《三十年備忘錄：開放時代一百篇精選》

我與《開放》雜誌結緣是在一九九九年。學者徐友漁從香港訪問歸來，給我帶來一本《開放》雜誌以及因轉載我文章的一筆稿費。那一刻，我不可抑止地愛上了這本尖銳坦率、酣暢淋漓的政論雜誌，並開始爲之撰稿。此後十多年，在《開放》雜誌上，我的文章常常與劉曉波和前輩知識分子的文章編排在一起，這是一件特別值得自豪的事情。

二〇〇三年夏天，我訪美歸來，在香港短暫停留，見到金鐘和蔡詠梅兩位《開放》的靈魂人物，《開放》爲我主辦了在香港的第一場公開演講會。此後七年間，我每次訪問香港，都會去軒尼詩道上的編輯部小坐，跟金鐘和蔡詠梅等青梅煮酒，談天說地。我幾乎一期都不曾間斷地爲《開放》撰稿，《開放》從不會刪去我文章中「敏感」的部分，它確實是一份擁有「百分之百的言論自由」的媒體。我先後在《開放》出版了《拒絕謊言》、《天安門之子》和《中國教父習近平》三本政論集，是在《開放》出版專著最多的作者之一。

這些年來，我也跟《開放》雜誌一起經歷了中共極權體制對香港自由法治的蠶食鯨吞。尤其是香港的言論自由和新聞出版自由，在北京變本加厲的打壓之下，逐步走向無法遏制的崩壞。二〇一二年，我逃離中國之後，再也不能踏上香港。二〇一三年，當很多人對中共新黨魁習近平啓動政改翹首以盼之際，我完成了批判習近平的著作《中國教父習近平》，計畫在香港和台灣出版。未曾料到，原來答應出版的兩家香港出版社先後放棄出版計畫——或因出版者被騙到中國，以莫須有的罪名判處重刑，或因出版者接到來自中國的恐嚇電話而取消合約。金鐘冒著風險接手出版該書，卻成「天鵝的絕唱」——等到兩年後我要出版第二本批判習近平的著作《走向帝制：習近平和他的中國夢》時，銅鑼灣書店系列綁架案讓香港出版界風聲鶴唳，金鐘在家人的勸誡下放棄了出版。不久，傳出《開放》停刊、金鐘退休並移居美國紐約的消息，眞可謂「三十功名塵與土，自由事業血和淚」。

對於「知其不可爲而爲之」的努力，台灣有一個很傳神的比喻，叫「狗吠火車」。日治時代，殖民政府爲發展經濟，大量修築鐵路，以呼嘯的火車爲象徵的工業文明打破了「日出而作，日入而息」的農業文明。狗驚恐的叫聲，不能叫停奔跑的火車；同樣的道理，中國的民主化不可能寄希望於一本或數本像《開放》這樣的海外媒體，但《開放》這本靠兩、三位同仁苦苦支撐的雜誌，卻借助香港昔日言論自由的環境，對中共暴政展開長達三十年的「狗吠火車」，這本身就是傳奇故事。歷史學者湯晏認爲，百年來最有影響的華語政論刊物有四本：民國初年陳獨秀辦的《新青年》、抗戰前夕胡適和蔣廷黻辦的《獨立評論》、抗戰勝利後儲安平辦的《觀察》以及五〇年代雷震和殷海光在台灣辦的《自由中國》。那麼，我要再加上一本金鐘在香港辦的《開放》，《開放》的壽命超過了前面四本雜誌加起來的總和。

誰也不知道壓倒中共政權的最後一根稻草是什麼？就好像一九九一年強大的蘇聯政權

崩潰前夕，沒有一個西方的蘇聯問題專家對蘇聯的命運做出準確預言。非理性的極權政府的垮台，大都無法用某種既定的理論來沙盤推演。但是，《開放》的編者和作者都能驕傲地宣稱：《開放》雜誌肯定是駱駝背上的稻草之一。如今，金鐘從三十年來《開放》雜誌上發表的多達一萬三千多篇文章中精選出一百篇，結集成《三十年備忘錄：開放時代一百篇精選》一書，堪稱這個時代最誠實、最堅韌、最勇敢的見證。

從爐灰中尋找尚未熄滅的火星

這本選集中的一百篇文章，充分呈現出《開放》百無禁忌、百家爭鳴的編輯方針。金鐘在序言中說：「既沒有後台，也沒有黑手，完全出自我們的感覺和良知。因爲我們是來自中國千百萬浴火重生家庭的一群，我們力求以歷史的、國際的更爲廣闊的視野，分析中共人物、體制與事件。我們沒有政黨背景、社會勢力的瓜葛，沒有任何原罪感的困擾，甚至不願遷就市場的壓力。因此，《開放》被中聯辦視爲『五毒俱全』的雜誌。」當時的「五毒」，包括台獨、藏獨、疆獨、海外民運和法輪功，如今還要加上港獨——世上本無港獨，是中共「西環治港」、倒行逆施，才逼迫本來期盼「民主回歸」的港人大夢初醒，走向港獨之選項。金鐘對這些議題抱開放態度，爲作者提供自由言說的平台。一九九八年香港支聯會公布被禁止入境中國的三十人名單中，唯一的媒體人是金鐘；此後，金鐘到澳門旅遊，居然被澳門政府拒絕入境。中共清清楚楚地知道誰是朋友，誰是敵人，這一切都「不是誤會」。

很多海外華文媒體和公共人物，即便敢於公開表達反共的觀點，卻從不敢質疑、反思大一統或大中華的民族主義。在台獨、藏獨、疆獨等議題上，吊詭地跟反對的共產黨如出一轍。早年在某香港媒體工作時，金鐘發現了一個奇特的現象：「香港思想界對中國問題有很大的局限性，他們的思想資源還停留在保釣的民族主義水平上，其狹隘性濫觴於泛民主派而未止。……由保釣，而文革，而批毛，而九七回歸——都是香港民主派和主流意識沒有得到很好清理的一團亂麻。」他感嘆說：「不跳出民族主義的窠臼，怎能面對中共不斷強化的防火堡壘？」當金鐘獨立創辦《開放》時，一開始就成爲極少數敢於觸碰「帝國邊緣地帶」的獨立問題的媒體。當泛民陣營意淫於中華民國的「秋海棠版圖」之時，《開放》已大篇幅報導台灣本土意識的勃然興起和獨派的人物與思想；當海外流亡知識分子勉強接受達賴喇嘛提出的「大藏區高度自治」的「中間路線」之時，《開放》第一個報導思想更爲「激進」的藏青會。《開放》敢於報導他人不敢報導的新聞，而此類新聞又成爲歷史的一部分。

比如，本書收錄了旅美學者李江琳於二〇〇九年撰寫的〈「藏青會」四十年〉一文，讓長期以來被中共宣傳機構妖魔化的「藏青會」的眞相大白於天下。原來，被很多中國人談虎色變的「藏青會」，成立於一九七〇年，現有三萬會員，總部在達蘭薩拉，下轄八十一個分會，多數成員受過西方高等教育，故而也是最早實現民主的藏人組織。「藏青會」尊重達賴喇嘛作爲精神領袖和民族領袖的地位，但並不是百分之百擁護達賴喇嘛的政策。「藏青會」堅持以西藏獨立爲理想，又堅持用非暴力手段達成這一目標。李江琳引用岡托克「藏青會」秘書長晉邊彭措的話說：「藏青會的存在是一個象徵，它表明西藏流亡社會正走在政治民主的道路上。……通過藏青會的活動，藏人在學習民主政治的理念和規則，學習政治表達，學習投票選舉，學習結社集會。」在此意義上，以「藏青會」爲代表的流亡藏人社群的素質、品性和組織、動員能力，遠遠領先於一團散沙、爾虞我詐的中國海外民主運動圈子。

《開放》上的這些文章，如同從爐火的灰燼中尋找尚未熄滅的星火，多年之後讀來仍觸目驚心，發人深省，比如湘西剿匪濫殺無辜、黑龍江土改血腥往事、河南大壩崩潰水災、河南愛滋病血災、核基地與四川大地震……在中國，這些事件仍是言論禁區，對這些事件的探究和報導仍然成爲膾炙人口的新聞。

身無彩鳳雙飛翼，心有靈犀一點通

本書收錄若干人物專訪，人物專訪是《開放》雜誌的強項。金鐘利用香港地處東西、中外文化交匯的中心點的便利，以及他本人豐沛的人脈資源，訪問了華人世界的各類人物。書後附錄的《開放》專訪人物名單，足以構成當代華人「群英譜」。政界和宗教界有李煥、彭明敏、李登輝、陳水扁、馬英九、司徒華、何俊仁、朱厚澤、李銳、哈維爾、李潔明、達賴喇嘛、大寶法王葛瑪巴等人；學術界有余英時、金耀基、楊小凱、茅于軾、周有光、李愼之、黎安友、馮客、馬悅然等人；文學界有倪匡、吳祖光、柏楊、高行健、廖亦武、張戎、陳若曦、鄭愁予、嚴歌苓等人；藝術界有李翰祥、侯德健、周令飛、許鞍華、吳子牛、田壯壯、栗原小卷等人；異議人士則有方勵之、劉賓雁、陳一諮、萬潤南、鮑彤、蘇曉康、高爾泰、王丹、陳光誠等人。我喜歡讀人物專訪，如果訪問者具備廣博的學養、敏銳的觸覺以及豐厚的人生閱歷，跟受訪者形成心靈撞擊、閃爍出思想火花，那麼專訪稿甚至比受訪者自己撰寫的文章還要精采。金鐘正是這樣一位一流訪問者，他撰寫的很多訪談在當時洛陽紙貴，多年後仍膾炙人口。

一九八八年，金鐘訪問劉曉波的〈「文壇黑馬」劉曉波〉一文，因劉曉波說了一句「三百年殖民地」驚動天下，其爭議直到二〇一〇年劉曉波榮獲諾貝爾和平獎和二〇一七年劉曉波在獄中被共產黨凌虐至死亦未能停息。儘管僵化迷狂的民族主義者不能接受「三百年殖民地」的說法，但它卻逐漸贏得更多年輕人的認同。太陽花運動之後，台灣年輕一代成了「天然獨」；雨傘運動之後，香港年輕一代也成了「天然獨」。台港兩地知識界對日本殖民統治和英國殖民統治的歷史有了相對客觀甚至趨於正面的評價，再加上歷史學者劉仲敬及有一批中國海外留學生組成的「諸夏文化協會」所倡導的「諸夏」和「秩序輸出」概念的流行，使得劉曉波三十年前的這句名言被人們重新認識。

一九九二年，鋼琴家傅聰訪問香港，接受金鐘專訪，不僅披露了一九五八年二十四歲時出走英國的前因後果，還無拘無束地暢談中國的歷史與現實。拜父親傅雷嚴格家教所賜，傅聰既是傑出的音樂家，也是思想深刻的公共知識分子。傅聰指出：「共產黨來了後，證明他們是全世界最大的幫會、最可怕的黑幫，它那套秘密的無孔不入的幫規，超過全世界任何一個幫會。」他也觀察到，紅衛兵文化流毒在海外華人社群中無所不在：「這些年，那些紅衛兵來到海外，翻雲覆雨，沒有一點點做人的基本道德，他們被毛澤東幾十年的薰陶，已經不知道謊言和眞話的分別。……紅衛兵的那一套，在資本主義社會也很成功。」一九九二年，到西方的中國人還不多，二十多年後，隨著中國移民絡繹不絕地抵達西方，紅衛兵文化前所未有地衝擊和腐蝕西方的文明與秩序。傅聰跟劉曉波、廖亦武一樣，希望未來中國分裂：「中國越分裂越好，中國太大了，這麼大的地方，永遠搞不好。……我看中國根本就不應該統一。……小國有利於實行民主。大一統國家客觀上很難，爲了管制，就必須高壓、要中央集權，只有小國或聯邦才能分權，民主才好實行，歐洲就是這樣。」

反左：不僅是中國的鬥爭，也是全球的鬥爭

在華文媒體中，《開放》是少有的一本持「右派」或保守主義立場的雜誌。它不僅反共，也反對在歐美世界肆虐的左傾和「政治正確」的觀念。它推崇英美及基督教文明，對形形色色的左派，無論「老左派」還是「新左派」，無論「毛左」還是「白左」，都做出嚴厲的批判。

在美國發生九一一恐怖襲擊事件之後，《開放》迅速轉載了義大利女記者法拉奇（Oriana Fallaci）的評論文章，這篇文章呼籲歐美團結起來捍衛西方文明、與伊斯蘭恐怖主義抗爭。《開放》當然不會刊登喪心病狂的「白左」代表人物、美國學者杭士基（Noam Chomsky）的陰謀論——杭士基認爲美國遭受恐怖襲擊是自作自受，恐怖襲擊是中央情報局自編自導的陰謀。具有諷刺意義的是，杭士基的言論自由要靠美國憲法來保護，他很聰明地

躲在美國的大學裡胡言亂語，而不會去伊斯蘭國的統治區大放厥詞。在中國的網路上流傳一則以杭士基爲主角的段子，即便不是眞實事件，也足以表明此類西方左派在中國早已無法蠱惑人心：杭士基到北京大學當訪問學者，在北大校門口看到三個警察用警棍暴打一位年老的上訪老婦。老婦被打得大吐鮮血、大喊救命。他驚詫於警察何以如此慘無人道，現場數百名學生和教授何以冷漠旁觀。他試圖以老弱之軀阻止警察的暴行，警察竟說要連他這個「洋鬼子」也一起打。他只好感嘆說，眞後悔來到一個如此麻木變態之國。

左派幼稚病是一種比愛滋病毒還要頑固的精神疾病。本書中收錄歷史學者程映虹的〈格瓦拉主義的衰落〉一文，對切・格瓦拉（Che Guevara）的「僞理想主義」提出尖銳的批判。這篇於二千年發表的文章，至今仍未過時——因爲「格瓦拉主義」並未完全衰敗。

二〇一七年十月八日，切・格瓦拉被殺五十年紀念日，《紐約時報》和BBC等西方左派媒體發表大篇幅的紀念文章。BBC記者威爾・格蘭特（Will Grant）從聖克拉拉發回題爲〈切・格瓦拉——從古巴英雄到世界偶像〉的報導：「五十年來，切・格瓦拉的名字仍然出現在古巴的每個角落，從鈔票到標語牌。他可謂拉丁美洲最廣爲人知的人物。……在古巴紀念格瓦拉的活動上，播出了一九六七年古巴前領導人卡斯楚宣布格瓦拉死訊的講話錄音。卡斯楚呼籲古巴的孩子們『像切一樣』。」文章指出，多年來，格瓦拉的名字成爲「革命」、「社會主義」、「共產主義」的同義詞。支持者說，「他是英勇的游擊戰士，是爲信仰奮鬥獻身的英雄，有爲全人類自由拋頭顱灑熱血的國際主義浪漫情懷」。格瓦拉已成爲國際間廣爲流行的文化象徵，其肖像出現在壁畫、遊行、音樂會、海報等各種公共場合，也成爲T

恤、郵票、杯子、鑰匙圈、皮帶、棒球帽等商品上的圖案。該報導熱情地評論說：「對很多人而言，格瓦拉已超越了為窮人謀利益的革命英雄範疇，成為當代的一個神話和偶像。」

與之針鋒相對，十七年前程映虹在《開放》發表的文章中，揭露了格瓦拉的「古巴人民為了解放，不惜被核戰爭一掃而光」的狂言，跟毛澤東的殘忍冷酷如出一轍。格瓦拉是毛的崇拜者，在大饑荒後期訪問中國，從毛那裡獲得六千萬美元援助，周恩來說這筆錢不必償還。格瓦拉代表了當時社會主義陣營中最狂熱地反對改革、反對提高人民生活水平的政治力量。程映虹嚴詞批判在北京隆重上演的、受左派追捧的戲劇《格瓦拉》，這也正是我當時作為獨立中文筆會理事，投票反對其劇作者、毛派法西斯分子張廣天申請加入筆會的原因。程映虹指出：「二十世紀的革命歷史中，那些指責社會黑暗，發動革命並進行社會改造的革命家，多數是沒有最起碼的專業訓練和社會知識的文人，他們長於用一知半解的社會批判和膚淺的道德激情煽動底層民眾，而對社會的實際構成與運行沒有基本的了解，其結局必然是一塌糊塗。從格瓦拉幻想幾十個不怕死的游擊隊員就可以解放美洲，到毛澤東發動十億愚民去砸爛舊世界，結果不是一場遊戲，就是一場浩劫，其愚昧和瘋狂的本質是一樣的。」為什麼人們對希特勒、墨索里尼千夫所指，卻對同樣邪惡的毛澤東和格瓦拉情有獨鍾，這是值得進一步研究的現象。

《開放》的謝幕，意味著一個時代的結束。金鐘將他生命中最寶貴的三十年奉獻給了《開放》，他沒有大發橫財，依然是兩袖清風的書生，但他無愧於過去三十年的歷史，他可以欣慰地說：「我看見，我書寫，我編輯，我出版，我守望，我從未沉默。」

他們可以選擇不當中國「神聖不可分割的一部分」嗎？

——大衛・艾默《被隱藏的中國：從新疆、西藏、雲南到滿洲的奇異旅程》

中共的民族政策最直觀的體現，一般人首先會聯想到每年「兩會」（全國人大和全國政協會議）上那些披紅戴綠的少數民族與會者——由於他們身穿艷麗的民族服裝，常常會成為攝影記者追拍的對象，官方媒體也樂於展示這些眩目的視覺效果。其實，他們平時從來不穿這些服裝，這是一年一度的「嘉年華」的禮服，其目的僅僅是為了顯示這些服裝還沒有遁入歷史和少數民族的生活有多麼幸福快樂。

如今，中共的文宣部門也懂得「與時俱進」，炮製出名為「五十六朵花」的女子偶像組合，欲與日本、南韓的女子偶像組合一爭高下。「五十六朵花」由五十六名十六歲至二十三歲來自各民族的少女組成，官媒宣稱這是「全球第一組合」。新華網報導說，「五十六朵花」由文化部主管的東方文化藝術院宣傳部分管，日前在「CCTV五十六朵花中國夢最美麗」大型文藝活動上首次公開表演，驚艷全國。她們身穿白色T恤，演唱國家形象主打歌《中國夢最美麗》，部分團員現場演奏古箏、琵琶、揚琴等樂器。「五十六朵花」又號稱全球成員最多的流行演唱組合，其導演稱「五十六朵花」沒有像日本、韓國的女子組合般討好市場，而是以民族情感爲核心，宣揚中國正能量及民族文化。然而，民間毫不買賬，網友直言說，好似昔日的文藝兵，又調侃說「遠看以爲是大媽跳廣場舞」，斷言「一定沒市場」。

看到這則新聞，我不由地聯想到英國記者大衛・艾默寫的《被隱藏的中國：從新疆、西藏、雲南到滿洲的奇異旅程》一書。要瞭解接近一億的生活在帝國邊陲的少數民族的眞實生活，看美艷如花的「五十六朵花」少女組合的表演，遠不如閱讀這本《被隱藏的中國》。

爲什麼少數民族如此仇恨中央政府？

我喜歡閱讀深度遊記，比如諾貝爾文學獎得主奈保爾寫亞洲、非洲國家的遊記，其敏銳的眼光和透徹的分析，不僅關乎飲食男女，更深入宗教、歷史、文化和政治的肌理，可以充當讓這些國家的治國者深感信服的「診療單」。大衛・艾默（David Eimer）的這本《被隱藏的中國》也是如此——他去過中國的很多地方，我根本沒有去過，絕大多數生活在「內地」的中國人也沒有去過。他在新疆、西藏、雲南和滿洲這四大「最不像中國」的區塊穿梭漫步，深入中亞一望無垠的沙漠，攀登人跡罕至的高原雪域，在熱帶雨林中探尋毒販的足跡，在中朝邊境訪問「脫北者」的故事，每一頁都如磁鐵般地吸引人。

大衛・艾默驚訝地發現，在今日中國以「華夏文明」爲尊的漢人思維裡，維吾爾人、藏人、西南或東北地區的少數民族，依舊被視爲化外之地，需要被同化的「蠻夷」。因爲政治、軍事與資源等現實考量，這些少數民族地區被納入中國，並被龐大的「中國」二字含糊概括，但各自的文化、宗教和政治經濟權益都被侵蝕、箝制乃至逐漸消失。這些分別屬於維族、哈薩克族、藏族、傣族、佤族、朝鮮族、滿族和鄂倫春族等不同族裔的人們，所持有的雖然是中國護照，但他們與鄰近邊境國家的民族在種族、信仰和語言上的關聯，反而比與中原漢人的聯繫更密切和深厚。他們裡面的很多人，並不具備沒有北京當局一心要建構的「國家認同感」，反之，他們對以漢族爲主體的中共政權離心離德，甚至充滿仇恨。

爲什麼這些少數民族如此痛恨中央政府？北京的目標是掠奪少數民族地區的自然資源，加速各少數民族的「漢化」或現代化的進程，使之成爲帝國忠順的子民。爲此，北京給予少數民族若干優惠政策，比如不受一胎化政策限制、少數民族學生報考大學可以加分，對邊疆地區的大筆投資也列入中央政府的財政預算，但少數民族並不領受這些「好意」。爲大衛・艾默擔任導遊的、受過大學教育的維族年輕一代菁英比利傾訴說：「漢人把所有的工作都給搶走了，他們的生活是愈來愈好了，可是我們卻是每況愈下。新疆所有城市的情況如出一轍，我們對此當然會感到憤怒。」居住在康巴地區的藏族僧人山否，強調自己無論如何都忠於達賴喇嘛，他偷偷收聽自由亞洲電台的藏語節目，並告訴大衛・艾默說，「中國人說我們是四川人，可是我們是康巴人。」每當他用藏語提起「康巴」這個詞彙，都會把音量提高。在拉薩，大衛・艾默更是悲哀地發現：「空蕩的布達拉宮和昔日偉大的喇嘛寺被降格成單純吸引觀光客的景點，還有老城區中武警的出沒，全都是再清楚不過的漢人宰制一切的符號。藏族眞正的壓力來自心靈上——中共從不間斷地試著要把他們與過去切割，提醒他們藏人缺乏自由，持續不變地把外在價值強加於那些單純想保有昔日信仰的人們身上。」而在中國最北端的邊境地區生活的鄂倫春族，中共建政之後就被收繳了獵槍，獵人的身分被終結，被限制定居在村莊之內。遊牧獵人是無法被綁在一個工作單位，或是透過鄰里加以監控的，自然被中共視為潛在威脅。就這樣，鄂倫春人的語言和文化傳統在短短半個世紀裡迅速消失，當地人對大衛．艾默說，再過三十年也許就沒有鄂倫春人了——這是中共樂於看到的結果。

在邊陲尋找新文明的源泉與動力

內地的中國，在文革結束後三十多年瘋狂的、失控的經濟發展中，文明崩壞，道德沉淪，信任消失，人心惟危。毫不誇張地說，人民跟政府一樣壞，有什麼樣的人民，就有什麼樣的政府。他們想單單靠炒股就能坐享其成，受貪婪之心的驅使，明知是高官顯貴設置的火坑也要跳下去；他們給醫生和老師塞紅包，也利用自己的權力和職業尋求更多的灰色收入；他們不敢對抗掠奪和侵害他們的掌權者，而是蔑視和羞辱那些處於更低社會層級的同胞；他們眼睜睜地看著小女孩被卡車輾死，見死不救成為一種自我保護的本能。這樣的中國，顯然不是大衛．艾默願意選擇的旅遊目的地。所以，他去了「另一個中國」，大部分旅遊者不會涉足的「帝國的邊陲」。

曾經獲得諾貝爾文學獎的華裔作家高行健，八〇年代中期受到政治迫害的時候，獨自一人走向中國的邊陲之地，在那裡他重新定義人生，在那裡他修正偏斜的生活目標，在那裡他獲得了救贖和啟示，由此寫成《靈山》一書。其實，世上沒有靈山，沒有天堂，但在尚未遭到專制政治、唯利是圖的經濟模式以及爾虞我詐的人際關係玷污的邊疆，確實隱藏著新文明的源泉與動力。

在雲南西雙版納地區，大衛・艾默發現，傣族人被北京視爲「模範少數民族」，他們沒有分離主義的政治運動，但在表面的順服背後，傣族人對中國以及漢族的統治並沒有強烈的認同感。傣族堅持過四月中的傣曆新年，這是一個確認自己與漢人基本上分爲不同族裔的機會，同時也顯露出他們持續認定民族屬性的重要度是高於國籍認同的。很多漢人責難傣族人懶惰，但傣族人與自然環境之間有著更加和諧與親密的關係，不願爲短期的發展而破壞熱帶雨林的生態。大衛・艾默指出：「美麗的傣族婦女無可避免地必須扮演起當地導遊的角色。不過，一旦在更大範圍內的傣邦內，也就是所謂的版納地區的村莊以及跨越邊界地區，傣族人還是靜靜地維持他們固有的方式禮佛，也永遠保持著他們的語言和傳統。」在這個意義上，傣族人是「溫柔的反抗者」，他們自給自足的王國延續了十二個世紀，直到五〇年代初才在中共的武力威逼之下終結。

從最南端到最北端，在吉林省延吉地區，大衛・艾默不僅發現這裡堪稱「第三個韓國」——有韓語電視頻道、韓語報紙和韓語學校，他還發現，這裡是「基督信仰的根據地」。大衛・艾默的導遊、延吉大學的朝鮮族女生克莉斯蒂娜就是虔誠的基督徒，並且是政府控制之外的家庭教會的成員。三十歲左右的年輕的金牧師介紹說，他大學一年級到教會，發現生命中有比工作和錢更重要的東西。基督教在當地的年輕人當中有強勁的復興趨勢，這跟南韓人的宣教熱情有關。南韓傳教士保羅告訴大衛・艾默，因爲沒有語言文化的差異，大約有一萬名南韓人住在延吉，其中半數都是傳教士。有趣的是，北京最具反抗精神的幾個家庭教會，其牧師都是來自東北地區的朝鮮族人，這跟他們堅韌勇敢的民族性格有莫大的關係。在全中國的範圍之內，基督信仰已經取代了共產主義，成爲最具吸引力的精神資源。大衛・艾默感嘆說：「年輕一代開始擁有信仰，就表示過去二十年間中國社會對於中共的信條——只要沒人質疑中共統治的權力，就允許人民大賺其錢——大幻滅持續擴大的證明。」

中國爲何不能變得小而美？

中國從蘇聯抄襲來一套所謂的「民族區域自治」制度，既無法與中國的帝國傳統接軌，也不能適應全球民主化的潮流，致使民族衝突如當年的蘇聯愈演愈烈。大衛・艾默所到之處，發現少數民族的仇恨、憤怒、絕望的情緒宛如「星星之火，可以燎原」。北京當局當然意識到這一點，每年超過七千億人民幣龐大的維穩經費，相當一部分用於維持邊疆地區的公共安全。可惜，如同一道裂縫越來越多的堤壩，再多的沙包也堵不住即將噴湧而出的水流。

大衛・艾默去過的某些地方，已經瀕臨叛亂和戰爭的邊緣，如新疆和西藏。一九九七年，中國軍隊在伊寧屠殺示威的維族民眾，十多年後，當大衛・艾默沿著那條曾經灑滿許多鮮血的路快步行走時，他如此寫道：「我盡力去理解於一九九七年所發生的一切。每當我在北京騎著腳踏車，穿過那些天安門事件中示威者被解放軍大量屠殺的街口時，也都會想到相同的問題。現場並沒有留下什麼好讓你想起逝去的無辜生靈，當局也完全不會提起他們。所發生過的一切，就這麼從官方記錄上一筆勾銷。」但是，倖存者依然堅持將陰森恐怖的歷史口耳相傳，如同種子一樣在孩子們心中生根發芽。

那麼，如何才能給這個死結解套呢？領土和疆域從來不是固定不變的，每個國家轄區內的人口和種族也是進進出出。看看歷史學泰斗譚其驤主編的《中國歷史地圖集》就一清二楚了。美國學者譚寶信（Timothy Beardson）在《跛腳的巨人：中國即將爆發的危機》一書中建議說，中國不妨主動退回明朝的邊界。換言之，不要強迫將大衛・艾默行走過的新疆、西藏、西雙版納和滿洲強行納入中國的版圖之中，強擰的瓜向來不甜。

對於中國的未來，譚寶信提出一套新的設想——像世界其他那些走向獨立的區域那樣，與其經過戰爭和殺戮之後被迫分離，不如明智地主動分家，這樣還能保有友情與合作關係：「是否有一天中國會感覺，一個文化統一、純漢族人口、但領土狹小的國家會比較強大？或者中國寧可接受不知感恩的少數種族帶來的潛在不穩定，以交換例如能源、礦產和水等支援？」爲什麼說分離對中國是一件好事呢？譚寶信指出：「中國步入現代化並壯大爲強權、在二十世紀成爲有競爭力的國家，是個艱鉅的挑戰。花時間和精力在非中國民族、想追求不同目標且讓大家捲入生死存亡鬥爭的人身上，豈不是偏離了重點？」譚寶信強調說，一個政權可以藉武力統治，也可以藉共識統治，共識的成本低，也較單純。中國可以選擇它想要的人口，且可以在一個有共同價值的國家內塑造共識。那些不想要共同國家命運的人，可以被割捨分離。大衛・艾默書中講述的故事，似乎就是支持譚寶信觀點的證據。

然而，要說服篤信大一統觀念的中國統治者接受「分裂比統一好」的事實並不容易。二

○一五年七月一日，中國全國人大常委會以一百五十四票贊成、零票反對、一票棄權，通過《國家安全法》。中國曾於一九九三年制定「國安法」，但此次新法的範圍更廣。除了防範及懲治叛國、分裂國家、煽動顛覆政權、洩露國家機密等行爲，也觸及邊防、海陸空、金融與經濟體制、糧食安全、能源及宗教等。中共似乎不願和解，不願示弱。如果用這部嚴苛的法律來衡量，譚寶信、大衛．艾默都可以算是教唆中國人分裂國家的危險分子，而《被隱藏的中國》一書中寫到的若干少數民族人士，無論激烈或溫和，都有可能被這部法令束縛乃至送入監獄。一個冤冤相報的未來，眞的是「中國夢」不可或缺的一部分嗎？

從「河殤」到「人殤」

——鄒波《現實即彎路》

一位古希臘哲人說過，旅行是另一種寫作；鄒波也說過：「寫作，先要去旅行。旅行得越多，對中國天馬行空的想像就越少，記憶之宮完全和中國地圖重合，和村落街道的結構一樣，當我閉上眼睛，一切都是確鑿的，我不再能憑空思考。」《現實即彎路》是鄒波十九次「邊走邊看邊寫」的成果。鄒波所走的都是彎路，所到過的地方都是邊陲，所寫的也都是黑暗的故事，以及黑暗中不滅的人性光芒。

鄒波在大學畢業後當過警察，在武漢火車站廣場派出所維持治安，處理過斃命街頭的乞丐的屍體，追捕過殺人不眨眼的劫匪，三教九流，閱人無數。他曾愛上一名按摩女，還爲此擅離職守。在今天的中國，警察很容易變成惡棍，人們都認爲，一旦當上警察，就可以這樣可以那樣，爲所欲爲，法律不是約束警察的。只是，鄒波過於笨拙，連墮落的姿勢也不如同僚們美妙，最後只好辭職——如果不辭職，繼續幹下去，幹到這個行業的最頂峰，結局不就是周永康嗎？周永康制定了將兩百名「最危險」的異議知識分子活埋的預案，還來不及實施，他就成了秦城監獄終身免費的「嘉賓」。在中國當警察，每天要做的事情，跟法治、正義等價值「反向」相關。鄒波放棄了警察的職務與特權，自我放逐於體制之外，成了一名在中國地位更低下的詩人和記者——在北京的出租屋裡，聽到敲門聲時，該緊張的人成了他自己。

生活在「天子腳下」的北京，人們很容易產生一種幻覺，「我跟那些住在中南海中的人是一夥的，我們都是高人一等的帝都人。」北京的出租車司機通常會滔滔不絕地跟你聊政治局常委會的種種內幕，常委們的一言一行都講得繪聲繪色，彷彿他們在旁邊列席會議。在北京生活久了，會失去對中國的感覺。因此，離開北京乃是認識中國的前提。

鄒波如凱魯亞克（Jack Kerouac）那樣「On the Road」，不僅看風景和人物，也在「讀現實這本大書」。在這個過程中，他努力將世界的荒謬感、黑暗感與自己內在的曚昧、失敗感兩者區分開來，「讀歷史時區分哪些是人禍——政治之禍、惡之禍、愚蠢之禍，哪些是天禍。在非虛構寫作中，他人的命運就是『天』，其他的黑暗就是我自己。」中國的苦難，很大一部分是由「高等華人」以及號稱「爲人民服務」的黨造成的；也有一部分是全民的「共業」，由所有人的「平庸之惡」凝聚而成。

中國已成臭氣薰天的垃圾場

鄒波去過的地方，很少是人山人海的風景區。他寫到不少美麗的地方，如神秘莫測的神農架、綿延起伏的興安嶺、陽光燦爛的雲南高原；但是，他描寫的重點並不是讓人賞心悅目的風景，而是被毀壞的山河。

鄒波寫到河南項城籠罩在死亡陰影下的癌症村。項城是袁世凱的出生地，被後世冠以「竊國大盜」惡名的袁世凱，在家鄉卻被人懷念。在遭到大清攝政王罷黜的日子裡，袁世凱閒居於離項城不遠的安陽洹上村，頭戴斗笠，身披蓑衣，假扮「獨釣寒江雪」的「孤舟蓑笠翁」那個時代，河裡有魚蝦，袁世凱釣上過不少魚蝦；今天，從項城到沈丘的河流，早已魚蝦絕跡，而且殺機四伏。

名爲〈河魂〉的報導，更好的名字不妨借用八〇年代電視政論片《河殤》。「各種顏色的工業廢水重得無法流動，每個村莊喝下不同顏色的水，等於慢性吞金，患上不同的病——紅色的泉河流經襪子村，襪子村的人主要患的是各種結石、心臟病和癌——其中以乳腺癌、腸癌和胃癌爲主。」人們明白污染的害處，也得繼續喝被污染的水，生於斯、長於斯的人們還有其他選擇嗎？他們買不起昂貴的淨水設備。

河南有愛滋病村，也有癌症村，死神如期而至，從不遲到：「吃到肚子裡也是紅色的，累積起來，形成結石，化學物質在血液裡又發生新的化學變化，拉肚子，拉肚子，拉空了，癌就要塡滿那肚子。癌在三十年前方圓三十里才出一個，一輩子也聽說不過一兩回的東西，這些年起每年都有那麼多人陸續疼痛到死，各種癌最後的表現和愛滋病差不多，免疫系統完全崩潰了，只是癌不會傳染，你可以拚命地親近臨死的親人。」但是，能說癌症患者比愛滋病患者幸運嗎？

誰要爲污染負責呢？在民主社會，在地的環保運動一定風起雲湧，但在極權的中國，一切如死水微瀾。污染源之一是中日合資的蓮花味精廠，蓮花味精來此開廠二十多年，是中國最早的合資企業，它再衰落也不會輕易被關閉。數年前，日本環保學者與日本企業家在河邊對質，當地居民卻成了沉默的旁觀者。那一幕，跟一百多年前刺激魯迅棄醫從文的幻燈片有什麼差別呢——在日俄戰爭中，無數中國人伸長脖子、踮起腳尖觀看那一幕免費的戲劇：日本軍人正在處決幾名被當作俄國奸細的中國人。

學者資中筠用一句話形容中國的現代化進程：一百多年了，上面還是慈禧太后，下面還是義和團。只有民選的、負責任的政府，才會重視無法爲GDP作貢獻的國土保育工作；也只有現代公民，才會有強烈的環保意識和人權意識並挺身抗爭。共產黨這個「自我殖民主義」的政權，連「家天下」的帝制都不如；共產黨治下的民眾，在「順民」與「刁民」的怪圈中「鬼打牆」，始終走不到「公民」的青草地上。

或許，當政者可以藉此掀起反日的民族主義情緒：一切都是日本人害的！鄒波跟當地人閒聊後卻發現，當地人並不怎麼怪日本人，而且日本人早已撤資，轉到四川建新廠去了。人們以一副聽天由命的口吻說：「即使沒有了日本人，情況也不容樂觀，因爲污染在中國太普遍了，太容易了。」是的，連雲港要偷偷填埋的核廢料，天津神秘的化學武器大爆炸，以及遍地開花、重度污染的石化項目，跟「亡我之心不死」的帝國主義有什麼關係呢？

誰也不會想到「地大物博」的中國是嚴重缺水的國家。不過，中國人的想像力無窮無盡，鄒波提到，「有一本書叫《西藏之水可以救中國》」，曾經下獄的富豪牟其中曾發出豪言壯語——用核武器炸開西藏的雪山，源頭活水就滾滾而來。既然西藏有這樣的用處，中共當局斷然不能讓西藏獨立或高度自治。然而，當鄒波沿著青藏鐵路與公路行走時，卻發現一個荒謬的事實：「這裡自身的用水格外缺——成了西藏之水的死角，那些河水奔流向東，源頭的地方卻缺水——從西大灘開始，往南，泉水成爲最重要的水源，格外珍貴。當地一個中等的飯館，按照定額，每月交泉水公司二百五十元，每天能得到三缸用水。」

在陝北之北的黃土高原，唯一可發財的行業是採礦。「採礦業相當粗放，私人或縣裡的集體煤礦，利潤高，技術含量卻相當低。陝北直至與內蒙接壤的煤炭礦區，像盜墓一樣，很多十多米厚的大型煤田往往只毀滅性地採到煤層中央很小一部分，其餘則被揉碎混合在地層中，再也無法得到，一個富礦往往就這樣被掏空。」礦藏被揮霍還在其次，無數人命也被漆黑的礦井吞噬。電影《盲井》並非出於虛構，現實的殘酷超過小說家和電影導演的想像。鄒波寫道：「人也不値錢，從土裡來，到土裡去。皇陵縣七豐溝煤礦的『新鬼』，名字被隱瞞，連有正義感的報導裡也沒有。傷者被迅速轉移，滅口一樣被藏起，私了也可以讓死亡不用註冊，死人彷彿沒有出生過，如土融回到土中。「這段話讓人想起《聖經》經文：『你必汗流滿面才得糊口，直到你歸了土，因爲你是從土而出的。你本是塵土，仍要歸於塵土』。」

沒有一個村莊，有桃花源那樣的詩情畫意

當現代化遇到挫折，反現代化思潮就會興起，關於農耕文明和鄉村生活的浪漫想像就成爲知識階層的興奮劑。

鄒波的腳蹤避開車水馬龍的都市，走在田野、鄉村和森林之中，他的文字並非矯揉造作的田園輓歌。桃花源是陶淵明一廂情願的想像，沒有一個村莊可以那樣和諧美好，沒有一個農夫可以那樣從容地晴耕雨讀。

鄉村、草木、太陽和星星，都不能充當都市人「換一種活法」時的點綴。鄒波說：「我對中國神話缺乏直接的感情，我始終不能像詩人海子那樣，對那些古老的太陽如此誇張地釋放情感，我沒有，我不在這種感情之中。」他在神農架尋訪會唱民間史詩《黑暗傳》的老人時，亦無高行健那種朝聖者心態，保持了質疑與反省的視角。多年以前，我從類似的角度批評海子對農村的美化，對「太陽」以及「太陽」背後宏大敘事和偶像崇拜的讚歌。在鄒波的書中，鄉村不是春暖花開、以馬爲夢的烏托邦，鄉村只有揮汗如雨、土中刨食和勉強餬口的人生。

鄒波來到陝西農村，跟農夫們一起收土豆，他扛得動將近一百斤一袋的土豆。必須跟大家一起幹活，才能與農夫們建立起真摯的友誼。他看到農夫們跟收購者發生激烈爭執——一袋土豆究竟算九十六斤，還是算九十三斤？每一斤土豆的收購價是四毛多，一塊多錢值得爭半天爭執不下嗎？錢有如此重要？農業合作社負責人告訴鄒波，他們的土豆註冊了綠色產品的品牌，卻支付不起印有該品牌的袋子的費用，只好使用一般的、便宜的袋子包裝。

五個僱工一天收三百袋土豆，每袋一百斤，就是三萬斤，於我而言簡直是天文數字。鄒波如此描述僱工中的「老頭」、五十八歲的高全才：「他在夕陽裡緩慢地站起來，但還不止於此，他那幾乎彎曲爲九十度的背似乎也盡力伸直，像勞動者在伸懶腰。我幾乎聽到骨頭在風裡響，一個駝背忘乎所以的時候，看著讓人揪心啊。」晚上，他們睡在一張炕上，高全才在鄒波耳邊說：「人要不停勞動，才能得到他人的尊重。」可惜，在「竊國者侯」的國家，有多少人尊重任勞任怨的勞動者呢？

即便在被人們視爲中國最富裕省份的廣東，也有若干困窘而蕭瑟的村莊。在〈樹上的孩子〉一文中，鄒波描述了廣東韶關犁市鎮梅塘小學的老師和孩子們，孩子們在樹上遊戲，夢想如同小鳥般飛翔。有一個被拐賣來的女老師的故事，如同《聊齋誌異》的現代版本：「她爲別人生了兩個兒子，當了鄉村教師，總是穿著很好看的布鞋，長髮披肩，裡面穿著長褲，捲到膝蓋，外面再套上好看的裙子。她悲傷的時候，還在堅持上課，學生們認爲老師要教給他們知識，哭的知識，眼淚。後來等她自殺了，學生們才發現那一切知識，都建立在老師的痛苦之上，他們所學到的，可能全是被侮辱的女人的偏見；他們也才發現，老師總穿的那雙紅鞋子，那原是通向地獄的鞋子，是冥鞋，就像童話裡那五百雙熊皮鞋子，爲了趟過地獄之河。這個故事很悲傷，故事中的孩子後來穿起了這樣的鞋子，而這裡聽故事的孩子們只是沉默。」

那是怎樣一雙冥鞋呢？這段對被拐賣的、自殺的鄉村女教師的描述，以一雙鞋子作爲結束，讓我想起梵谷畫鞋的那幅畫作。海德格寫道：「在那黑糊糊的敞口中，鞋子磨損的內部赫然是勞動者步履的艱辛。在這硬梆梆、沈甸甸的鞋子上，聚集了她那邁動在寒風瑟瑟中一望無垠而又千篇一律的田壟上的步履的堅韌與滯緩。……鞋子裏迴響著的是大地無言的呼喚，是大地對正在成熟中的穀物的悄然饋贈，是大地在冬閒荒蕪田野裏的神秘的自我選擇……」農民的鞋子上沾滿泥土，泥土已被汗水浸濕。

有多少人得不到起碼的尊重與呵護？

鄒波選擇的旅行路線，大都延伸向帝國邊陲，他遇到的人，很多都是被權力踐踏、一輩子抬不起頭來的弱者。「有時在弱者中，我只是更弱者，因此反而不需要過度表達同情。」他曾供職於一家具有民間色彩的媒體，沒有央視、新華社和《人民日報》的八面威風，地方政府不會畏懼並以高規格接待他，在採訪過程中更難以免受刁難和阻攔。

另一方面，由於不是權威官媒的記者，使鄒波常常產生一種無能為力感，無權者無法幫助無權者，正義感和良心的份量比紙還輕：「過去的旅行中我遇到不少需要幫助的人，但都沒有成功幫到他們，大部分因我的無力，一小部分是因對方不能清晰表達自己的願望。」就後者而言，鄒波遇到過很多底層民眾，是不識字的文盲，甚至是連話都說不清的人，身處文明之外的蠻荒地帶，思想和情感懵懂、遲鈍、麻木。那不是老莊欣賞的「渾然天成」，鄒波戳破了那些自欺欺人的說法：「我在中國，感受過很多沒有文化而給人造成的智力遲鈍的結果，全然沒有小說裡那種純真天然的鄉村激情和智慧，那種耕牛一樣的沉默和木訥，感受不到什麼樂趣。」無知是不美的。

要改變命運那麼難。陝北綏德職業中學的高校長為了給殘疾學生討要國家補助，攔住縣長的轎車，卻遭拘留。殘疾學生有多可憐呢？文藝班的女生郭靜天生髖關節脫位，校長「用兩袋辣椒賄賂了西安的人」，從全省兩百名殘疾學生免費手術的名額中爭取到一個，幫她做了左腿手術，可右腿手術至少還需要四萬元。但對同一個人，國家再也沒有重覆的政策，目前孩子仍然無法正常行走，過了二十歲，就完全沒有可能自然恢復。時間如沙漏一樣進入倒數計時，周遭的人們無能爲力——孩子的父親每天只掙幾塊錢，無法籌措手術費。當鄒波再次來訪時，郭靜的哥哥死於一場意外的車禍，母親悲傷過度腦溢血走了，只剩下一父一女還在人間。唯一幸運的是，郭靜成了學校的代課老師，每天蹣跚走到講台前，講課一氣呵成。

因爲缺少四萬元手術費，不能實施最簡單不過的手術，郭靜這個面龐圓潤、光潔如玉、嗓音悅耳的女孩，從此被困在身體的殘疾之中；同樣在陝北，地方官員們爲討好習近平（顯然習近平也默許和鼓勵這樣的舉動），不惜耗資數千萬，強行搬遷周圍數百戶居民，將習仲勛的陵墓擴建得如同皇陵——歷史上，建立新王朝的皇帝，哪一個不是急不可耐地追封父親爲高祖呢？

人們不尊重生者，也不尊重死亡。在松花江邊的依蘭縣，鄒波發現幾名警察在江中的淺灘上處理一名自殺女子的屍體，沒有船伕願意運送屍體，警察到了下班時間只好自行離去，將屍體遺留在原處。鄒波從旁人那裡知道了更多的細節：她三十六歲，頭髮很長，乳房飽滿潔白，腹中有一子，一早就被丈夫的語言謀殺了。「這件事在城裡應該是一閃而過的事情，如落葉到臉上，在這裡卻比任何事都緩慢。」孩子們在岸邊旁觀，他們無法理解死亡的含義。

鄒波感興趣的人物，不是養尊處優的「一級作家」感興趣的人物，比如，在河南淮陽的伏羲廟會上，殘疾二人組的民間藝人，健康的叔叔假裝盲人，身邊是小兒麻痹症的女孩——女孩不吃不喝，因爲不想被叔叔端起去尿尿。人們圍著她轉來轉去，又俯下身去摸摸她的頭髮，頭髮裡全是死蒼蠅。比如，四川地震的倖存者們，咳嗽、腹瀉，認爲是吃了地震時揚起的灰塵的緣故。醫生說那是迷信，那是一種恐懼症，建議他們用藿香正氣水醫治。

鄒波還寫到各種奇特的職業：青海海拔最高的派出所的警察，凍土測量員，一生研究木牛流馬的新疆工學院副教授，在雲南鄉村服務的志願者，熱愛文學的農民作家，收集民間語文的雜誌編輯……他們足以組成一部《畸人列傳》。或許鄒波一生只跟他們有一面之緣，除了鄒波以外，他們不會被其他作家或記者寫入書中。這是充滿愛與痛的寫作，鄒波說：「刺激我遊蕩的，如今刺痛我。」這種刺痛感，正是優秀的寫作者靈感的源泉。

將最寶貴的信息裝進漂流瓶

——劉仲敬《近代史的墮落．國共卷》

我在臉書上看到一位台灣歷史老師感嘆說：「每次學生學到民國歷史的部分都會『鬼打牆』似的陷入跟民初政治一樣的混亂狀態，猜想許多老師教到這裡即使有心，也因爲歷史的複雜性導致自己也變得腦袋『複雜』起來了，最後師生皆敗在此段歷史情境裡，一屆過一屆，記憶力佳者硬背死背，管他死活，生吞活剝，求個保險。」學生時代，我在彼岸的中國也有過類似的經歷。這個困局是否無解？我的建議是，拋開歷史教科書，讀一讀劉仲敬。

作爲一門學科的歷史，其存在的意義在哪裡？歷史學家陳寅恪有一句詩：「讀史早知今日事。」這是歷史學家特有的睿智，《聖經》早就說過：「日光之下，並無新事。」多年前，我寫關於陳寅恪的一篇文章就用這句詩爲題目，無獨有偶，劉仲敬也用這句詩表達其歷史觀。「讓歷史告訴未來」是歷史學家的本分，做不到的人不配稱爲歷史學家。在此維度上，王國維、陳寅恪、錢穆、余英時顯然比顧頡剛、吳晗、翦伯贊、范文瀾聰明得多。歷史觀念必將影響政治立場，而政治立場必然決定人身安危。

在尚未受到中共嚴重政治迫害的時候，劉仲敬主動選擇自我流放，移居美國，也是出於此種史家的智慧。他對中國未來持悲觀看法：「在可以預計的未來，將經濟資源和組織資源留在國內發展，對個人而言不是最佳選擇。同樣的資源和時間，足以使他在海外取得更大的成績。」如果不願當殉道者或陪葬者，就要主動和提前規避中國崩壞之後加諸於個體生命的巨大風險。在過去一百多年的近代史上，類似危機多次出現，彙集成了一條「近代史的墮落」的下垂曲線。

我在《一九二七：民國之死》中，劉仲敬在《近代史的墮落》中，不約而同選擇「史傳」傳統呈現更爲眞實的歷史。我們對人物選擇和評價，迥異於國共兩黨的歷史教科書。比如，我們都向被國共兩黨史家貶斥爲「保皇派」的國學大師王國維致以崇高的敬意。在北伐軍節節勝利之際，王國維爲何會投湖自殺？他的自殺，不單單是受好友葉德輝被湖南暴民殺害（毛澤東在湖南掀起的「痞子運動」的後果之一）的刺激，更是因爲他發現了中國近代歷史的可怕軌跡「以共和始者，必以共產終」，用劉仲敬的話來說就是：「黨軍是否打算害誰並不重要，因爲黨軍出現的事實本身就如同老鼠跳上甲板、不再怕人的徵兆。」王國維是那個大時代最清醒的觀察家，他誓不受辱，質本潔來還潔去。果然，他棄世之後，國民黨征服半個中國，共產黨又席捲整個中國，並迎來「人相食」的「美麗新世界」。

若放寬歷史的視界就會發現，二〇一七跟一九二七有什麼差別呢？那麼，此時此刻，知識分子該如何自處？以六四大屠殺倖存者自居的劉曉波，決心與天安門母親站在一起，不畏將牢底坐穿的使命。如果沒有劉曉波「我不入地獄，誰入地獄」的犧牲精神和道德勇氣，能不能像劉仲敬那樣，忠實地記錄並傳遞眞相：「如果你首先看到老鼠跳上餐桌，然後看到智者教育兒童不用害怕，最後看到救生艇莫名其妙地少了許多；你會不會急於研究老鼠的生物學特徵，或是急於聯絡愛貓人士捉老鼠？實際上，你最應該做一件事：將最寶貴的信息裝進漂流瓶，投入大海。接下來的事情，不再與你有關。」這樣做的人，仍然「多乎哉，不多也」。悲觀而不絕望，低調而不自卑，背後乃是「知其不可爲而爲之」的信念。

劉仲敬的一系列歷史學著作，就是他奮力扔出的「漂流瓶」。他放入「漂流瓶」的那張紙條上，寫著哪些秘密呢？我從他的書中讀出了「三重解構」：解構中華民國、解構中國、解構中華民族。即便在國內的「公共知識分子」和海外所謂的「反共陣營」當中，這樣的解構也是不被待見的——誰願意傾聽「耶利米的哀歌」呢？

解構中華民國

共產黨盡失民心之際，一群「策士」打起「中華民國牌」。「民國熱」熱到高燒地步，孫文和蔣介石炙手可熱。在台灣已成爲過街老鼠的國民黨，在中國卻是人見人愛的「香餑餑」。這是摩尼教的思維方式：不要共產黨，就要國民黨。人們偏偏忘記了：國民黨和共產黨不都是蘇共培育出來的孿生怪胎嗎？沒有史達林和孫文，哪有毛澤東和蔣介石？中華民國（尤其是一九二七年後的南京國民政府）與中華人民共和國分享的是同樣的革命傳統和獨裁模式。

我在《一九二七：民國之死》中指出，正宗的中華民國亡於一九二七年的黨軍北伐，形式上的北京政府在一九二八年灰飛煙滅，而在實質性的意義上，此前孫文和段祺瑞就已聯手終結了中華民國的法統。孫文不是中華民國的國父，乃是中華民國的催命鬼。劉仲敬《近代史的墮落》中關於孫文的一節論述不甚出色，他在另一次訪談中卻有一番石破天驚的論述：「廣州商團若能盡殲黨軍及蘇俄顧問，送孫、蔣二公回上海租界，則江東本部絕不至糜爛。」換言之，孫文屠殺商團，乃是南方「赤化」的開端，並敲響了中華民國的喪鐘。

孫文向商團開戰，使用對待敵國的屠城術。黨軍高層唆使理髮工人以三百箱煤油引發大火，焚毀西關商鋪及燒死商團支持者。目擊者報告稱，軍隊占據屋頂，向逃往街道上的商團和難民射擊，大群難民逃往太平馬路，被軍隊迫退回火區，直至焚斃，平民死傷約兩千人，是為「西關屠城血案」。武師黃飛鴻的「寶芝林」就在此次事件中焚毀，黃飛鴻絕不會像香港電影中那樣擔任孫文的衛士。

由此，孫文在家鄉父老心目中聲名狼藉。一九二四年十一月，孫文離粵前夕，由廣東各界人民組織的「各界救粵聯合會」在香港發出通電，指控其「禍國禍粵」十一大罪狀：搖動國體，妄行共產主義，縱兵殃民，摧殘民治，破壞金融，抽剝民產，大開煙賭，摧殘教育，蹂躪實業，破壞司法，鏟滅商民團。

站在孫文對立面的，是在國共兩黨官方歷史敘事中被妖魔化的廣州商團。劉仲敬為商團平反說：「廣州商團本來是最接近歐洲式自治的，跟倫敦商會很像，只是不如它強大。」孫文鎮壓商團，扼殺了地方自治和資本主義的萌芽：「孫文以廣東為根據地，國民黨才能夠占據江南，在東南五省建立自己的權力機構；然後蔣介石又把上海當成奶牛來擠，依靠上海來武裝自己，實現全國的中央集權；再然後蔣撕毀條約，結果就是爆發中日戰爭，中日戰爭就是以上海和東南部爲主要戰場，戰爭的結果是把共產黨送上中國政治的中心舞台。這一系列結果草蛇灰線，蘇聯始終是幕後的操盤手，而國民黨、共產黨始終是在起破壞性的作用。」商團被消滅，英美資本主義經濟和民主政治也被消滅，中國隨後走向蘇俄式的共產極權。

神州何其不幸，中華民國如同短命的威瑪共和國，假的中華民國則爲孫文修築超過帝王陵墓的中山陵。中國不是沒有走向自由的機會，劉仲敬浮想聯翩：「孫文在廣州建的軍政府，力量是很薄弱的，商團憑那點僱傭兵本可以平起平坐打一下，當時英國如果給力一點，或者商團的領導更強勢一點，說不定就把孫滅掉了，滅掉之後中國就會長期處在各路軍閥的統治之下，只要條約體系不破壞，那種前途肯定比國民黨和共產黨統治中國要好得多，後來一系列最壞的事情就不會發生。」

民國並非國民黨獨霸的民國，還有其他被遮蔽的面向：廣州商團的民國，北洋的民國，章太炎的民國，黃興的民國，宋教仁的民國，個個都比國民黨的民國好。劉仲敬指出：「什麼是民國？她不是一些事件，甚至不是一條道路，只是一個模模糊糊的方向。」然而，人們沒有拒絕而是擁抱「十月革命的一聲炮響」，民國成了沒有公民的「動物農莊」。

解構中國

在近代人物當中，我關注沒有掌權的梁啓超和章太炎，超過在政治前台的袁世凱和孫文。所謂「觀念改變世界」，沒有愛因斯坦的相對論，就沒有原子彈；沒有尼采的「上帝死了」，就沒有希特勒的修建焚屍爐；同樣的道理，清末民初沒有梁啓超和章太炎的論戰，也不會有以「華夏」轉型爲「中國」，用劉仲敬的話來說就是：「一九四九年以後，種種災難的根源在於『中國』這個概念的建構。」

孫文不是中華民國的國父，章太炎才是，中華民國這個名字是章太炎起的。當孫文的徒子徒孫在蘇俄的金錢和武力支持下顛覆中華民國法統之後，章太炎終身以「中華民國遺民」自居。幸虧他死於共產黨中國建立之前，否則「雙重遺民」的悲哀如何能承受。

章太炎的中華民國與梁啓超的中國是一對對立衝突的概念，章太炎秉持筆政的《民報》與梁啓超秉持筆政的《新民叢報》在滿清顛覆之前論戰了十年。從表面上看，章太炎打贏了這場筆戰，因爲此後近代史的車輪沿著革命的軌道而非改良的軌道前行；但從實質上而言，眞正的勝利者是梁啓超。章太炎心目中的中華民國，是以「皇帝子孫」，也就是漢族爲主體建構的近代歐洲式的民族國家，既然要「驅除韃虜，恢復中華」，在章太炎和革命派最初設想的中華民國當中，當然沒有滿族等「韃虜」的位置，版圖也不再包括邊疆的「藩屬國」。而對於梁啓超來說，劉仲敬認爲，「梁啓超沒有多少理由熱愛大清，但不能忘情於大清的版圖，看清了章太炎的『黃帝子孫』的理論早晚會導致帝國的解體，決定發明『中華帝國』、『中華民族』的同生態位概念，與『中華民國』、『黃帝子孫』展開競爭。」最後，梁啓超像孫悟空一樣鑽進了章太炎的肚子裡，革命派的口號從「驅除韃虜，恢復中華」變成了「五族共和」。也就是說要全面繼承清朝的帝國疆域與人口。

正如劉仲敬所說「梁啓超」和「中國」幾乎就是一回事，因爲中國這個概念就是他創造的，創造者和創造物的命運始終難捨難分，「中國」這個超級帝國主義的概念的發明，使得滿清雖然覆亡了，卻並未像鄂圖曼帝國和奧匈帝國那樣解體。從中華民國到中華人民共和國，雖然失去了外蒙等原有的疆域，但大清的遺產基本得以保留。從另一個層面來看，大清的帝國遺產又成爲「生命中不可承受之重」，使得中國至今無法完成現代民族國家之建構，在寬敞的龍袍與緊縮的西裝革履之間無所適從。

中國雖然暫時逃避了鄂圖曼帝國、奧匈帝國和蘇俄那樣的崩潰，但比那更嚴重的崩潰遲早會來。崩潰或許是新生的契機，劉仲敬最好的設想是：「由於中國並不存在哪怕是廣州商團這樣脆弱的自治組織。博弈的結果很可能不是規則的建立，而是社會秩序的崩潰。在這場假設的崩潰以後，沿海地區將會面臨一個可以重新選擇命運的窗口期。如果這些地區能夠放棄太大的野心，滿足於切實可行的小目標，就能爲自己爭取比民國時代更好的前途。……假定從上海到重慶、從大連到北海，存在一系列漢薩同盟式的自治市鎮，能夠爭取海上強國的政治保護，擁有五、六十年的和平發展時間，政治自由是可能的。」但是，他其實深深地知道，這種美好的未來只是水月鏡花，現實中「只存在完全相反的格局」。

解構中華民族

梁啓超不僅創造了「中國」這個概念，還創造了「中華民族」這個概念。

自古以來，儒家傳統中就有「華夷」之辨，清末革命派繼承了這個傳統，用「華夷之辨」來否定滿清統治的合法性。章太炎直接辱罵大清的皇帝是「賤種」，這種粗暴的語言在任何現代文明國家都會被判爲種族歧視，而「蘇報案」反倒讓入獄的章太炎獲得了全國性的名聲。

與章太炎相反，梁啓超故意模糊大清和中國的邊界，用「中華民族」這一子虛烏有的概念取代本來就已經夠模糊的「漢族」，從而達成民族認同和疆域的雙重統一。儘管經過「五胡亂華」之類的大動亂以及意外達成的「種族融合」，究竟什麼是純正的「漢族」早已沒有人能說得清楚了，但「漢族」的概念仍然在華夷之間設定了一條清晰的「楚河漢界」——「漢族」這個概念當然是排斥滿、蒙、回、藏、壯等「蠻夷」的。梁啓超清楚地意識到如果堅持使用「漢族」的概念，必然導致清帝國的解體，所以他從近代西方社會科學中拿來一些「四不像」的素材，塑造成所謂的「中華民族」，以此彌合帝國的裂縫。

可惜，滿清皇族不能理解梁啓超的一番苦心，他們對康梁的仇恨定格在戊戌年間，他們將梁啓超這個苦口婆心的救命「醫生」當作比章太炎更危險的顛覆者。他們以爲百姓像綿羊一樣乖乖聽話，殊不知，百姓早已不相信朝廷說的一切，百姓甚至沒有耐心聽梁啓超講道理，而直接爲章太炎的謾罵鼓掌。就好像今天無論新華社說什麼，人們都認爲是謊言；無論郭文貴說什麼，人們都認爲是眞相。清廷搞不清自己的狀況，改革是找死，不改革是等死，正如劉仲敬所指出的那樣：「朝廷尤其沒有意識到，在陌生的新媒體世界上，自己是極少數中的極少數。他們生活在聖旨和『邸報』的世界裡，總覺得讀者都是戰戰兢兢的奴才。」

大清覆亡了，但中國並未浴火重生。革命派用章太炎的理論成功地妖魔化了大清，點燃了革命的烽火，但革命之後，革命派還是要將梁啓超的「中國」和「中華民族」的概念拿來爲我所用。梁啓超大概從未料到，特別是「中華民族」這個概念會成爲蔣介石和毛澤東的意識形態利器，甚至比三民主義和共產主義更有吸引力，就如同盜火者沒有料到「星星之火，可以燎原」的結局。梁啓超晚年勸導被左派迷了心竅的子女居然效果不佳，奮筆與共產思想周旋，卻無法阻止歷史的巨石轟然墮落。或許梁啓超並未意識到，他自己才是打開潘朵拉盒子的第一人。

梁啓超的「中華民族」與邱吉爾的「英語民族」這兩個概念，表面上看很相似，實際上南轅北轍。邱吉爾的「英語民族」背後是一整套文化傳統和宗教信仰，是大憲章和普通法，是加爾文神學、清教徒精神催生的光榮革命，是今日在英美及說英語的國家內部生生不息的保守主義或古典自由主義的價值認同。而梁啓超的「中華民族」的背後則空空如也——這怪不得梁啓超，巧婦難爲無米之炊，梁啓超固然可以無中生有地創造出「中華民族」這個概念來，卻無法在兩千年中國皇權專制的傳統中剝離出支持自由的部分來，那個部分太過稀薄，根本無法成爲建構「中華民族」的基石。

「中華民族」這個無所不包的概念充滿自相矛盾之處，宛如金庸武俠小說中的老頑童周伯通一樣，左右手互相搏鬥。自焚的藏人，反抗的維吾爾人，對「中華民族」毫無認同感，「中華民族」這個僞概念如同吸血鬼一般，吸飽了藏人的血、維吾爾人的血、蒙古人的血，變得面目猙獰，張牙舞爪，弱勢的東亞病夫彷彿變成了強勢的東方納粹。然而，習近平絞盡腦汁也趕不上希特勒：希特勒在《我的奮鬥》中形成了「日耳曼民族在種族上最爲優越」的認識，並以此征服德語國家的民心；而習近平高唱「實現中華民族偉大復興」的「中國夢」，卻無法掩飾「一地雞毛」的無奈現實。

沒有解構，就沒有建構。對中華民國、中國和中華民族的解構，是生成自由人的前提。劉仲敬的漂流瓶已經在沙灘上擱淺，人們有沒有勇氣打開它，閱讀他放入的那張紙條呢？

附錄/書目索引

序號	作者	書名	出版社	時間	地點	頁碼
1	彼得・納瓦羅	美、中開戰的起點	光現	2017	台灣	16
2	白邦瑞	百年馬拉松：中國稱霸全球的祕密戰略	麥田	2016	台灣	25
3	斯坦・林根	完美的獨裁：二十一世紀的中國	左岸文化	2017	台灣	34
4	安瑪麗・布雷迪	推銷中共——中宣部運作：讓黨繼續掌權	明鏡	2015	台灣	43
5	吳介民等編	吊燈裡的巨蟒：中國因素作用力與反作用力	衛城	2017	台灣	52
6	歐逸文	野心時代：在新中國追求財富、眞相和信仰	八旗文化	2015	台灣	61
7	杉本信行	大地的咆哮	玉山社	2007	台灣	69
8	華夷	當十億中國人一起跳	天下雜誌	2010	台灣	78

9	安舟	紅色工程師的崛起：清華大學與中國技術官僚階級的起源	香港中文大學	2017	香港	87
10	裴宜理	安源：發掘中國革命之傳統	香港大學	2014	香港	96
11	何清漣、程曉農	中國：潰而不崩	八旗文化	2017	台灣	106
12	楊猛	陌生的中國人	中國人民大學 天窗	2014 2015	中國 香港	116
13	王力雄	大典	大塊文化	2017	台灣	126
14	武志紅	巨嬰國	浙江人民	2016	中國	135
15	伊娃	尋找人吃人見證	明鏡	2016	台灣	144
16	楊奎松	邊緣人紀事	廣東人民	2016	中國	151
17	黃道炫	張力與界限：中央蘇區的革命	社會科學文獻	2011	中國	160
18	韓戍	儲安平傳	牛津大學	2015	香港	169

19	周錫瑞	葉：百年動盪中的一個中國家庭	山西人民	2014	中國	179
20	陳冠中	建豐二年：新中國烏有史	牛津大學 麥田	2015 2015	香港 台灣	188
21	張思之	行者思之：張思之回憶錄	遠流	2015	台灣	198
22	查建英	弄潮兒：中國崛起中的行動者和推動者	牛津大學	2013	香港	207
23	陳光誠	盲眼律師	八旗文化	2015	台灣	216
24	趙思樂	她們的征途：直擊、迂迴與衝撞，中國女性的公民覺醒之路	八旗文化	2017	台灣	225
25	文海	放逐的凝視：見證中國獨立紀錄片	傾向	2016	台灣	235
26	羅宇	告別總參謀部	開放雜誌	2015	香港	244
27	張新穎	沈從文的後半生	廣西師範大學／ 麥田	2014 2015	中國 台灣	253
28	湯晏	葉公超的兩個世界：從艾略特到杜勒斯	衛城	2015	台灣	262

29	曾年	沉默的河流：三峽的人和事	香港中和	2012	香港	272
30	廖亦武	這個帝國必須分裂	允晨文化	2015	台灣	281
31	柯偉林	德國與中華民國	江蘇人民	2006	中國	292
32	戴鴻超	槍桿、筆桿與權術：蔣介石與毛澤東治國之道	時報	2015	台灣	301
33	潘佐夫、梁思文	毛澤東：眞實的故事	聯經	2015	台灣	311
34	康正果	還原毛共：從寄生倖存到詭變成精	允晨文化	2015	台灣	319
35	錢理群	毛澤東時代和後毛澤東時代	聯經	2012	台灣	327
36	印紅標	失蹤者的足跡：文化大革命期間的青年思潮	香港中文大學	2009	香港	335
37	丁學良	革命與反革命追憶	聯經	2013	台灣	343
38	李遜	革命造反年代：上海文革運動史稿	牛津大學	2015	香港	353

39	徐景賢	徐景賢最後回憶	星克爾	2013	香港	361
40	鍾延麟	文革前的鄧小平	香港中文大學	2013	香港	370
41	蘇陽	文革期間中國農村的集體殺戮	香港中文大學	2017	香港	380
42	袁凌	秦城國史：中共第一監獄史話	新世紀	2016	香港	390
43	霍爾．唐日塔格	東突厥斯坦：維吾爾人的眞實世界	前衛	2016	台灣	399
44	楊海英	蒙古騎兵在西藏揮舞日本刀：蒙藏民族的時代悲劇	大塊文化	2017	台灣	408
45	鄧小嬅、梁雅媛編	一般的黑夜一樣黎明：香港六四詩選	水煮魚文化	2011	香港	417
46	二〇一三年度香港大學學生會學苑	香港民族論	香港大學學生會	2014	香港	425
47	金鐘主編	三十年備忘錄：開放時代一百篇精選	開放	2017	香港	435

48	大衛・艾默	被隱藏的中國：從新疆、西藏、雲南到滿洲的奇異旅程	八旗文化	2015	台灣	444
49	鄒波	現實即彎路	天津人民	2010	中國	452
50	劉仲敬	近代史的墮落・國共卷	八旗文化	2016	台灣	462

中國研究系列6

納粹中國

作　　者：余杰
社長兼總編輯：鄭超睿
編　　輯：李瑞娟、游任濱
封面設計：戴芯榆

出版發行：主流出版有限公司 Lordway Publishing Co. Ltd.
出 版 部：台北市南京東路五段123巷4弄24號2樓
電　　話：(0981) 302376
傳　　眞：(02) 2761-3113
電子信箱：lord.way@msa.hinet.net
郵撥帳號：50027271
網　　址：http://mypaper.pchome.com.tw/news/lordway/

經　　銷：
紅螞蟻圖書有限公司
台北市內湖區舊宗路二段121巷19號
電話：(02) 2795-3656　傳眞：(02) 2795-4100

華宣出版有限公司
新北市中和區連城路236號3樓
電話：(02) 8228-1318　傳眞：(02) 2221-9445

2018年8月　初版1刷
書號：L1804
ISBN：978-986-95200-9-6（平裝）
Printed in Taiwan

國家圖書館出版品預行編目資料

納粹中國 / 余杰作. -- 初版. -- 臺北市 : 主流,
2018.08
面 ;　公分. -- (中國研究系列 ; 6)

ISBN 978-986-95200-9-6（平裝）

1.書評

011.69　　　107009717